袁霄 著

Python
股票量化交易从入门到实践

人民邮电出版社

北京

图书在版编目（CIP）数据

Python股票量化交易从入门到实践 / 袁霄著. -- 北京：人民邮电出版社，2020.7
（金融科技系列）
ISBN 978-7-115-53607-5

Ⅰ．①P… Ⅱ．①袁… Ⅲ．①股票交易—应用软件 Ⅳ．①F830.91-39

中国版本图书馆CIP数据核字(2020)第046661号

内 容 提 要

量化交易是一种新兴的系统化的金融投资方法，它是以计算机强大的运算能力为基础，运用数据建模、统计学分析、程序设计等工具从历史数据中得到良好的交易策略，是计算机科学在金融领域的具体应用。Python 语言凭借其简洁、高效的特性，以及其在大数据分析方面的强大性能，在量化交易领域得到了良好的应用。

本书以 A 股市场为交易标的物，引导读者从理解量化交易开始，逐步掌握行情数据的获取和管理、技术指标的可视化，并在熟练编程的基础上，构建出个性化的交易策略体系。

本书适合对股票的量化交易感兴趣的读者阅读，通过阅读本书，读者不仅能够了解 Python 数据分析和数据可视化的核心技能，更能够将 Python 作为常用工具，为股票技术指标分析和量化交易提供助力。

◆ 著　　袁　霄
责任编辑　胡俊英
责任印制　王　郁　焦志炜

◆ 人民邮电出版社出版发行　北京市丰台区成寿寺路11号
邮编　100164　电子邮件　315@ptpress.com.cn
网址　https://www.ptpress.com.cn
固安县铭成印刷有限公司印刷

◆ 开本：800×1000　1/16
印张：22.5　　　　　　　　　2020年7月第1版
字数：449千字　　　　　　　2025年4月河北第26次印刷

定价：99.80 元

读者服务热线：(010)81055410　印装质量热线：(010)81055316
反盗版热线：(010)81055315

推荐序

近年来,国内外关于金融量化交易的书籍的确不少,然而能将 Python 与股票量化交易相结合的书却不多见,在这些为数不多的图书中,袁霄先生所著的《Python 股票量化交易从入门到实践》是一本很不错的入门级读物。

作者以厘清量化交易的概念并介绍 Python 语言作为全书的逻辑起点,然后推进至 Python 的常用第三方库,具体包括 NumPy、Pandas、Matplotlib 等,接着又讨论量化交易中必备的统计概率理论与获取股票数据的渠道,最终落脚在主流的股票技术指标分析以及构建股票量化策略的终极实战。全书逻辑严密、层次清晰、深入浅出,非常适合想了解股票量化交易并且尝试用 Python 去实现这些策略的广大读者。

关于股票投资交易的理论与学说可谓是门派林立、莫衷一是,归纳而言可以划分为"技术分析"与"基本面分析"两大派别。其中,技术分析侧重于从股价、交易量等技术性指标中提取有用信息来指导股票交易,基本面分析则是从上市公司经营管理、财务数据等反映企业状况的信息中捕捉股票的投资机会。量化交易在诞生之初可以归于技术分析,但是随着金融数据获取的日趋便捷、算法技术的不断迭代、计算机语言的日益普及,量化交易正在尝试不断打破技术分析与基本面分析之间的壁垒,博采众长、扬长避短,从而引领股票投资交易的技术性变革!而本书就分享了作者关于股票量化交易的亲身实践与非凡洞见,读完之后必定会有一番醍醐灌顶、大彻大悟之感。

同时,我和本书的作者袁霄先生一样都极力推崇 Python 语言。Python 最早诞生于 1989 年,经过 30 多年的发展,从早期的默默无闻到如今跻身全球最流行的三大计算机语言之列。在金融量化交易领域,Python 的成功得益于它自身的优势。

一是代码规则简单。为什么不是首选 C 语言或者 Java 语言?这是因为这计算机语言过于复杂,让大量文科背景的金融从业者在内心充满了恐惧感,Python 的横空出世使原来只有少数人才有机会掌握的计算机编程变得非常亲民,容易学习。

二是处理数据高效。举个简单的例子，在我日常工作的金融风险管理领域，经常需要通过蒙特卡洛方法对风险因子进行模拟，用 Python 进行百万次级别的模拟仅需要一两秒就能给出结果，数据处理的效率很高。

三是第三方库丰富。根据 The Python Package Index（PyPI）在 2020 年 4 月 12 日发布的统计数据显示，Python 第三方模块已经超过 22 万个，涉及科学计算、统计分析、机器学习、深度学习、可视化处理等，这些库不仅丰富而且便于运用。

可以说，在金融的投资、交易与风险管理领域，Python 虽然不是万能的，但没有 Python 却是万万不能的。

最后，希望广大的读者通过学习袁霄先生的《Python 股票量化交易从入门到实践》一书，能够充分领略运用 Python 开展股票量化交易的独特魅力！

斯文

博士、CFA、CPA、FRM

《基于 Python 的金融分析与风险管理》一书作者

序

我与量化交易之缘

我从事量化交易，其实也是一种机缘巧合。在我读高中的时候，家里的计算机上安装了一款需要付费的炒股软件，这个软件是源自"道氏理论"的思想，从历史行情的研判中给出选股和择时方面的操作信号。从长辈们的反馈中，我了解到这个软件是非常有效的。当时我的脑海中一直有一个疑问：软件上的操作信号是如何被"预测"产生的呢？

到了大一暑假的时候，我就开始帮着长辈们交易股票了，当时并不是太懂，一直盯着盘面上波动的价格，有几次自己的心态受到价格波动的影响，就自作主张地卖出股票，谁知道刚卖出以后股价就拉升了，我顿时懊悔不已。不过，我也因此对股票产生了浓厚的兴趣，盘面上的各种指标是什么含义，价格波动的背后又是什么原理，等等。

于是我开始大量地阅读股票相关的书籍，例如《漫步华尔街》《笑傲股市》《金融炼金术》《股票作手回忆录》等，从最开始学习股票的基础知识和原理，到后续的观察和学习专业人士的交易模式。在这个阶段，我发现交易股票要有章法，不能凭感觉随意执行。不过，当时我所了解到的无论是技术面分析还是基本面分析，更多的是依赖于交易者主观的经验和思维逻辑去做决策。

虽然自己有编程的功底，有时候会编写一些统计股票走势的工具，但是并没有对量化交易有整体的概念。一次偶然的机会，我阅读了《海龟交易法则》这本书，这是我第一次接触量化交易，于是我开始兴奋地去搜索量化交易相关的资料。量化交易是相对于传统主观交易的一种新兴的金融投资方法，它利用计算机、数学建模、程序设计这些高级的手段,从股票、债券或者期货的历史数据分析中得到大概率下获利的交易策略。随着我对量化交易的研究逐步深入,越来越觉得量化交易是金融市场未来的一个发展趋势。

很庆幸我们生活在一个技术快速发展的时代。近年来 Python 语言非常流行,广泛应用在不同的领域,例如无人驾驶、Web 应用开发、网络运维等,同时 Python 也作为金融行业的标准编程语言广泛应用在量化交易领域。相信读者们和我一样,一直期望能够有一套属于自己的交易系统,当 Python 为我们所用的时候,我想是时候该开启量化交易之路了!

写作本书的目的

大家都知道 Python 是一种编程语言,它的存在是为了帮助我们快速解决实际问题,所以最终还是要将这门语言应用到一个领域。适合用 Python 开发的项目有很多,本书将 Python 数据分析技术应用到股票量化交易场景之中,因此本书的内容可用 Python、数据分析、量化交易和股票这 4 个关键词来概括,它们之间的关联如图 1 所示。

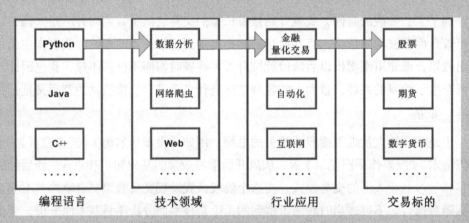

图 1

其实,量化交易本身是可以应用在很多投资理财领域的,确切地说只要涉及时间序列的价格变动,就可以应用量化交易去分析,像银行理财产品的选择、房地产走势的分析、贵金属的价格趋势等,股票投资只是其中的一部分。

至于为什么要选取股票量化交易作为 Python 数据分析的应用场景,一个原因是我想借此机会和广大读者分享 Python 量化交易的学习心得，另一个原因是我想积极推广量化交易在股票市场中的应用。

我们知道随着时代的发展，投资理财已经变得越来越重要了，其中股票投资已经成为全民最主要的理财渠道之一。A 股市场自设立至今，既经历过波澜壮阔的大牛市，也经历过哀鸿遍野的熊市，图 2 为上证指数 2003 年至 2019 年的走势图，可以看出 A 股市场自古以来"牛短熊长"，周期交替。

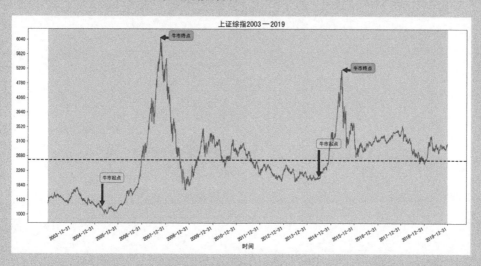

图 2

我身边有很多朋友在牛市赚了很多钱，但最终"退潮"的时候还是亏回去了。之前看到一则新闻上说，中国的股民有 1.2 亿多，统计股民的行为之后发现他们每天平均看盘 2 小时，全年平均买 19 只股，平均 2 天交易一次。由此可见，大多数股民交易频繁，对买卖点的思考并不严谨。A 股市场是一个以散户为主导的市场，如果交易股票毫无章法的话，势必沦为"韭菜"被收割。而量化交易由于其管理概率、理性交易的思想所在，非常适合在普通股民群体中推广。

当然，本书将量化交易技术应用在股票交易中，并不是传授战胜市场、一夜暴富的本领，而是想让读者们通过量化交易管理盈亏的概率，能够更理性地将股票投资作为理财的一个手段，而不是以赌博的心态参与其中。

袁霄

2020 年 2 月

于杭州

前言

如何阅读本书

　　本书的结构是按量化交易的整体流程结合由浅入深的学习过程进行设计的。首先通过关键的知识点快速入门基础环节，之后逐步过渡到数据的获取和管理、技术指标的实现和分析，以及通过择时策略、选股策略、风险控制策略、仓位管理策略等维度对历史数据进行回测分析，由浅入深、由技术到思维地为读者剖析 Python 数据分析在股票量化交易中的重点和难点。全书共 9 章，涵盖了图 1 中的各个模块。

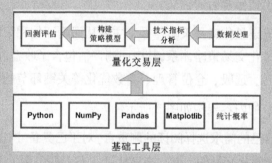

图 1

　　第 1 章是理解 Python 股票量化交易，主要从多个角度深入剖析量化交易和股票的概念，以及 Python 在量化交易中的优势，帮助读者从根本上理解什么是量化交易，什么是股票的价格，为什么选择用 Python 语言开展量化交易。

　　第 2 章是量化语言 Python 的关键应用，主要讲解量化交易中 Python 相关的一些关键知识点，针对这些关键知识点进行有侧重点的剖析，使大家对 Python 语言有更深层次的理解。

第 3 章是第三方库 NumPy 快速入门，主要介绍了 NumPy 库在量化交易中的应用，理解和掌握 NumPy 关键知识点将有助于我们更加高效地使用 Pandas 库。

第 4 章是第三方库 Pandas 快速入门，主要介绍了 Python 环境下最有名的数据统计包 Pandas 在量化交易中的应用，掌握 Pandas 的关键知识点会使处理数据变得非常方便、快速和简单。

第 5 章是第三方库 Matplotlib 快速入门，主要介绍了 Matplotlib 库在量化交易中的应用，凭借 Matplotlib 库极其强大的绘图功能，我们可以绘制出美观而有说服力的图形，使得可视化分析效果愈发显著。

第 6 章是统计概率理论快速入门，主要介绍了统计概率知识在量化交易中的应用。无论是主观交易，还是量化交易，无论是交易股票，还是交易期货等，都与统计概率息息相关，学好统计概率是交易中非常重要的基础要求。

第 7 章是股票行情数据的获取和管理，主要介绍快速、便捷地得到可靠、真实的股票数据的方法，以及提供高效管理行情数据的方案。

第 8 章是股票技术指标的可视化分析，本章首先定制可视化的接口程序，好的程序框架可以帮助我们在分析中事半功倍，然后在此基础上展开技术指标的计算和可视化，从而挖掘出指标背后的含义。

第 9 章是构建股票量化交易策略体系，主要从回测评估和策略制定两个层面介绍如何构建自己的量化交易策略体系，其中回测评估包含了收益和风险维度的介绍，策略方面包含了择时、选股、仓位管理、参数优化等关键环节的介绍。

关于本书各章节的内容架构如图 2 所示。

大家可以根据自己的需求选择阅读的侧重点。对于已具备 Python 基础编程经验，准备以实战方式学习量化交易的人群，本书从第 7 章开始讲解了 Python 数据分析技术与量化交易技术的结合，致力于将 Python 数据分析应用于量化交易中。同时选取了大众耳熟能详的 A 股市场作为交易标的物，并基于此搭建量化交易策略的场景。

对于 Python 基础能力薄弱的同学，本书第 2～5 章对涉及 Python 数据分析的知识点进行更全面的扩展介绍。

不过我还是希望读者们能够按照顺序来阅读，这样可以对量化交易的整体过程以及涉及的知识点有一个全面和清晰的认识。

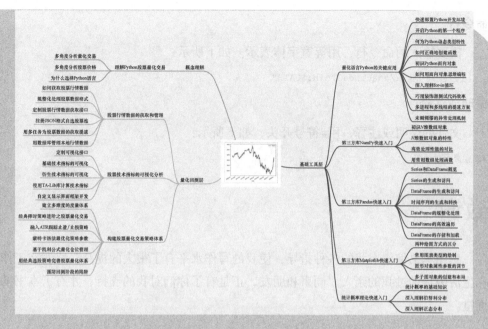

图 2

通过本书的学习,读者们不仅能够从中掌握 Python 数据分析和数据可视化的核心技能,也能更理性地将股票投资作为理财的一种手段,为今后从事 Python 数据分析及量化交易工作打下坚实的基础。让我们一起开启 Python 股票量化交易的学习之旅吧!

读者对象

本书的读者对象如下:

- 对金融量化交易感兴趣的人群;
- 计划开发属于自己的量化交易系统的人群;
- 准备在金融领域通过量化交易投资的人群;
- 想通过 Python 金融数据分析来实战练手的人群。

本书体例说明

本书编写体例有以下几点提醒读者注意。

命令行

需要输入的命令行，用等宽字体表示。如下所示：

```
export PATH="xxx/anaconda3/bin:$PATH"
```

说明或注释

文件的说明或注释，用#符号开头，如下所示：

```
#设置坐标轴标签
```

致谢

感谢本书编辑对我的各种指导，使我的写作水平有了很大的提高。感谢在工作和生活中帮助过我的亲人、同事和朋友，正是有了你们对我的支持，才有了本书的面世。

关于勘误

虽然花了很多时间和精力去核对书中的文字、代码和图片，但因为时间仓促和水平有限，书中仍难免会有一些错误和纰漏，如果大家发现什么问题，恳请反馈给我，相关信息可发送到我的邮箱 whiteansweryx@126.com。

如果大家对本书有任何疑问或想与我探讨Python量化交易相关的技术，可以访问我的个人微信公众号：元宵大师带你用Python量化交易。另外，大家也可以通过公众号了解更多与股票量化分析有关的内容，获取与本书有关的最新资料，反馈阅读过程中发现的问题。

资源与支持

本书由异步社区出品，社区（https://www.epubit.com/）为您提供相关资源和后续服务。

配套资源

本书提供配套资源，要想获得该配套资源，请在异步社区本书页面中点击 ，跳转到下载界面，按提示进行操作即可。注意：为保证购书读者的权益，该操作会给出相关提示，要求输入提取码进行验证。

提交错误信息

作者和编辑尽最大努力来确保书中内容的准确性，但难免会存在疏漏。欢迎您将发现的问题反馈给我们，帮助我们提升图书的质量。

当您发现错误时，请登录异步社区，按书名搜索，进入本书页面，点击"提交勘误"，输入勘误信息，点击"提交"按钮即可。本书的作者和编辑会对您提交的勘误进行审核，确认并接受后，您将获赠异步社区的 100 积分。积分可用于在异步社区兑换优惠券、样书或奖品。

扫码关注本书

扫描下方二维码，您将会在异步社区微信服务号中看到本书信息及相关的服务提示。

与我们联系

我们的联系邮箱是 contact@epubit.com.cn。

如果您对本书有任何疑问或建议,请您发邮件给我们,并请在邮件标题中注明本书书名,以便我们更高效地做出反馈。

如果您有兴趣出版图书、录制教学视频,或者参与图书翻译、技术审校等工作,可以发邮件给我们;有意出版图书的作者也可以到异步社区在线投稿(直接访问 www.epubit.com/selfpublish/submission 即可)。

如果您所在的学校、培训机构或企业,想批量购买本书或异步社区出版的其他图书,也可以发邮件给我们。

如果您在网上发现有针对异步社区出品图书的各种形式的盗版行为,包括对图书全部或部分内容的非授权传播,请您将怀疑有侵权行为的链接发邮件给我们。您的这一举动是对作者权益的保护,也是我们持续为您提供有价值的内容的动力之源。

关于异步社区和异步图书

"异步社区"是人民邮电出版社旗下 IT 专业图书社区,致力于出版精品 IT 技术图书和相关学习产品,为作译者提供优质出版服务。异步社区创办于 2015 年 8 月,提供大量精品 IT 技术图书和电子书,以及高品质技术文章和视频课程。更多详情请访问异步社区官网 https://www.epubit.com。

"异步图书"是由异步社区编辑团队策划出版的精品 IT 专业图书的品牌,依托于人民邮电出版社近 40 年的计算机图书出版积累和专业编辑团队,相关图书在封面上印有异步图书的 LOGO。异步图书的出版领域包括软件开发、大数据、AI、测试、前端、网络技术等。

异步社区

微信服务号

目录

第 1 章 理解 Python 股票量化交易 ······ 1
1.1 多角度分析量化交易 ······ 1
- 1.1.1 量化交易的本质 ······ 2
- 1.1.2 量化交易的发展 ······ 4
- 1.1.3 量化交易的优势 ······ 7
- 1.1.4 量化交易的过程 ······ 8

1.2 多角度分析股票价格 ······ 9
- 1.2.1 从股票的起源看本质 ······ 9
- 1.2.2 如何衡量股票溢价 ······ 11
- 1.2.3 股票收益的组成 ······ 12
- 1.2.4 股价波动的原因 ······ 13

1.3 为什么选择 Python 语言 ······ 14
- 1.3.1 概述编程语言的发展 ······ 14
- 1.3.2 面向过程和面向对象 ······ 15
- 1.3.3 Python 的起源及优势 ······ 16

1.4 本章总结 ······ 17

第 2 章 量化语言 Python 的关键应用 ······ 18
2.1 快速部署 Python 开发环境 ······ 18
- 2.1.1 Python 环境安装 ······ 18
- 2.1.2 第三方库安装 ······ 21
- 2.1.3 开发工具安装 ······ 22

2.2 开启 Python 的第一个程序 ······ 26
- 2.2.1 如何建立标准 py 文件 ······ 26
- 2.2.2 区分模块、包、库 ······ 28
- 2.2.3 import 发挥扩展优势 ······ 29
- 2.2.4 调试助手 print( )函数 ······ 30

2.3 何为 Python 动态类型特性 ······ 31
- 2.3.1 变量的种类 ······ 31
- 2.3.2 动态类型的特性 ······ 35
- 2.3.3 内存管理与回收 ······ 38
- 2.3.4 深入探究 PyObject ······ 39

2.4 如何正确地创建函数 ······ 41
- 2.4.1 用 def 关键字定义函数 ······ 41
- 2.4.2 参数传递的形式 ······ 41
- 2.4.3 匿名函数 lambda ······ 44

2.5 初识 Python 面向对象 ······ 45
- 2.5.1 父类、子类和实例 ······ 46
- 2.5.2 元类和类及 object 和 type ······ 47
- 2.5.3 经典类和新式类的区别 ······ 49

2.6 如何用面向对象思维编程 ······ 49
- 2.6.1 如何正确地构建类 ······ 50
- 2.6.2 类的实例化全过程 ······ 51
- 2.6.3 如何引用类的属性 ······ 52
- 2.6.4 如何引用类的方法 ······ 54
- 2.6.5 类的继承机制应用 ······ 55

2.6.6	类的组合机制应用	57
2.7	深入理解 for-in 循环	57
2.7.1	for-in 循环的原理	57
2.7.2	for-in 循环的使用技巧	59
2.7.3	生成器的原理和作用	62
2.8	巧用装饰器测试代码效率	63
2.9	多进程和多线程的提速方案	67
2.9.1	多进程和多线程	68
2.9.2	Python 的 GIL 原理	68
2.9.3	多任务的解决方案	69
2.10	未雨绸缪的异常处理机制	72
2.10.1	分析 try-except 常规机制	72
2.10.2	扩展 try-except 使用技巧	74
2.11	本章总结	75

第 3 章 第三方库 NumPy 快速入门 76

- 3.1 初识 N 维数组对象 76
- 3.2 N 维数组对象的特性 78
  - 3.2.1 矢量运算的特性 78
  - 3.2.2 广播运算的特性 79
  - 3.2.3 用条件表达式选取元素 82
- 3.3 高效处理性能的对比 83
- 3.4 用常用数组处理函数 84
  - 3.4.1 创建数组的函数 85
  - 3.4.2 元素级处理函数 87
  - 3.4.3 线性代数相关函数 88
- 3.5 本章总结 91

第 4 章 第三方库 Pandas 快速入门 92

- 4.1 Series 和 DataFrame 概览 93
- 4.2 Series 的生成和访问 93
  - 4.2.1 Series 的生成方法 94
  - 4.2.2 Series 的访问方法 96

- 4.3 DataFrame 的生成和访问 97
  - 4.3.1 DataFrame 的生成方法 97
  - 4.3.2 DataFrame 的索引访问 99
  - 4.3.3 DataFrame 的元素访问 100
  - 4.3.4 元素标签和位置的转换 103
  - 4.3.5 用条件表达式访问元素 105
- 4.4 时间序列的生成和转换 106
  - 4.4.1 用 datetime 生成时间序列 106
  - 4.4.2 用 Pandas 生成时间序列 109
  - 4.4.3 时间序列的降采样 112
  - 4.4.4 时间序列的升采样 114
- 4.5 DataFrame 的规整化处理 117
  - 4.5.1 模拟生成股票行情数据 117
  - 4.5.2 DataFrame 概览 120
  - 4.5.3 DataFrame 的可视化 122
  - 4.5.4 DataFrame 缺失值处理 123
  - 4.5.5 DataFrame 精度的转换 125
  - 4.5.6 DataFrame 合并处理 125
- 4.6 DataFrame 的高效遍历 128
  - 4.6.1 循环遍历的几种方式 129
  - 4.6.2 循环遍历的性能对比 130
- 4.7 DataFrame 的存储和加载 131
  - 4.7.1 将 DataFrame 存储至 CSV 132
  - 4.7.2 将 CSV 加载为 DataFrame 134
- 4.8 本章总结 135

第 5 章 第三方库 Matplotlib 快速入门 136

- 5.1 两种绘图方式的区分 136
  - 5.1.1 函数式绘图 137
  - 5.1.2 对象式绘图 141
- 5.2 常用图表类型的绘制 143
  - 5.2.1 折线图的绘制 143

5.2.2 标注点的绘制 …………………… 144
5.2.3 参考线/区域的绘制 ………………… 147
5.2.4 双 y 轴图表的绘制 ………………… 148
5.2.5 条形图的绘制 …………………… 149
5.2.6 直方图的绘制 …………………… 151
5.2.7 K 线图的绘制 …………………… 152
5.3 图形对象属性参数的调节 ……………… 155
5.4 多子图对象的创建和布局 ……………… 158
  5.4.1 创建多子图对象的方法 ………… 158
  5.4.2 布局多子图对象的方法 ………… 161
5.5 注意事项 ……………………………… 163
  5.5.1 tight_layout( )出错问题 ……… 163
  5.5.2 中文显示乱码问题 ……………… 164
5.6 本章总结 ……………………………… 164

第 6 章 统计概率理论快速入门 …………… 165
6.1 统计概率的基础知识 …………………… 165
  6.1.1 随机事件与概率的关系 ………… 165
  6.1.2 离散和连续随机变量 …………… 166
  6.1.3 典型的随机变量分布 …………… 168
6.2 深入理解伯努利分布 …………………… 170
  6.2.1 伯努利分布的随机数 …………… 170
  6.2.2 伯努利分布的概率 ……………… 170
  6.2.3 伯努利分布的市场模型 ………… 172
6.3 深入理解正态分布 ……………………… 179
  6.3.1 正态分布的随机数 ……………… 179
  6.3.2 生成概率密度函数 ……………… 181
  6.3.3 正态分布与随机漫步 …………… 183
6.4 本章总结 ……………………………… 188

第 7 章 股票行情数据的获取和管理 ……… 189
7.1 如何获取股票行情数据 ………………… 189
  7.1.1 用 Panads 获取股票数据 ……… 190

7.1.2 用 Tushare 获取股票数据 …… 192
7.1.3 用 Baostock 获取股票数据 …… 196
7.2 规整化处理股票数据格式 ……………… 199
  7.2.1 行索引时间格式规整化 ………… 200
  7.2.2 列索引名称格式规整化 ………… 202
7.3 定制股票行情数据获取接口 …………… 203
7.4 注册 JSON 格式自选股票池 …………… 204
  7.4.1 将股票池另存为 JSON 文件 …… 205
  7.4.2 加载 JSON 文件以获取
        股票池 ……………………………… 209
7.5 用多任务为股票数据的获取提速 …… 209
7.6 用数据库管理本地行情数据 …………… 212
  7.6.1 Python 操作 SQLite 的 API …… 212
  7.6.2 Pandas 操作 SQLite 的 API …… 216
  7.6.3 建立 SQLite 股票行情数据库 … 217
  7.6.4 基于 SQLite 股票行情数据
        分析 ……………………………… 219
7.7 本章总结 ……………………………… 221

第 8 章 股票技术指标的可视化分析 …… 222
8.1 定制可视化接口 ………………………… 222
  8.1.1 可视化代码结构分析 …………… 224
  8.1.2 可视化接口框架实现 …………… 225
  8.1.3 可视化图表类型实现 …………… 228
  8.1.4 可视化接口使用说明 …………… 229
8.2 基础技术指标的可视化 ………………… 231
  8.2.1 原生量价指标可视化 …………… 232
  8.2.2 移动平均线 SMA 可视化 ……… 235
  8.2.3 震荡类指标 KDJ 可视化 ……… 237
  8.2.4 趋势类指标 MACD 可视化 …… 239
8.3 衍生技术指标的可视化 ………………… 242
  8.3.1 均线交叉信号可视化 …………… 243

8.3.2 股价跳空缺口可视化 246
8.3.3 量价指标周期重采样 251
8.3.4 黄金分割与支撑/阻力线 256
8.4 使用 TA-Lib 库计算技术指标 261
　8.4.1 常用技术指标的计算方法 261
　8.4.2 常见 K 线形态的识别方法 265
　8.4.3 TA-Lib 库的计算速率优势 268
8.5 自定义显示界面框架开发 268
　8.5.1 行情界面需求分析 269
　8.5.2 行情界面框架实现 269
　8.5.3 如何显示行情界面 272
8.6 本章总结 275

第 9 章　构建股票量化交易策略体系 ... 276

9.1 建立多维度的度量体系 276
　9.1.1 交易盈亏区间可视化 277
　9.1.2 交易概览信息的统计 281
　9.1.3 度量策略资金的绝对收益 283
　9.1.4 度量策略与基准的相对收益 286
　9.1.5 度量策略的最大风险回撤 288
　9.1.6 回测界面的自定义设计 293
9.2 经典择时策略进阶之股票量化
　　交易 304
　9.2.1 唐奇安通道突破策略的思想 305
　9.2.2 唐奇安通道突破策略的实现 306
　9.2.3 唐奇安通道突破策略的回测 310
9.3 融入 ATR 跟踪止盈/止损策略 311
　9.3.1 ATR 技术指标的实现 312
　9.3.2 止盈/止损策略的实现 313
　9.3.3 ATR 止盈/止损策略回测 315
9.4 蒙特卡洛法最优化策略参数 316
　9.4.1 枚举法与蒙特卡洛法的区别 317
　9.4.2 蒙特卡洛参数最优化的实现 322
9.5 基于凯利公式量化仓位管理 324
　9.5.1 凯利公式的原理分析 324
　9.5.2 凯利公式的效果展示 326
　9.5.3 凯利公式在股票中的应用 327
9.6 用经典选股策略完善股票量化
　　体系 329
　9.6.1 线性回归的原理和实现 329
　9.6.2 用走势线性回归建立选股
　　　　模型 332
　9.6.3 走势线性回归的衍生分析法 335
9.7 谨防回测阶段的陷阱 338
　9.7.1 避免使用未来函数 338
　9.7.2 设置滑点以避免偷价 339
　9.7.3 避免无手续费的策略 340
　9.7.4 避免参数的过度优化 341
9.8 本章总结 342

第 1 章

理解 Python 股票量化交易

本章导读

本章从多个角度深入剖析量化交易和股票的概念,以及 Python 在量化交易中的优势,帮助读者从根本上理解什么是量化交易,什么是股票的价格,为什么选择用 Python 语言开展量化交易。

1.1 多角度分析量化交易

近年来在人工智能、互联网、大数据这些炙手可热的高新技术推动下,传统行业在不断地转型升级,而量化交易作为一种新兴的金融投资方法深受金融从业人士的关注。纵观全球,量化交易在海外金融市场属于较为成熟的投资理念和方法,在国内虽然起步较晚,但发展迅速,目前主流的金融机构几乎都建立起了量化交易团队,各类量化交易相关的产品也如雨后春笋般涌现。

对于普通的投资交易者而言,量化交易依然是戴着神秘的面纱,多数人的第一印象是"高大上的技术""可以躺着赚钱的工具",还有一些人却认为它完全不靠谱……可是"量化交易"到底是什么?能帮助我们做些什么?笔者认为在开启"量化交易"学习前,我们有必要先理解"量化交易",清楚"量化交易"带给我们的价值。本节我们就从量化交易的本质、发展、优势、过程这些维度来剖析量化交易。

1.1.1 量化交易的本质

1. 量化交易与程序化交易、高频交易

什么是量化交易？对于刚接触量化交易的读者来说，非常容易将量化交易与程序化交易、高频交易这些行业内的交易术语混淆在一起。对此，我们首先理清这些术语的区别。

程序化交易在《证券期货市场程序化交易管理办法》中的定义为"通过既定程序或特定软件，自动生成或执行交易指令的交易行为"，因此程序化交易指的是一种下单的方式，即把交易时机、仓位大小、止盈止损阈值这些信息设置到交易程序中，让程序自动去执行。相比于人工交易，程序化交易具有执行速度快、执行力强等天然的优势。

高频交易在《中国金融稳定报告（2016）》中的定义为"只要程序化交易的频率超过一定程度，就成为了高频交易"。因此，高频交易专指日内交易次数很多，持仓间隔时间很短，通过市场极为短暂的价格波动来获利的一种交易方式。这类交易的核心竞争力在于交易速度，速度越快越能抓住稍纵即逝的微小价差。目前，只有采用程序化交易的方式下单才能达到微秒级别的速度精度。

量化交易强调的是一种新兴的系统化金融投资方法，它综合了多个学科的知识，用先进的数学模型代替人的主观思维制定交易策略，利用计算机强大的运算力从庞大的股票、债券、期货等历史数据中回测交易策略的盈亏"概率"，通过管理盈亏的"概率"帮助投资者做出准确的决策。就像玩德州扑克牌那样，当你持有的牌可以掌握胜算时便跟进，否则便盖牌，没有赢的胜算，大可以选择不玩。玩牌时胜算的概率在我们的大脑中时刻不停地计算着，而在量化交易中利用计算机、数学建模、程序设计这些更高级的手段，目的也是为了高效快速地获得胜算的概率，并依据概率做出决策。因此量化交易并不一定需要用程序化交易，也不限于交易速度和频率的要求，只要满足了量化交易所涵盖的决策方式就可以称为量化交易。

2. 量化交易和数据分析

数据分析是指对收集来的大量数据进行统计分析和详细研究，从中提取有用信息，总结出其中一些内在规律和特征。它的目的就是帮助人们作出判断，提供数据上的支撑。例如分析公司的财务数据，可以帮助我们掌握公司的运营状况，以此评估这家公司是否值得投资。因此数据分析是一种技术，本书则是将数据分析技术应用到了金融量化交易场景之中。

3. 量化交易和人工智能

量化交易和人工智能有哪些关联？当前最炙手可热的领域非"人工智能"（Artificial

Intelligence）莫属。随着互联网、大数据等前沿技术的蓬勃发展，近几年无论是人脸识别、语音识别、机器翻译、视频监控，还是交通规划、无人驾驶、智能陪伴、舆情监控、智慧农业等，人工智能正在不断取得突破性的进展。未来是人工智能的时代，它会日益渗透到各行各业、各个领域的方方面面。量化交易即归属为人工智能的一个应用分支。

其实，人工智能的火热并非一蹴而就，早在1956年，人工智能概念就已经提出了。那年，在美国东部的达特茅斯学院举办了历史上第一次人工智能研讨会，会上约翰·麦卡锡（John McCarthy）首次提出了"人工智能"这一术语，它指的是像人类那样思考的机器，这被认为是人工智能诞生的标志。

早期的人工智能更多的是辅助人们完成一些机械化的逻辑运算，在经过60多年的发展和探索，人工智能已经迎来了第三次革命——机器学习。机器学习大致可以分为两种：有监督的机器学习（Supervised Machine Learning）和无监督的机器学习（Unsupervised Machine Learning）。

从量化交易领域来看，目前国内使用的多数是有监督的机器学习。打个比方，我们把投资交易比喻为一家装配工厂，人工交易好比传统的装配工作由工人手工完成，量化交易好比把工厂整改为全自动化装配车间，虽然在整个装配过程中没有人为的参与，不过设计师要在顶层设计上规定机器在什么时候该做什么事情。同样的，在有监督的量化交易中，具体买卖什么股票，买卖多少手，什么时候买卖，这些决策可以由计算机程序做出，但是交易者要在顶层设计上决定当前的交易系统执行哪个选股策略？哪个择时策略？如何分配风险资金？如何在不同的策略之间进行切换？在交易系统中加入哪些因子，去除哪些因子？因此，无论是有监督的量化交易，还是人工交易，最终都还是由人去控制，只是它们的控制方式不同而已。

而无监督的机器学习指的是完全自动化的投资系统，模型程序自己选择最优变量进行分析和计算，这属于更为尖端的人工智能领域，也是未来科技发展的趋势。

4. 量化交易可以一直盈利吗

量化交易表面上是管理盈亏的"概率"，本质上则是策略模型的有效性。有没有永远盈利的策略模型呢？詹姆斯·西蒙斯（James Simons）曾经说过，"不管多么复杂的模型，没有一个能让你长期不变地一直赚钱，因为市场在变化，信息在变化，我们不是机器的奴隶，只有通过不断地学习，持续不断地更新自己的模型和策略，寻找市场上的规律，让你的交易系统跟上变化本身，才能在交易市场中立于不败之地"。

这段话的含义是指交易策略不应该是一成不变的，我们对历史数据作检验只是把过去的经验作为一种参考指南，从过去的解读中发掘出蕴藏盈利机会的重复性模式，但是过去并不代表未来，历史测试结果和实际结果一定存在着差异。引起差异的主要因素可概括为以下几个。

- 交易者效应：其他交易者注意到了这个策略方法并开始模仿它，导致这种方法效果下降。
- 随机效应：历史测试的结果可能是一种随机性的现象。
- 最优化矛盾：选择特定的参数降低了事后测试的价值。
- 过度拟合：与历史数据的吻合度太高，市场行为轻微的变化就会造成效果的恶化。

对此，在回测阶段我们应该从根源上重点关注历史测试的局限性，避免沉浸于历史回测的假象之中，只有"随时调整，合理应变"的策略模型才能立于不败之地。

1.1.2 量化交易的发展

关于量化交易的发展，国外先进的资本市场中量化交易已经日趋成熟，国内虽然近几年才开始推广和流行，但是发展势头迅猛，方兴未艾。在华尔街，宽客（quant）就是指那些从事量化交易的人，他们大多数是学数学或是物理出身的，不同于传统的依靠直觉和基本面分析投资交易，他们运用复杂的数学模型和计算机的超级运算能力在机遇稍纵即逝的证券市场中盈利。

美国作为这个领域的先行者，可谓人才辈出，这里我们不得不提到华尔街"宽客教父"——爱德华·索普（Edward Thorp）和"量化交易之神"——詹姆斯·西蒙斯（James Simons）这两位大佬，接下来以他们的传奇事迹为主线来了解量化交易的发展。

1. 爱德华·索普的故事

爱德华·索普从小具备惊人的记忆能力、超强的计算能力、说话条理清晰、逻辑性强等特点，这些特点也是天才所拥有的共性特征。长大后的索普，因为天资聪颖很快进入了加州大学洛杉矶分校（UCLA）学习物理学，期间他第一次接触到了赌博，他认为自己能从数学角度找到战胜庄家的密码。之后，索普看到了罗杰斯·鲍德温（Roger Baldwin）发布的关于21点扑克游戏策略的一篇论文，他按照这篇论文中的策略去赌场中进行实践，结果遗憾地赔钱了。索普认为鲍德温对于发牌概率的设定存在先天的缺陷，于是向鲍德温要了原始数据，开始自己研究21点的输赢机制。

1959 年，索普前往麻省理工大学担任数学老师，他一边教书，一边继续研究 21 点的制胜策略。没过多久，他就利用学校里非常稀有的 IBM 计算机研究出了一套 21 点的制胜秘诀，并准备以论文形式发表在《美国科学院院报》上。由于该杂志的 VIP 制度，它只接受美国科学院院士的投稿，于是索普找到了麻省理工学院唯一的数学学科院士——克劳德·艾尔伍德·香农（Claude Elwood Shannon）。很幸运的是，香农教授不但同意帮助索普发表这论文，也一同加入到了研究之中。香农教授告诉索普，他在新泽西贝尔实验室的同事约翰·拉里·凯利（John Larry Kelly, Jr.）能够帮助他完善 21 点策略的资金管理。

1956 年，凯利参考香农关于长途电话噪声的工作研究提出了著名的凯利公式。凯利公式是一套资金管理的方法，当获胜概率和赔率确定的时候，按照凯利公式计算出的比例下注，可以使得长期资产增长率最大化。

索普利用凯利公式对 21 点游戏中每次下注的多少进行量化计算，胜算大的时候下注多，胜算小的时候下注少。至此，索普终于完善了他的 21 点的制胜理论。

1961 年，一位记者采访了索普的研究，发表了一篇天才数学家破解 21 点密码的文章，索普因此一夜成名。索普成名后，得到了出资人的资助，决定一同前往赌场验证 21 点制胜模型理论的正确性。索普一行人利用这一套系统在几天之内横扫拉斯维加斯的数个赌场，将做实验使用的 1 万美元初始本金翻了几番。在成功踢馆拉斯维加斯的各大赌场后，索普开始总结经验，并且着手创作秘籍《击败庄家》。

1962 年，索普出版了《击败庄家》一书，描述了他在 21 点游戏上横扫拉斯维加斯多家赌场的制胜模型。作为一名数学家，索普的策略就是采用大数定律计算 21 点游戏过程中获胜的概率和赔率，根据凯利公式管理下注资金，以胜算大小量化下注资金，这就是早期量化交易的雏形。但是，赌场始终是要赚钱的，一个人能从赌场稳定赢钱的下场，就是被赌场拒之门外。在被赌场列入黑名单之后，索普将目光投向了资本市场。

1965 年，索普开始涉足华尔街新生的股票权证定价。权证赋予购买者在未来某天以某个价格买卖股票的权利，它是一种长期合约。权证价值由两部分组成，一是内在价值，即标的股票与行权价格的差价；二是时间价值，代表持有者对未来股价波动带来的期望与机会。当时权证的交易量很小，主要的交易渠道是做市商，参与交易的大多也是投机客，权证的价值研究并没有得到太多的关注。那么股票权证的价格应该定为多少合适呢？当时交易者基本上是凭借主观评估未来股票可能的价格来给股票权证定价的。作为一名数学家，索普认为权证的整个交易机制就是 21 点在华尔街的映射，他思考的是如何量化地为股票权证定价。

之后索普找到了长期研究权证的金融学教授——希恩·卡索夫（Sheen Kassouf），两人一见如故，没过多久即合作研究出了一种叫作"科学股票市场系统"的量化投资策略。策略的基本概念正是来源于索普当年的 21 点决胜策略的核心——大数定理。

索普发现，虽然不能预测每一支股票在明天是涨还是跌，但是可以运用大数定律推算股票涨跌 1%、5%……10%的概率分布，这也是当时金融学研究最前沿的随机漫步理论。索普通过推算出认股权证在合约兑现那天相对应的股票价格的概率分布，基于概率计算出当前股票权证的价格是过高还是过低，然后再利用凯利公式进行买卖。这个发现也奠定了之后量化投资的基础。为了验证理论的正确性，索普与卡索夫使用这种预测股价波动的模型计算了市面上所有股票权证的定价，在那个大家普遍靠碰运气赌涨跌的年代，索普和卡索夫靠量化方式在那些价格严重偏离理性的股票权证上赚的盆满钵满。

1967 年，索普把研究成果整理成书，出版了 Beat the market：A Scientific Stock Market System，该书是量化交易的开山之作，它是第一个精确的纯量化交易策略。很快，索普赚钱的消息引来了大量投资客的跟随，许多人希望能成为索普的合伙人。

1969 年，索普与合伙人成立了史上第一家量化对冲基金"可转换对冲合伙基金"，并全心致力于投资。1970 年，标普 500 下跌了 5%，而索普的基金赚了 3%。1972 年，索普的回报率高达 26%，比标普 500 高了 11.7%……该基金连续 11 年获得了 2 位数的回报。

与此同时，经济学家费雪·布莱克（Fischer Black）和迈伦·斯科尔斯（Myron Samuel Scholes）提出了金融学历史上著名的 Black-Scholes 期权定价模型，模型所描述的正是与索普相似的方法来挖掘期权背后的价值。该模型迅速被华尔街所接受，这也预示着华尔街的宽客时代正式到来。在此之后，量化交易便在全球范围内快速发展，涌现出指数基金、对冲基金、SmartBeta 和 Fund of Funds（FOF）等量化创新产品，索普无疑是华尔街量化革命的鼻祖。

2．詹姆斯·西蒙斯的故事

詹姆斯·西蒙斯（James Simons）是量化交易的另一位传奇人物。如果说索普开创了量化交易，那么西蒙斯则是将量化交易带到这个时代的人。詹姆斯·西蒙斯不仅是世界级的数学家，也是最伟大的对冲基金经理之一。

1978 年，西蒙斯离开了学术界转而创建了一家投资基金，主要投资于商品期货和其他金融工具。1988 年，西蒙斯成立了文艺复兴科技公司，该公司的旗舰产品是一款叫作"大奖章"（Medallion）的对冲基金，该基金是一款典型的多策略量化基金。作为有史以来最成功的对冲基金，"大奖章"基金在 1989～2018 年间取得了年平均 35%以上的回报，收益远超同期标准普尔 500 指数的年均回报率，甚至比巴菲特、索罗斯这些传统交易的投资大师高出 10 多个百分点。纵然是在 2008 年的次贷危机时期，该基金的投资回报率仍然保持稳定的水准。不过量化交易并不是万能法宝，文艺复兴科技公司管理的其他几款基金，RIEF 文艺复兴机构股票基金、RIFF 文艺复兴机构期货基金等都表现得不尽如人意。可见就像西蒙斯自己说的那样，"只有随时调整、合理应变的策略才能在交易市场中立于不败之地"。

量化交易改变了全球资产管理格局，成为主流的投资方法，其管理规模也在快速增长。目前，全球最大的资产管理公司和对冲基金都是基于量化和指数投资的机构。

美国金融市场的成熟程度是超过中国的，美国的股市有一百多年的历史，而中国股市成立至今才几十年。随着国家层面推动人工智能、大数据技术的发展，大量的量化基金产品和平台如雨后春笋般兴起，量化交易在国内也掀起热潮。就像互联网技术改变着传统行业的模式一样，未来量化交易必定是国内金融市场的一个大的发展趋势。

1.1.3 量化交易的优势

在过去的全球金融市场中，量化交易得到了如火如荼的发展，成为和价值投资并列的两大投资理论之一。那么量化交易这种新的投资理论和模式，得到大力发展的重要原因是什么呢？与传统的交易相比，量化交易有哪些优势呢？

传统的交易无论是技术面分析还是基本面分析都属于定性分析，定性分析通俗地说就是通过人的思维去做决策，这种高度抽象的模式在深度上会有绝对的优势，但也与交易者个人的经验和盘感有极大的相关性。在当前一直扩容的市场中，传统的人为分析与交易很难实现对全市场的跟踪监测，并且时刻受到交易者主观情绪的影响，这成为了传统交易方式的"硬伤"。

假定我们设计一个交易策略，在实盘交易前势必要验证该策略在历史上的执行效果，如果用人工方式来验证，当前 A 股市场有上千只股票，有几十年的行情数据，我们需要花费大量的时间逐个复盘，同时也非常容易出错，所以人工验证显然是不可行的。

假定我们在复盘的时候情绪是相对稳定的，决策也是客观的，而到了盘中的时候，我们的情绪受到股价波动的影响，往往容易做出错误的决策。这样的例子有很多，例如一个交易者对市场分析后，决定第二天突破某个关键位置时买入一支股票，但在信号到来时却因为一个朋友告诉他的小道消息而临时改变了决策，继而没有买入。又比如一个交易者用一种策略执行了 5 次交易都以亏损告终，那么他在第 6 次交易信号到来时很可能会放弃这个策略。

而量化交易这种定量分析的方式就能很好地解决这些"硬伤"。所谓定量分析就是刚才讲到的获得一个具体的获利概率，并依据概率选择交易的策略，极大地减少了交易者情绪波动的影响，避免在市场极度狂热或悲观的情况下做出非理性的投资决策。同时利用了计算机强大的运算能力，所以在广度上占有绝对的优势。

通过量化交易方式回测交易策略，可以基于大量历史数据去验证，还能自动计算出包括收益率、最大回撤率、夏普比率在内的这些评估指标值，又快又准，可以更科学更客观地衡量交易策略的效果。另外，量化交易可以给予我们足够的自信，帮助大家克服来自人性中的贪婪、恐惧、自负等弱点。因为我们可以确信量化交易策略是经过回测和度量分析的，是具有概率上的优势的，从而能够更加冷静、客观地参与交易。依靠量化交易策略，我们也不需要过多地关注盘中的价格波动，以免影响心态变化。

综上所述，我们应该把量化交易和传统的交易相结合，把人的思维模型抽象成为数学模型，作为交易策略运用到量化交易中，将两者取长补短，既不失分析深度，又能保证分析的广度。

1.1.4 量化交易的过程

量化交易是将数据、策略和决策综合为一体的系统。量化交易的整体流程如图 1.1 所示。

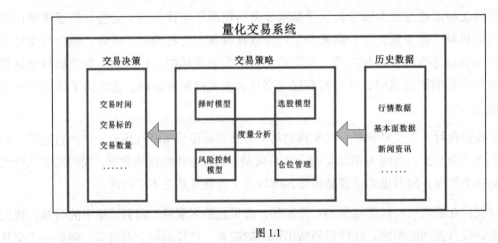

图 1.1

首先是把历史行情、基本面信息、新闻资讯等数据进行初步清洗和处理，而后在大数据的基础上以数学建模、程序设计等方法建立交易策略，在对历史数据的回测中评价交易策略的效果，最终筛选出大概率下盈利的策略，并将其应用于实际交易中产生交易的信号，例如买什么股、什么时候买、买多少、什么时候卖等信息。

交易策略是量化交易的核心，它包括择时、选股、仓位管理、参数优化、度量分析等角度的分析，不过要客观地声明一下，凡是公开的、用的人多的策略，基本也就不赚钱了，当然这并不影响我们学习这些策略的精髓，要站在巨人的肩膀上去看问题。

不少读者会比较关注股票自动化交易的实现。对于个人交易者来说，目前股票交易并没有全面开放程序化接入交易柜台业务，因此股票交易并不能像期货、数字货币那样能够实现全自动化的交易。

笔者建议大家可以采用手动方式完成股票量化交易最后的执行动作，主要原因有以下几点。

- 由于股票交易 T+1 的规则以及个人交易者资金规模较小，对于程序化交易来说，执行速度快的需求并不强烈。
- 作为个人交易者，我们编写的代码并不能像专业机构那样经过多轮的规范测试，因此并不能保证在交易中不出现 Bug，完全无人值守的交易并不安全，手动下单会有一定的保障。
- 目前各大券商的 APP 软件都已支持"条件单"功能，包括定价买入、定价卖出、止赢止损、开板卖出等选项，当量化策略产生交易信号后，可以通过 Python 脚本向手机端发送提醒，然后手动设置"条件单"即可完成交易。

当然，目前也有不少量化平台与券商合作，实现了将策略产生的交易信号接入至实盘中，读者也可以根据自己的需要在这些平台上编写策略。

1.2 多角度分析股票价格

相信大家对于股票并不陌生，不过读者是否注意到，尽管 A 股市场自古以来"牛短熊长"，周期交替，但是有些股票的价格在周期交替中始终保持着稳步上扬，而有些股票的价格却在周期交替中持续下行。股票价格到底代表了什么呢？在用量化交易方式分析股票之前，我们有必要正本清源地认识股票和股票的价格。

1.2.1 从股票的起源看本质

为了让大家更加清晰地了解股票的本质，我们首先简单地梳理一下股票的起源。

股票的起源可以追溯到 17 世纪初。在历史上，17 世纪是一个殖民主义横行的时代，也正是大航海的时代。1602年，在荷兰的阿姆斯特丹诞生了世界上第一家股份制公司——东印度公司。东印度公司的主要目的是代表荷兰帝国从事海上殖民贸易，它通过向全社会融资的方式成功地将社会分散的财富，转化成自己对外扩张的资本。

当时与东方的中国、印度、日本等国家进行海上贸易往来是最赚钱的生意，通过贸易换回的瓷器、香料、纺织品等物品，可以在欧洲卖到很高的价钱。但是，以当时的航海条件，从遥远的欧洲，跨越广袤的海域，与亚洲国家进行远洋贸易，一方面需要大量的资金打造可靠的商队，另一方面海上运输蕴含着巨大的风险，一旦船只遇到风暴、海难、海盗等情况随时可能人财两空。如果要长期经营海上贸易业务，不仅需要解决资金问题，也要面临投资者因为出大笔巨资而产生对风险的担忧。于是，世界上第一个股份制公司——荷兰东印度公司诞生了。

东印度公司开始向荷兰民众筹集资金，并给每位投资者颁发一张相应出资的纸质凭证——股票，让大众共同参与打造商队。当商队满载而归时，会将贸易所得的利润按出资比例分发给购买股票的投资者，所获得的利润既可以以黄金、货币或者货款的形式支付，也可以直接用香料等物品支付。出于对财富的渴望，以及有荷兰政府参股东印度公司，成千上万的荷兰民众踊跃地把积蓄投入到这项利润丰厚却也存在巨大风险的商业活动中。这就是早期的股票，它代表了投资者拥有股份公司的部分所有权，能够在公司赢利中按股票份额的一定比例获得投资回报——红利。

东印度公司不负众望地在与东方的贸易中赚得盆满钵满。1612年，东印度公司第一次分红，金额高达57%。也就是说，民众在一次航海中就收回了本金的57%，第二年仍旧高达42%，而且之后还能永久享受分红。在之后的近200年时间里，东印度公司为它的全体股东持续派发高达18%的年度红利。

在创立之初，东印度公司的股票只能持有，此时手中的股票是无法转让的，只能在商队归来之后享受分红。由于出海时间较长，当民众急需用钱时怎么办呢？于是就开始私下交易凭证，随着交易需求的逐渐增加，渐渐形成了固定的交易场所和模式。为了让股票的流通变现更加便利，也让其他公司集资更加便捷，世界上第一个股票交易市场：阿姆斯特丹证券交易所便由此应运而生。

在400年后的今天，我们是如何定义股票的呢？股票是股份公司发行的所有权的凭证，是股份公司为筹集资金而发行给各个股东作为持股凭证并借以取得股息和红利的一种有价证券。每股股票都代表股东对企业拥有一个基本单位的所有权。也就是说，股票本质上是股东拥有公司股份的凭证，拥有股份的多少即代表了股东享有公司参与决策、分红等的所有权的大小，投资股票即是投资一家公司未来的发展前景。

1.2.2 如何衡量股票溢价

股票的价格由什么决定？影响股价波动的因素又是什么呢？其实这两个问题的核心是股票的溢价，那么让我们来了解下如何衡量股票的溢价。

在日常生活中，我们更多的是选择购买物美价廉的商品，也就是考虑商品的性价比，而不是单纯的图价格便宜。比如一辆 12 万元的大众桑塔纳汽车和一辆 55 万元的奔驰 GLE 汽车，很明显大众桑塔纳比 GLE 要便宜很多，但是相信懂车的人一定会选择购买奔驰 GLE。原因很简单，虽然他们都是汽车，但是除了基本的行驶功能外，还有舒适度、品牌等各方面的特性。

因此，它们的价值是不同的，人们在比较某个商品贵不贵的时候，要考虑的是其价值与价格的关系，只有当两件商品所蕴含的价值相同时，才能直接比较两者的价格。假如我们评估得到了大众桑塔纳的价值是 10 万元，实际售价是 12 万元，而奔驰 GLE 的价值是 50 万元，正好迎来店庆活动，现在售价为 55 万元，那么我们如何判断它们谁更值得购买呢？我们可以用售价除以价值，得到溢价倍数来进行比较，公式为：溢价倍数=售价/价值。

我们分别计算大众桑塔纳和奔驰 GLE 的溢价倍数为 1.2 倍（12/10）和 1.1 倍（55/50），很明显的是奔驰 GLE 相对而言更便宜。

那么回到股票的评估上来，比如从事自动化的 A 公司和从事互联网的 B 公司，它们的股价分别是 20 元和 50 元，那么哪家公司的股票更值得投资呢？我们知道，股票的本质是股份的凭证，股份的本质是公司的所有权。因此股票背后代表的是不同的企业，直接比较股票价格的高低是没有意义的，我们同样可以引入股票的溢价倍数来进行比较。

假设我们评估得到 A 公司和 B 公司的每股价值分别是 1 元和 5 元，那么计算得到的溢价倍数分别为 20 倍和 10 倍，也就是说对于同样的每股价值，A 公司的股票需要用 20 倍的价格来购买，而 B 公司的股票只需要用 10 倍的价格购买即可。

这里所指的倍数其实就是市盈率指标，每股价值即为每股收益。接下来我们正式介绍这两个指标的含义。

- 市盈率（Price Earnings ratio，P/E ratio）也称"本益比""股价收益比率"或"市价盈利比率（简称市盈率）"，它是评估股价水平是否合理的常用指标之一。
- 每股收益（Earnings Per Share，EPS）又称每股盈利。所谓每股收益就是每一个股份所获得的收益情况，即用税后利润除以股本总数得出。例如 A 公司今年税后利润 20 万元，一共 20 万股，那每股收益就是 20 万元/20 万股=1 元。

将上述的公式转换后为：股价=每股收益×市盈率，即 P=EPS×PE。

通过市盈率，我们可以评估一个企业的价格偏离了它的实际价值多少。那么如何运用市盈率呢？一方面可以横向比较该公司的市盈率相对于行业的平均市盈率的水平，另一方面可以纵向比较该公司目前的市盈率相比于过往的市盈率处于什么样的位置。

总之，衡量股票是否值得购买，并不能简单地通过比较股价来判断，而是应该通过类似市盈率这样的估值指标来判断。另外，需要注意的是，市盈率虽然是非常重要的估值指标，但并不是绝对的，不同的行业特性决定了某些行业的市盈率指标是失衡的，甚至是没有参考意义的，例如周期性行业。对此，我们需要结合多个指标综合评估，才能更加客观地评估企业价值的。

1.2.3 股票收益的组成

企业发售股票是为了融得资金以便更好地发展，投资者购买股票则是为了获得收益。

投资股票收益主要来自分红收益和溢价收益两个部分。分红收益分为派发现金股利和股票股利两种形式，它与股价波动并没有联系，主要取决于公司的盈利和分红比例。溢价指的是以低价买入，以高价卖出的收益。我们可以把每股的投资收益用归纳为以下公式：

投资收益=卖出价-买入价+持有期间的分红

比如我们以 20 元价格买入了格力电器的股票，以 50 元价格卖出，期间收到分红为 0.2 元，那么投资收益为 50-20+0.2=30.2 元。

如果买入股票后一直持股，那么分红则构成了股票投资的第一重收益。不过现实中，比起股价波动的收益，分红收益显得微不足道。所以，对全球股市而言，投资收益主要来源于股票溢价。

股票溢价收益有两种形式，第一种是投资的思维，即在股价低的时候买入，然后在股价高的时候卖出。第二种是投机的思维，就像"击鼓传花"一样，无论当前的价格如何，只要有人愿意出更高的价格接盘就行。

显然，第二种方式是难以预测的，谁都不知道自己是否会接到最后一棒，但是可以肯定的是最终获利的一定是庄家。通常庄家会采用对倒拉升的方式哄抬股价，营造股票会继续上涨的氛围，让散户最后高价接盘。关于对倒的简易过程如图 1.2 所示。

庄家对倒：分别开A账户和B账户

	A账户	B账户
从市场上按照市价买入	−10元（买）	
12元价格卖给账户B	12元（卖）	−12元（买）
14元价格卖给账户A	−14元（买）	14元（卖）
以此类推	16	−16
	−18	18
	20	−20
账户总盈亏（求和）	6	−16
庄家总盈亏（A和B总共）	−10+B账户拿着价格为20的股票 =10 只要庄家把价格为20的股票卖给散户 本次操作就赚10元	

图 1.2

注：以上是理想模型，实际庄家在对倒时会有散户、其他机构和庄家的影响，例如提价买入的是别人高价卖出的股票，会产生损耗。因此庄家需要尽可能吸筹进行控盘，降低拉升的成本，拉升一段后也需要洗盘，以免影响对倒的操作。

因此，我们倾向于可操作性的第一种方式，即在股价低的时候买入，在股价高的时候卖出。

1.2.4 股价波动的原因

既然股价=市盈率×每股盈利，可以将股价分解为盈利和估值两个因素，所以进一步扩展为以下公式：

投资收益=（卖出市盈率 PE2×卖出时的盈利 E2）−（买入市盈率 PE1×买入时的盈利 E1）+持有期间的分红 D。

例如某公司的股票，买入时每股收益 1 元，市盈率 10 倍，即买入价 10 元；2 年后每股收益 1.5 元，市盈率 20 倍，即卖出价 30 元；假设持有期间累计收到分红每股 0.9 元，那么每股的投资收益为 1.5×20−1×10+0.9=20.9 元。

因此，影响股价波动的所有因素，其实就包含在每股盈利和市盈率两个指标中，每股盈利的增长和估值提升都会引起股价的上涨。如果我们把握住这两个因素，也就掌握了股票投资获利的秘密。

影响每股盈利和市盈率估值的因素是什么呢？每股盈利反映的是一个公司的基本面价值，涉及公司的经营模式、盈利能力、管理能力等方面，当一个企业的经营状况改善，盈利能力提升，基本面状况趋好，就会推动其股价的上涨。而市盈率的本质是估值，是人们愿意为购买这个公司所付出的倍数，涵盖预期因素、心理因素和技术因素等各个部分。

预期因素指的是，尽管当下公司并没有立刻出现基本面的好转，但是我们通过了解到的信息，预测它接下来的经营会更好，当人们对某个行业或企业有更高的预期时，就会给予更高的估值，也就愿意接受更高的市盈率。所以，尽管这些公司的基本面价值不变，但估值的上升自然会推动股价上涨。同样的，当一个公司出现负面新闻时，尽管当下企业价值并没有变化，但人们预期它未来可能会变差，所以估值带动股价下跌。

心理因素可以理解为人性的贪婪和恐惧。比如在牛市的末期，股价已经涨上了天，即使政府一直强调风险，广大散户还是盲目入市，生怕踏空。相反，在熊市末期的时候，股价已经趴在"地板"上了，但是在主力的刻意打压下，广大散户还是会出让廉价的筹码。所以，投资往往是反人性的，我们要克服人性的弱点，就像巴菲特说过的："在别人恐惧的时候我贪婪，在别人贪婪的时候我恐惧。"

技术因素指的是某些特殊的交易方式或规则。例如采用杠杆的投资者，在遭遇市场急跌时，如果仓位和成本没有控制好，就有可能因为股价触及平仓线而被强制平仓，从而加剧股票跌幅甚至导致股灾。

1.3 为什么选择 Python 语言

Python 自诞生以来，由于其易上手、丰富的第三方库支持等优点，在各个领域都有广泛应用。在金融行业，美国银行、美林证券的"石英"项目、摩根大通的"雅典娜"项目都战略性地使用了 Python 进行高效的金融程序开发和金融数据分析。可见 Python 已经作为一种标准的编程语言应用在量化交易领域。另外，随着人工智能概念的火爆，Python 语言迅速升温，成为众多开发者的首选语言。为什么大家都不约而同地选择 Python 语言呢？本节为大家揭秘其中的原因。

1.3.1 概述编程语言的发展

如果说语言是人与人之间传递信息的纽带，那么编程语言则是把人的思维传递给计算机的纽带。计算机执行的每一个步骤，都是以编程语言所编写的程序来执行的。

目前的编程语言有 C、C++、C#、Python、Java、PHP、GO、JavaScript 等，虽然每种编

程语言的语法不同，但是它们最终的目的是让计算机工作。

从理论上来讲，每种编程语言几乎可以实现同样的功能，它们的产生只是为了迎合不同应用场景的发展需求罢了。那么哪种编程语言是"人工智能"领域的最佳选择呢？或者说是量化交易的领域的最佳选择呢？我们势必需要对编程语言有更全面的了解才能得心应手地选出最适合的一种。

总体来说，编程语言的发展历史可分为 3 个阶段，第一阶段的机器语言、第二阶段的汇编语言、第三阶段的高级语言，这是一个逐步进化的过程。

机器语言是第一代编程语言，它指的是用二进制的 0/1 指令集来表示的语言，也是计算机唯一能够识别的语言。实际上所有的编程语言都是运行在计算机上的，由于它只能识别机器指令，因此，尽管不同的编程语言在语法上差别很大，最终还是被转换为 CPU 芯片可以执行的机器指令。机器语言太过于晦涩难懂，于是推动了汇编语言的诞生。

汇编语言是第二代编程语言，也称为符号语言，它用符号代替了二进制的 0/1 指令，这样相对更加容易理解和记忆。当然，汇编语言的符号可以被人类接受，但并不能被计算机识别，对此还要通过一种软件将汇编语言的符号转换为机器指令，这个软件就是编译器。由于不同的 CPU 会有不同的指令集，因此每种 CPU 的厂家都会提供自己专属的汇编语言语法规则和编译器，在编译器中记录着汇编语言的各种符号与机器指令之间的对应关系。这样一来，程序员就可以用汇编语言编写程序，然后通过编译器把汇编语言编译成机器指令。相比于机器语言，汇编语言在可用性上已经有很大的进步了，但是它仍然是面向机器的一种低级语言，虽然执行速度快、效率高、程序体积小，但是编写和调试上的复杂性仍然促使着编程语言向更高级的语言进化。

高级语言是第三代编程语言，当编程语言发展到这个阶段时，已经从面向机器进入到面向人类的层面。程序员可以不依赖于特定型号的计算机，使用接近于自然语言、数学公式这些更容易理解的方式编写程序，并且编写的程序能移植到各种平台上正常运行。高级语言的发展也分为两个阶段，分别为前一阶段的结构化语言或者称面向过程语言，后一阶段的面向对象语言。面向过程语言的典型代表有 C、Fortran、COBOL、Pascal、Ada 等，面向对象语言的典型代表有 Java、C++、C#、Python 等。

1.3.2 面向过程和面向对象

简单来说，面向过程和面向对象是两种编程的思想。面向过程是建立在"过程"概念上来指导软件编程的思想，例如在学习和工作中，当我们去完成某项任务时，会罗列出完成这件事情的若干个步骤，假如其中某一个步骤特别复杂，又可以将它细化为若干个子步骤，以此类推，直到问题解决。实质上这些步骤就是"过程"，按照步骤去解决问题的思想就是面向过程的思想。基于面向过程"自顶向下、逐步求精"的编程思想才有了"高内聚，低耦合"模块化编程的要求。

面向对象是建立在"对象"概念上来指导软件编程的思想，认为客观世界由各种对象组成，任何事物都是对象。例如把"程序员使用计算机"这个事件对象化，首先用抽象的方式建立"人"和"计算机"两个类，类中分别包括所有的属性和函数，再以继承"人"类的方式派生出一个"程序员"类，把"计算机"类以组合的方式作为"程序员"类的属性，在"程序员"类中添加"使用计算机"函数，最后实例化一个名叫 Tom 的程序员和一台 Dell 计算机，Tom 实例调用了"使用计算机"这个方法。

当程序简单、规模较小的场景下，面向过程编程使得程序流程更加清晰，但是当面对复杂程序时，面向对象易维护、易复用、易扩展的优点就体现得淋漓尽致了。从面向过程语言到面向对象语言的发展可以看出，随着时代的发展，编程语言需要解决的问题越来越复杂，编写的程序规模也越来越庞大，软件的开发、程序的维护、功能的修改变得越来越频繁。因此，面向对象语言是当前计算机技术发展到一定阶段的产物，从面向过程过渡到面向对象的编程方法也是大势所趋。

1.3.3 Python 的起源及优势

Python 诞生于 1989 年，最初并不是为了契合人工智能的发展，而是荷兰人 Guido van Rossum 为了打发圣诞节假期而开发了 Python 语言的解释器。Python 这个名字，来自 Guido 所挚爱的电视剧 *Monty Python's Flying Circus*。他希望 Python 语言能符合他的理想：创造一种居于 C 和 shell 之间，功能全面、易学易用、可扩展的语言。

前文提到 Python 作为面向对象语言所具备的优势。另外 Python 也是一种解释型语言，而 C、C++这些编译型的编程语言只有经过编译工具的处理后才能被 CPU 芯片所识别。使用 Python 这类解释型语言编写完成的程序文件无须编译为可执行二进制文件后再执行，而是可以调用 Python 解释器逐一将程序语句解释成可执行的机器指令。使用者无须关心程序的预处理、编译、汇编、链接这些过程，这使得开发工作变得更加轻松，不过在程序执行时所增加的解释过程也使得它比编译型语言在执行效率上处于劣势。

至于为什么 Python 能够用动态解释的方式执行程序，关键在于 Python 解释器。我们知道任何一种编程语言都需要另一种语言来解释它，对于 Python 语言来说，也需要有一种语言去解释它。通常我们在官网下载的 Python 软件就起到解释 Python 语言的作用，我们称它为 Python 解释器。Python 解释器根据实现的语言不同分为不同的版本，例如 Java 版本的 Jython、.Net 版本的 IronPython、C 版本的 CPython 等。从 Python 官网下载的是 CPython，它是用 C 语言开发的，也是目前应用较为广泛的解释器。当我们从 Python 官网下载并安装好 Python 后，我们会得到一个 CPython 解释器。运行 Python 程序文件时会启动 CPython 解释器，解释器首先将程序文件（.py）编译为字节码（.pyc），然后再将字节码转换为可执行的机器码。

在人工智能领域，Python 的优点除了语法简单、使用方便、快速上手之外，更重要的是拥有强大的第三方库的扩展，其中就包括了许多数据分析、机器学习方面的第三方库。这些库使 Python 在人工智能领域具有很强的竞争力。

最后，Python 也并不是没有缺点，作为一门解释性语言，最明显的缺点就是执行速度的局限性，这会导致在处理某些高频任务时存在瓶颈。幸好 Python 本身由 C 语言实现的，在设计之初就考虑到了通过足够抽象的机制让 C/C++ 之类的编译型的语言能够导入 Python 脚本程序中。这样一来，在开发性能要求较高的程序模块可以通过扩展运行效率更高的 C/C++ 语言来弥补自身的弱点。另外，有些算法已经有开源的 C/C++ 库，那么也没必要用 Python 重写一份，只需要用 Python API 方式或者第三方库 ctypes 调用 C/C++ 库即可。

1.4 本章总结

本章从本质、发展、优势、过程这几个维度来剖析了量化交易，又从股票的起源、股票的收益、股票的溢价、股票的波动这几个维度剖析了股票，同时介绍了 Python 的起源及优势，帮助读者从根本上理解什么是量化交易，什么是股票的价格，为什么要使用 Python 开展量化交易。

第 2 章 量化语言 Python 的关键应用

本章导读

大家是否注意到，Python 语言虽然容易入门，但是深层次的一些概念并不容易理解。另外，在 Python 编程中并不会涉及全部的语法，最常用的语法仅限于变量、循环、类、函数、多任务、异常等。对此，在学习 Python 时，我们应该有所侧重地去学习核心知识点，而不是一开始就陷入细枝末节中。

本章针对 Python 在量化交易系统开发中的一些关键点进行有侧重点的剖析，使大家对 Python 语言有更深层次的理解。

2.1 快速部署 Python 开发环境

俗话说：工欲善其事，必先利其器。在正式开始 Python 量化交易学习之前，我们一定要做好开发环境的准备工作，安装 Python 和第三方 Python 库就是其中关键的一步。本节主要介绍本书示例所依赖的开发环境和基础工具，以及在安装和使用过程中的一些注意事项。

2.1.1 Python 环境安装

在使用 Python 语言编写代码之前必须安装 Python 解释器，否则即使编写了无比优雅的 Python 代码也是无法正常运行的。早期安装 Python 环境首先要在 Python 官网下载某个版本的安装包进行安装，然后安装 pip 包管理工具，再通过 pip 命令安装所需的第三方库。这种方式在 Python 版本和第三方库的管理上着实令人头疼，我们常常碰到以下这些情况。

- Python 版本又升级了，如何让多个 Python 版本并存和切换呢？
- 又要安装新的库了，怎么又提示必须先安装一堆不明所以的依赖库？

为了解决这些问题，诞生了不少 Python 的发行版，Anaconda 就是其中的一款。现在如果要安装 Python 环境，尤其是针对大数据和人工智能的应用，我想大家会不约而同地推荐使用 Anaconda 平台。

为什么推荐 Anaconda 呢？Anaconda 是专用于科学计算的 Python 发行版，发行版内预装好了 conda、Python、众多包和科学计算工具，具有跨平台、环境管理、包管理的特性。

1. 关于跨平台

Anaconda 其实是一个虚拟环境，在一定程度上避免了不同操作系统之间的差异所产生的问题，它支持 Linux、macOS、Windows 系统，通过它安装的 Python 及第三方库在以上操作系统上（对于同样的代码）都能稳定运行。例如我们在 Windows 上通过 Anaconda 安装了 TuShare 库，相关的代码在本地可以稳定运行，之后在 Linux 服务器上通过 Anaconda 安装了 TuShare 库，那么这份代码同样也可以稳定运行，对于 macOS 也一样。

2. 关于环境管理

Anaconda 支持多版本的 Python 并存，不仅支持 Python2 和 Python3 这样的大版本，还支持 Python3.6.4 和 Python3.6.5 这样的小版本，并且在不同的环境下拥有独立的 Python 版本，独立的包管理，仅需简单的操作就可以切换版本。

3. 关于包管理

在安装第三方 Python 库时，Anaconda 会解决依赖库的安装。对于底层系统级的依赖，Anaconda 也不会污染到操作系统的大环境，在删除时会清除它安装的所有东西。因此用 Anaconda 在本地机器上部署 Python 开发环境又快速又省心！这就是强力推荐的原因！

这里提到的 conda 又是什么呢？conda 可以理解为一个工具，也是一个可执行命令，其核心功能是包管理与环境管理。包管理与 pip 的使用类似，环境管理则允许用户方便地安装不同版本的 Python 并可以快速切换。conda 的设计将几乎所有的工具、第三方包都当作包（package）对待，甚至包括 Python 和 conda 自身，因此，conda 打破了包管理与环境管理的约束，可以很方便地解决多版本 Python 并存、切换以及各种第三方包的安装问题。

这里以 macOS 系统为例介绍 Anaconda 的安装。首先到 Anaconda 官网下载 macOS 版 Anaconda 软件，当前的版本有 Python3.7 版本和 Python2.7 版本，本书使用的为 3.7 版本，如图 2.1 所示。

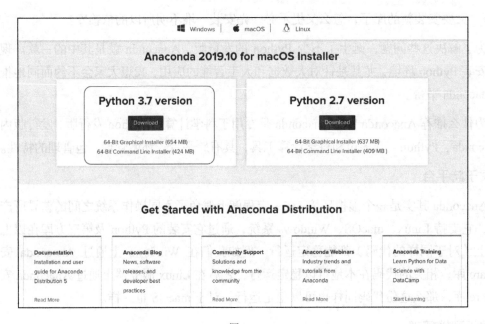

图 2.1

下载完成后，双击安装文件，一步一步地按提示安装完成即可，如图 2.2 所示。

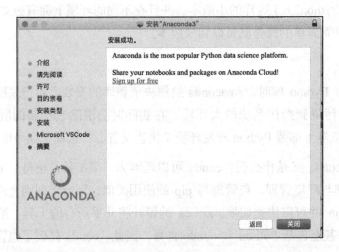

图 2.2

安装完成后，在终端输入"conda"命令，如果无法被系统识别，那么需要检查环境变量是否设置正确。可以使用命令"sudo vi～/.bash_profile"检查环境变量。如果未设置环境变量，那么手动添加 PATH 内容：export PATH="xxx/anaconda3/bin:$PATH"，其中将 xxx 替换成 anaconda 的安装路径。添加完成后使用命令"source～/.bash_profile"刷新环境变量。

2.1.2　第三方库安装

在安装第三方库时，你可以使用 conda 命令也可以使用 pip 命令，以 macOS 系统为例，打开 Anaconda Navigator，单击 Environments→base→open terminal 选项，如图 2.3 所示。

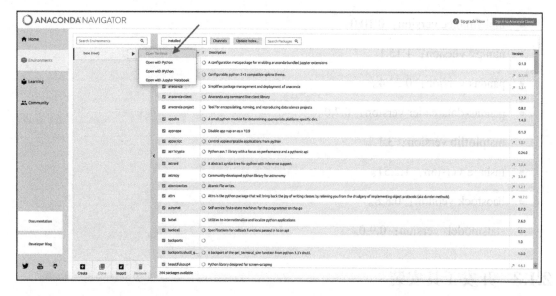

图 2.3

打开终端后，在命令行窗口中使用"conda install package_name"或者"pip install package_name"命令安装第三方库，package_name 为需要安装的库名称，例如安装 numpy 库的命令为"conda install numpy"或者"pip install numpy"。

也可以使用"conda install package_name=version"或者"pip install package_name==version"命令安装指定版本的第三方库，version 为版本信息。安装完成后，可以使用"conda list"或者"pip list"查看当前环境下所有已安装的库。

这里再强调下 TA-Lib 库安装的注意事项。TA-Lib 库的安装相比于 Pandas、Numpy 这些第三方库要麻烦不少，仅仅一条"pip install TA-Lib"是不够的，因为还涉及对底层系统的安装。

TA-Lib 的安装其实分为两部分，底层的为技术分析库，上层的 Python 库是对技术分析库的封装，即"Python wrapper for TA-Lib"。在安装 TA-Lib 时，提示"talib/_ta_lib.c(524): fatal error C1083: Cannot open include file: 'xxxx.h': No such file or directory"之类的信息，多半是底层技术分析库安装出错。解决方法可参考 TA-Lib 官方文档：例如在 macOS 上执行"brew install ta-lib"；在 Windows 下将官网下载的 ta-lib-0.4.0-msvc.zip 解压缩到 C 盘的 ta-lib 目录下，再执行"pip install ta-lib"。

本书涉及的关键第三方库包括 numpy、pandas、pandas-datareader、tushare、ta-lib、matplotlib、mpl-finance、baostock 等，具体的版本如下所示。

- TA-Lib version：0.4.17。
- mpl-finance version：0.10.0。
- numpy version：1.15.1。
- pandas version：0.23.4。
- pandas-datareader version：0.7.0。
- matplotlib version：3.1.1。
- tushare version：1.2.51。
- baostock version：0.8.8。
- statsmodels version：0.9.0。

2.1.3 开发工具安装

安装完 Python 和第三方库后，我们需要安装 Python 的编程调试工具，以提高开发效率。此处推荐大家安装 PyCharm，可以从 PyCharm 官网下载该软件。PyCharm 软件分为社区版（Community）和专业版（Professional），专业版功能丰富，社区版是精简的专业版，部分功能不支持，如图 2.4 所示。

社区版是免费的，专业版是收费的，本书的示例使用社区版即可。当下载完成后，双击安装文件，按提示步骤安装完成。当安装完成后，需要在 PyCharm 中配置 Anaconda 环境，使 Python 项目文件与 Anaconda 环境下的 Python 解释器及各种第三方库相关联。以 macOS 为例，打开 PyCharm，选择其界面右下角的 configure 按钮，单击其右侧的黑色倒三角形，然后选择 preferences 选项，如图 2.5 所示。

	PyCharm Professional Edition	PyCharm Community Edition
Intelligent Python editor	✓	✓
Graphical debugger and test runner	✓	✓
Navigation and Refactorings	✓	✓
Code inspections	✓	✓
VCS support	✓	✓
Scientific tools	✓	
Web development	✓	
Python web frameworks	✓	
Python Profiler	✓	
Remote development capabilities	✓	
Database & SQL support	✓	

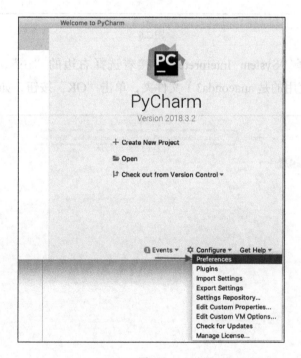

图 2.4

图 2.5

在打开 preferences 选项后，接下来选择页面左边的 project interpreter，选择“Add...”，如图 2.6 所示。

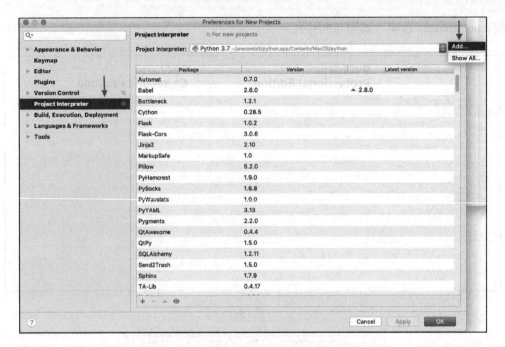

图 2.6

在页面左侧选择"System Interpreter",接着选择右边的"…",在路径目录下找到"anaconda*"(此处使用的是 anaconda3)文件夹,单击"OK"按钮,如图 2.7 所示。

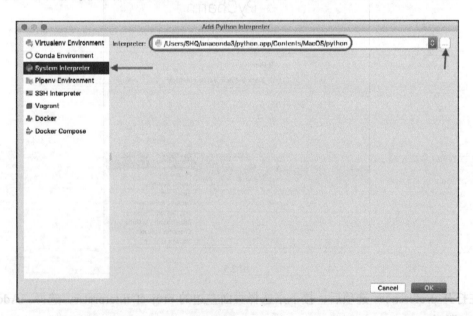

图 2.7

如图 2.8 所示，添加 anaconda 后，可以看到 Python3.7 版本对应的第三方库信息，再单击 "OK" 按钮等待配置更新完成后即可。

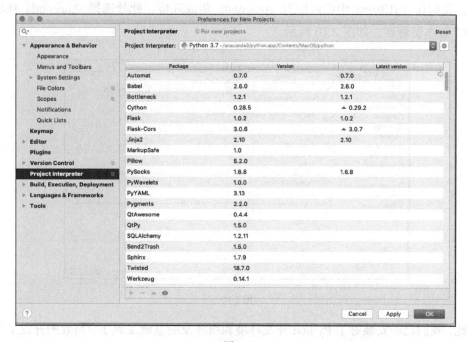

图 2.8

接下来，单击 Create New Project，创建新的 Python 工程，如图 2.9 所示。

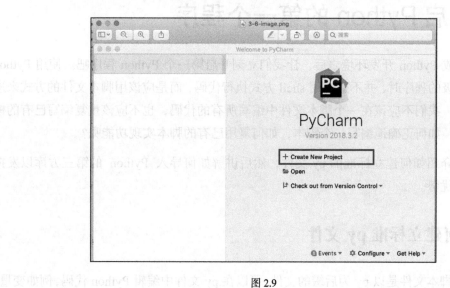

图 2.9

在"New Project"页面，第一个红框中需填写一个新建 Python 项目的路径地址，用于存放和该 Python 项目相关的程序、数据等内容，便于管理。第二个框是我们要用到的 Python 解释器，我们在 PyCharm 中已经配置 Anaconda 集成环境，此处选择 Anaconda 环境下的 Python3.7 版本解释器，如图 2.10 所示。

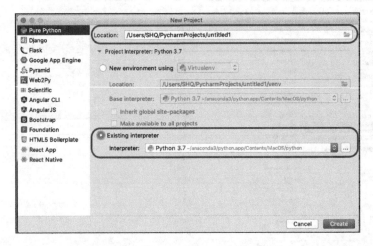

图 2.10

至此，我们已经安装好了 Python 开发环境和所涉及的基础工具了，高效的开发工具可以帮助大家事半功倍地展开学习。

2.2 开启 Python 的第一个程序

在部署完成 Python 开发环境之后，让我们立刻开启第一个 Python 程序吧。使用 Python 开发一个系统级的程序时，并不适合用 shell 方式执行代码，而是应该用脚本文件的方式来进行开发。当然，我们不应该在一个脚本文件中编写所有的代码，也不应该重复编写已有的模块代码。那么，如何正确地编写一个脚本，如何复用已有的脚本实现功能呢？

本节首先介绍如何建立标准的 py 文件，然后讲解如何导入 Python 的第三方库以发挥 Python 的扩展优势。

2.2.1 如何建立标准 py 文件

Python 的脚本文件是以 .py 为后缀的文件，可以在 .py 文件中编辑 Python 代码，例如变量、函数、类、逻辑等，以满足某种特定的功能。编写一份标准的 py 文件主要分为如下几个步骤。

1. 编写声明代码

在文件的起始行以注释符号"#"开头编写声明代码，如下所示：

```
#! /usr/bin/env python3
#-*- encoding: utf-8 -*-
```

#!/usr/bin/env python3 声明根据 PATH 环境变量中指定的第一个 Python 解释器来执行该 Python 脚本。

#-*- encoding: utf-8 -*-声明该文件的编码格式为 utf-8，该代码可以使 py 文件支持中文显示。

2. 编写程序入口代码

一个.py 的文件作为 Python 中的一个模块，模块中有一个内置属性__name__。如果直接运行该模块，那么__name__的值为 '__main__'；如果被其他模块导入使用，那么该模块__name__的值为模块的文件名。

例如直接运行 Code_for_Python.py 文件，则__name__的值为'__main__'；当该文件以模块形式被其他模块导入时，那么__name__的值为'Code_for_Python'。

因此我们在文件中可以编写如下代码模拟 Python 程序入口 if __name__ == '__main__':。当.py 文件被直接运行时，if __name__ == '__main__'语句以下的代码块将被运行；当.py 文件以模块形式被导入时，if __name__ == '__main__'语句以下的代码块不会被运行。

如果一个.py 文件是作为独立执行的脚本，那么我们可以在 if __name__ == '__main__'语句以下编写主程序；如果该.py 文件创建的目的是被其他文件所调用时，那么我们应该在 if __name__ == '__main__'语句之上编写被调用的类、函数、变量等，而在 if __name__ == '__main__'语句以下可以编写一些测试程序。

需要注意 Python 中的缩进对齐规范。在 if __name__ == '__main__'语句以下的代码需要用缩进空格来表示层级，较为常用的是 4 个空格的缩进。如下所示：

```
if __name__ == '__main__':
    print("This is main function!")
```

3. 编写程序主体代码

程序主体代码是由 Python 语法组合而成的，用于实现我们的逻辑功能。

接下来，我们以一个最基础的主体代码为例，结合标准 py 文件的要求，来编写一份 Python 程序。

【示例 2.1】 创建一个 Code_for_Python.py 文件，在文件中实现查看 Python3 中关键字的功能。首先导入 keyword 模块，然后通过打印 keyword.kwlist 查看 Python3 中的关键字。代码中包括了关键字 import 导入模块、关键字 def 定义函数、内置函数 print( )打印信息、if __name__ == '__main__'语句定义主程序入口等等，如图 2.11 所示。

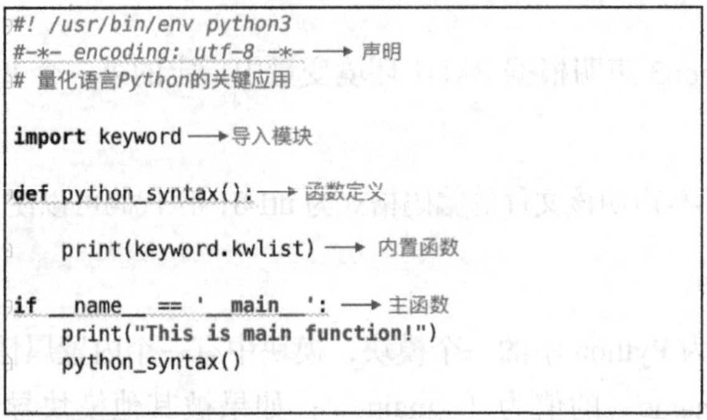

```
#! /usr/bin/env python3
#-*- encoding: utf-8 -*-   → 声明
# 量化语言Python的关键应用

import keyword    → 导入模块

def python_syntax():    → 函数定义

    print(keyword.kwlist)    → 内置函数

if __name__ == '__main__':    → 主函数
    print("This is main function!")
    python_syntax()
```

图 2.11

执行程序后返回 Python3 所涉及的关键字，如下所示：

['False', 'None', 'True', 'and', 'as', 'assert', 'async', 'await', 'break', 'class', 'continue', 'def', 'del', 'elif', 'else', 'except', 'finally', 'for', 'from', 'global', 'if', 'import', 'in', 'is', 'lambda', 'nonlocal', 'not', 'or', 'pass', 'raise', 'return', 'try', 'while', 'with', 'yield']

2.2.2 区分模块、包、库

模块是一种以.py 为后缀的文件，包是为了方便对模块的管理而将文件进行打包，可以理解为存放模块的目录。

例如，当两个功能不同的模块文件取了相同的名称时，无法区分导入的模块是哪个模块，就可以分别构造一个包，将模块放在包文件夹下，通过"包.模块名"来引用模块。

通常一个包由__init__.py 和其他诸多.py 文件构成。__init__.py 内容可以为空，也可以写入一些包执行时的初始化代码。需要注意的是，__init__.py 是包的标志性文件，Python 解释器通过一个文件夹下面是否有__init__.py 文件，来识别该文件夹是否为包文件。

包目录下除了模块文件，还可以包含子目录，假如子目录中也有__init__.py，那么它就是这个包的子包了。常见的包结构如下所示，package 指的是包名称，module 指的是模块名称：

```
package
├──__init__.py
├──module1.py
├──module2.py
└──package_1
   ├──__init__.py
   └──module3.py
```

关于库的概念，Python 的库着重强调其功能性，可以视为具有相关功能模块和包的集合，也就是说具有某些功能的模块和包都可以称为库。例如 Python 内置了强大的标准库，还有像 NumPy、Pandas 这些属于集成科学计算功能的第三方库。

2.2.3 import 发挥扩展优势

Python 最大的优点是拥有强大的第三方库的扩展能力。在 Python 中，可以使用 import 关键字导入模块，如下所示：

```
import module1
import module1,module2
```

其中 import 是 Python 中的关键字，module 是导入的模块名称。例如在 import Code_for_Python 语句中，import 本质上是将 Code_for_Python.py 文件中的所有代码解释加载后赋值给一个与当前模块的同名变量 Code_for_Python。当我们想要访问 Code_for_Python.py 里面的 __name__ 属性时，需要写 Code_for_Python.__name__，如果想要调用里面的 python_syntax( )函数时需要写成 Code_for_Python.python_syntax( )。

也可以将模块名称取名为自定义名称，有利于代码的精简，如下所示：

```
import module3 as md3
```

导入模块后，模块所在文件夹将自动生成一个对应的 __pycache__\Code_for_Python.cpython-37.pyc 文件。

如果要导入模块内特定函数或者方法，可以使用 from-import 语法，如下所示：

```
from module1 import function1, function2, function3
from module12 import *  # 导入所有方法，不建议使用，以避免冲突情况的发生
```

例如，在 from Code_for_Python import python_syntax 语句中，import 的本质是将 Code_for_Python.py 里面的 python_syntax( )函数的代码解释加载之后赋值给一个名称为 python_syntax 的变量，这样就可以直接调用 python_syntax( )函数使用。

需要注意的是，导入包时与导入模块有所不同，导入包时只是执行了包中的 __init__.py

文件，例如，import numpy as np 语句会先执行 numpy 文件夹下的 __init__.py，再由 __init__.py 文件中的代码导入其他的模块。

2.2.4 调试助手 print( )函数

几乎所有编程语言的程序在调试时，print 都是不可或缺的，Python 也一样。使用 print 可以输出数字、字符串、变量等内容，帮助我们调试程序。不过用习惯了 Python2 的读者们需要注意了，在 Python2 中，print 是一个语法结构，而在 Python3 中，print 则是一个内置函数。因此在 Python2 中，使用 print 时可以不加括号，但在 Python3 中，则必须加上括号。

【示例 2.2】 使用 print( )函数分别输出字符串和数字，以及各种类型的变量。代码如下所示：

```python
print("Quant Trade")  # 输出字符串
print(10.68)  # 输出数字

str_var = "Quant Trade"  # 字符串
print(str_var)  # 输出变量

l_var = [1, 2, 'a']  # 列表
print(l_var)

t_var = (1, 2, 'a')  # 元组
print(t_var)

d_var = {'a': 1, 'b': 2}  # 字典
print(d_var)
#打印结果
"""
Quant Trade
10.68
Quant Trade
[1, 2, 'a']
(1, 2, 'a')
{'a': 1, 'b': 2}
"""
```

【示例 2.3】 print( )函数结合特定的格式化符号可支持格式化输出，例如%s 表示格式化字符串，%f 表示格式化浮点数字（可指定小数点后的精度），%d 表示格式化整数。代码如下所示：

```python
print("This is %s and Price is %2.2f" %("Quant Trade", 10.68))
# 打印结果
# This is Quant Trade and Price is 10.68
```

【示例 2.4】 Python3.6 新增了 formatted string literals。格式化的字符串文字前缀为 f，

替换区域由花括号{}包围，运行时包含{}的表达式的值会被 format( )协议进行格式化，并代替{}中的内容。代码如下所示：

```
str_time = "2019-05-07 21:56:11"
print(f'time is:{str_time}')
# 打印结果
# time is:2019-05-07 21:56:11
```

2.3　何为 Python 动态类型特性

任何语言工具的变量都是以特定类型的形式存在的，Python 也不例外。在 Python 中变量类型主要包括数字（Number）、字符串（String）、列表（List）、元组（Tuple）和字典（Dictionary）等，这些变量不需要预先声明类型就可以使用，即动态类型特性。关于这个特点很多初学者都会难以理解，那么本节就来讲解什么是 Python 中动态变量的特性。

2.3.1　变量的种类

首先概括性地介绍下 Python 中主要的变量类型，为接下来动态类型特性的介绍做些基础铺垫。

1．数字

【示例 2.5】　数字类型用于存储数值，其中包括布尔型（bool）、整型（int）、浮点型（float）、复数（complex）这几种，在 Python3.x 中已经将 Python2.x 的 long（长整形）和 int（整型）合并。代码如下所示：

```
# 查看数值的类型   注：type()用于查询数据类型
print(type(True))   # 打印结果：<class 'bool'>
print(type(123))    # 打印结果：<class 'int'>
print(type(1.12))   # 打印结果：<class 'float'>
print(type(3j + 1)) # 打印结果：<class 'complex'>
```

【示例 2.6】　对于数字我们可以使用加（+）、减（-）、乘（*）、除（/）、取模（%）、幂（**）、取整除（//）等运算符进行运算。代码如下所示：

```
# 查看数值的运算
a = 1
b = 3
print(a + b)  # 打印结果：4
print(a - b)  # 打印结果：-2
print(a * b)  # 打印结果：3
```

```
print(a / b)    # 打印结果: 0.3333333333333333
print(a % b)    # 打印结果: 1
print(a ** b)   # 打印结果: 1
print(a // b)   # 打印结果: 0
```

2. 字符串

【示例 2.7】 字符串类型是由数字、字母、下划线组成的一串字符，它是 Python 中表示文本的数据类型，由成对的单引号（'）、双引号（"）、三引号（"""）包围。在单引号包围的字符串中不能包含单引号自身，如果非要包含其自身时则需要转义（\'）。同理，双引号和三引号也遵循该规则。代码如下所示：

```
# 查看单引号、双引号、三引号包围的字符串常量
print('one quote!')        # 打印结果: one quote!
print('one \' quote!')     # 打印结果: one ' quote!
print('one " quote!')      # 打印结果: one " quote!
print("two ' quote!")      # 打印结果: two ' quote!
print("two \" quote!")     # 打印结果: two " quote!
print("""three quote!""")  # 打印结果: three quote!
print("""three ' quote!""")    # 打印结果: three ' quote!
print("""three "" quote!""")   # 打印结果: three "" quote!
print("""three \""" quote!""") # 打印结果: three """ quote!
```

3. 列表

【示例 2.8】 列表类型是 Python 中最常用的数据类型，用"[]"标识，在方括号内用逗号分隔不同的数据元素。可以使用下标索引或者切片的方式来访问列表中的元素。代码如下所示：

```
# 创建列表变量
list_temp = ['close', 'open', 2019, 2020, [1.1, 1.2], "10%"]

# 列表访问
print(list_temp[2])    # 访问列表中下标为2的元素 结果为: 2019
print(list_temp[1:5])  # 访问列表中下标为1到4的元素 结果为: ['open', 2019, 2020, [1.1, 1.2]]
# 列表二次赋值
list_temp[2] = 2001;
print(list_temp)  # 列表内容变为: ['close', 'open', 2001, 2020, [1.1, 1.2], '10%']
```

【示例 2.9】 列表也支持多种操作函数和方法，此处列举几个进行介绍。代码如下所示：

```
# 统计列表元素个数
print(len(list_temp))  # 结果为: 6
# 从列表中找出某个值第一个匹配项的索引位置
print(list_temp.index('open'))  # 结果为: 1
# 在列表末尾添加新的元素
list_temp.append("20%")
# 移除列表中某个值的第一个匹配项
list_temp.remove(2001)
print(list_temp)  # 列表内容变为: ['close', 'open', 2020, [1.1, 1.2], '10%', '20%']
```

4. 元组

【示例 2.10】 元组类型用"( )"标识，内部元素用逗号隔开，类似于列表的表现方式，但是元组不能二次赋值，相当于只读的列表。代码如下所示：

```
# 创建元组并初始化
tuple_temp = ('close', 'open', 2019, 2020, [1.1, 1.2], "10%")
# 元组访问
print(tuple_temp[1:5])  # 访问元组中为1到4的元素 结果为：('open', 2019, 2020, [1.1, 1.2])
# 统计元组元素个数
print(len(tuple_temp))  # 打印结果：6
# 从元组中找出某个值第一个匹配项的索引位置
print(tuple_temp.index(2019))  # 打印结果：2
```

5. 字典

字典类型是使用键—值（key-value）彼此关联的方式存储数据的，通过键（key）索引可以快速查找到值（value）。字典和列表一样也属于一种可变的容器，用于存储任意类型的对象，不过字典当中的元素是通过键来存取的，而不是通过偏移存取。

字典的基本格式是用大括号"{}"包裹键—值对的集合，如下所示，其中键与值之间用冒号":"分开，项与项之间用逗号","分开。代码如下所示：

```
# 创建字典变量
dict_temp = {'chapter1':'content1', 'chapter2':'content1'}
```

【示例 2.11】 字典中的键要求必须是唯一的，比如像字符串、数字或元组这样的不可变类型。对于列表这样的可变类型就不能作为键，否则会提示列表为不可哈希的类型。代码如下所示：

```
# string 不可变类型能作为 key
key = 'chapter3'
dict_temp[key] = 'content1'
print(dict_temp) # 字典内容变为：{'chapter1':'content1','chapter2':'content1','chapter3':'content1'}

# list 可变类型不能作为 key
key = [1, 2, 3]
dict_temp[key] = 'a list'
print(dict_temp) # 报错 TypeError: unhashable type: 'list'
```

关于列表不能作为字典的键，此处说明下原因。字典之所以能通过索引快速查找到值，关键原因是使用了哈希表（hash table）这种数据结构。

哈希表的基本思想是以关键字 Key 为自变量，通过一定的函数关系（哈希函数），计算出对应的函数值（哈希地址，如 hash('a')），以这个值作为数据元素的地址，并将数据元素存入相应地址的存储单元中。查找时再根据要查找的关键字采用同样的函数计算出哈希地址，然后直接到相应的存储单元中去取要找的数据元素。

因此字典查找和插入的速度更快，不会像列表那样随着元素的增加而速度变慢，不过字典占用内存较大，可见字典是用空间来换取了时间，与列表恰好相反。

这可以解释为什么列表这样的可变类型不能作为字典的键。正是因为字典是将键通过哈希算法（Hash）计算得到值的存储位置，因此要保证存储的正确性，作为键的对象必须是 Python 中的字符串、整数等不可变类型，否则列表这样的可变类型会导致字典内部出现混乱。

【示例 2.12】 字典中的值可以取任何数据类型，甚至可以由字典构成嵌套的字典。代码如下所示：

```python
# 嵌套字典
dict_temp = {'chapter1':{
                'name':"basic",
                'page':31},
             'chapter2':{
                'name':"senior",
                'page':42}
            }
```

【示例 2.13】 关于字典的基本操作。访问字典中的值可以通过以下形式，方括号中为字典的键，返回的是键所对应的值，如果键不在字典中，则会引发一个 KeyError。代码如下所示：

```python
# 访问字典
print(dict_temp['chapter2'])  # 打印结果: {'name': 'senior', 'page': 42}
print(dict_temp['chapter2']['name'])  # 打印结果: senior
print(dict_temp['chapter3'])  # 报错 KeyError: 'chapter3'
```

【示例 2.14】 如果要添加一个新的数据元素时，只需要通过以下形式直接添加一对键值即可。要求键是唯一的，否则重复的键值会替换前面的键值。代码如下所示：

```python
# 添加字典
dict_temp['chapter3']={'name':"middle", 'page':50}
print(dict_temp)
# 字典内容变为:
# {'chapter1': {'name': 'basic', 'page': 31},
# 'chapter2': {'name': 'senior', 'page': 42},
# 'chapter3': {'name': 'middle', 'page': 50}}
```

【示例 2.15】 关于字典的删除时，可通过以下形式分别删除字典中的某个元素、清空字典内容或者删除整个字典。代码如下所示：

```python
# 删除字典
del dict_temp['chapter2']['name']  #删除某个元素
dict_temp.clear()#{} #清空字典
del dict_temp  #删除字典
```

【示例 2.16】 关于字典的操作函数和方法，主要介绍 dict.keys( )、dict.values 和 dict.items( )，它们分别对应返回字典的键、值和键—值对，在 Python2.x 中返回的是一个字典的拷贝列表，由于这样会占额外的内存，因此在 Python 3 中返回的是类似列表的"字典视图"，它们不能被修改，没有 append( )方法，也无法以下标形式进行访问，但这些数据类型是可迭代类型，可以用于 for 循环。代码如下所示：

```
print(dict_dat.keys())
# 字典操作函数和方法
print(dict_temp.keys())
#返回 keys 结果: dict_keys(['chapter1', 'chapter2', 'chapter3'])
print(dict_temp.values())
#返回 values 结果: dict_values([{'name': 'basic', 'page': 31},{'name': 'senior', 'page': 42},{'name': 'middle', 'page': 50}])
print(dict_temp.items())
#返回 items 结果:dict_items([('chapter1',{'name': 'basic','page': 31}),('chapter2',{'name': 'senior', 'page': 42}), ('chapter3', {'name': 'middle', 'page': 50})])
```

2.3.2 动态类型的特性

在本节的第一部分中，我们在创建数值变量示例中执行了 $a=1$ 这行语句，学过像 C 语言这类的静态编译类型语言的同学或许会有些困惑。在 Python 中输入 $a=1$ 时，变量居然不需要预先声明类型，那 Python 怎么知道 a 是一个整数呢？这就是 Python 作为动态类型语言的特点。

在 C 语言中，变量所分配到的地址是内存空间中一个固定的位置。当我们改变变量值时，对应内存空间中的值也相应改变。在 Python 中变量存储的机制完全不一样。当给一个变量赋值时，首先解释器会给这个值分配内存空间，然后将变量指向这个值的地址。例如运行 $a=1$ 时，解释器将变量指向整形值 1 的地址，那么当我们改变变量值的时候解释器又会给新的值分配另一个内存空间，再将变量指向这个新值的地址。例如运行 $a=0.1$ 时，解释器将变量指向浮点值 0.1 的地址。如图 2.12 所示。

所以，和 C 语言相比，在 Python 中改变的是变量所指向的地址，而内存空间中的值是固定不变的。下面通过具体的例子来了解 Python 动态类型语言的特点。

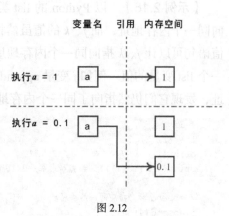

图 2.12

【示例 2.17】 通过 id( )函数查看变量内存地址的方式来进行验证。先以 Python 的 int 类型为例，执行 *i*+=1 后，变量 *i* 的内存地址会发生变化，事实上 *i*+=1 并不是在原有变量 *i* 的地址上加 1，而是重新创建一个值为 6 的 int 对象，变量 *i* 则引用了这个新的对象，因此当变量 *i* 和变量 *j* 的值相同时会指向同个内存地址。同样以 Python 的浮点型（float）为例也验证了这个变量存储管理的机制。代码如下所示：

```
# int
i = 5
print(i)  # 打印结果: 5
print(hex(id(i)))  # 打印结果: 0x10b6594c0
# 重新创建值为 6 的 int 对象
i += 1
print(i)  # 打印结果: 6
print(hex(id(i)))  # 打印结果: 0x10b6594e0
# 指向数值 5 的内存地址
j = 5
print(j)  # 打印结果: 5
print(hex(id(j)))  # 打印结果: 0x10b6594c0

# float 相同
i = 1.5
print(i)  # 打印结果: 1.5
print(hex(id(i)))  # 打印结果: 0x10d81d780

i += 1
print(i)  # 打印结果: 2.5
print(hex(id(i)))  # 打印结果: 0x10d81d600

j = 1.5
print(j)  # 打印结果: 1.5
print(hex(id(j)))  # 打印结果: 0x10d81d780
```

【示例 2.18】 以 Python 的 list 类型为例，可以看到 list 变量 *i* 在 append 之后，仍然指向同一个内存地址，而 *j*、*k* 的值虽然相同，但是指向的内存地址却不同。我们通过 *j*=*k* 的赋值语句可以让 *j*、*k* 指向同一个内存地址，对 *j*、*k* 任意一个 list 变量进行修改，都会影响另外一个 list 变量的值。例如 *j* 变量 append(4)时，同时对 *k* 变量也产生影响，查看 *j*、*k* 的内存地址，发现它们仍然指向了同一个内存地址。代码如下所示：

```
# list
i = [1, 2, 3]
print(i)  # 打印结果: [1, 2, 3]
print(hex(id(i)))  # 打印结果: 0x10b91e7c8

# append 后仍指向同一内存地址
i.append(4)
print(i)  # 打印结果: [1, 2, 3, 4]
```

```
print(hex(id(i)))    # 打印结果: 0x10b91e7c8

# j、k 的值虽然相同，但指向的内存地址却不同
j = [1.5, 2.5, 3.5]
print(j)    # 打印结果: [1.5, 2.5, 3.5]
print(hex(id(j)))    # 打印结果: 0x10d81c548
k = [1.5, 2.5, 3.5]
print(k)    # 打印结果: [1.5, 2.5, 3.5]
print(hex(id(k)))    # 打印结果: 0x10d7dac48

# 赋值语句让 j、k 指向同一个内存地址
j = k
print(j)    # 打印结果: [1.5, 2.5, 3.5]
print(hex(id(j)))    # 打印结果: 0x10d7dac48
print(k)    # 打印结果: [1.5, 2.5, 3.5]
print(hex(id(k)))    # 打印结果: 0x10d7dac48

# j、k 任意一个 list 变量修改，会影响另外一个 list 变量的值
j.append(4)
print(j)    # 打印结果: [1.5, 2.5, 3.5, 4]
print(hex(id(j)))    # 打印结果: 0x10d7dac48
print(k)    # 打印结果: [1.5, 2.5, 3.5, 4]
print(hex(id(k)))    # 打印结果: 0x10d7dac48
```

主要原因是 list、dict 等类型属于 Python 中的容器对象，它包含的并不是元素对象本身，而是指向各个元素对象的引用，如图 2.13 所示。

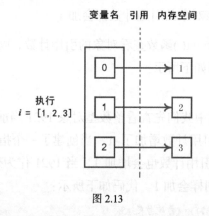

图 2.13

可以看到 list 变量 i 的 0 号成员地址，仍然与整数 1 指向同一个内存地址，代码如下所示：

```
print(hex(id(i[0])))    # 打印结果: 0x10a2f0440
print(hex(id(1)))       # 打印结果: 0x10a2f0440
```

【示例 2.19】 当刚才讲到 Python 的 int 类型的两个变量值相同时，Python 解释器并不会分别为两个变量申请内存，而是优化并将它们指向同样的内存地址，对于字符串也同样适用。代码如下所示：

```python
# Python3.7 string
s1 = 'a' * 20
s2 = 'a' * 20
print(hex(id(s1)), hex(id(s2)))   # 打印结果: 0x10b7f6540 0x10b7f6540

s1 = 'a' * 21
s2 = 'a' * 21
print(hex(id(s1)), hex(id(s2)))   # 打印结果: 0x10b921348 0x10b921348
```

根据以上这些例子，我们可以知道实际上 Python 中数据类型对象分为可变类型和不可变类型，列表、字典是可变类型，而整数、浮点、短字符串、元组等是不可变类型。可变类型的变量赋值与我们了解的 C 语言机制相同，而不可变类型的变量赋值时，实际上是重新创建一个不可变类型的对象，并将原来的变量重新指向新创建的对象。这就是 Python 作为动态类型语言的特点。

2.3.3 内存管理与回收

当创建一个新的变量值时，Python 解释器会给变量值分配内存空间，当该变量指向另一个值时，原来的内存空间该如何处理呢？

Python 使用了引用计数机制来追踪内存中的对象被引用的次数。当对象被创建时，就创建了一个引用计数器，当对象赋值给一个变量，作为容器对象的成员时，或者作为参数传递给函数、方法或类实例等，该对象的引用计数都会加 1。

我们可以使用 sys.getrefcount( )函数查看对象的引用计数，以此来验证引用计数机制。使用时需要导入 sys 模块，代码如下所示：

```python
import sys
```

【示例 2.20】 以下示例中我们先查看整数型对象 1921 当前的引用计数值为 3，当变量 getre_val_1 引用 1921 时，引用计数增加了 1，当创建了一个指向同一个对象 1921 的别名 getre_val_2 时，1921 对象的引用计数也会增加 1，当 1921 作为列表容器对象 getre_val_3 的一个成员元素时，引用计数同样会加 1。代码如下所示：

```python
print(sys.getrefcount(1921))   #打印结果: 3
getre_val_1 = 1921
print(sys.getrefcount(1921))   #打印结果: 4
getre_val_2 = getre_val_1
print(sys.getrefcount(1921))   #打印结果: 5
getre_val_3 = [1921, 1922, 1923]
print(sys.getrefcount(1921))   #打印结果: 6
```

相应的，当对象的引用被销毁时，引用计数会减少。比如当函数结束时，所有局部变量都会自动销毁，引用计数也会随之减少。当给变量赋值了另一个对象时，原对象的引用计数也会自动减 1。

【示例 2.21】 相应的，当对象的引用被销毁时，引用计数会减小。例如函数运行结束时，所有局部变量都会自动销毁，引用计数也会随之减少。当给变量赋值了另一个对象时，原对象的引用计数也会自动减 1。在以下示例中，我们将列表容器对象 getre_val_3 的元素 1921 替换为 1924，使用 del 语句删除变量 getre_val_1 的引用、以及将 getre_val_2 的引用替换 1924 时，1921 的引用计数都会减少。代码如下所示：

```
getre_val_3[0] = 1924
print(sys.getrefcount(1921))    #打印结果: 5
del getre_val_1 # 执行 del getre_val_1 语句后从当前名称空间中删除 getre_val_1
print(sys.getrefcount(1921))    #打印结果: 4
getre_val_2 = 1924
print(sys.getrefcount(1921))    #打印结果: 3
```

需要注意的是，执行 **del** getre_val_1 语句后会从现在的名称空间中删除 getre_val_1。

当 Python 的某个对象的引用计数降为 0 时，说明没有任何引用指向该对象，该对象就成为要被回收的垃圾。例如某个新建对象，被分配给某个引用，对象的引用计数变为 1。如果引用被删除，对象的引用计数为 0，那么该对象就可以被垃圾回收。

2.3.4　深入探究 PyObject

Python 作为一门高级语言，其实大家也可以不必过多地推敲底层的实现机制，不过有一定程度的了解可以帮助我们更深入地理解和应用它，也有助于排查语法层面的 BUG。接下来我们通过 PyObject 这个结构体来了解 Python 动态类型特性的深层机制。

通常来说，无论什么语言最终被计算机识别到的都是内存中的字节信息，那么对象实际上就是在更高的层次上把内存中的数据作为一个整体来考虑，这个整体可以是一个整数，可以是一个字符串，也就是我们所理解的对象。Python 中所有的东西都是对象，那么 Python 中的对象机制是如何实现的呢？

通过源码分析可以发现，Python 中每个对象都拥有一些相同的内容，这些内容就定义在 PyObject 这个结构体中，它就是实现对象机制的核心结构体。从 Python 源码文件 object.h 中可以找到 PyObject 结构体，代码如下所示：

```
typedef struct _object {
    PyObject_HEAD
} PyObject;
```

PyObject_HEAD 是一个宏定义，定义了每一个 Python 对象所占内存的头部字节内容，我们把 PyObject_HEAD 宏定义替换成具体内容再直观地看下 PyObject 这个结构体。代码如下所示：

```
typedef struct _object {
    Py_ssize_t ob_refcnt;
    struct _typeobject *ob_type;
} PyObject;
```

ob_refcnt 是一个整形变量，它的作用是实现引用计数机制。例如一个对象 A，当有一个新的 PyObject *引用该对象时，A 的引用计数增加；而当这个 PyObject *被删除时，A 的引用计数减少。当 A 的引用计数减少到 0 时，A 就可以从堆上被删除，以释放出内存供别的对象使用。为什么是从堆上删除呢？因为 Python 中对象是在堆上申请的结构体，这点和 C 有很大的区别，C 的变量是随函数创建，被压入栈中的。

ob_type 是一个指向_typeobject 结构体的指针。实际上这个结构体也是一个对象，它是用来指定一个对象类型，它记录了不同的对象所需内存空间的大小的信息。简单地说，Python 中对象机制的核心一个是引用计数，另一个就是类型。

PyObject 是一个定长对象的结构体，对于可变长度对象的结构体是 PyVarObject，它比 PyObject 结构体多一个 ob_size 变量，用于指定容器中包含的元素数量。例如，列表有 5 个元素，那么 PyVarObject.ob_size 的值就是 5。PyVarObject 实际上只是对 PyObject 的一个扩展而已，任何一个 PyVarObject 所占用的内存，开始部分的字节定义和 PyObject 是一样的，如图 2.14 所示。

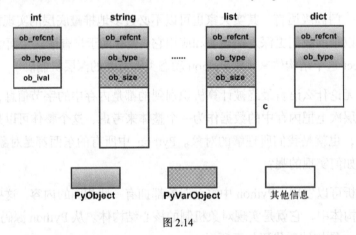

图 2.14

这就可以解释动态类型特性的实现，当 Python 创建一个整型对象 PyIntObject，首先它会为这个对象分配内存，并进行初始化，然后这个对象会由一个 PyObject*变量来维护，因为每一个对象都拥有相同的对象头部，这使得对象的引用变得非常统一。无论对象实际上的类型是什么，只需要通过 PyObject*指针就可以引用任意的一个对象。

深入浅出地了解了 Python 动态特性的机制以后,大家就不觉得这是难以理解的概念了吧,其实学习的乐趣就在恍然大悟、融会贯通的那一刻。

2.4 如何正确地创建函数

函数的作用是把那些独立并且会多次使用的代码作为一个功能进行封装,当每次要使用这个功能的代码时,仅需要调用这个函数即可。

2.4.1 用 def 关键字定义函数

在 Python 中,函数是使用 def 关键字定义的,在定义函数的时候,可以在函数的括号内加入形参,当调用该函数时主调用函数会将实参的值传递给该函数的形参,从而实现参数信息的传递,使函数实现相应功能。

【示例 2.22】 定义一个函数,name 是一个形参,在调用该函数时,u"新希望"是传入的实参,该值即存储在 name 中。代码如下所示:

```
def stock_info(name):
    """内部代码块"""
    print("this stock is: "+name)
stock_info(u"新希望")
# 打印结果: this stock is: 新希望
```

2.4.2 参数传递的形式

Python 中给函数传递参数的方式有位置实参和关键字实参,实参可以是变量或值的形式,实参的值可以是列表、字典、元组等。参数传递有以下几个要点:

- 当使用位置实参方式传值时,传入的实参的顺序和个数必须与形参相同;
- 关键字实参方式是通过关键字(值)来传值,如果指定了参数名为关键字,就不需要考虑函数调用过程中实参的顺序,但是仍然要保证实参和形参的个数相同;
- 当我们将位置实参和关键字实参两种方式混合使用时,位置实参必须在关键字实参之前,否则程序会报错。

【示例 2.23】 创建一个包含形参的函数,分别使用位置实参方式、关键字实参方式以及混合实参方式给函数传递参数值。代码如下所示：

```python
def stock_info_1(name, close, open):
    print(name, close, open)
# 位置实参
stock_info_1(u"新希望", 11.5, 11.8)
# 打印结果：新希望 11.5 11.8
# 关键字实参
stock_info_1(name=u"新希望", open=11.8, close=11.5)
# 位置实参和关键字实参混合使用
stock_info_1(u"新希望", open=11.8, close=11.5)
```

无论是位置实参传递，还是关键字实参传递，都要求在数量上与形参保持一致。接下来介绍两种特殊的情况。

1. 指定形参默认值

在定义函数的时候，指定形参的默认值，则提供了更大的便捷。如果在调用函数时给函数提供了实参，Python 将使用指定的实参值，否则将自动调用形参的默认值。这样一来，每次调用函数时只需要传递自定义的几个参数即可，其余的参数可保持默认值，不但简化了函数的调用，还提升了程序的健壮性（默认值形参的位置必须在非默认值形参之后）。

【示例 2.24】 创建一个包含指定形参默认值的函数，对于指定默认值的形参，我们分别以不给定实参和给定实参两种方式给函数传递参数值。代码如下所示：

```python
def stock_info_2(name, open, close=11.5):
    print(name, open, close)

# 调用时更改默认值
stock_info_2(u"新希望", 11.8, 12)
# 打印结果：新希望 11.8 12

# 指定形参的默认值
stock_info_2(u"新希望", 11.8)
# 打印结果：新希望 11.8 11.5
```

2. 指定可变长度参数

在定义形参的时候，不确定传入参数个数时，可以使用*和**操作符来指定可变长度的参数。*表示将传入的非关键字参数以元组形式集合，**表示将传入的关键字参数以字典的形式集合，这两种形参位于位置和默认参数之后，也就是形参列表的最后。就像位置参数必须位于关键字参数之前一样，非关键字参数必须位于关键字参数之前。

【示例 2.25】 创建函数，使用*和**操作符来指定可变长度的参数。其中*args, **kwargs

仅是变量名，也可取其他名称。代码如下所示：

```python
def stock_info_3(name, open, close=11.5, *args, **kwargs):

    print("name=", name)
    print("open=", open)
    print("close=", close)

    print("args=", args)
    print("kwargs=", kwargs)

    for i, element in enumerate(args):
        print("args %d-->%s" % (i, str(element)))

    for key in kwargs:
        print("kwargs %s-->%s" % (key, kwargs[key]))
```

【示例2.26】 当函数被调用的时候，所有的形参（位置形参和默认形参）都将值赋给在函数声明中相对应的局部变量。剩下的非关键字参数按顺序插入到一个元组中便于访问。*操作符之后的形参将作为元组传递给函数，元组保存了所有传递给函数的额外的参数（匹配了所有位置和默认参数后剩余的）。如果没有给出额外的参数，则元组为空。代码如下所示：

```python
stock_info_3(u"新希望", 11.8, 12, 14, 16, 17)
# 打印结果
"""
name= 新希望
open= 11.8
close= 12
args= (14, 16, 17)
kwargs= {}
args 0-->14
args 1-->16
args 2-->17
"""
```

【示例2.27】 在我们有不定数量的关键字或者额外集合的关键字的情况时，参数被放入一个字典中，字典中的键是参数名，字典中的值是相应的参数值，以字典存储正好能够成对给出数据。代码如下所示：

```python
stock_info_3(u"新希望", 11.8, 14, 16, 17, ave=12, high=15, low=2)
# 打印结果
"""
name= 新希望
open= 11.8
close= 14
args= (16, 17)
kwargs= {'ave': 12, 'high': 15, 'low': 2}
args 0-->16
```

```
args 1-->17
kwargs ave-->12
kwargs high-->15
kwargs low-->2
"""
```

【示例 2.28】 在以上示例中，我们在调用函数时分别列出了传入的关键参数和非关键参数，在实际应用中，我们更多的是将关键参数存放在字典中，将非关键参数存放在元组中，于是我们可以在不逐个列出变量参数的情况下传入参数。代码如下所示：

```
aTuple = (16, 17)   # or [16, 17]
aDict = {'ave': 12, 'high': 15, 'low': 2}

stock_info_3(u"新希望", 11.8, 14, *aTuple, **aDict)
# 打印结果
"""
name= 新希望
open= 11.8
close= 14
args= (16, 17)
kwargs= {'ave': 12, 'high': 15, 'low': 2}
args 0-->16
args 1-->17
kwargs ave-->12
kwargs high-->15
kwargs low-->2
"""
```

【示例 2.29】 元组对象前面如果不带"*"、字典对象如果前面不带"**"，则作为普通的对象传递参数。代码如下所示：

```
stock_info_3(u"新希望", 11.8, 14, aTuple, aDict)
# 打印结果
"""
name= 新希望
open= 11.8
close= 14
args= ((16, 17), {'ave': 12, 'high': 15, 'low': 2})
kwargs= {}
args 0-->(16, 17)
args 1-->{'ave': 12, 'high': 15, 'low': 2}
"""
```

2.4.3 匿名函数 lambda

lambda 属于 Python 内置的关键字，它可以用一个表达式来表示函数，因此 lambda 表达式也称为 lambda 函数。lambda 表达式的语法格式为：

lambda [parameter_list] : expression

从语法格式可以看出 lambda 表达式的几个要点：

- lambda 表达式必须使用 lambda 关键字定义；
- lambda 表达式只能是单行表达式；
- parameter_list 是参数列表，与 Python 函数的参数列表大体相同。可以没有参数，也可以有多个参数。当有多个参数时，需要用逗号隔开。例如 "a, b""a=1, b=2""*args""**kwargs""a, b=1, *args" 等；
- expression 是表达式，表达式中出现的参数需要在 parameter_list 中有定义。例如 "a + b""1 if a >10 else 0" 等；
- expression 仅限于单行，这决定了 lambda 表达式不可能完成复杂的逻辑，只能完成非常简单的功能，也正因为它实现的功能简单到一目了然，所以也不需要专门的名字来说明（匿名函数的由来）。

【示例 2.30】 以下列举了一些 lambda 函数的使用示例，代码如下所示：

```
lambda x,y:x*y  # 函数输入为 x 和 y，输出为它们的积 x*y
lambda :None  # 函数没有输入参数，输出是 None
lambda *args:sum(args)  # 函数输入为任意个数的参数，输出是它们的和（隐性要求输入参数必须能够进行加法运算）
lambda **kwargs:5  # 输入为任意键-值对参数，输出为 5
```

总体来说，lambda 表达式可以省去 def 定义函数的过程，起到一个函数速写的作用。对于不需要多次复用的函数，使用 lambda 表达式可以在用完之后立即释放，提高了性能。lambda 表达式的主体是一个表达式，而不是一个代码块，仅仅能在 lambda 表达式中封装有限的逻辑进去。只能创建简单的函数对象，即只适合函数体为单行的情形。当处理更复杂的任务时，函数比 lambda 表达式的适应性更强。

2.5　初识 Python 面向对象

Python 作为一门高级脚本语言，的确上手很快，丰富的标准库可以帮助我们快速达到目的。但是当我们需要着手搭建一个系统的时候，就需要考虑软件的可移植性、可扩展性、可维护性等，因此我们必须深入研究 Python 的面向对象机制，才能更好地使用它。

本节对 Python 的面向对象机制进行剖析，对元类、类、实例、父类、类型等非常重要却又容易混淆的概念和相互的关系进行详细讲解，帮助读者从全局概念上了解 Python 面向对象的机制。

2.5.1 父类、子类和实例

所谓"类"是从一堆对象中以抽象的方式把相同的特征归类得到的，由于类本身也是对象，那么更进一步地抽象可以得到抽象类，两者的区别在于前者是从现实对象抽象而来的，后者是基于类抽象而来的。如图 2.15 所示，例如**科比**和**梅西**这两个对象抽象得到的共同特征是**运动员**，那么**运动员**就作为科比和梅西的一个类。同理，**马云**和**马化腾**这两个对象抽象得到的共同特征是**企业家**，**周星驰**和**梁朝伟**这两个对象抽象得到的共同特征是**演员**。如果我们将得到的**运动员**、**企业家**、**演员**这 3 个类更进一步地抽象，此时得到的共同特征是人，那么人就是**运动员**、**企业家**、**演员**这 3 个类的**抽象类**。

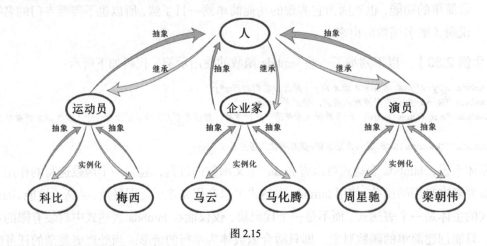

图 2.15

了解了类和抽象类的概念后，进一步介绍下类和实例及父类和子类的关系。父类和子类的关系指子类继承父类的特征，同时子类还可以拥有自己的特征，例如**运动员**、**企业家**、**演员**这 3 个类继承了人这个抽象类的特征，同时又拥有**运动员**、**企业家**、**演员**各自的特征，此时**人**称为父类、超类（Super class）或者基类（Base class），**运动员**、**企业家**、**演员**称为子类或派生类。

类和实例的关系指实例对象是类对象的具体实现，例如有个运动员叫**科比**，那么**科比**就是**运动员**的一个实例。

总的来看,无论是继承还是实例化,它们的前提是抽象过程,只有抽象得到类和抽象类后,才能展开继承和实例化过程,这个机制的好处是可以在不改变类的代码的基础上改变原有的功能,实现代码的重用。需要注意的是,抽象类只能被继承,不能被实例化,好比我们有**香蕉**的类、**苹果**的类、**桃子**的类,从这些类抽取相同的特征就是水果这个抽象类,我们吃水果时要么吃一个具体的**香蕉**,要么吃一个具体的**桃子**,你是无法吃到一个叫作**水果**的东西的。

2.5.2 元类和类及 object 和 type

接下来我们将围绕图 2.16 中的拓扑图里各个元素及彼此间的关系来描述 Python 面向对象机制。拓扑图从左至右的框图分别代表了元类、类/类型、实例,虚线和实线分别描述了类和实例之间的关系、父类和子类之间的关系。

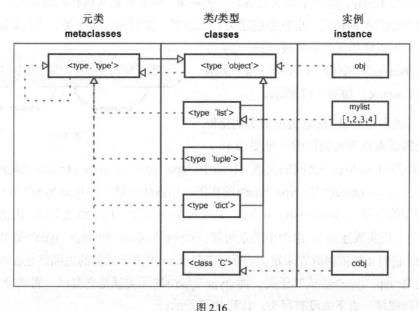

图 2.16

我们以图 2.16 中的内置类型<type 'list'>为例,图中实线表明<type 'list'>的"父类"是(<type 'object'>),虚线表明<type 'list'>的一个实例是 mylist,示例代码如下所示:

```
#__bases__查看list的父类
print(list.__bases__)#打印结果: (<type 'object'>,)

mylist = [1,2,3]
#__class__查看mylist的类
print(mylist.__class__) #打印结果: <type 'list'>
```

mylist 作为一个实例,只存在"类"和"实例"的关系,并不存在"父类"和"子类"的关系,因此图中 mylist 并不存在实线连接,代码如下所示:

```
#__bases__查看mylist的父类
#print(mylist.__bases__) #打印结果: AttributeError: 'list' object has no attribute '__bases__'
```

<type 'type'>和<type 'list'>之间是以虚线箭头连接的,也就是说它们是类和实例的关系,代码如下所示:

```
#__class__查看list的类
print(list.__class__) #打印结果: <type 'type'>
```

说到这里,我们需要介绍一下元类(metaclass)。尽管 Tim Peters(《Python 之禅》的作者)说 99%的程序员都不需要用到元类,但是这里我们还是要对它有一个大致的了解,知道它的机制和作用,以至于对 Python 面向对象有一个更全面的理解。

对象都是类实例化的结果,其实类也是一种对象,那它是谁实例化的结果呢?顾名思义,metaclass 就是创建类的模板,也就是创建类对象的类,我们称它为元类。当我们需要创造一个全新的类时可以使用元类来实现。总的关系可以归纳为 metaclass 实例化产生 class,class 实例化的结果是 instance,如图 2.17 所示。

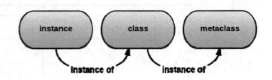

图 2.17

另外,元类也是对象,那它是由谁实例化得到的?此处需要重点观察拓扑图(见图 2.16)<type 'object'>与<type 'type'>之间的关系。在图中<type 'type'>和<type 'object'>之间同时有虚线和实线连接,<type 'object'>是<type 'type'>的实例(用虚线连接),<type 'type'>本身也是自己的实例(用虚线连接),同时<type 'object'>是所有类的父类(用实线连接),包括也是<type 'type'>的父类(用实线连接)。由图中关系可知,<type 'object'>和<type 'type'>是 Python 中的两个源对象,它们互相依赖对方来定义。所以在 Python 中关于元类的追溯终止在<type 'type'>类,即元类是<type 'type'>类或其子类,而<type 'type'>的元类就是它自己,否则会像鸡生蛋、蛋生鸡的问题那样一直下去没有尽头。代码如下所示:

```
#object是type的实例
print(object.__class__) #打印结果: <type 'type'>
print(type(object)) #type()方法可获取对象的类型 结果: <type 'type'>
#type本身也是自己的实例
print(type.__class__) #打印结果: <type 'type'>

#object是type的父类
print(type.__bases__) #打印结果: (<type 'object'>,)
#object自身并没有父类
print(object.__bases__)  #打印结果: ()
```

2.5.3 经典类和新式类的区别

在图 2.16 中除了<type 'list'>、<type 'tuple'>、<type 'dict'>这几个 Python 内置类型外，还有<class 'C'>类型，可以通过 class 语句继承一个已存在的类而创建一个新的类，由图 2.16 可知，class C( )继承了父类'object'的特征，同时 class C 是<type 'type'>的实例。代码如下所示：

```
#class C: <type 'type'>的实例；<type 'object'>的子类
class C():pass
print(C.__class__)  #打印结果：<type 'type'>
print(C.__bases__) #打印结果：(<type 'object'>,)
```

这里有必要提一下的是，Python 经典类 classic classes 和新式类 new-style classes 的区别。经典类的元类是 types.ClassType，而新式类的元类是 type。在 Python 2.x 及以前的版本中类（class）和类型（type）之间是有很明显的区别，内置的对象是基于类型的，自定义的对象则是基于类，我们可以创建类但不能创建类型。

从官方文档公布的一则消息可知，在 Python 2.7 版本中已经集成了新式类，而经典类在 Python 3.x 中被移除，也就是说在 Python3.x 及之后的版本，类和类型已经合并为一体，如图 2.18 所示。

> **Warning:**
> New-style classes has been integrated into Python 2.7 and old-style classes has been removed in Python 3. Please refer to the Python tutorial and the Descriptor HowTo Guide for more up-to-date documentation about classes and descriptors respectively.

图 2.18

在 Python 2.7 版本中运行以下代码可知 class C 的类型为老式的'classobj'，如果 class C 显式继承父类'object'就成为了新式类，即成为由'type'实例化创建。而在上一示例中运行的结果表明，Python 3.x 中所有的类都是新式类，即隐式继承自'object'。代码如下所示：

```
#Python2.7
#class C 类型为老式的 classobj
class C():pass
print(type(C))  #打印结果：<type 'classobj'>

#class C 显式继承'object'，成为新式类
class C(object):pass
print(type(C))  #打印结果：<type 'type'>
```

2.6 如何用面向对象思维编程

Python 是面向对象编程语言，因此在 Python 中一切皆为对象。本节为大家介绍如何用

Python 开展面向对象编程，希望能够帮助读者们设计出更有层次架构的软件代码。

2.6.1 如何正确地构建类

类的作用是以抽象的方式从一堆对象中归类得到相同的特征，来定义这类对象。只有在抽象得到类的前提下，才能展开实例化、继承和组合这些过程。

接下来，我们使用 class 关键字创建一个类，如图 2.19 所示，分别介绍类中各种语法、定义、声明、方法等的构成。

```
# 定义类Human Class
class Human(object):     (1)

    century = 21     (2)

    def __init__(self, name, age):
        self.name = name
        self.age = age                          (3)
        print("init work")

    def speak(self, language):
        print('%s has speak %s ability'% (self.name, language))    (4)

    def write(self, word):
        print('%s has write %s ability'% (self.name, word))

    def walk(self):
        print('%s has walk ability'% self)
```

图 2.19

关于代码第（1）部分的介绍：

语法上表示使用 class 关键字创建一个类名为 Human 的类。括号内可填写 Human 类所继承的父类，此处显示填写了 object。因为在 Python 3.x 中 object 位于所有类继承结构的最上层，是所有类的父类，当类没有继承任何其他父类时，object 将作为其默认的父类。如下所示：

print(Human.__bases__) # __bases__属性列出其基类 (<class 'object'>,)

关于代码第（2）部分的介绍：

在创建 Human 类时定义了'century'属性，它属于类属性，可以通过类和实例来访问。

代码的第（3）部分和第（4）部分是类内部定义的函数，与普通函数的建立方法大同小异。需要注意的是，只有将类实例化后，类内部定义的函数才被绑定到实例上，成为实例的方法。其中第（3）部分的__init__()是一个类似构造器的特殊方法。在所有的函数声明中都存在self变量，self变量代表了实例对象本身。

2.6.2 类的实例化全过程

接下来，我们围绕2.6.1节中Human类实例化的过程，更详细地讲解关于实例化的内容。

在Human类中定义了__init__( )方法。在Python中，如果在类中定义了__init__( )方法，那么当实例化这个类时，__init__( )方法会被自动调用，这样可以定义额外的行为，例如初始化属性参数self.name和self.age。当然，如果已经存在默认的参数，也可以不定义__init__( )方法。

在__init__( )方法中已经添加了print语句，我们创建一个实例，以验证__init__( )方法是否在创建实例时被调用了。代码如下所示：

```
Allen = Human('Allen-Cart', 16)  # 打印结果: init work
```

另外，也可以在实例创建后，观察实例的属性是否被__init__( )方法设置了。示例如下所示：

```
print(Allen.name, Allen.age)  # 打印结果: Allen-Cart 16
```

传入Human( )中的实参应该与__init__( )方法定义的形参相对应。不过，在__init__( )方法中还存在self变量，其实类中所有的函数声明中都存在self变量。在Python中，只有将类实例化后，类内部定义的函数才被绑定到实例上，成为实例的方法，否则仅仅只是类内部定义的一个函数。代码如下所示：

```
print(Human.speak,Human.write,Human.walk)
# <function Human.speak at 0x110ba5378>
# <function Human.write at 0x110ba5400>
# <function Human.walk at 0x110ba5488>
print(Allen.speak,Allen.write,Allen.walk)
# <bound method Human.speak of <__main__.Human object at 0x10ab50160>>
# <bound method Human.write of <__main__.Human object at 0x10ab50160>>
# <bound method Human.walk of <__main__.Human object at 0x10ab50160>>
```

当我们用实例调用方法时，Python解释器会自动把实例对象传入方法中，因此self变量代表了实例对象本身。例如由实例对象Allen（object at 0x10ab50160）去调用speak( )、write( )或者walk( )这3个绑定方法。代码如下所示：

```
Allen.speak("Chinese")  # 打印结果: Allen-Cart has speak Chinese ability
Allen.write("Chinese")  # 打印结果: Allen-Cart has write Chinese ability
Allen.walk()  # <__main__.Human object at 0x10ab50160> has walk ability.
```

假如没有创建实例，直接使用类名去调用speak( )、write( )或者walk( )这3个未绑定方法，那么需要手动传入self参数，此时self参数并不具备self.name、self.age属性，所以只有walk( )能调用成功。代码如下所示：

```
Human.walk('James')   # 打印结果: James has walk ability
```

如果认真去理清函数和方法的概念，那么在 Python3.x 中，在类中调用的称为函数，实例中调用才称为方法。我们可以导入 types 模块的 MethodType、FunctionType，使用 isinstance( ) 函数来分别判断两种调用方式的类型。代码如下所示：

```
from types import FunctionType, MethodType
# isinstance() 函数用于判断一个对象是否是一个已知的类型
print(isinstance(Human.walk,FunctionType))   # 打印结果: True
print(isinstance(Allen.walk,MethodType))     # 打印结果: True
```

2.6.3　如何引用类的属性

首先我们分别查看类和实例的属性。__dict__能以字典形式返回对象的属性,键为属性名，值为相应的属性值。类的__dict__存储的是所有实例共享的变量和函数（类属性、方法等），并不包含其父类的属性。实例的__dict__仅存储与该实例相关的实例属性。代码如下所示：

```
print(Human.__dict__)
# 打印结果
"""
{'__module__': '__main__',
'century': 21,
'__init__': <function Human.__init__ at 0x106b4e2f0>,
'speak': <function Human.speak at 0x106b4e378>,
'write': <function Human.write at 0x106b4e400>,
'walk': <function Human.walk at 0x106b4e488>,
'__dict__': <attribute '__dict__' of 'Human' objects>,
'__weakref__': <attribute '__weakref__' of 'Human' objects>, '__doc__': None}
"""

print(Allen.__dict__)
# 打印结果
"""
{'name': 'Allen-Cart', 'age': 16}
"""
```

由以上可知，Human 类在创建时定义的'century'变量为类属性，它可以通过类和实例分别来访问，代码如下所示：

```
print(Human.century)     # 通过类访问  结果为: 21
print(Allen.century)     # 通过实例访问  结果为: 21
```

在使用类属性时，有一点容易被忽视。只有通过类引用时，类属性才能更新它的值，并且类属性的修改会影响到所有的实例。而被实例引用时，会像静态成员那样，无法改变它的值。因此类变量大多用于存储常量值。代码如下所示：

```
Human.century += 1    # 通过类更新
print(Human.century)  # 打印结果: 22
print(Allen.century)  # 通过实例访问，值已被改变，打印结果: 22

Allen.century += 1    # 通过实例更新
print(Allen.century)  # 通过实例访问，值已被改变，打印结果: 23
print(Human.century)  # 通过类访问，值未改变，打印结果: 22
```

实际上，在上面的代码中，通过实例改变 century 的值是创建了一个名为 century 的新实例属性，只是该实例属性刚好与类属性同名。这点与 Python 变量一样，如果变量不存在而对其赋值，就会创建一个变量，并且对其赋值。使用 __dict__ 再次查询实例 Allen 的属性，发现增加了 century 属性。代码如下所示：

```
print(Allen.__dict__)
"""
{'name': 'Allen-Cart', 'age': 16, 'century': 23}
"""
```

我们使用 del 语句删除 Allen.century，于是返回的又变成了类属性中的 century。代码如下所示：

```
del Allen.century       # 删除实例属性
print(Allen.century)    # 通过实例访问类属性，打印结果: 22
```

其实类和实例都是各自的命名空间，类是类属性的命名空间，实例是实例属性的命名空间，即使类属性和实例属性的名字相同，它们也是在不同的属性集中。当访问实例属性时，如果不存在该属性，解释器才会从类属性中寻找。

不过，此处 century 为不可变变量，假如将 century 更改为可变变量时，例如字典类型，以上的结果会有所不同。通过实例引用 century 属性，并且改变其值，并不会创建一个同名的实例属性，类属性中的值也会同步改变。代码如下所示：

```
# 定义类 Human_A Class
class Human_A(object):

    century = {"A":21}

    def __init__(self, name, age):
        self.name = name
        self.age = age
        print("init work")

    def speak(self, language):
        print('%s has speak %s ability'% (self.name, language))
```

```python
    def write(self, word):
        print('%s has write %s ability'% (self.name, word))

    def walk(self):
        print('%s has walk ability'% self)

Jahn = Human_A('Jahn-Cart', 22) # 打印结果: init work

# 访问可变变量的类属性
print(Human_A.century)   # 通过类访问, 打印结果: {'A': 21}
print(Jahn.century)      # 通过实例访问, 打印结果: {'A': 21}

Jahn.century['B'] = "32" # 通过实例更新

print(Human_A.century)   # 通过类访问, 值已被改变, 打印结果: {'A': 21, 'B': '32'}
print(Jahn.century)      # 通过实例访问, 值已被改变, 打印结果: {'A': 21, 'B': '32'}
```

2.6.4 如何引用类的方法

从上文可知,当使用类中定义的方法时,无论是 Python 解释器自动把实例对象传入方法中,还是手动传入,都是需要有实例作为 self 参数才能调用该方法,如图 2.20 所示。

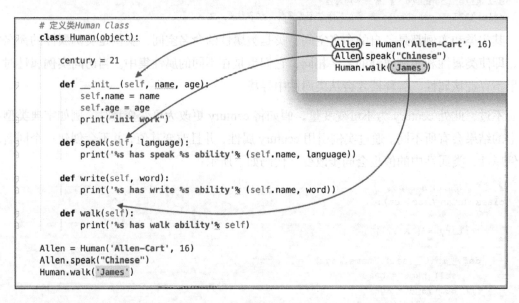

图 2.20

假如要调用类中的方法,但是并不希望这些方法为实例所用,那么可以使用 Python 提供的@staticmethod 或@classmethod 语法。在不需要实例化的前提下,可以直接以类名.方法名( )

方式来调用。这样不仅有利于组织代码，把某些应该属于某个类的函数放到类中去，同时也有利于命名空间的整洁。

@staticmethod 和@classmethod 的区别在于，@staticmethod 不需要表示自身对象的 self 和自身类的 cls 参数，就和使用函数一样。而@classmethod 虽然不需要 self 参数，但第一个参数需要表示自身类的 cls 参数。因此在@staticmethod 中要调用到这个类的一些属性方法，只能用直接类名.属性名或类名.方法名。而@classmethod 因为持有 cls 参数，可以来调用类的属性、类的方法、实例化对象等。

接下来，在 Human 类的基础上进行更改，来展示这两种方法的不同。代码如下所示：

```python
# 定义类 Human_B Class
class Human_B(object):

    century = 21
    name = "Allen"

    def __init__(self, name, age):
        self.name = name
        self.age = age
        print("init work")

    @staticmethod
    def speak(language):
        print('%s has speak %s ability'% (Human_B.name, language))

    def write(self, word):
        print('%s has write %s ability'% (self.name, word))

    @classmethod
    def walk(cls):
        print('%s has walk ability'% cls.name)

Human_B.speak("Chinese")    # 打印结果: Allen has speak Chinese ability
Human_B.walk()    # 打印结果: Allen has walk ability
```

2.6.5 类的继承机制应用

继承和派生在 Python 开发中非常重要，它的好处是可以在不改变"类"代码的基础上改变原有的功能，实现代码的重用，接下来介绍这种机制的应用。

以继承父类的方式创建子类是定制新类的一种方式，这种方式可以使子类继承父类的特征，同时子类还可以拥有自己的特征。在 2.6.1 节中，我们创建了一个 Human 类，接着新建立一个子类 Programmer，该子类继承自 Human 类。代码如下所示：

```python
class Programmer(Human):

    def __init__(self, name, age, language, tool):
        Human.__init__(self, name, age)
        self.language = language
        self.tool = tool
        print("init programmer")

    def develop(self):
        print('%s has develop ability' % self.name)

    def speech(self):
        print('%s has speech ability' % self.name)

print(Programmer.__bases__)    # 打印结果: __bases__属性列出其基类 (<class '__main__.Human'>,)
Michael = Programmer('Michael-wang', 16, "JAVA", "computer")
# 打印结果: init work  init programmer
```

此处子类重载了构造函数__init__()，这样在子类中就能定制与父类不同的并且仅存在于子类实例中的属性。

此处需要显式地写出父类的构造函数才行，并且要显式地传递 self 实例对象给父类构造器。因为子类如果定义了自己的构造函数__init__()，那么父类的构造函数__init__()就不会被自动调用了，同时我们并没有创建父类的实例，那么父类的__init__()方法就是未绑定的。我们通过父类名来调用它，然后手动传入子类的 self 实例对象和其他所需要的参数。可以看到在创建子类实例时，会先调用父类__init__()，然后调用子类的__init__()。

派生后的 Programmer 类从 Human 类继承了属性和方法，包括 self.name、self.age、self.speak( )等，降低了重复的编程工作量，同时也可以定义自己的属性和方法，并不会影响到 Human 类（当子类新增的属性与父类重名时，以子类的为准）。创建子类实例后可以访问各种属性和调用各种方法了。代码如下所示：

```python
print(Michael.century, Michael.name, Michael.age, Michael.language, Michael.tool) # 打印结果: 22 Michael-wang 16 JAVA computer
Michael.speak("Chinese")    # 打印结果: Michael-wang has speak Chinese ability
Michael.write("Chinese")    # 打印结果: Michael-wang has write Chinese ability
Michael.develop()    # 打印结果: Michael-wang has develop ability
Michael.speech()    # 打印结果: Michael-wang has speech ability
```

以上展示的是子类继承一个父类，当然子类也可以继承多个父类，原理上是一样的，这样子类则包含了多个父类所有的属性。

2.6.6 类的组合机制应用

除了继承外，组合方式可以将其他类作为属性加入到类中来扩展自身的属性资源，这样可以有效地利用其他类的资源，增强代码的重用性。组合与继承的区别主要体现在编程思想上。

继承所建立的父类和子类的关系是一种"是"的关系，例如 Programmer 是 Human，也就是 Programmer 继承 Human 的属性，所以当父类和子类之间有很多共同的属性时，使用继承比较合适。

而组合建立的类和组合类的关系是一种"有"的关系，例如 Programmer 编程序需要有计算机，我们创建一个计算机类（Computer），这样可以把计算机这个类以组合的方式添加作为属性，而不用重新再设计这个属性。代码如下所示：

```python
# 创建 Computer 类
class Computer:
    def __init__(self, model, brand):
        self.model=model
        self.brand=brand

    def open_sys(self):
        print('%s has been opened' % self.model)

    def close_sys(self):
        print('%s has been closed' % self.model)

# Programmer 增加 Computer 属性
Jack = Programmer('Jack', 21, 'China',Computer('X10','dell'))
print(Jack.tool.model,Jack.tool.brand) # 打印结果: X10 dell
Jack.tool.open_sys() # 调用 Computer 的方法, 打印结果: X10 has been opened
Jack.tool.close_sys() # 调用 Computer 的方法, 打印结果: X10 has been closed
```

2.7 深入理解 for-in 循环

让程序执行重复工作的有效方法是采用循环，在 Python 中循环的方法有 while 和 for-in 两种。从效率上比较，我们会优先使用相对高效的 for-in 循环来代替 while。本节从原理和使用方法上介绍使用更为普遍的 for-in 循环。

2.7.1 for-in 循环的原理

Python 中的 for-in 循环结构用于遍历列表、元组、字典、字符串、集合、文件等。其实

for 和 in 是两个独立的语法，for 语句是 Python 内置的迭代器工具，用于从可迭代容器对象（如列表、元组、字典、字符串、集合、文件等）中逐个读取元素，直到容器中没有更多元素为止，工具和对象之间只要遵循可迭代协议即可进行迭代操作。in 的存在使 Python 在操作可迭代对象时变得简单得多，可配合 for 使用，来逐个取可迭代对象的元素。

例如使用 for-in 语句遍历一个列表时，具体迭代的过程如图 2.21 所示。

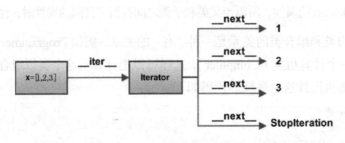

图 2.21

可迭代对象通过__iter__方法返回迭代器，迭代器具有__next__方法，for 循环不断地调用__next__方法，每次按序返回迭代器中的一个值，直到迭代到最后，没有更多元素时抛出异常 StopIteration（Python 自动处理异常）。迭代方式的优点是无须把所有元素一次加载到内存中，在调用 next 方法时逐个返回元素，避免出现内存空间不够的情况。

【示例 2.31】 用单步的方式模拟迭代的过程。代码如下所示：

```
#单步的方式模拟迭代的过程
x = [1,2,3]
its = x.__iter__() #列表是可迭代对象，否则会提示不是迭代对象
print(its) # 打印结果: <list_iterator object at 0x100bde400>
print(next(its)) #its 包含 next()方法，说明 its 是迭代器，打印结果: 1
print(next(its)) # 打印结果: 2
print(next(its)) # 打印结果: 3
print(next(its))
#Traceback (most recent call last):
# File "<stdin>", line 1, in <module>
# StopIteration
```

【示例 2.32】 我们也可以根据可迭代协议制作可迭代对象，它内部自带 iter( )方法和 next( )方法，这样即可应用在 for 循环中。代码如下所示：

```
#实现可迭代对象
class MyRange:
    def __init__(self, num):
        self.i = 0
        self.num = num
```

```
        def __iter__(self):
            return self

        def __next__(self):
            if self.i < self.num:
                i = self.i
                self.i += 1
                return i
            else:
                raise StopIteration()

for i in MyRange(6):
    print(i) # 打印结果: 0 1 2 3 4 5
```

2.7.2 for-in 循环的使用技巧

接下来我们列举了一些会频繁应用 for-in 循环的场景,以对比的方式介绍在使用中的一些小技巧。

1. 遍历一个范围内的数字

【示例 2.33】 在遍历一个范围内的数字时,可使用 range(start, stop[, step]) 函数创建一个可迭代对象,其中各个参数定义如下所示。

- start:计数从 start 开始。默认是从 0 开始。例如 range(5)等价于 range(0, 5)。
- stop:计数到 stop 结束,但不包括 stop。例如:range(0, 5)是[0, 1, 2, 3, 4]没有 5。
- step:步长,默认为 1。例如:range(0, 5) 等价于 range(0, 5, 1)。

当 for-in 循环遍历该对象时,则会得到一个范围内的数字。代码如下所示:

```
for i in range(6):
    print(i) # 打印结果: 0 1 2 3 4 5
```

此处说明一下,在 Python 2 中使用 xrange( )返回一个迭代器,用来逐个遍历一个范围内的数字,这种方式会比 range 更省内存。在 Python 3 中 xrange 已经改名为 range。

2. 遍历一个集合及其下标

【示例 2.34】 当遍历一个集合及其下标时,推荐使用 enumerate 这种效率高又优雅的写法。enumerate( )函数可将一个可遍历的数据对象(如列表、元组或字符串)组合为一个索引序列,同时列出数据和数据下标,如(0, seq[0]), (1, seq[1]), (2, seq[2])等,可以帮我们省去亲自创建和自增下标,避免在操作集合的下标时出错。代码如下所示:

```python
colors = ['red', 'green', 'blue', 'yellow']
for i, color in enumerate(colors):
    print(i, '--->', color)
#打印结果:
#0 ---> red
#1 ---> green
#2 ---> blue
#3 ---> yellow
```

3. 遍历两个集合

【示例 2.35】 当同时遍历两个集合时,推荐使用 zip 这种写法。zip( )方法将可迭代的对象作为参数,将对象中对应的元素组合成一个个元组。在返回内容方面 Python 2 和 Python 3 中会有所不同,在 Python 2.x 中 zip( )返回的是由这些元组组成的列表,而 Python 3.x 为了减少生成列表所占用的内存,zip( )返回的是一个对象,如需得到列表,可以手动通过 list( )转换。

代码如下所示:

```python
names = ['raymond', 'rachel', 'matthew']
colors = ['red', 'green', 'blue', 'yellow']

print(zip(names, colors)) #返回是一个对象 <zip object at 0x102234388>
print(list(zip(names, colors))) #list()转换为列表[('raymond', 'red'), ('rachel', 'green'), ('matthew', 'blue')]
for name, color in zip(names, colors):
    print(name, '--->', color)
#打印结果:
#raymond ---> red
#rachel ---> green
#matthew ---> blue
```

4. 在循环内识别多个退出点

【示例 2.36】 当循环内需要识别多个退出点时,推荐采用 for-else 语句,当 for 没有被 break 打断而执行完所有的循环后,则执行 else。代码如下所示:

```python
def find(seq, target):
    for i, value in enumerate(seq):
        if value == target:
            break
    else:
        return -1
    return i
print(find(range(10,20), 30)) # 打印结果: -1
```

5. 遍历字典的键和值

【示例 2.37】 在 Python 3.x 中,字典返回键、值和键—值的方法分别为 keys( )、values( ) 和 items( )。需要注意的是,它们返回的不是真正的列表,而是类似列表的字典视图,它们不能被修改，没有 append( )方法，也无法以下标的形式进行访问，但这些数据类型是可迭代类型，可以用于 for 循环。代码如下所示：

```python
d = {'matthew': 'blue', 'rachel': 'green', 'raymond': 'red'}

for k in d.keys():
    print(k)
#打印结果
#matthew
#rachel
#raymond

for k in d.values():
    print(k)
#打印结果
#blue
#green
#red

for k in d.items():
    print(k)
#打印结果
#('matthew', 'blue')
#('rachel', 'green')
#('raymond', 'red')

for k, v in d.items():
    print(k, '--->', v)
#打印结果
#matthew ---> blue
#rachel ---> green
#raymond ---> red
```

【示例 2.38】 假如在迭代一个对象的同时修改它，会抛出 dictionary changed size during iteration 的异常。如果需要修改字典，应该使用 list(d.keys( ))方法以列表的形式返回一个字典所有的键，相当于把字典里所有的 key 复制到一个列表中，这样就可以修改字典了。代码如下所示：

```python
print(d.keys()) # 打印结果: dict_keys(['matthew', 'rachel', 'raymond'])
print(list(d.keys())) # 打印结果: ['matthew', 'rachel', 'raymond']

for k in d.keys():
    if k.startswith('r'):
        del d[k]
#RuntimeError: dictionary changed size during iteration

for k in list(d.keys()):
    if k.startswith('r'):
        del d[k]
```

小提示：关于 items( )要说明一下。在 Python 2.x 中，items( ) 用于返回一个字典的拷贝列表，会占额外的内存；iteritems( ) 用于返回本身字典列表操作后的迭代器，不占用额外的内存。在 Python 3.x 中，iteritems( )方法已经被废除，而 items( ) 得到的结果和 Python2.x 中的 iteritems( )接近，可以用 items( )替代 iteritems( )用于 for 循环遍历。

2.7.3　生成器的原理和作用

在介绍生成器之前，先来了解 Python 的列表解析。列表解析是 Python 迭代机制的一种应用，它可以代替循环方式，高效地创建新的列表。语法：expression for iter_val in iterable 或 expression for iter_val in iterable if cond_expr。

【**示例 2.39**】　以下示例中的处理逻辑包括定义一个函数，定义一个空列表 a=[]，for 循环取出 range(10)中的值，将刚取出的值加入 a 中，等等。本来需要很多行代码完成的事，现在用列表解析只需一行就搞定了。代码如下所示：

```
def num():
    a = []
    for i in range(10):
        a.append(i)
    return a

a = [x for x in range(10)]  #打印结果：[0, 1, 2, 3, 4, 5, 6, 7, 8, 9]
```

不过，这样做也会拖慢程序的整体速度，因为 a = [x for x in range(10)]语句是一次生成所有的列表元素，将其放入内存中待用，这就导致了资源的浪费。例如我们使用 a =[x for x in range（100000000）]，那么就会生成一亿个数，多数计算机是有压力的。这时我们就需要用到生成器了，直接返回一个可迭代对象。

所谓生成器其实是一种特殊的迭代器，内部支持了迭代器协议。Python 提供生成器函数和生成器表达式两种方式实现生成器，每次请求返回一个结果，不需要一次性构建一个结果列表，节省了内存空间。

【**示例 2.40**】　实现生成器有函数和表达式两种方式。函数方式实现生成器，编写为常规的 def 语句，使用 yield 语句一次返回一个结果，在每个结果之间挂起和继续它们的状态。表达式方式实现生成器就是类似列表解析，按需产生结果的一个对象。代码如下所示：

```
#函数方式实现生成器
def gensquares(N):
    for i in range(N):
        yield i**2
```

```
print(gensquares(5)) #打印结果: <generator object <genexpr> at 0x10e2f57c8>

for i in gensquares(5):
    print(i)
#打印结果
#0
#1
#4
#9
#16
#表达式方式实现生成器
print(x**2 for x in range(5)) #打印结果: <generator object <genexpr> at 0x10ae3a7c8>
print(list(x**2 for x in range(5))) #打印结果: [0, 1, 4, 9, 16]
```

【示例 2.41】 当我们使用表达式方式实现生成器后,就可以使用迭代工具迭代,每迭代一次就生成一个数。示例代码如下所示:

```
a = (x**2 for x in range(5))
print(a) #打印结果: <generator object <genexpr> at 0x10e2f57c8>
#next 迭代一次生成一个元素
print(next(a))#打印结果: 0
print(next(a))#打印结果: 1
print(next(a))#打印结果: 4
```

2.8 巧用装饰器测试代码效率

装饰器(decorator)的作用是在不改变原有函数的条件下,增加额外功能。例如,定义了函数 for_generate_list( ),该函数的作用是使用 for 循环将递增的整数添加为列表的元素,代码如下所示:

```
# 创建一个元素为递增的整数列表
def for_generate_list(size = 1000000):
    my_list = []
    for num in range(size):
        my_list.append(num)
```

现在我们需要测试这段代码的执行效率,接下来以测试代码的执行效率为场景,将常规实现方法与装饰器实现方法进行鲜明的对比,从而剖析装饰器的实现机制。

1. time 模块测试代码效率

最先想到的是采用 Python 内置 time 模块来测试代码运行时间,即分别在被测代码的开始和结束处调用 time.perf_counter( )函数得到系统时间,两次结果的差值即为代码执行时间。代码如下所示:

```python
import time
# 创建一个元素为递增的整数列表
def for_generate_list(size = 1000000):
    start = time.perf_counter()
    my_list = []
    for num in range(size):
        my_list.append(num)
    elapsed = (time.perf_counter() - start)
    print('Time used: {} '.format(elapsed))
```

调用 for_generate_list( )函数后,测得实际的执行时间为 0.0945s,如下所示:

```python
# 调用函数打印结果:
for_generate_list()  # Time used: 0.09452888500000003
```

2. timeit 模块测试代码效率

另外,可以使用 Python 更强大的计时库 timeit 测试 for_generate_list( )函数执行时间。

timeit( )函数的使用格式为 **timeit**(函数名_字符串,运行环境_字符串,number=运行次数)。代码如下所示:

```python
from timeit import timeit
# stmt 需要测试的函数或语句,字符串形式
# setup 运行的环境,本例子中表示 if __name__ == '__main__':
# number 被测试的函数或语句,执行的次数,本例表示执行1次 for_generate_list()。省缺则默认是10000次
# 综上: 此函数表示在 if __name__ == '__main__'的条件下,执行1次 for_generate_list()消耗的时间
elapsed = timeit(stmt='for_generate_list()', setup='from __main__ import for_generate_list', number=1)
print("Time used:", elapsed)  # 打印结果: Time used: 0.10997585000000004
```

由于计算机永远都有其他程序在占用着资源,因此我们的程序不可能最高效地执行该函数。所以一般会进行多次试验,取最少的执行时间为真正的执行时间。此时可以使用 repeat( )函数,repeat( )函数和 timeit( )函数用法相似,只是多了一个 repeat 参数,表示重复测试的次数(默认值为3),返回值为一个时间的列表,我们取列表中的最小值为代码的执行时间。代码如下所示:

```python
from timeit import repeat
t_elapsed = repeat(stmt='for_generate_list()', setup='from __main__ import for_generate_list', number=1, repeat=5)
print("Time used:", t_elapsed)  # 打印结果: Time used: [0.10610366399999999, 0.11713108100000003, 0.12187103300000002, 0.105048064, 0.107227619]
print("Time of min used:", min(t_elapsed))  # 打印结果: Time of min used: 0.105048064
```

3. 装饰器测试代码效率

无论使用 **time**,还是 **timeit**,都在不同程度上影响了正常的代码结构,使用上并不灵活。一方面,我们并不希望这个新增的测试功能修改函数内部代码,另一方面,也不希望在函数

外部添加的代码影响到整体代码的结构,那么装饰器是解决这类问题的最佳方案。

装饰器本质上是一个返回函数的高阶函数。我们定义一个能测试函数执行时间的装饰器 timeit_test( ),它接受一个函数作为参数,并返回一个函数。由于函数也是一个对象,因此函数对象可以被赋值给变量,通过变量就能调用该函数。代码如下所示:

```python
# 定义测试代码执行时间的装饰器
def timeit_test(func):
    def wrapper(*args, **kwargs):
        start = time.perf_counter()
        func(*args, **kwargs)
        elapsed = (time.perf_counter() - start)
        print('Time used: {} '.format(elapsed))
    return wrapper
```

我们借助 Python 的@语法,把装饰器置于函数的定义处,然后调用 for_generate_list( ) 就能返回函数的执行时间。代码如下所示:

```python
@timeit_test
def for_generate_list(size = 1000000):
    print('list size is: {} '.format(size))
    my_list = []
    for num in range(size):
        my_list.append(num)

for_generate_list(1000000)
#打印结果
# list size is: 1000000
# Time used: 0.10935139800000002
```

以上属于两层嵌套的装饰器实现,从执行结果可以获悉,首先执行了 for_generate_list( ) 函数的 print 打印,再紧接着打印了被测函数的执行时间。关于装饰器实现的原理,把 @timeit_test 放在 for_generate_list( ) 函数的定义处相当于执行了如下语句:

```python
for_generate_list = timeit_test(for_generate_list(size = 1000000))
```

早在 Python2.4 版本之前都是使用这样的语句实现装饰器功能的,不过这样并不优雅。于是之后的 Python 版本支持了@语法糖来代替该语句。接下来我们根据该语句来分析下两层嵌套装饰器的实现。

第一层嵌套:将 for_generate_list( )函数的地址作为参数传给 timeit_test( )中的变量 func,然后在 timeit_test( )中返回第二层函数 wrapper( )。

第二层嵌套:调用 wrapper( )函数用于测试变量 func 所指向的 for_generate_list( )函数的执行时间,wrapper( )函数声明了可变参数*args 和关键字参数**kwargs,这使 wrapper( )函数在调用时可以传入任意参数,并将 size 变量传递给被测函数 for_generate_list( )。

这样在未修改被测函数的前提下,完成了测试函数执行时间的功能。不过需要注意的是,最后的 for_generate_list 变量只是与 for_generate_list( )函数同名而已,实际上已经指向了新的函数 wrapper( )。代码如下所示:

```python
print('func name is {}:'.format(for_generate_list.__name__))  # func name is wrapper:
```

假如要像 timeit 模块那样有 repeat、number 参数扩展测试的需求,那就需要再进一步升级下装饰器,使装饰器本身可以传入参数。我们再增加一个返回 decorator 的高阶函数,实现三层嵌套的装饰器。代码如下所示:

```python
# 定义测试代码执行时间的装饰器——三阶
def timeit_test(number=3, repeat=3):
    def decorator(func):
        def wrapper(*args, **kwargs):
            for i in range(repeat):
                start = time.perf_counter()
                for _ in range(number):
                    func(*args, **kwargs)
                elapsed = (time.perf_counter() - start)
                print('Time of {} used: {} '.format(i, elapsed))
        return wrapper
    return decorator

@timeit_test(number = 2, repeat = 2)
def for_generate_list(size = 1000000):
    print('list size is: {} '.format(size))
    my_list = []
    for num in range(size):
        my_list.append(num)

for_generate_list(900000)
#打印结果
# list size is: 900000
# list size is: 900000
# Time of 0
# used: 0.19475456300000002
# list size is: 900000
# list size is: 900000
# Time of 1
# used: 0.192571865
```

三层嵌套的效果相当于执行了以下语句:

```python
for_generate_list = timeit_test(number = 2, repeat = 2)(for_generate_list)(size = 90000)
```

第一层嵌套:执行 timeit_test(number = 2, repeat = 2),返回第二层的 decorator( )函数。

第二层嵌套:decorator( )函数接受 for_generate_list( )函数作为参数进行调用,即 decorator(for_generate_list),相当于执行 timeit_test(number = 2, repeat = 2) (for_generate_list),

返回第三层函数 wrapper( )。

第三层嵌套：最后调用 wrapper( )函数，wrapper( )接收 size 变量并传入 for_generate_list( )函数，相当于执行 timeit_test(number = 2, repeat = 2)(for_generate_list)(size = 90000)。

我们知道函数也是对象，拥有__name__等属性，但经过装饰之后的函数，它们的__name__属性已经从原来的'for_generate_list'变成了'wrapper'，我们需要把原始函数的__name__等属性复制到 wrapper( )函数中，否则，有些依赖函数签名的代码执行就会出错。Python 内置的 functools.wraps 可以实现 wrapper.__name__=func.__name__这样的效果，使用时需要先导入 functools 模块，代码如下所示：

```python
import functools
```

接下来在 wrapper( )的定义处加上@functools.wraps(func)语句，如下所示：

```python
# 定义测试代码执行时间的装饰器-三阶
def timeit_test(number=3, repeat=3):
    def decorator(func):
        @functools.wraps(func)
        def wrapper(*args, **kwargs):
            for i in range(repeat):
                start = time.perf_counter()
                for _ in range(number):
                    func(*args, **kwargs)
                elapsed = (time.perf_counter() - start)
                print('Time of {} used: {} '.format(i, elapsed))
        return wrapper
    return decorator
```

我们再次查看 for_generate_list 函数的__name__属性，现在已经变成了正确的__name__属性'for_generate_list'，代码如下所示：

```python
print('func name is {}:'.format(for_generate_list.__name__))    # 打印结果: func name is for_generate_list:
```

装饰器的理念是对原函数、对象的加强，相当于重新包装（wrapper），让其他函数在不需要做任何代码变动的前提下增加额外功能，这样的话，我们只需要使用@xxxx 就可以一劳永逸地对所有函数测试执行时间了！

2.9 多进程和多线程的提速方案

量化交易的回测阶段涉及复杂的算法计算、繁多的 I/O 处理等，通常我们会考虑使用多任务并行方式充分利用 CPU 多核性能来提高程序的执行效率。不过有些问题时常会困扰到大家，例如在 Python 中，为什么多数情况下推荐使用多进程替代多线程，为什么有时候多线程耗时比单一线程更长？针对这些问题，本节将重点分析 Python 的多进程和多线程的区别和应用。

2.9.1 多进程和多线程

程序是存储在磁盘上的可执行文件，当把程序加载到内存中并被操作系统调用，则拥有了生命周期，进程即为运行中的程序。如图 2.22 所示，一个进程可以并行运行多个线程，每个线程执行不同的任务，也就是说线程是进程的组成部分，当一个进程启动时至少要执行一个任务，因此至少有一个主线程，由主线程再创建其他的子线程。

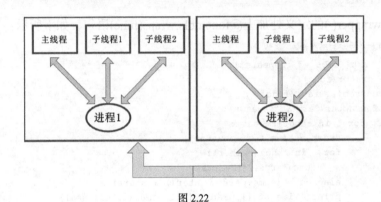

图 2.22

进程和线程之间存在不同的特点。每个进程拥有自己的地址空间、内存和数据栈，由操作系统管理所有的进程，并为其合理分配执行时间。进程间资源相互独立，不同进程之间通过进程间通信（Inter-Process Communication，IPC）方式共享信息，因此单进程崩溃时不会导致系统崩溃。而多线程是在同一个进程下执行的，共享同一片数据空间。相比于进程而言，线程间的信息共享更加容易，但当一个线程崩溃时会导致整个进程崩溃。

在单核 CPU 时期，多线程的执行方式属于"并发模式"，即由操作系统在多个线程之间切换，让每个线程都短暂的交替运行，看起来像同时执行一样。虽然并发模式也能够降低 CPU 的阻塞时间，但线程之间的切换是会带来额外开销的，这与真正的并行模式有本质上的区别。多核 CPU 的出现则可在真正意义上实现多线程或多进程并行执行。

2.9.2 Python 的 GIL 原理

在介绍多线程和多进程实现方案之前，我们有必要先来介绍 Python 的全局解释器锁 GIL

（Global Interpreter Lock）。理论上，当 CPU 是多核时，可以支持多个线程同时执行，但考虑到启用多线程会造成引用计数的竞争条件，从而导致内存出错，于是 CPython 中引入了 GIL 机制，用于管理 Python 线程的执行。Python 线程的执行必须先竞争到 GIL 权限才能执行。因此无论是单核还是多核 CPU，任意给定时刻只有一个线程会被 Python 解释器执行，这也是在多核 CPU 上，Python 的多线程有时效率并不高的根本原因。

关于 GIL 的执行机制，主要分为 CPU 密集型和 I/O 密集型操作两种情况。

当解释器执行 CPU 密集型线程时，解释器会每隔一定周期进行检查，在检查中会释放当前线程的 GIL 权限，并根据线程优先级将 GIL 权限重新分配给其他线程。

当解释器执行 I/O 密集型线程时，例如读写文件、访问数据库、网络连接、收发数据等，解释器会在 I/O 阻塞时释放 GIL。例如有 3 个线程需要执行任务，线程 1 执行时获得了 GIL 权限，其他线程则一直在等待；当遇到 I/O 处理时，线程 1 会释放 GIL，线程 2 得到 GIL，线程 2 开始运行，如此反复直到任务完成。

2.9.3 多任务的解决方案

通常 Python 多任务的解决方案主要有以下几种方式：

- 启动多进程，每个进程只有一个线程，通过多进程执行多任务；
- 启动单进程，在进程内启动多线程，通过多线程执行多任务；
- 启动多进程，在每个进程内再启动多个线程，同时执行更多的任务；

第三种方式实际为第一种和第二种方式的结合。由于第一种和第二种方式在 CPU 密集型和 I/O 密集型的任务场景中执行效率会有很大的不同，此处我们主要对比前两种方式分别在 CPU 密集型和 I/O 密集型任务中的执行效果。

1. CPU 密集型任务的对比测试

CPU 密集型任务的特点是需要进行大量的计算，在整个时间片内始终消耗 CPU 的资源。

【示例 2.42】 分别对比单线程、多线程、多进程 3 种情况下执行 CPU 密集型任务的执行效率。

此处创建 count( )函数，以连续循环自减模拟 CPU 密集型任务，代码如下所示：

```
# CPU 密集型任务
def count(n):
```

```
    while n > 0:
        n -= 1
```

对于多线程和多进程的实现,我们分别使用 Python 内置的 threading 库和 multiprocessing 库。其中 start( )为启动线程/进程,join( )为逐个执行线程/进程,直到子线程/进程结束后主线程/进程才退出。代码如下所示:

```python
from threading import Thread
from multiprocessing import Process
from timeit import timeit

# 单线程方式
def test_normal():
    count(1000000)
    count(1000000)

# 多线程方式
def test_Thread():
    t1 = Thread(target=count, args=(1000000,))
    t2 = Thread(target=count, args=(1000000,))
    t1.start()
    t2.start()
    t1.join()
    t2.join()

# 多进程方式
def test_Process():
    t1 = Process(target=count, args=(1000000,))
    t2 = Process(target=count, args=(1000000,))
    t1.start()
    t2.start()
    t1.join()
    t2.join()

if __name__ == '__main__':
    print("test_normal", timeit('test_normal()', 'from __main__ import test_normal', number=30))
    print("test_Process", timeit('test_Process()', 'from __main__ import test_Process', number=30))
    print("test_Thread", timeit('test_Thread()', 'from __main__ import test_Thread', number=30))
```

对以下 3 种情况,执行 CPU 密集型任务的测试结果,由于不同的运行环境下测试时间会有所不同,此处供大家横向对比参考:

```
test_normal 3.365371985
test_Process 1.8559440219999996
test_Thread 3.420734477
```

由于 GIL 机制的原因，多线程中无法利用多核参与计算，但多线程之间周期切换的开销时间仍然存在，因此多线程比单一线程需要更多的执行时间。而多进程中有各自独立的 GIL 锁互不影响，可以充分利用多核参与计算，加快了执行速度。

2. I/O 密集型任务的对比测试

I/O 密集型任务的特点是 CPU 消耗很少，任务大部分时间都在等待 I/O 操作的完成（I/O 速度远低于 CPU 和内存速度）。

【示例 2.43】 分别对比单线程、多线程、多进程 3 种情况执行 I/O 密集型任务的执行效率。

将 count( ) 函数内容替换为 time.sleep( )，使用挂起方式模拟 I/O 阻塞。代码如下所示：

```python
def count():
    time.sleep(0.01)
```

测试单线程、多线程、多进程 3 种情况执行 I/O 密集型任务的执行效率，代码如下所示：

```python
# 单线程方式
def test_normal():
    count()
    count()

# 多线程方式
def test_Thread():
    t1 = Thread(target=count, args=())
    t2 = Thread(target=count, args=())
    t1.start()
    t2.start()
    t1.join()
    t2.join()

# 多进程方式
def test_Process():
    t1 = Process(target=count, args=())
    t2 = Process(target=count, args=())
    t1.start()
    t2.start()
    t1.join()
    t2.join()

if __name__ == '__main__':
    print("test_normal", timeit('test_normal()', 'from __main__ import test_normal', number=100))
    print("test_Process", timeit('test_Process()', 'from __main__ import test_Process', number=100))
    print("test_Thread", timeit('test_Thread()', 'from __main__ import test_Thread', number=100))
```

在这 3 种情况下，执行 I/O 密集型任务的测试结果，代码如下所示：

```
test_normal 2.4264995930000004
test_Process 1.5462896290000003
test_Thread 1.249969879
```

我们可以发现多线程执行效率更高，并且当线程和进程数量逐步增加时差距会更加明显。主要原因是多线程在挂起 I/O 任务时会释放 GIL，此时允许其他并发线程执行，提升了运行程序的效率。而多进程创建和销毁的开销比多线程大，因此降低了多进程执行的效率。

根据多线程和多进程分别在 CPU 密集型和 I/O 密集型任务的执行效果可知，由于 Python 的 GIL 限制，多线程更适合 I/O 密集型应用。而对于 CPU 密集型的应用，为了实现更好的并行性，可使用多进程方式让 CPU 的其他内核加入执行。

2.10 未雨绸缪的异常处理机制

在 Python 编程中不可避免地会出现错误，我们把产生错误的情况叫作异常（Exceptions）。当程序发生异常时，默认情况下会导致程序终止运行。如果要避免程序在异常发生时结束运行，可以利用 Python 的异常机制，先捕获异常，再对异常进行处理，使程序能够继续运行下去。异常处理能够在程序出错时对程序进行必要的处理，能够提高程序的容错性和健壮性。

Python 的异常机制主要依赖 try、except、else、finally 这几个关键字，它们作用可概括为图 2.23，本节我们主要介绍在 Python 中如何使用这几个关键字来捕获和处理异常。

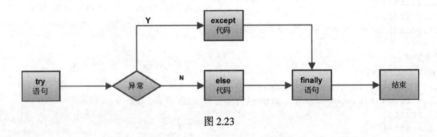

图 2.23

2.10.1 分析 try-except 常规机制

Python 常规的异常捕获语句为 try-except，在 except 后指定捕获的具体异常类型。整体的异常捕获流程如图 2.24 所示，可以看出 try 程序块只有一个，也只执行了一次，而 except 程序块虽然有多个，但实际效果类似于使用 if 语句判断异常类型，针对不同的异常类型提供相应的处理方法,因此只有其中的一个 except 程序块会被执行。通常在异常捕获语句的末尾添加 except Exception:语句,这样可以先捕获已经识别出的具体异常,再捕获未识别的其他异常。

当 Python 解释器执行 try 程序块时,如果 result = var * 10 语句出现异常,首先会生成异常对象 NameError,解释器会判断该异常对象的类型选择对应的 except 程序块进行处理。同理,如果执行 result = list_data[2] * 10 语句出现异常时,则会生成一个异常对象 IndexError。如果解释器无法找到相应异常的 except 程序块,那么最终会由 Exception 异常的 except 程序块处理。

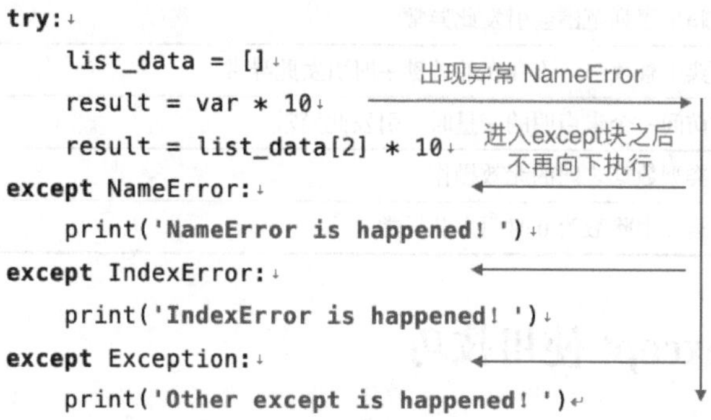

```
try:
    list_data = []
    result = var * 10              出现异常 NameError
    result = list_data[2] * 10
except NameError:                  进入except块之后
    print('NameError is happened! ')  不再向下执行
except IndexError:
    print('IndexError is happened! ')
except Exception:
    print('Other except is happened! ')
```

图 2.24

【示例 2.44】 在 try-except 语法中,还可以在 except 语句后指定多种异常类型,以实现同一个 except 程序块同时捕获多种异常类型,代码如下所示:

```
try:
    list_data = []
    result = var * 10
    result = list_data[2] * 10
except (NameError,IndexError):
    print('NameError or IndexError is happened! ')
except Exception:
    print('Other except is happened! ')
```

【示例 2.45】 如果需要在 except 程序块中访问异常对象的相关信息,可以在 except 语句后添加[as e]语句实现,当 Python 解释器决定调用某个 except 程序块来处理该异常对象时,会将异常对象赋值给 except 后的异常变量,程序中即可通过该变量来获得异常对象的相关信息,比如 args 属性返回异常的错误编号和描述字符串等,代码如下所示:

```
try:
    list_data = []
    result = var * 10
    result = list_data[2] * 10
except (NameError,IndexError) as e:
```

```
        print('NameError or IndexError is happened! ')
        print(e.args) # 执行提示 ("name 'var' is not defined",)
except Exception as e:
    print('Other except is happened! ')
```

附常用异常类型，如表 2.1 所示。

表 2.1

异常类型	含义
AttributeError	当试图访问的对象属性不存在时抛出的异常
IndexError	索引超出序列范围会引发此异常
KeyError	在字典中查找一个不存在的关键字时引发此异常
NameError	尝试访问一个未声明的变量时，引发此异常
TypeError	不同类型数据之间的无效操作
ZeroDivisionError	除法运算中除数为 0 时引发此异常

2.10.2 扩展 try-except 使用技巧

Python 在常规的异常捕获语句 try-except 基础上，扩展了另外两种异常捕获结构 try-except-else 以及 try-except-final，接下来分别介绍两种结构的特点和使用。

1. try-except-else

在 try-except 语句的基础上添加了 else 子语句，主要目的是在 try 程序块中没有出现任何异常时，解释器继而执行 else 程序块中的语句。

将代码放在 else 程序块中和放在 try 程序块之后主要的区别在于，代码放在 try 块的代码之后是为了使该段代码能够被之后的 except 程序块所捕获，而将代码放在 else 程序块中则是希望某段代码的异常直接向外传播，而不被 except 程序块所捕获。

【示例 2.46】 在以下示例中，在 else 程序块中执行了异常语句，使程序停止运行。代码如下所示：

```
try:
    var = 1; list_data = [0,1,2]
    result = var * 10
    result = list_data[2] * 10
except (NameError,IndexError) as e:
    print('NameError or IndexError is happened! ')
    print(e.args) # 执行提示 ("name 'var' is not defined",)
except Exception as e:
```

```
        print('Other except is happened! ')
    else:
        result = 1 + 'quant'
        # Traceback (most recent call last):
        # TypeError: unsupported operand type(s) for +: 'int' and 'str'
```

2. try-except-final

在 try-except 语句的基础上添加了 finally 子语句的效果是，无论 try 程序块中的语句是否出现异常，最终都会进入 finally 程序块中执行。

对于 finally 程序块非常贴切的应用场景之一即是解决物理资源的回收，例如在 try 块中执行了数据库连接、网络连接或者打开某个磁盘文件之后，某条语句引发了异常，那么在该语句后的其他语句并没有机会去执行，这将导致位于该语句之后的数据库关闭、网络关闭或者关闭某个磁盘文件之类的资源回收语句得不到执行。如果将资源回收语句放在 except 程序块中，那么 except 程序块也完全有可能得不到执行，这将导致不能及时回收这些物理资源。

于是，在 except 语句的最后添加 finally 语句，将资源回收语句放在 finally 程序块中，这样无论 try 块中的代码是否出现异常，也不管哪一个 except 块被执行，都可以及时回收这些物理资源。

【示例 2.47】 以下示例在 try 程序块中执行 open 文件语句，之后执行 result = var * 10 出现了异常，在 finally 程序块中执行 close 文件语句以回收资源。代码如下所示：

```
try:
    f = open('code.txt', 'w')
    result = var * 10
    result = list_data[2] * 10
except (NameError,IndexError) as e:
    print('NameError or IndexError is happened! ')
    print(e.args) # 执行提示 ("name 'var' is not defined",)
except Exception as e:
    print('Other except is happened! ')
finally:
    print('finally file close! ')
    f.close()
```

2.11 本章总结

本章从零基础出发介绍了 Python 中的一些关键知识点。首先介绍了课程开发环境的部署，紧接着介绍如何编写第一个 Python 程序，然后介绍 Python 量化交易所涉及的关键知识点，包括变量、函数、类、循环、装饰器、多任务、异常处理等，为接下来开发量化交易策略打好基础。

第 3 章 第三方库 NumPy 快速入门

本章导读

在量化交易系统中数据分析是必不可少的步骤之一,提起 Python 环境下与数据分析相关的最重要的库,一定非 NumPy 和 Pandas 莫属。

NumPy(全称是 Numerical Python)是 Python 数值计算最重要的基础库。大多数提供科学计算的库都是用 NumPy 数组作为构建基础。例如 Pandas 就是基于 NumPy 数组构建的含有更高级数据结构和工具的数据分析库。在学习 Pandas 库之前,理解和掌握 NumPy 关键知识点将有助于我们更加高效地使用 Pandas 库。

在使用 NumPy 库之前,首先导入 NumPy 库,并用缩写的别名 np 代替 NumPy,当调用库中函数时,不需要输入库的全称。如下所示:

```
import numpy as np
```

查看当前安装的 NumPy 库的版本号,避免因版本不一致出现调试错误,如下所示:

```
print(np.__version__) # 1.15.1
```

3.1 初识 N 维数组对象

NumPy 的核心是 N 维数组对象 ndarray(全称是 N-dimensional array),它不仅具有矢量算术运算和广播的能力,并且在处理多维的大规模数组时快速且节省空间。

创建 ndarray 数组最直接的方法就是调用 np.array( )函数，该函数接受列表、元组类型的嵌套序列对象，然后生成一个 ndarray 数组。可通过 dtype 参数显示指定元素的类型，例如 float、int、uint、string 等，如果未指定 dtype，np.array( )函数会尝试推断一个合适的数据类型，可见 ndarray 数组是存储同类型元素的多维的数组容器。

【示例 3.1】 通过单一列表创建一维 ndarray 对象，此处显示指定元素的类型 dtype 是 float64，代码如下所示：

```
array_1x6 = np.array([1.0, 2.0, 3.0, 4.0, 5.0, 6.0], dtype=np.float64)
print(array_1x6)
#打印结果
"""
[1. 2. 3. 4. 5. 6.]
"""
print(array_1x6.ndim) #打印结果：1
print(array_1x6.shape) #打印结果：(6,)
print(array_1x6.dtype) #打印结果：float64
```

【示例 3.2】 通过等长的二层嵌套列表创建二维 ndarray 对象，此处未显示指定元素的类型 dtype，array( )函数尝试推断一个合适的数据类型为 float64，代码如下所示：

```
array_2x6 = np.array([[1.0, 2.0, 3.0, 4.0, 5.0, 6.0], [1.1, 2.1, 3.1, 4.1, 5.1, 6.1]])
print(array_2x6)
"""
[[1.  2.  3.  4.  5.  6. ]
 [1.1 2.1 3.1 4.1 5.1 6.1]]
"""
print(array_2x6.ndim) #打印结果：2
print(array_2x6.shape) #打印结果：(2, 6)
print(array_2x6.dtype) #打印结果：float64
```

【示例 3.3】 通过等长的三层嵌套列表创建三维 ndarray 对象，代码如下所示：

```
array_2x3x6 = np.array([[[1.0,2.0,3.0,4.0,5.0,6.0],[1.1,2.1,3.1,4.1,5.1,6.1],[1.2,2.2,3.2,4.2,5.2,6.2]],
                        [[7.0,8.0,9.0,10.0,11.0,12.0],[7.1,8.1,9.1,10.1,11.1,12.1],[7.2,8.2,9.2,10.2,11.2,12.2]]])
print(array_2x3x6)
#打印结果
"""
[[[ 1.   2.   3.   4.   5.   6. ]
  [ 1.1  2.1  3.1  4.1  5.1  6.1]
  [ 1.2  2.2  3.2  4.2  5.2  6.2]]

 [[ 7.   8.   9.  10.  11.  12. ]
  [ 7.1  8.1  9.1 10.1 11.1 12.1]
  [ 7.2  8.2  9.2 10.2 11.2 12.2]]]
"""
print(array_2x3x6.ndim) #打印结果：3
print(array_2x3x6.shape) #打印结果：(2, 3, 6)
print(array_2x3x6.dtype) #打印结果：float64
```

从【示例3.3】、【示例3.2】和【示例3.1】中可知，ndarray 的属性除了有 dtype 外，还有 ndim 和 shape。ndim 是指数组的维度（轴）的数量。shape 指数组的形状，它的返回值是一个元组，元组的长度等价于维度（轴）的数量，元组中每个元素值表示每个维度（轴）中数组的大小。例如二维 ndarray 对象 array_2x6 的 shape 为(2, 6)，轴 0 表示了数组的行，轴 1 表示了数组的列，表示 2 行 6 列的数组。三维 ndarray 对象 array_2x3x6 的 shape 为(2, 3, 6)，轴 0 代表这个数组里嵌套着 2 层数组，轴 1 表示每个数组的有 3 行，轴 2 表示了数组的 6 列，如图 3.1 和图 3.2 所示。

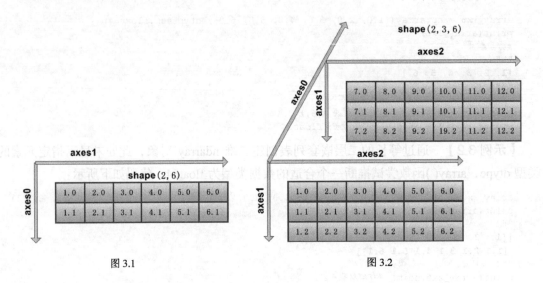

图 3.1　　　　　　　　　　　　　　图 3.2

3.2　N 维数组对象的特性

接下来我们再来了解 N 维数组对象 ndarray 核心的两个特性：矢量运算特性和广播运算特性。

3.2.1　矢量运算的特性

对于两个形状都为(4, 3)的二维数组，如果要将这两个数组元素与元素之间逐个去执行相加，有两种方法：使用 Python 的 for-in 循环实现；使用 NumPy 的运算表达式实现。具体运算方式如图 3.3 所示。

【示例 3.4】　接下来创建 Python 的嵌套的二层列表 list_4x3_a、list_4x3_b 和 list_4x3_c，list_4x3_c 用于存储运算后的结果，使用嵌套的 for-in 循环实现数组运算，代码如下所示：

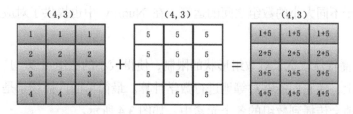

图 3.3

```
# Python for...in 循环
list_4x3_a = [[1,1,1],[2,2,2],[3,3,3],[4,4,4]]
list_4x3_b = [[5,5,5],[5,5,5],[5,5,5],[5,5,5]]
list_4x3_c = [[0,0,0],[0,0,0],[0,0,0],[0,0,0]]

for i in range(4):
    for j in range(3):
        list_4x3_c[i][j] = list_4x3_a[i][j] + list_4x3_b[i][j]
print(list_4x3_c) #打印结果: [[6, 6, 6], [7, 7, 7], [8, 8, 8], [9, 9, 9]]
```

注：range(4)是一种简写，等价于 range(0, 4, 1)。range( )是 Python 内置的一个函数，它返回一个可迭代的对象，对象是一个从 0 开始，到 4 结束但不包括 4，步长为 1 的整数序列。

NumPy 的矢量特性主要表现为并行化的运算，也就是说在对数组执行运算时会作用到元素级别，这样仅仅用简洁的表达式就可以代替 Python 的 for-in 循环。

【示例 3.5】 使用 np.array( )函数分别创建两个二维数组，然后只需要用表达式将两个数组相加即可。当大小相等的 ndarray 数组之间的任何算术运算都会应用到元素级别，十分方便。代码如下所示：

```
# Numpy 矢量化运算——表达式
array_4x3_a = np.array([[1,1,1],[2,2,2],[3,3,3],[4,4,4]]) # 创建'numpy.ndarray'多维数组
array_4x3_b = np.array([[5,5,5],[5,5,5],[5,5,5],[5,5,5]])
print(array_4x3_a+array_4x3_b)
"""
[[6 6 6]
 [7 7 7]
 [8 8 8]
 [9 9 9]]
"""
```

3.2.2 广播运算的特性

【示例 3.5】中的两个 ndarray 数组的形状大小一样，这样数组间能够元素对元素地逐个

去执行运算。对于不同大小的数组之间的运算,在 NumPy 中也提供了对应的处理机制,那就是广播特性。

Numpy 的广播特性放宽了对数组形状的限制,使得较小的数组可以"广播"到较大数组相同的形状尺度上,使它们能够对等地进行数学计算。最简单的广播场景是一个数组和一个标量运算,标量值会传播到数组的各个元素中,如图 3.4 所示。

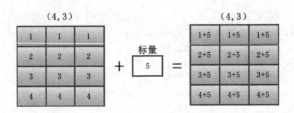

图 3.4

【示例 3.6】 我们将【示例 3.5】中的 array_4x3_b 数组稍作修改,用标量 5 代替 array_4x3_b 数组展开算术运算,代码如下所示:

```
# Numpy广播特性——标量
print(array_4x3_a+5)
#打印结果
"""
[[6 6 6]
 [7 7 7]
 [8 8 8]
 [9 9 9]]
"""
```

两种方式最终的结果是一样的,广播特性并不需要在计算时将标量 5 扩展成和 array_4x3_a 数组一样的形状,就可以将 array_4x3_a 数组中全部的元素与标量 5 展开运算,这种方式在内存使用和计算效率上会更优。

尽管如此,NumPy 的广播特性也是有具体要求的。当两个数组进行计算时,NumPy 会逐元素地比较它们的形状,从末尾的维度向前执行。只有当它们相等,或者其中一个为 1,两个维度才算是兼容的,否则会抛出错误提示两个阵列形状不兼容。相兼容的两个数组运算后的结果与各维度上最大尺寸相同。我们分别给出兼容和不兼容的两个示例来具体说明。

【示例 3.7】 分别创建一个形状为(4, 3)和(3,) 的数组,执行两个数组相加的操作,数组(4, 3)和(3,)在末尾开始维度(轴)的长度上都为 3 列,因此它们是广播兼容的,广播会沿纵向进行,如图 3.5 所示。

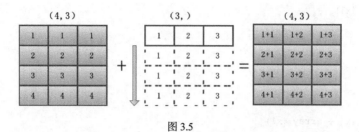

图 3.5

代码如下所示:

```
# Numpy 广播特性——兼容规则
array_4x3 = np.array([[1,1,1],[2,2,2],[3,3,3],[4,4,4]])
array_1x3 = np.array([1,2,3])
print(array_4x3 + array_1x3)
#打印结果
"""
[[2 3 4]
 [3 4 5]
 [4 5 6]
 [5 6 7]]
"""
```

【示例 3.8】 举一个不兼容的示例来反面说明。我们分别创建形状为(4,3)和(2,1)的数组，执行两个数组相加的操作。根据规则这两个数组是不兼容的，原因是(4,3)和(2,1)的倒数第二个维度不兼容，一个是 4 行，另一个是 2 行。代码如下所示:

```
array_4x3 = np.array([[1,1,1],[2,2,2],[3,3,3],[4,4,4]])
print(array_4x3)
#打印结果
"""
[[1 1 1]
 [2 2 2]
 [3 3 3]
 [4 4 4]]
"""
array_2x1 = np.array([[1],[1]])
print(array_2x1)
#打印结果
"""
[[1]
 [1]]
"""
print(array_4x3 + array_2x1)
# ValueError: operands could not be broadcast together with shapes (4,3) (2,1)
```

解释器会提示 "ValueError: operands could not be broadcast together with shapes (4,3) (2,1)" 错误。将 array_2x1 更改形状为(4,1)则广播兼容，代码如下所示:

```
array_4x3 = np.array([[1,1,1],[2,2,2],[3,3,3],[4,4,4]])
array_4x1 = np.array([[1],[1],[1],[1]])
```

```
print(array_4x1)
#打印结果
"""
[[1]
 [1]
 [1]
 [1]]
"""
print(array_4x3 + array_4x1)
#打印结果
"""
[[2 2 2]
 [3 3 3]
 [4 4 4]
 [5 5 5]]
"""
```

3.2.3 用条件表达式选取元素

NumPy 矢量特性另一方面的体现在于条件表达式选取元素的机制上，这部分机制与 Pandas 库相似，理解这部分内容对高效地使用 Pandas 库有所帮助。

我们先使用 np.array( ) 函数生成一个 4 行 3 列的二维数组，代码如下所示：

```
array_4x3 = np.array([[1.1, 1.2, 1.3], [2.1, 2.2, 2.3], [3.1, 3.2, 3.3], [4.1, 4.2, 4.3]])
print(array_4x3)
#打印结果
"""
[[1.1 1.2 1.3]
 [2.1 2.2 2.3]
 [3.1 3.2 3.3]
 [4.1 4.2 4.3]]
"""
```

【示例 3.9】 一般我们会在数组中通过表达式符号 "==" "!=" "&" "|" 以矢量化方式选取我们想要的数据。表达式运算实际上最终会产生一个布尔型的数组，由这个布尔型数组去索引数组中的元素。例如布尔型数组为[True, False, False, False]，会选取第一行的数据。代码如下所示：

```
print(array_4x3[[True, False, False, False]])
#打印结果
# [[1.1 1.2 1.3]]
```

【示例 3.10】 此外，布尔型数组还可以和切片、整数混合索引，例如选取符合布尔型数组的第一列的数值，代码如下所示：

```
print(array_4x3[[True, False, False, False], 1])
#打印结果
# [1.2]
```

【示例 3.11】 通过表达式选取数组中所有小于 2 的值，array_4x3<2 会产生一个体现数组内是否符合条件的布尔型数组，再由这个布尔型数组可以选取出 array_4x3 中所有小于 2 的值。代码如下所示：

```
print(array_4x3 < 2)
"""
[[ True  True  True]
 [False False False]
 [False False False]
 [False False False]]
"""
print(array_4x3[array_4x3 < 2])
#打印结果
# [1.1 1.2 1.3]
```

3.3 高效处理性能的对比

我们已经了解了 NumPy 在使用上的优势，即用简洁的表达式代替 Python 的 for-in 循环。我们再了解一下效率方面的优势。

【示例 3.12】 首先分别使用 np.arange( )函数生成一个包含 100 万整数的数组和 Python 内置的 range( )函数生成一个等价的 Python 列表，通过对比生成的时间来了解它们之间具体的性能差距。np.arange( )函数的作用和 range( )函数相似，明显的区别是 np.arange( )函数返回的类型是 np.ndarray，另外 np.arange( )的步长可以为小数，而 range( )必须是整数。

此处将两种方法封装成函数，在函数定义处添加 2.8 节自制的 timeit_test( )装饰器，通过这种方式测量两种方法的代码运行时间。代码如下所示：

```
@timeit_test(number=1, repeat=1)
def list_test():
    my_list = list(range(1000000))

@timeit_test(number=1, repeat=1)
def ndarray_test():
    my_arr = np.arange(1000000)

list_test() # Time of 0 used: 0.04712673199999998
ndarray_test() # Time of 0 used: 0.0014547089999999985
```

我们发现 NumPy 生成大规模数组的效率优势非常明显，比 Python 方式实现同等效果快 1 个数量级以上。

【示例 3.13】 再测试矢量化运算方面的优势。我们分别对数组 my_arr 和列表 my_list 中的元素乘以标量 2.0，此处乘以标量是为了利用 NumPy 计算效率最高的广播特性的优势。

使用自制的 timeit_test( )装饰器测量两种方法代码的运行时间。代码如下所示：

```
@timeit_test(number=1, repeat=1)
def list_test():
    my_list = []
    for num in range(1000000):
        my_list.append(num * 2.0)

@timeit_test(number=1, repeat=1)
def ndarray_test():
    my_arr = np.arange(1000000)
    my_arr = my_arr * 2.0

list_test() # Time of 0 used: 0.15243656000000003
ndarray_test() # Time of 0 used: 0.009769811999999989
```

经过对比，可见 NumPy 除了生成大规模数组的效率优势非常明显，数值运算方面也比 Python 方式实现同等效果快了 1 个数量级以上。

NumPy 之所以能够高效地处理大数组，主要取决于 ndarray 处理数据的机制。当我们使用 np.array( )函数创建一个 ndarray 数组对象时，在它的内部除了包含指向数据的指针和表示数组形状（shape）的元组外，还包含了 dtype 和 stride，代码如下所示：

```
# ndarray处理数据的机制
print(np.array([[1,1,1],[2,2,2],[3,3,3],[4,4,4]]).shape)
# 打印结果: (4, 3)
print(np.array([[1,1,1],[2,2,2],[3,3,3],[4,4,4]]).dtype)
# 打印结果: int64
print(np.array([[1,1,1],[2,2,2],[3,3,3],[4,4,4]]).strides)
# 打印结果: (24, 8)
```

ndarray 中所有元素的数据类型是相同的，连续存储于内存中，因此数据类型(dtype) 描述了数据在数组中存储空间的方式和大小，例如浮点数、整数、布尔值等。跨度元组（stride）描述为了前进到当前维度下一个元素需要"跨过"的字节数。

ndarray 根据数据类型将同质的数据块描述为多维数组对象，结合跨度信息使得数组能以各种步幅（step size）在内存中移动。Python 列表中的元素类型是任意的，并不能连续存储于内存中，只能通过寻址方式找到下一个元素。这是 NumPy 在处理大数组方面性能优于 Python 列表的主要原因。另外，NumPy 底层使用 C 语言编写也可以避免 Python 解释器对执行速度的限制。

3.4 用常用数组处理函数

NumPy 中有很多好用的函数，这些函数基本上都支持 ndarray 数组，因此都具备 ndarray 数组所包含的特性。本节整体地为大家罗列 NumPy 中常用的一些函数以及本书所涉及的一些函数。由于同一类的函数,在用法上大同小异,例如加法、减法、乘法函数都属于同一类,因此我们从中选择若干有代表性的函数进行介绍。

3.4.1 创建数组的函数

表 3.1 所列的函数,用于创建不同元素值的多维数组。

表 3.1

创建不同元素值的多维数组	np.array( )	根据输入数据创建多维数组
	np.ones( )	创建元素全为 1 的多维数组
	np.zeros( )	创建元素全为 0 的多维数组
	np.full( )	创建元素全为指定值的多维数组
创建指定元素值的二维数组	np.eye( )	创建对角矩阵形式的二维数组
创建指定元素值的一维数组	np.linspace( )	创建等差数列的一维数组,指定开始值、终值和元素个数
	np.arange( )	创建等差数列的一维数组,指定开始值、终值和步长
创建随机元素值的多维数组	np.random.randint( )	创建指定上下限范围的随机数组(不包含上限值)
	np.random.binomial( )	创建符合二项分布的随机数组
	np.random.normal( )	创建符合指定正态分布 μ 和 σ 的随机数组
	np.random.randn( )	创建符合标准正态分布的随机数组
	np.random.rand( )	创建 0-1 之间均匀分布的随机数组(不包含 1)

【示例 3.14】 np.ones( )函数的示例代码,如下所示:

```
# ones(shape, dtype=None, order='C')
array_one = np.ones(shape=(2, 4))
print(array_one)
#打印结果
"""
[[1. 1. 1. 1.]
 [1. 1. 1. 1.]]
"""
```

【示例 3.15】 np.full( )函数的示例代码,如下所示:

```
# np.full(shape, fill_value, dtype=None, order='C')
array_full = np.full(shape=(2, 4), fill_value=10)
print(array_full)
#打印结果
"""
[[10 10 10 10]
 [10 10 10 10]]
"""
```

【示例 3.16】 np.eye( )函数的示例代码，如下所示：

```
# np.eye(N, M=None, k=0, dtype=float)
array_eye = arr_eys = np.eye(4, M=6)
print(array_eye)
#打印结果
"""
[[1. 0. 0. 0. 0. 0.]
 [0. 1. 0. 0. 0. 0.]
 [0. 0. 1. 0. 0. 0.]
 [0. 0. 0. 1. 0. 0.]]
"""
```

【示例 3.17】 np.linspace( )函数的示例代码，如下所示：

```
# np.linspace(start, stop, num=50, endpoint=True, retstep=False, dtype=None) 等差数列
# start 指定开始值;stop 指定终值;num 指定元素个数;endpoint 指定等差数列是否包含终值
array_linspace = np.linspace(start=0, stop=5, num=10, endpoint=False)
print(array_linspace)
#打印结果
"""
[0.  0.5 1.  1.5 2.  2.5 3.  3.5 4.  4.5]
"""
```

【示例 3.18】 np.random.randint( )函数的示例代码，如下所示：

```
# randint(low, high=None, size=None, dtype='l') # 指定上下限范围的随机数组
array_randint = np.random.randint(1, 4, size=10)
print(array_randint)
#打印结果
"""
[2 1 1 2 2 1 1 2 1 2]
"""
```

【示例 3.19】 np.random.binomial( )函数的示例代码，如下所示：

```
# binomial(n, p, size=None) # 符合二项分布的随机数组
array_binomial = np.random.binomial(1, 0.5, size=10)
print(array_binomial)
#打印结果
"""
[1 1 1 0 1 0 0 1 1 0]
"""
```

【示例 3.20】 np.random.randn( )函数的示例代码，如下所示：

```
# randn(*dn) # 标准正态分布随机数组
array_randn = np.random.randn(3, 4)
print(array_randn)
#打印结果
"""
[[ 1.62434536 -0.61175641 -0.52817175 -1.07296862]
 [ 0.86540763 -2.3015387   1.74481176 -0.7612069 ]
 [ 0.3190391  -0.24937038  1.46210794 -2.06014071]]
"""
```

【示例 3.21】 np.random.rand( )函数的示例代码,如下所示:

```
# rand(*dn)  # 0-1 之间均匀分布的随机数组
array_rand = np.random.rand(3, 4)
print(array_rand)
#打印结果
"""
[[4.17022005e-01 7.20324493e-01 1.14374817e-04 3.02332573e-01]
 [1.46755891e-01 9.23385948e-02 1.86260211e-01 3.45560727e-01]
 [3.96767474e-01 5.38816734e-01 4.19194514e-01 6.85219500e-01]]
"""
```

【示例 3.22】 np.random.normal( )函数的示例代码,如下所示:

```
# normal(loc=0.0, scale=1.0, size=None)
array_normal = np.random.normal(loc=10.0, scale=1.0, size=(1,3,2))
print(array_normal)
#打印结果
"""
[[[11.62434536  9.38824359]
  [ 9.47182825  8.92703138]
  [10.86540763  7.6984613 ]]]
"""
```

注:size 参数可指定输出的数据形状,支持 int,也支持 tuple of ints。

3.4.2 元素级处理函数

表 3.2 所列的函数为处理元素级数组的函数,一元函数和二元函数的区分主要是针对于接收数组的个数。

表 3.2

一元函数	np.abs( )	计算数组元素的绝对值
	np.exp( )	计算以自然常数 e 为底的指数函数(e 是常数 2.71828,数组的值为 e 的幂次方)
	np.sqrt( )	计算数组元素的平方根(等价于 array**0.5)
	np.square( )	计算数组元素的平方(等价于 array**2)
	np.sign( )	计算数组元素的正负号。返回一组表示数组元素符号的数组(1 表示正数,-1 表示负数,0 表示零)
	np.isnan( )	指示数组元素是否为 NaN。返回一组表示数组元素是否为 NaN(无效值)的布尔型数组。布尔值为 True 所对应的位置是数组中 NaN(无效值)所处的位置
二元函数	np.add( )	计算数组之间相加,等价于符号+
	np.multiply( )	计算数组之间相乘,等价于符号*
	np.subtract( )	计算数组之间相减,等价于符号-
	np.divide( )	计算数组之间相除,等价于符号/
三元表达式	np.where( )	x if condition else y。满足条件时输出 x,不满足时则输出 y

【示例 3.23】 np.sign( )函数的示例代码,如下所示:

```
array_4x3_234 = np.array([[1, 0, 1], [-2, 2, 2], [3, -3, 3], [4, 4, -4]])
array_sign = np.sign(array_4x3_234)
print(array_sign)
#打印结果
"""
[[ 1  0  1]
 [-1  1  1]
 [ 1 -1  1]
 [ 1  1 -1]]
"""
```

【示例 3.24】 np.isnan( )函数的示例代码,如下所示:

```
array_4x3_235 = np.array([[1, 1, 1], [-2, np.nan, 2], [3, np.nan, 3], [4, 4, -4]])
array_isnan = np.isnan(array_4x3_235)
print(array_isnan)
#打印结果
"""
[[False False False]
 [False  True False]
 [False  True False]
 [False False False]]
"""
```

【示例 3.25】 np.where( )函数的示例代码,如下所示:

```
# np.where(cond,x,y):满足条件(cond)输出 x,不满足输出 y
array_4x3_236 = np.array([[1, 1, 1], [-2, 8, 2], [3, 9, 3], [4, 4, -4]])
array_where = np.where(array_4x3_236 > 5, 5, 0)
print(array_where)
#打印结果
"""
[[0 0 0]
 [0 5 0]
 [0 5 0]
 [0 0 0]]
"""
```

以上我们选取的函数是多数情况下大家都会使用到的,是相对比较典型的一些函数。其实 NumPy 中还有很多函数,例如统计方面的函数、线性代数中矩阵处理的一些函数等。

3.4.3 线性代数相关函数

1. 矩阵 matrix 类型

在 NumPy 的使用中,通常情况下使用数组 array 类型比较常见,实际上 Numpy 中存在两种不同的数据类型——矩阵 matrix 和数组 array。Numpy 中的 matrix 与 MATLAB 中 matrices 等价。

【示例 3.26】 分别创建矩阵 matrix 和数组 array。np.mat( )函数与 np.array( )函数生成矩阵的格式是有区别的，np.mat( )函数中数据可以为字符串以分号（;）分割或者为列表形式以逗号（,）分割，而 np.array( )函数中数据只能为后者形式。代码如下所示：

```
matrix_a = np.mat('1 3 5; 2 4 6')
matrix_b = np.mat([[1, 3, 5], [2, 4, 6]])
print(matrix_a)
#打印结果
"""
[[1 3 5]
 [2 4 6]]
"""
print(matrix_b)
#打印结果
"""
[[1 3 5]
 [2 4 6]]
"""
print(type(matrix_a)) #打印结果：<class 'numpy.matrixlib.defmatrix.matrix'>
print(type(matrix_b)) #打印结果：<class 'numpy.matrixlib.defmatrix.matrix'>

array_c = np.array([[1, 3, 5], [2, 4, 6]])
print(array_c)
#打印结果
"""
[[1 3 5]
 [2 4 6]]
"""
print(type(array_c)) #打印结果：<class 'numpy.ndarray'>
```

2. 线性代数函数

NumPy 提供了处理线性代数的函数，通常在使用前先用 np.mat( )函数将目标数据的类型转化成矩阵（matrix），然后再进行一些线性代数的操作。

【示例 3.27】 构建一个 4×4 的随机数组，使用 np.mat( )函数将数组转化为矩阵。代码如下所示：

```
# 构建一个4*4的随机数组
array_1 = np.random.rand(4, 4)
print(array_1)
#打印结果
"""
[[0.75092745 0.19999372 0.91697249 0.83692052]
 [0.89880097 0.10333959 0.64811766 0.89136818]
 [0.98629936 0.10134345 0.36475073 0.03950319]
 [0.16878454 0.08078799 0.38428045 0.36453119]]
"""
print(type(array_1)) # <class 'numpy.ndarray'>
# 使用np.mat函数将数组转化为矩阵
```

```
matrix_1 = np.mat(array_1)
print(matrix_1)
#打印结果
"""
[[0.75092745 0.19999372 0.91697249 0.83692052]
 [0.89880097 0.10333959 0.64811766 0.89136818]
 [0.98629936 0.10134345 0.36475073 0.03950319]
 [0.16878454 0.08078799 0.38428045 0.36453119]]
"""
print(type(matrix_1))  #打印结果: <class 'numpy.matrixlib.defmatrix.matrix'>
```

此处我们代表性地选取了 NumPy 中的几个常用的线性代数函数进行介绍，其中包括 linalg 库中的线性代数函数。

- np.dot( )：两个矩阵的点积。
- np.linalg.inv( )：计算矩阵的乘法逆矩阵。
- np.linalg.solve( )：求解线性矩阵方程。

【示例 3.28】 numpy.dot( )函数计算矩阵的点积。只有在矩阵的内部尺寸相等的情况下，才可能在矩阵之间获得矩阵点积，即左矩阵的列数必须与右矩阵的行数匹配。示例如下所示：

```
A = np.mat([[1, 2], [3, 4]])
B = np.mat([[1, 2], [3, 4]])
print(np.dot(A, B))
#打印结果
"""
[[ 7 10]
 [15 22]]
"""
```

【示例 3.29】 np.linalg.inv( )函数计算矩阵的乘法逆矩阵（inverse matrix）。设 A 是数域上的一个 n 阶矩阵，若在相同数域上存在另一个 n 阶矩阵 B，使得 $AB=BA=E$，则我们称 B 是 A 的逆矩阵，而 A 则被称为可逆矩阵。注：E 为单位矩阵。代码如下所示：

```
A = np.mat([[1, 2], [3, 4]])
B = np.linalg.inv(A)
print(A)
#打印结果
"""
[[1 2]
 [3 4]]
"""
print(B)
#打印结果
"""
[[-2.   1. ]
 [ 1.5 -0.5]]
"""
```

【示例 3.30】 np.linalg.solve( )函数可以求解线性矩阵方程。

例如有 3 个未知变量 (x, y, z) 的线性方程组，如下所示：

$x + y + z = 6$

$2y + 5z = -4$

$2x + 5y - z = 27$

使用矩阵求解线性方程组，以矩阵形式表示以上的等式，即 $AX=B$（或者 $X = A^{(-1)}B$），如图 3.6 所示：

$$\begin{bmatrix} 1 & 1 & 1 \\ 0 & 2 & 5 \\ 2 & 5 & -1 \end{bmatrix} \begin{bmatrix} x \\ y \\ z \end{bmatrix} = \begin{bmatrix} 6 \\ -4 \\ 27 \end{bmatrix}$$

图 3.6

使用 np.linalg.solve( )函数直接求解线性矩阵方程，代码如下所示：

```
A = np.mat([[1, 1, 1], [0, 2, 5], [2, 5, -1]])
B = np.mat([[6], [-4], [27]])
print('计算：A^(-1)B：')
X = np.linalg.solve(A, B)
print(X)  # x = 5, y = 3, z = -2 的解
#打印结果
"""
[[ 5.]
 [ 3.]
 [-2.]]
"""
```

3.5 本章总结

本章介绍了 NumPy 库在量化交易中的关键知识点。首先介绍了 N 维数组对象 ndarray 的特性，包括矢量运算特性、广播运算特性、高效处理特性等，然后介绍了常用的一些数组处理函数，为更好地掌握 Pandas 库知识点打好基础。

第 4 章 第三方库 Pandas 快速入门

本章导读

Pandas 是 Python 环境下有名的数据统计包,它是基于 NumPy 构建的含有更高级数据结构和工具的数据分析库。既然 Pandas 是基于 NumPy 构建的,那么自然也包含 NumPy 中的特性,所以 Pandas 中会涉及很多与 NumPy 相近的机制和方法。

虽然 NumPy 提供了通用数据处理的计算基础,但是 ndarray 中的所有元素的数据类型是相同的,在处理包含多种类型的数据时十分烦琐,例如使用 NumPy 创建一个同时包含字符串、浮点数和整数的数组,用于存储股票行情数据时,需要按以下方式自定义 dtype 来实现,代码如下所示:

```
deftype = ([('date', np.str_, 10),('close',np.float32),('vol',np.uint32)])
stock = np.array([[('2019-01-11', 11.01, 1300000),
                   ('2019-01-12', 12.11, 1200000),
                   ('2019-01-13', 15.01, 1500000),
                   ('2019-01-14', 13.01, 1600000,)]], dtype=deftype)
print(stock)
#打印结果
"""
[('2019-01-11', 11.01, 1300000) ('2019-01-12', 12.11, 1200000)
 ('2019-01-13', 15.01, 1500000) ('2019-01-14', 13.01, 1600000)]
"""
```

Pandas 作为专业从事数据分析的工具,支持处理不同类型的数据,使得处理数据变得非常方便、快速和简单。因此大多数使用者仍然将 Pandas 作为统计和分析工作的主要工具。

接下来，我们先导入 Pandas 库，并用缩写的别名 pd 代替 pandas，如下所示：

```
import pandas as pd
```

查看当前安装的 Pandas 库的版本号，避免因版本不一致出现调试错误，如下所示：

```
print(pd.__version__) # 0.23.4
```

4.1　Series 和 DataFrame 概览

Pandas 是围绕 Series 和 DataFrame 两个核心数据结构展开的。Series 是一种类似于一维数组的对象，由一组数据和一组与数据对应相关的索引组成。DataFrame 比 Series 更复杂一些，它是一个表格型的数据结构，既有行索引也有列索引。基本上可以把 DataFrame 看成是共享同一个 index 的 Series 的集合，Series 与 DataFrame 的整体结构如图 4.1 所示。

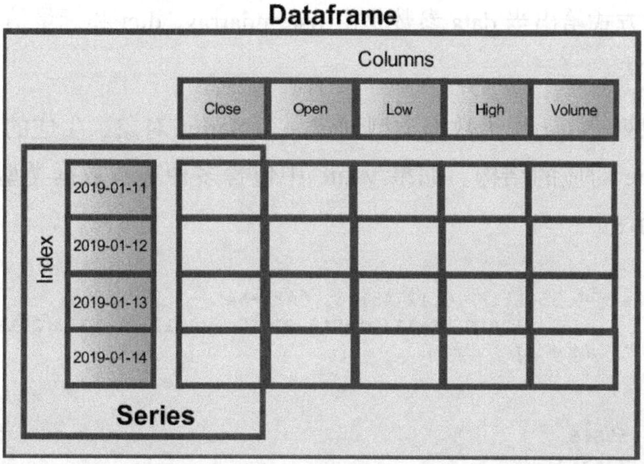

图 4.1

接下来我们会通过一些具体的示例介绍 Series 和 DataFrame 对象生成和访问的方法，进一步了解两者在数据构造上的差异。

4.2　Series 的生成和访问

本节介绍 Series 数据对象生成和访问的基本方法。

4.2.1 Series 的生成方法

创建 Series 对象的基本方法：

```
pandas.Series(data=None, index=None, dtype=None, name=None, copy=False, fastpath=False)
```

其中关键的参数如下。

- data：Series 对象的元素（value），可以是由 list、ndarray 这样的阵列组成的一维数组，也可以是由字典和标量值组成的一维数组。
- index：Series 对象的索引（index），当 Series 中的数据未指定索引时，Series 会自动创建整数型索引。
- dtype：可指定元素的数据类型，支持整数、浮点数、复数、布尔值、字符串等；当未指定 dtype 时，Series 会根据元素推断当前的 dtype，如果元素中包含多种基本数据类型，那么 dtype 显示为 object。

此处分别以示例方式给出当 data 参数是由 list、ndarray、dict 和标量值组成的一维数组时生成 Series 对象的方法。

【示例 4.1】 以列表 list 作为数据类型创建一个 Series 对象，生成的 Series 对象是由左边 index 和右边 value 对应的结构。如果 value 中包含多种基本数据类型时，dtype 显示为 object。代码如下所示：

```python
# data = list
s_list = pd.Series([-1.55666192,0.127451231,"str-AA",-1.37775038],
                   index=['2019-01-11','2019-01-12','2019-01-13','2019-01-14'])
print(s_list) # 列表中包含多种数据类型
#打印结果
"""
2019-01-11    -1.55666
2019-01-12    0.127451
2019-01-13     str-AA
2019-01-14    -1.37775
dtype: object
"""
```

【示例 4.2】 以 ndarray 作为数据类型创建一个 Series 对象。此处采用 Numpy 的 np.arange(4) 生成 4 个整数作为 ndarray 数据生成 Series。dtype 显示当前的数据类型为 int64。代码如下所示：

```python
# data = ndarray
s_ndarray = pd.Series(np.arange(4), index=['2019-01-11','2019-01-12','2019-01-13','2019-01-14'])
print(s_ndarray)
```

```
#打印结果
"""
2019-01-11    0
2019-01-12    1
2019-01-13    2
2019-01-14    3
dtype: int64
"""
```

【示例 4.3】 以标量值作为数据创建一个 Series 对象。如果数据的长度未达到索引的长度时,数值会重复匹配来适应索引长度。将 dtype 指定为 int8 类型时,Series 中的数值以 int8 显示。代码如下所示:

```
# data = scalar value
s_scalar = pd.Series(5., index=['2019-01-11','2019-01-12','2019-01-13','2019-01-14'],
dtype='int8')
print(s_scalar) # dtype指定元素为'int8'
#打印结果
"""
2019-01-11    5
2019-01-12    5
2019-01-13    5
2019-01-14    5
dtype: int8
"""
```

【示例 4.4】 以字典作为数据类型创建一个 Series 对象。如果只传入一个字典,那么 Series 中的索引就是原字典的键,dtype 显示当前的数据类型为 float64。代码如下所示:

```
#data = dict
s_dict = pd.Series({'2019-01-11' : 0., '2019-01-12' : 1., '2019-01-13' : 2., '2019-01-14' : 3.})
print(s_dict)
#打印结果
"""
2019-01-11    0.0
2019-01-12    1.0
2019-01-13    2.0
2019-01-14    3.0
dtype: float64
"""
```

【示例 4.5】 以字典作为数据类型创建一个 Series 对象。当索引与字典的键重复时,Series 会将索引相匹配的字典值并放在相应的位置上,当未找到对应值时,即元素数量少于索引时,那么缺失位置显示为 NaN。代码如下所示:

```
#data = dict
s_dict = pd.Series({'2019-01-11' : 0., '2019-01-12' : 1.},
                    index=['2019-01-11', '2019-01-12', '2019-01-13', '2019-01-14'])
print(s_dict) # 元素数量少于索引,缺失位置为NaN
#打印结果
"""
```

```
2019-01-11    0.0
2019-01-12    1.0
2019-01-13    NaN
2019-01-14    NaN
dtype: float64
"""
```

4.2.2 Series 的访问方法

关于访问 Series 对象的方法,此处以列表作为数据类型创建一个 Series 对象,以此作为被访问对象展开具体介绍。代码如下所示:

```
# 创建被访问对象
series_access = pd.Series([10.23, 11.24, 12.25, 13.26],
                          index=['2019-01-11','2019-01-12','2019-01-13','2019-01-14'])
print(series_access)
#打印结果
"""
2019-01-11    10.23
2019-01-12    11.24
2019-01-13    12.25
2019-01-14    13.26
dtype: float64
"""
```

访问 Series 对象的方式主要包括:访问全部元素值;访问全部索引值;通过索引的方式选取 Series 中的单个或一组值;也支持常规的切片选取方法。

【示例 4.6】 访问 Series 全部元素数值的方法,代码如下所示:

```
# 访问 Series 全部元素数值
print(series_access.values)
#打印结果
# [10.23 11.24 12.25 13.26]
```

【示例 4.7】 访问 Series 全部索引值的方法,代码如下所示:

```
# 访问 Series 全部索引值
print(series_access.index)
#打印结果
# Index(['2019-01-11', '2019-01-12', '2019-01-13', '2019-01-14'], dtype='object')
```

【示例 4.8】 访问 Series'2019-01-11'索引的元素值,代码如下所示:

```
# 访问'2019-01-11'索引的元素值
print(series_access['2019-01-11'])
#打印结果
# 10.23
```

【示例 4.9】 访问 Series'2019-01-11'和'2019-01-13'索引的元素值,代码如下所示:

```
# 访问'2019-01-11'和'2019-01-13'索引的元素值
print(series_access[['2019-01-11', '2019-01-13']])
# 打印结果
"""
2019-01-11    10.23
2019-01-13    12.25
dtype: float64
"""
```

【示例 4.10】 访问 Series 前两个数据的元素值,代码如下所示:

```
# 访问前两个数据
print(series_access[:2])
# 打印结果
"""
2019-01-11    10.23
2019-01-12    11.24
dtype: float64
"""
```

4.3 DataFrame 的生成和访问

本节着重介绍 DataFrame 数据对象生成和访问的基本方法。

4.3.1 DataFrame 的生成方法

创建 DataFrame 对象的基本方法为:

```
pandas.DataFrame(data=None, index=None, columns=None, dtype=None, copy=False)
```

创建 DataFrame 对象与创建 Series 对象的方法很类似,主要的区别在于增加了列索引 columns 参数,以及 data 参数的数据类型由一维数组变成了二维数组,常见的由列表组成的字典、一维 ndarray 组成的字典或 Series 组成的字典,二维 ndarray 等。

我们分别介绍当 data 参数的类型不同时,生成 DataFrame 对象的方法。

【示例 4.11】 以列表组成的字典形式创建 DataFrame。此处 data 是列表组成的字典数据,字典的每个键所对应的列表序列作为 DataFrame 的一列,也就是[1., 2., 3., 5]和[1., 2., 3., 4.]分别为两列,它们的 columns 为'Close'和'Open',它们的 index 为['2019-01-11', '2019-01-12', '2019-01-13', '2019-01-14']。代码如下所示:

```
# 以列表组成的字典形式创建 DataFrame
df_list_dict = pd.DataFrame({'Close': [1., 2., 3., 5], 'Open': [1., 2., 3., 4.]},
                             index=['2019-01-11', '2019-01-12', '2019-01-13', '2019-01-14'])
print(df_list_dict)   # 创建4行2列的表格
```

```
#打印结果
"""
            Close  Open
2019-01-11  1.0    1.0
2019-01-12  2.0    2.0
2019-01-13  3.0    3.0
2019-01-14  5.0    4.0
"""
```

【示例 4.12】 以嵌套列表形式创建 DataFrame 时。此处的 data 是嵌套列表形式的数据，嵌套内的每个列表为 DataFrame 的一行，也就是[1., 2., 3., 5]和[1., 2., 3., 4.]分别为两行，它们的 columns 为['Close','Open','Low','High']，index 为['2019-01-11', '2019-01-12']。代码如下所示：

```
# 以嵌套列表形式创建 DataFrame
df_list_list = pd.DataFrame([[1., 2., 3., 5],[1., 2., 3., 4.]],
                            index=['2019-01-11', '2019-01-12'],
                            columns=['Close','Open','Low','High'])
print(df_list_list)
#打印结果
"""
            Close  Open  Low  High
2019-01-11  1.0    2.0   3.0  5.0
2019-01-12  1.0    2.0   3.0  4.0
"""
```

【示例 4.13】 以二维 ndarray 形式创建 DataFrame 指的是支持使用 numpy 中的函数所生成的数据来创建 DataFrame。例如使用 np.zeros( )函数创建一个 2 行 3 列并且用 0 填充的 ndarray 数组，指定 3 列的名称和对应的数据类型。代码如下所示：

```
# 二维 ndarray 形式创建 DataFrame
ndarray_data = np.zeros((2), dtype=[('Close', 'i4'),('Open', 'f4'),('Low', 'a10')]) # 整数、浮点和字符串
print(ndarray_data)
#打印结果
"""
[(0, 0., b'') (0, 0., b'')]
"""
```

接下来分别以整数、浮点和字符串类型对 ndarray_data 进行赋值，然后通过这个二维 ndarray 数组创建 DataFrame。这个示例同时也说明 DataFrame 中每列的元素值可以是不同的类型。代码如下所示：

```
ndarray_data[:] = [(1,2.,'11.2'), (2,3.,"12.3")]
df_ndarray = pd.DataFrame(data=ndarray_data, index=['2019-01-11', '2019-01-12']) # 使用默认的定列索引，也可指定列索引 columns，这样最终按指定的顺序进行排列
print(df_ndarray)
#打印结果
"""
            Close  Open  Low
2019-01-11  1      2.0   b'11.2'
2019-01-12  2      3.0   b'12.3'
"""
```

【示例 4.14】 以 Series 组成的字典形式创建 DataFrame 时，字典的每个键所对应的 Series 序列作为 DataFrame 的一列，也就是[1., 2., 3.]和[1., 2., 3., 4.]分别为两列，它们的 columns 为 'Close'和'Open'。由于在创建时未指定 DataFrame 的行索引 index，那么各 Series 的索引会被合并成 DataFrame 的行索引，如果有缺失的数据，就用 NaN 来代替。代码如下所示：

```
# 以 Series 组成的字典形式创建 DataFrame
series_data = {'Close' : pd.Series([1., 2., 3.], index=['2019-01-11', '2019-01-12', '2019-01-13']),
               'Open'  : pd.Series([1., 2., 3., 4.], index=['2019-01-11', '2019-01-12', '2019-01-13', '2019-01-14'])}
df_series = pd.DataFrame(series_data)
print(df_series)
#打印结果
"""
            Close  Open
2019-01-11  1.0    1.0
2019-01-12  2.0    2.0
2019-01-13  3.0    3.0
2019-01-14  NaN    4.0
"""
```

【示例 4.15】 当以字典的列表形式创建 DataFrame 时，列表内的各项，即每组字典为 DataFrame 的一行，字典键索引的并集会成为 DataFrame 的列索引 columns（此处未指定列索引 columns，当需要调整列的顺序位置时，可以通过指定列索引 columns 来调整顺序）。如果有缺失的数据，就用 NaN 来代替。代码如下所示：

```
df_dict_list = pd.DataFrame([{'Close': 1, 'Open': 2}, {'Close': 5, 'Open': 10, 'High': 20}],
                             index=['2019-01-11', '2019-01-12'])
# 如果不指定行索引 index DataFrame 会自动加上行索引
print(df_dict_list)
#打印结果
"""
            Close  High   Open
2019-01-11  1      NaN    2
2019-01-12  5      20.0   10
"""
```

4.3.2 DataFrame 的索引访问

关于访问 DataFrame 对象的方法，此处以 Series 组成的字典形式创建 DataFrame 对象，以此作为被访问对象展开具体介绍。代码如下所示：

```
# 创建被访问 DataFrame 对象
series_data = {'Close' : pd.Series([10.51, 10.52, 10.53, 10.54], index=['2019-01-11', '2019-01-12','2019-01-13','2019-01-14']),
               'Open'  : pd.Series([12.31, 12.32, 12.33, 12.34], index=['2019-01-11', '2019-01-12','2019-01-13','2019-01-14'])}
```

```
df_access = pd.DataFrame(series_data)
print(df_access)
#打印结果
"""
            Close   Open
2019-01-11  10.51  12.31
2019-01-12  10.52  12.32
2019-01-13  10.53  12.33
2019-01-14  10.54  12.34
"""
```

一般而言，DataFrame.index 可以访问 DataFrame 全部的行索引，DataFrame.columns 可以访问 DataFrame 全部的列索引，而 DataFrame.axes 等价于 DataFrame.index 和 DataFrame.columns 的结合，可以查看行和列的轴标签信息。

【示例 4.16】 访问 DataFrame 全部的行索引，代码如下所示：

```
# 访问 DataFrame 全部的行索引
print(df_access.index)
#打印结果
# Index(['2019-01-11', '2019-01-12', '2019-01-13', '2019-01-14'], dtype='object')
```

【示例 4.17】 访问 DataFrame 全部的列索引，代码如下所示：

```
# 访问 DataFrame 全部的列索引
print(df_access.columns)
#打印结果
# Index(['Close', 'Open'], dtype='object')
```

【示例 4.18】 访问 DataFrame 全部的行和列索引，代码如下所示：

```
# 访问 DataFrame 全部的行和列索引
print(df_access.axes)
#打印结果
# [Index(['2019-01-11', '2019-01-12', '2019-01-13', '2019-01-14'], dtype='object'),
Index(['Close', 'Open'], dtype='object')]
```

4.3.3　DataFrame 的元素访问

DataFrame.values 可以访问 DataFrame 的全部元素数值，不过有时候我们不需要选取全部的元素，只需要选取某行、某列或者某个元素，Pandas 也提供了满足我们要求的方法。

1. 访问全部元素

【示例 4.19】 访问 DataFrame 全部元素数值，代码如下所示：

```
# 访问 DataFrame 全部元素数值
print(df_access.values)
#打印结果
"""
```

```
[[10.51 12.31]
 [10.52 12.32]
 [10.53 12.33]
 [10.54 12.34]]
"""
```

2. 访问某行/列元素

当我们访问 DataFrame 的某列内容，可以通过类似字典标记的方式或属性的方式，指定列索引来访问 DataFrame 的某列内容。当我们要访问某行内容时，可以使用切片的方法。

【示例 4.20】 访问 df_series 对象的'Open'列的元素，可以使用 df_series['Open']或 df_series.Open，返回得到的'Open'列元素为 Series 数据结构。代码如下所示：

```
# 访问某列的内容
print(df_access['Open'])
print(df_access.Open)
#打印结果
"""
2019-01-11    12.31
2019-01-12    12.32
2019-01-13    12.33
2019-01-14    12.34
Name: Open, dtype: float64
"""
print(type(df_access['Open']))  # 查看列类型
#打印结果
# <class 'pandas.core.series.Series'>
```

【示例 4.21】 访问 df_series 对象从索引 0 开始的第一行元素，可以使用 df_series[0:1] 方式，返回得到的元素是 DataFrame 数据结构。代码如下所示：

```
# 访问某一行内容
print(df_access[0:1])
#打印结果
"""
            Close  Open
2019-01-11  10.51  12.31
"""
print(type(df_access[0:1]))  # 查看行类型
#打印结果
# <class 'pandas.core.frame.DataFrame'>
```

3. 访问指定元素

接下来，我们要重点讲解访问 DataFrame 中指定的某个或某几个元素的方法。Pandas 提供访问 DataFrame 元素级数据的方法是 DataFrame.loc 和 DataFrame.iloc。loc 是通过标签方式选取数据，iloc 是通过位置方式选取数据，这两个方法比较容易混淆，我们分别介绍它们的使用。

loc 的选取规则是通过行和列标签组合的方式来选择数据的，以逗号来区分行和列的指定,前半部分参数指定为行标签,后半部分参数指定为列标签,当选取行或者列的范围时可使用切片方式,如图4.2所示。

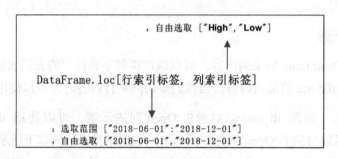

图 4.2

接下来我们通过示例来了解使用 loc 访问元素级数据的方法。

【示例 4.22】 当选取指定某个或某几个行/列时可使用逗号间隔,例如 DataFrame.loc[['2019-01-11',],['Close','Open']]选取了'2019-01-11'行对应的'Close'和'Open'这两列的元素内容。代码如下所示:

```
# 选取了'2019-01-11'行对应的'Close','Open'这两列的元素内容
print(df_access.loc[['2019-01-11',],['Close','Open']])
#打印结果
"""
            Close  Open
2019-01-11  10.51  12.31
"""
```

【示例 4.23】 行标签中使用切片方式指定行选取的范围。例如 DataFrame.loc[:,['Close','Open']]选取所有行对应的 Close 和 Open 这两列的元素内容。代码如下所示:

```
# 选取了所有的行以及列索引为'Close','Open'的元素内容
print(df_access.loc[:,['Close','Open']])
#打印结果
"""
            Close  Open
2019-01-11  10.51  12.31
2019-01-12  10.52  12.32
2019-01-13  10.53  12.33
2019-01-14  10.54  12.34
"""
```

【示例 4.24】 有时候只指定行,不指定列,那么也可以省去后半部分的列标签,这样就默认访问某行全部列的元素,例如 DataFrame.loc['2019-01-11']访问到'2019-01-11'这一行,所有列的元素。代码如下所示:

```
# 访问到'2019-01-11'这行的元素
print(df_access.loc['2019-01-11'])
#打印结果
"""
```

```
Close    10.51
Open     12.31
Name: 2019-01-11, dtype: float64
"""
```

iloc 的选取规则与 loc 大体相似，本质区别在于它是通过行和列的位置组合来选择数据。另外，可以使用冒号并通过指定范围来确定列中要选取的位置。我们通过示例来了解使用 iloc 访问元素级数据的方法。

【示例 4.25】 DataFrame.iloc[0:2,0:1]选取了前两行，第一列的元素。代码如下所示：

```
# 选取了前两行，第一列的元素
print(df_access.iloc[0:2,0:1])
#打印结果
"""
            Close
2019-01-11  10.51
2019-01-12  10.52
"""
```

【示例 4.26】 DataFrame.iloc[0:2]选取了前两行，所有列的元素。代码如下所示：

```
# 选取了前两行，所有列的元素
print(df_access.iloc[0:2])
#打印结果
"""
            Close  Open
2019-01-11  10.51  12.31
2019-01-12  10.52  12.32
"""
```

【示例 4.27】 除了指定某个范围的选取外，还可自由选取行和列的位置所对应的数据元素，例如 DataFrame.iloc[[0,2],[0,1]]访问第 0 行和第 2 行，第 1 列和第 2 列的元素。代码如下所示：

```
# 访问第 0 行和第 2 行，第 1 列和第 2 列的元素
print(df_access.iloc[[0,2],[0,1]])
#打印结果
"""
            Close  Open
2019-01-11  10.51  12.31
2019-01-13  10.53  12.33
"""
```

4.3.4 元素标签和位置的转换

Panads 在 0.20.0 版本之前可以采用更灵活的访问 DataFrame 元素的方法 DataFrame.ix。DataFrame.ix 结合 loc 和 iloc 的特点，采用混合标签和位置的方式访问元素。

【示例 4.28】 使用以往的 ix 方法，从'Open'列索引中获取第 0 个和第 2 个元素。代码如下所示：

```
# 采用混合标签和位置的方式访问元素 从'Open'列索引中获取第0个和第2个元素
print(df_access.ix[[0, 2], ['Open']])
#打印结果
"""
            Open
2019-01-11  12.31
2019-01-13  12.33
"""
```

不过 ix 方法已经被 Panads 弃用了,在使用时解释器会提示 IX Indexer is Deprecated 警告,我们只能使用 loc 和 iloc 完成数据选取。官网声明内容如下所示。

Warning:Starting in 0.20.0, the .ix indexer is deprecated, in favor of the more strict .iloc and .loc indexers.(警告:从 0.20.0 版本开始,ix 索引选取被弃用了,用更严格的 .iloc 和.loc 代替)

.ix offers a lot of magic on the inference of what the user wants to do. To wit, .ix can decide to index positionally OR via labels depending on the data type of the index. This has caused quite a bit of user confusion over the years.

The recommended methods of indexing are:

- .loc if you want to label index.
- .iloc if you want to positionally index.

主要原因是 ix 可以行索引和列索引分别由标签和位置混合方式来访问元素,会给使用者造成困惑,所以建议使用 loc 或 iloc 这种更严格的方式选取元素。当行索引和列索引并未统一为标签或者位置时,则需要将其中一个进行转换,才可以使用 loc 或 iloc 方法。这也是我们需要掌握互转标签和位置的根本原因。

在使用 loc 时,如果发现行/列索引为位置形式,那么需要将位置形式的索引转换为标签形式后,再使用 loc 方法。同样,在使用 iloc 时,如果发现行/列索引是标签形式的,那么需要将标签形式的索引转换为位置形式后,再使用 iloc 方法。

【示例 4.29】 访问的行索引为位置[0, 2],列索引为'Open',可以使用 DataFrame.index[[0, 2]]将其转换为标签['2018-06-01', '2018-06-05'],然后就可以使用 loc。代码如下所示:

```
print(df_access.index[[0, 2]])
#打印结果
# Index(['2019-01-11', '2019-01-13'], dtype='object')
print(df_access.loc[df_access.index[[0, 2]], ['Open']])
#打印结果
"""
            Open
2019-01-11  12.31
```

```
2019-01-13  12.33
"""
```

【示例 4.30】 访问的行索引为位置[0, 2]，列索引为'Open'，使用 DataFrame.columns.get_indexer(['Open']) 将标签转换为位置[1]，然后就可以使用 iloc。如果是单个标签转换为位置，也可以使用 DataFrame.columns.get_loc( )。代码如下所示：

```
print(df_access.columns.get_indexer(['Open']))  #打印结果: [1]
print(df_access.columns.get_loc('Open'))  #打印结果: 1
print(df_access.iloc[[0, 2], df_access.columns.get_indexer(['Open'])])
#打印结果
"""
            Open
2019-01-11  12.31
2019-01-13  12.33
"""
```

【示例 4.31】 当行索引是标签形式的索引时，可以使用 DataFrame.index.get_loc( )来解决。代码如下所示：

```
print(df_access.index.get_loc('2019-01-12'))  #打印结果: 1
```

4.3.5　用条件表达式访问元素

在 3.2.3 节中，我们初步介绍了 NumPy 中使用条件表达式访问数据的方法，由于 Pandas 是基于 NumPy 构建的含有更高级数据结构和工具的数据分析库，因此在 Pandas 中我们也可以使用 "==" "!=" "&" "|" 这些表达式符号，以矢量化方式选取我们想要的数据。

【示例 4.32】 此处选取条件是'Open'列中大于该列平均值，表达式运算后会产生一个 True/False 值的布尔型 Series 对象，体现了 DataFrame 每一行是否符合这个条件。代码如下所示：

```
print(df_access.Open > df_access.Open.mean())
#打印结果
"""
2019-01-11    False
2019-01-12    False
2019-01-13    True
2019-01-14    True
Name: Open, dtype: bool
"""
```

【示例 4.33】 由【示例 4.32】产生的布尔型 Series 对象选取得到 DataFrame 中符合该条件的每一行元素。代码如下所示：

```
print(df_access[df_access.Open > df_access.Open.mean()])
#打印结果
"""
            Close    Open
```

```
2019-01-13    10.53    12.33
2019-01-14    10.54    12.34
"""
```

【示例 4.34】 将【示例 4.32】产生的布尔型 Series 对象作为 loc 中行索引选取的条件，选取出符合条件的行索引后，再结合列索引返回元素。代码如下所示：

```
print(df_access.loc[df_access.Open > df_access.Open.mean(),'Close'])
#打印结果
"""
2019-01-13    10.53
2019-01-14    10.54
Name: Close, dtype: float64
"""
```

4.4 时间序列的生成和转换

使用 Python 进行量化交易的目的就是从历史数据中找出股价的变化规律，因此分析和挖掘的数据是与时间紧密联系，因此，时间格式处理和转换不可或缺。

在介绍 Series 数据生成和 DataFrame 数据生成的时候，index 采用了字符串类型的时间，这种方式并不高效，Python 和 Pandas 都提供了标准的时间序列生成和处理的方法，本节介绍时间序列的生成和转换。

4.4.1 用 datetime 生成时间序列

Python 中最常用的时间相关的内置模块是 datetime，它提供了 date、time、datetime、timedelta 等实用的接口。使用时先要导入 datatime 模块，这里我们指定导入其中的 date、time、datetime、timedelta 这几个接口。如下所示：

```
from datetime import date, time, datetime, timedelta
```

概括地说，date 类用于生成和处理年、月、日，time 类用于生成和处理时、分、秒、微秒，datetime 类相当于 date 和 time 的结合。因此在实际应用中 datetime 可直接替代 date、time 的使用。

【示例 4.35】 对比观察 date、time 和 datetime 接口所能表示的最小时间单位，可以发现 date 对象表示日期的最小单位是天，time 对象表示时间的最小单位是微秒，datetime 由于结合了 time，所以 datetime 对象表示时间的最小单位也是微秒。代码如下所示：

```
# date.resolution: date 对象表示日期的最小单位
print(f'date.resolution: {date.resolution}')
```

```
# time.resolution: time 对象表示时间的最小单位
print(f'time.resolution: {time.resolution}')
# datetime.resolution: datetime 对象表示时间的最小单位
print(f'datetime.resolution: {datetime.resolution}')
#打印结果
"""
date.resolution: 1 day, 0: 00:00
time.resolution: 0:00: 00.000001
datetime.resolution: 0:00: 00.000001
"""
```

【示例 4.36】 对比观察 date、time 和 datetime 接口所能表示的时间范围，可以发现 date 对象表示的日期范围是年、月、日，time 对象表示的日期范围是时、分、秒、微秒，而 datetime 对象表示的日期范围是两者的结合。所以在一般情况下，我们都使用 datetime 的接口函数。代码如下所示：

```
# date.max、date.min: date 对象所能表示的最大、最小日期范围
print(f'date.max: {date.max} and date.min: {date.min}')
# time.max、time.min: time 对象所能表示的最大、最小时间范围
print(f'time.max: {time.max} and time.min: {time.min}')
# datetime.max、datetime.min: datetime 对象所能表示的最大、最小时间范围
print(f'datetime.max: {datetime.max} and datetime.min: {datetime.min}')
#打印结果
"""
date.max: 9999-12-31 and date.min: 0001-01-01
time.max: 23:59:59.999999 and time.min: 00:00:00
datetime.max: 9999-12-31 23:59:59.999999 and datetime.min: 0001-01-01 00:00:00
"""
```

【示例 4.37】 这个示例介绍了 datetime 实例对象构造的方法。此处提供对应的时间参数值，2016 对应的属性是年，10 对应的是月，26 对应的是日，以此类推。代码如下所示：

```
# 构造 datetime 实例对象
# datetime (year, month, day[ , hour[ , minute[ , second[ , microsecond[ , tzinfo]]]]])
datetime_obj = datetime(2016, 10, 26, 10, 23, 15, 1)
print(f'datetime: {datetime_obj}')
#打印结果
# datetime: 2016-10-26 10:23:15.000001
```

【示例 4.38】 构造完成的 datetime 实例对象，它支持一些方法和属性，例如 replace( )、isoformat( )、strftime( )等。replace( )用参数指定的年、月、日、时、分、秒、微秒代替原有对象中的属性，原有对象仍保持不变。例如这里指定替换 day、hour 两个属性。isoformat( )是返回固定格式的时间字符串，这个格式"YYYY-MM-DD HH:MM:SS"是符合 ISO 8601 标准的日期和时间表示形式。strftime(fmt)指的是 format time，作用是把 datetime 对象自定义格式化为字符串，"%Y-%m-%d %X"这些定义了格式化的形式，例如%Y 表示完整的年份 2016、%m 表示月份（01 - 12）、%d 一个月中（01 - 31）的第几天，%X 表示显示为本地相应时间。代码如下所示：

```
# replace 用参数指定代替原有对象中的属性生成新的 datetime 时间对象
re_datetime_obj = datetime_obj.replace(day=27, hour=20)
```

```
print(f'datetime: {re_datetime_obj}')
# .isoformat(): 返回型如"YYYY-MM-DD HH:MM:SS"格式的字符串时间
print(f'datetime.isoformat(): {datetime_obj.isoformat()}')
# .strftime(fmt): format 自定义格式化时间字
print(f'strftime():{datetime_obj.strftime("%Y-%m-%d %X")}')
#打印结果
"""
datetime: 2016-10-27 20:23:15.000001
datetime.isoformat(): 2016-10-26T10:23:15.000001
strftime():2016-10-26 10:23:15
"""
```

【示例 4.39】 datetime 接口也提供了很好用的函数。datetime.strptime( )将指定时间格式的字符串转换为 datetime 对象。datetime.fromtimestamp( )根据时间戳创建一个 datetime 对象。datetime.utcfromtimestamp( )根据时间戳创建一个格林威治时间的 datetime 对象，格林威治时间是英国时间，也是世界标准时间，与北京时间相差 8 小时。datetime.now( )生成一个表示当前本地时间的 datetime 对象。代码如下所示：

```
print(f'datetime.strptime():{datetime.strptime("2016-10-26", "%Y-%m-%d")}')
print(f'fromtimestamp():{datetime.fromtimestamp(1429417200.0)}')
print(f'utcfromtimestamp():{datetime.utcfromtimestamp(1429417200.0)}')
print(f'datetime.now():{datetime.now()}')
#打印结果
"""
datetime.strptime():2016-10-26 00:00:00
fromtimestamp():2015-04-19 12:20:00
utcfromtimestamp():2015-04-19 04:20:00
datetime.now():2019-10-20 13:49:20.402097
"""
```

【示例 4.40】 将两个 datetime 对象直接相减能获得一个 timedelta 对象，它表示两个日期或时间之间的间隔。这里我们计算了得到了 2019-10-18 04:20:00 与 2019-10-01 04:20:00 之间的时间间隔。代码如下所示：

```
delta_obj = datetime.strptime("2019-10-18 04:20:00", "%Y-%m-%d %X") - datetime.strptime
("2019-10-01 04:20:00",
  "%Y-%m-%d %X")
print(type(delta_obj), delta_obj)
print(delta_obj.days, delta_obj.total_seconds())
#打印结果
"""
<class 'datetime.timedelta'> 17 days, 0:00:00
17 1468800.0
"""
```

【示例 4.41】 对 timedelta 进行实例化后可以很方便地在日期上做天、小时、分钟、秒、毫秒、微妙的时间计算。例如这里得到现在的时间后，通过 timedelta 得到明天后 1 小时的时间，在 timedelta 进行实例化的时候，参数可以是正整数或负整数。例如，加 1 是得到昨天的日期(和减 1 是一样的效果)。需要注意的是，如果要计算月份则需要另外的方法。代码如下所示：

```
dt = datetime.now()
dt1 = dt + timedelta(days=1, hours=1)   # 明天后1小时
dt2 = dt + timedelta(days=-1)   # 昨天
dt3 = dt - timedelta(days=1)   # 昨天
print(f"{dt1}\n{dt2}\n{dt3}\n")
#打印结果
"""
2019-10-21 14:49:20.402735
2019-10-19 13:49:20.402735
2019-10-19 13:49:20.402735
"""
```

4.4.2 用 Pandas 生成时间序列

虽然处理时间可以使用 Python 的 datetime 模块，另外还有增强 datetime 模块功能的第三方库 dateutil 的扩展。NumPy 库也提供了相应的时间处理方法，不过 Pandas 作为 Python 环境下的数据分析库，提供了更强大的时间序列处理的功能，是处理时间序列的利器。

1. 基础元素 Timestamp

Pandas 中的 Timestamp 是时间序列的基础元素。生成一个 Timestamp 时间戳对象的方法有 pd.Timestamp( )方法和 pd.to_datetime( )方法。

【示例 4.42】 这里列举了 pd.Timestamp( )的 3 种方式，例如给定年、月、日、时、分、秒参数值；例如通过 datetime 对象转换为时间戳；例如通过时间格式的字符串转换为时间戳。这 3 种方式都可以，转换后的对象类型为 Timestamp。代码如下所示：

```
ts = pd.Timestamp(2019, 1, 1, 2, 3, 4)
print(f'pd.Timestamp()-1: {ts}')
ts = pd.Timestamp(datetime(2019, 1, 1, hour=2, minute=3, second=4))
print(f'pd.Timestamp()-2: {ts}')
ts = pd.Timestamp("2019-1-1 2:3:4")
print(f'pd.Timestamp()-3: {ts}')
print(f'pd.Timestamp()-type: {type(ts)}')
#打印结果
"""
pd.Timestamp()-1: 2019-01-01 02:03:04
pd.Timestamp()-2: 2019-01-01 02:03:04
pd.Timestamp()-3: 2019-01-01 02:03:04
pd.Timestamp()-type: <class 'pandas._libs.tslibs.timestamps.Timestamp'>
"""
```

【示例 4.43】 这里也列举了 pd.to_datetime( )的两种方式，例如通过 datetime 对象转换为时间戳，例如时间格式的字符串转换为时间戳。只有这两种方式是可以的，可以看到转换后的对象类型为 Timestamp。代码如下所示：

```
dt = pd.to_datetime(datetime(2019, 1, 1, hour=0, minute=1, second=1))
print(f'pd.to_datetime()-1: {dt}')
dt = pd.to_datetime("2019-1-1 0:1:1")
print(f'pd.to_datetime()-2: {dt}')
print(f'pd.to_datetime()-type: {type(dt)}')
#打印结果
"""
pd.to_datetime()-1: 2019-01-01 00:01:01
pd.to_datetime()-2: 2019-01-01 00:01:01
pd.to_datetime()-type: <class 'pandas._libs.tslibs.timestamps.Timestamp'>
"""
```

【示例 4.44】 pd.to_datetime( )还支持通过列表类型的时间字符串直接转换为 DatetimeIndex 格式。DatetimeIndex 格式即时间序列格式,其中的每个元素都是 Pandas 的时间戳(Timestamp)对象,以 NumPy 的 datetime64[ns]数据类型存储。代码如下所示:

```
# pd.to_datetime 生成自定义时间序列
dtlist = pd.to_datetime(["2019-1-1 0:1:1", "2019-2-1 0:1:1", "2019-3-1 0:1:1"])
print(f'pd.to_datetime()-list: {dtlist}')
#打印结果
"""
pd.to_datetime()-list: DatetimeIndex(['2019-01-01 00:01:01', '2019-02-01 00:01:01',
               '2019-03-01 00:01:01'],
              dtype='datetime64[ns]', freq=None)
"""
```

2. 时间偏移 Timedelta

Pandas 的 Timedelta 对象其实和 datetime 模块的 timedelta 接口功能类似,可以在 Timestamp 时间戳对象上做一些时间偏移的处理。

【示例 4.45】 该示例中生成一个 Timestamp 对象 dt_0(2019,1,1,0,0,0),然后在 dt_0 上偏移一个 Timedelta 对象(days=5, minutes=50, seconds=20),这样会生成一个新的 Timestamp 对象 dt_1(变成了 2019,1,6,0,50,20)。代码如下所示:

```
dt_0 = pd.to_datetime(datetime(2019, 1, 1, hour=0, minute=0, second=0))
dt_1 = dt_0 + pd.Timedelta(days=5, minutes=50, seconds=20)
print(f'datetime-1:{dt_0}\ndatetime-2:{dt_1}')
#打印结果
"""
datetime-1:2019-01-01 00:00:00
datetime-2:2019-01-06 00:50:20
"""
```

3. 生成时间范围序列

Pandas 生成时间范围序列的方法主要提供了 pd.data_range( )和 pd.period_range( )两个方法。这两个方法使用的时候需要给定的参数有:起始时间、结束时间、生成时期的数目及时间频率(时间频率 freq 有'M'月,'D'天,'W'周,'Y'年等)。一般情况下,给定起始时间、生成时期的数目及时间频率就可以确定结束时间，或者给定起始时间、结束时间及时间频率就可以确定生成时期的数目。

【示例 4.46】 这里我们分别用 pd.data_range( )和 pd.period_range( )生成时间序列，给定的参数是起始时间为'2019-01-01'，时间频率 freq 是'M'月，生成时期的数目 periods 是 12。代码如下所示：

```
date_rng = pd.date_range('2019-01-01', freq='M', periods=12)
print(f'month date_range(): \n{date_rng}')

period_rng = pd.period_range('2019-01-01', freq='M', periods=12)
print(f'month period_range(): \n{period_rng}')
#打印结果
"""
month date_range():
DatetimeIndex(['2019-01-31', '2019-02-28', '2019-03-31', '2019-04-30',
               '2019-05-31', '2019-06-30', '2019-07-31', '2019-08-31',
               '2019-09-30', '2019-10-31', '2019-11-30', '2019-12-31'],
              dtype='datetime64[ns]', freq='M')
month period_range():
PeriodIndex(['2019-01', '2019-02', '2019-03', '2019-04', '2019-05', '2019-06',
             '2019-07', '2019-08', '2019-09', '2019-10', '2019-11', '2019-12'],
            dtype='period[M]', freq='M')
"""
```

通过对比生成时间序列，我们看到两种方法区别在于，pd.date_range( )生成的是 DatetimeIndex 格式的日期序列；pd.period_range( )生成的是 PeriodIndex 格式的时期序列。它们的类型 dtype 也不一样，date_range( )是'datetime64[ns]'，而 period_range( )是'period[M]'。

另外一个区别是，period_range( )生成的时间序列只体现 freq 参数指定的时间格式（这里是月，生成的时间格式仅仅保留到月信息），而 date_range( )会依照起始时间的格式连同年月日一起显示。

【示例 4.47】 在这个示例中 freq 参数指定为'W-SUN'（周日的频率），在生成的时间序列中，pd.date_range( )生成的是周日当天的时间，而 pd.period_range( )生成的是周一到周日的时间。如果参数指定为'W-SAT'（周六的频率），那么生成的是上周日到周六的时期。代码如下所示：

```
date_rng = pd.date_range('2019-01-01', freq='W-SUN', periods=12)
print(f'week date_range(): \n{date_rng}')

period_rng = pd.period_range('2019-01-01', freq='W-SUN', periods=12)
print(f'week period_range(): \n{period_rng}')
#打印结果
"""
week date_range():
```

```
DatetimeIndex(['2019-01-06', '2019-01-13', '2019-01-20', '2019-01-27',
               '2019-02-03', '2019-02-10', '2019-02-17', '2019-02-24',
               '2019-03-03', '2019-03-10', '2019-03-17', '2019-03-24'],
              dtype='datetime64[ns]', freq='W-SUN')
week period_range():
PeriodIndex(['2018-12-31/2019-01-06', '2019-01-07/2019-01-13',
             '2019-01-14/2019-01-20', '2019-01-21/2019-01-27',
             '2019-01-28/2019-02-03', '2019-02-04/2019-02-10',
             '2019-02-11/2019-02-17', '2019-02-18/2019-02-24',
             '2019-02-25/2019-03-03', '2019-03-04/2019-03-10',
             '2019-03-11/2019-03-17', '2019-03-18/2019-03-24'],
            dtype='period[W-SUN]', freq='W-SUN')
"""
```

【示例 4.48】 这个示例中 freq 参数指定为'H'（小时），同样 period_range( )生成的时间序列只体现小时格式，这里连同显示了分钟，但并不会显示秒，而 date_range( )会依照起始时间的格式连同分和秒一起显示。代码如下所示：

```
date_rng = pd.date_range('2019-01-01 00:00:00', freq='H', periods=12)
print(f'hour date_range(): \n{date_rng}')

period_rng = pd.period_range('2019-01-01 00:00:00', freq='H', periods=12)
print(f'hour period_range(): \n{period_rng}')
#打印结果
"""
hour date_range():
DatetimeIndex(['2019-01-01 00:00:00', '2019-01-01 01:00:00',
               '2019-01-01 02:00:00', '2019-01-01 03:00:00',
               '2019-01-01 04:00:00', '2019-01-01 05:00:00',
               '2019-01-01 06:00:00', '2019-01-01 07:00:00',
               '2019-01-01 08:00:00', '2019-01-01 09:00:00',
               '2019-01-01 10:00:00', '2019-01-01 11:00:00'],
              dtype='datetime64[ns]', freq='H')
hour period_range():
PeriodIndex(['2019-01-01 00:00', '2019-01-01 01:00', '2019-01-01 02:00',
             '2019-01-01 03:00', '2019-01-01 04:00', '2019-01-01 05:00',
             '2019-01-01 06:00', '2019-01-01 07:00', '2019-01-01 08:00',
             '2019-01-01 09:00', '2019-01-01 10:00', '2019-01-01 11:00'],
            dtype='period[H]', freq='H')
"""
```

4.4.3 时间序列的降采样

时间序列的重采样存在降采样和升采样这两类情况，本节先介绍时间序列的降采样。

降采样是将高频的数据向低频数据转换，使得数据的时间粒度变大。例如原来是按天统计的行情数据，现在转换为月度数据，这样可以与月报基本面数据结合起来进行分析。一般降采样会涉及数据的聚合，例如日数据变成周数据，那么就得对一周 7 天的数据聚合，聚合的方式可以是求和、求均值、取最前或最后等。

Pandas 提供了 DataFrame.resample( )方法对时间序列进行重采样，构造函数如下所示：

```
DataFrame.resample(rule, how=None, axis=0, fill_method=None, closed=None, label=None, convention='start', kind=None, loffset=None, limit=None, base=0, on=None, level=None)
```

常用的参数有 rule、how、closed 和 label，其中 closed 和 label 这两个参数对使用者来说较难理解，接下来结合一个使用 resample( )进行降采样的例子重点介绍关键参数的作用。

【示例 4.49】 生成一组时间序列数据，以 5 天的采样规则进行聚合（rule='5D'），取该周期内所有日期的数据总和为聚合后的数据(how=sum( )),然后设置 closed 和 label 都为'left'，以及 closed 和 label 都为'right'这两种情况。代码如下所示：

```
#date_range 生成一个时间区间段，间隔为天
rng = pd.date_range('20190101', periods=12, freq='D')
ts_d = pd.Series(np.arange(1,13), index=rng)

print(ts_d)
#打印结果
"""
2019-01-01     1
2019-01-02     2
2019-01-03     3
2019-01-04     4
2019-01-05     5
2019-01-06     6
2019-01-07     7
2019-01-08     8
2019-01-09     9
2019-01-10    10
2019-01-11    11
2019-01-12    12
Freq: D, dtype: int64
"""
print(ts_d.resample('5D',closed='left', label='left').sum())#左闭右开 1 - 5
#打印结果
"""
2019-01-01    15 # 1 2 3 4 5
2019-01-06    40
2019-01-11    23
dtype: int64
"""
print(ts_d.resample('5D',closed='right', label='right').sum())#左开右闭 2 - 6
#打印结果
"""
2019-01-01     1 # 1
2019-01-06    20 # 2 3 4 5 6
2019-01-11    45
2019-01-16    12
```

```
dtype: int64
"""
```

从示例中可知，**closed** 参数可以设置时间区间的左右两边的开和闭。在例子中'5D'（5天）的区间，closed = 'left' 表示左闭右开，即 1、2、3、4、5；closed = 'right' 表示左开右闭，即 2、3、4、5、6（1 划分为上一区间）。在划分完区间后，可根据 **label** 参数设置区间对应的索引。label='left'表示区间左边的日期作为索引；label='right'表示区间右边的日期作为索引。

4.4.4 时间序列的升采样

时间序列的重采样的另一种情况是升采样，即将低频的数据向高频数据转换，使数据的时间粒度变小，例如原来是按天统计的行情数据，现在变成按小时统计，可以更准确地寻找买卖点。

升采样并不涉及 closed 和 label 的设置，但会涉及扩充后序列值的填充问题，根据填充的方法不同，填充的数据也就不同，有如下 3 种填充选项。

- 不填充。对应无值的地方，用 NaN 代替，对应方法为 asfreq。
- 用前值填充。用前面的值填充无值的地方，对应方法为 ffill 或者 pad。
- 用后值填充。用后面的值填充无值的地方，对应方法为 bfill。

【示例 4.50】 将日线级别的数据升采样为 12 小时线级别的数据，并分别用 3 种填充方法处理扩充的数据。代码如下所示：

```
ts_12h_asfreq = ts_d.resample('12H').asfreq()
print(ts_12h_asfreq)
#打印结果
"""
2019-01-01 00:00:00    1.0
2019-01-01 12:00:00    NaN
2019-01-02 00:00:00    2.0
2019-01-02 12:00:00    NaN
2019-01-03 00:00:00    3.0
2019-01-03 12:00:00    NaN
2019-01-04 00:00:00    4.0
2019-01-04 12:00:00    NaN
2019-01-05 00:00:00    5.0
2019-01-05 12:00:00    NaN
2019-01-06 00:00:00    6.0
2019-01-06 12:00:00    NaN
2019-01-07 00:00:00    7.0
2019-01-07 12:00:00    NaN
2019-01-08 00:00:00    8.0
2019-01-08 12:00:00    NaN
2019-01-09 00:00:00    9.0
```

```
2019-01-09 12:00:00    NaN
2019-01-10 00:00:00    10.0
2019-01-10 12:00:00    NaN
2019-01-11 00:00:00    11.0
2019-01-11 12:00:00    NaN
2019-01-12 00:00:00    12.0
Freq: 12H, dtype: float64
#打印结果
"""
ts_12h_ffill = ts_d.resample('12H').ffill()
print(ts_12h_ffill)
#打印结果
"""
2019-01-01 00:00:00    1
2019-01-01 12:00:00    1
2019-01-02 00:00:00    2
2019-01-02 12:00:00    2
2019-01-03 00:00:00    3
2019-01-03 12:00:00    3
2019-01-04 00:00:00    4
2019-01-04 12:00:00    4
2019-01-05 00:00:00    5
2019-01-05 12:00:00    5
2019-01-06 00:00:00    6
2019-01-06 12:00:00    6
2019-01-07 00:00:00    7
2019-01-07 12:00:00    7
2019-01-08 00:00:00    8
2019-01-08 12:00:00    8
2019-01-09 00:00:00    9
2019-01-09 12:00:00    9
2019-01-10 00:00:00    10
2019-01-10 12:00:00    10
2019-01-11 00:00:00    11
2019-01-11 12:00:00    11
2019-01-12 00:00:00    12
Freq: 12H, dtype: int64
"""
ts_12h_bfill = ts_d.resample('12H').bfill()
print(ts_12h_bfill)
#打印结果
"""
2019-01-01 00:00:00    1
2019-01-01 12:00:00    2
2019-01-02 00:00:00    2
2019-01-02 12:00:00    3
2019-01-03 00:00:00    3
2019-01-03 12:00:00    4
2019-01-04 00:00:00    4
2019-01-04 12:00:00    5
2019-01-05 00:00:00    5
2019-01-05 12:00:00    6
2019-01-06 00:00:00    6
2019-01-06 12:00:00    7
```

```
2019-01-07 00:00:00     7
2019-01-07 12:00:00     8
2019-01-08 00:00:00     8
2019-01-08 12:00:00     9
2019-01-09 00:00:00     9
2019-01-09 12:00:00     10
2019-01-10 00:00:00     10
2019-01-10 12:00:00     11
2019-01-11 00:00:00     11
2019-01-11 12:00:00     12
2019-01-12 00:00:00     12
Freq: 12H, dtype: int64
"""
```

【示例 4.51】 loffset 参数可以调整重新采样的时间标签为 9:30，然后使用 ffill(limit=1) 前值填充 9:30-15:30 期间的数据，剩余期间会使用 NaN 值填充。代码如下所示：

```
ts_offset_ffill = ts_d.resample('6H', loffset='9.5H').ffill(limit=1)
print(ts_offset_ffill)
#打印结果
"""
2019-01-01 09:30:00     1.0
2019-01-01 15:30:00     1.0
2019-01-01 21:30:00     NaN
2019-01-02 03:30:00     NaN
2019-01-02 09:30:00     2.0
2019-01-02 15:30:00     2.0
2019-01-02 21:30:00     NaN
2019-01-03 03:30:00     NaN
2019-01-03 09:30:00     3.0
2019-01-03 15:30:00     3.0
2019-01-03 21:30:00     NaN
2019-01-04 03:30:00     NaN
2019-01-04 09:30:00     4.0
2019-01-04 15:30:00     4.0
2019-01-04 21:30:00     NaN
2019-01-05 03:30:00     NaN
2019-01-05 09:30:00     5.0
2019-01-05 15:30:00     5.0
2019-01-05 21:30:00     NaN
2019-01-06 03:30:00     NaN
2019-01-06 09:30:00     6.0
2019-01-06 15:30:00     6.0
2019-01-06 21:30:00     NaN
2019-01-07 03:30:00     NaN
2019-01-07 09:30:00     7.0
2019-01-07 15:30:00     7.0
2019-01-07 21:30:00     NaN
2019-01-08 03:30:00     NaN
2019-01-08 09:30:00     8.0
2019-01-08 15:30:00     8.0
2019-01-08 21:30:00     NaN
2019-01-09 03:30:00     NaN
```

```
2019-01-09 09:30:00    9.0
2019-01-09 15:30:00    9.0
2019-01-09 21:30:00    NaN
2019-01-10 03:30:00    NaN
2019-01-10 09:30:00    10.0
2019-01-10 15:30:00    10.0
2019-01-10 21:30:00    NaN
2019-01-11 03:30:00    NaN
2019-01-11 09:30:00    11.0
2019-01-11 15:30:00    11.0
2019-01-11 21:30:00    NaN
2019-01-12 03:30:00    NaN
2019-01-12 09:30:00    12.0
Freq: 6H, dtype: float64
"""
```

4.5 DataFrame 的规整化处理

在分析数据和建立模型之前，我们需要对数据进行清洗、转化、合并、重塑等一系列规整化处理，使数据满足应用的要求。Pandas 库提供了高级灵活的方法，能够轻松地将数据规整化为正确的形式。

4.5.1 模拟生成股票行情数据

确切地说，在量化交易中，DataFrame 格式的数据使用相较于 Series 更广泛，此处我们模拟生成一份 DataFrame 格式的股票价格数据，作为规整化处理的数据来源。同时，模拟生成另一份股票成交量数据并在最后将其合并至当前的股票价格数据中。

股票行情数据属于时间序列数据，它是按时间顺序收集的行情数据，用于描述股票交易随时间变化的现象。在 4.3.1 节中，我们有提到创建 DataFrame 对象的基本方法，至少需要给定 data、index、columns 这 3 个参数，那么我们将股票行情数据分别用这 3 个参数来表示。

1. 生成 data 参数

关于 data 参数，我们模拟生成在一段交易时期内股票的收盘价、开盘价、最高价和最低价数据。

（1）我们先使用 NumPy 的 random.normal( )函数生成一个平均收盘股价为 10 元（即期望为 10），振幅为 1 元（即标准差为 1），样本数量为 1000 的正态分布随机数组，作为股票收盘价序列。代码如下所示：

```
#数据data: 正态分布随机数组—close
close_data = np.random.normal(loc=10.0, scale=1.0, size=1000)
print(f"close_data: \n {format(close_data[0:10])}")#打印前10行
#打印结果
"""
close_data:
 [11.62434536  9.38824359  9.47182825  8.92703138 10.86540763  7.6984613
 11.74481176  9.2387931  10.3190391   9.75062962]
"""
```

（2）我们把收盘价序列右移1位，将昨日的收盘价模拟作为今日的开盘价。此处close_data为'numpy.ndarray'类型，因此使用NumPy的循环右移函数roll( )来实现。代码如下所示：

```
#数据data: open
open_data = np.roll(close_data,1)
print(f"open_data: \n {format(open_data[0:10])}")#打印前10行
#打印结果
"""
open_data:
[ 9.81304498 11.62434536  9.38824359  9.47182825  8.92703138 10.86540763
  7.6984613  11.74481176  9.2387931  10.3190391 ]
"""
```

（3）对于模拟生成股票最高价和最低价序列，我们采用NumPy的三元表达式where( )来实现，即在close_data和open_data数组中，较大的值作为最高价，较小的值作为最低价。代码如下所示：

```
#数据data: high low
high_data = np.where((open_data > close_data),open_data,close_data)
print(f"high_data: \n {format(high_data[0:10])}")#打印前10行
#打印结果
"""
high_data:
[11.62434536 11.62434536  9.47182825  9.47182825 10.86540763 10.86540763
 11.74481176 11.74481176 10.3190391  10.3190391 ]
"""
low_data = np.where((open_data <= close_data),open_data,close_data)
print(f"low_data: \n {format(low_data[0:10])}")#打印前10行
#打印结果
"""
low_data:
[9.81304498 9.38824359 9.38824359 8.92703138 8.92703138 7.6984613
 7.6984613  9.2387931  9.2387931  9.75062962]
"""
```

（4）由于今日的开盘价是由昨日的收盘价代替，因此第一个交易日的开盘价应该为无效值，相应地我们将close_data、open_data、high_data、low_data数组的第一个值都设置为np.nan，为接下来的缺失值处理而准备。如下所示：

```
open_data[0],close_data[0],high_data[0],low_data[0] = np.nan,np.nan,np.nan,np.nan
```

2. 生成 index 参数

行索引 index 为交易日期，Pandas 提供了处理日期数据的功能，此处选择使用 pandas.date_range( )这种方法生成从 2010-01-01 开始的 1000 个交易日的时间序列作为行索引。参数包括起始时间 start、结束时间 end、时期数量 periods、日期间隔频率 freq（'M'月、'D'天、'W'、周、'Y'年）等。代码如下所示：

```
#行索引 index:交易日期
data_index=pd.date_range('2010-01-01',freq='D',periods=1000)
print(f'生成日时间序列：\n{data_index}')
#打印结果
"""
生成日时间序列：
DatetimeIndex(['2010-01-01', '2010-01-02', '2010-01-03', '2010-01-04',
               '2010-01-05', '2010-01-06', '2010-01-07', '2010-01-08',
               '2010-01-09', '2010-01-10',
               ...
               '2012-09-17', '2012-09-18', '2012-09-19', '2012-09-20',
               '2012-09-21', '2012-09-22', '2012-09-23', '2012-09-24',
               '2012-09-25', '2012-09-26'],
              dtype='datetime64[ns]', length=1000, freq='D')
"""
```

3. 生成 columns 参数

关于列索引 columns，我们将收盘价定义为 close，开盘价定义为 open，最高价定义为 high，最低价定义为 low。

4. 创建 DataFrame 数据

这样 3 个参数准备就绪。我们以 ndarray 数组组成的字典形式创建 DataFrame，字典的键所对应的 ndarray 数组为 DataFrame 的一列。代码如下所示：

```
#生成 DataFrame 格式的股票行情数据
df_stock = pd.DataFrame({'close': close_data,'open': open_data,'high': high_data,'low': low_data}, index=date_index)
print(f'股价行情数据：\n {df_stock.head()}')#打印前 5 行数据
#打印结果
"""
股价行情数据：
               close      open       high       low
2010-01-01      NaN       NaN        NaN        NaN
2010-01-02    9.388244  11.624345  11.624345  9.388244
2010-01-03    9.471828   9.388244   9.471828  9.388244
2010-01-04    8.927031   9.471828   9.471828  8.927031
2010-01-05   10.865408   8.927031  10.865408  8.927031
"""
```

我们仍然使用 NumPy 的 random.randint( )函数生成一个范围区间为 100000～200000，样

本数量为 1000 的正态分布随机整数数组，作为股票成交量序列。并且以此作为 data 参数创建 DataFrame 对象，代码如下所示：

```
#生成 DataFrame 格式的股票成交量数据
df_volume = pd.DataFrame({'volume': volume_data}, index=date_index)
print(f'成交量数据：\n {df_volume.head()}')#打印前 5 行数据
"""
成交量数据：
            volume
2010-01-01  191016
2010-01-02  194447
2010-01-03  166905
2010-01-04  156091
2010-01-05  176409
"""
```

建立了 DataFrame 格式的股票行情数据后，接下来我们开始经历数据规整化处理的整个过程。

4.5.2 DataFrame 概览

当数据量较大时，将数据所有信息输出到控制台中会显得过于冗杂，这时候可通过查看部分数据信息，简要了解数据的特性。

【示例 4.52】 用 DataFrame.head( )可以查看前 5 行数据内容，DataFrame.tail( )可以查看末尾 5 行的数据内容，代码如下所示：

```
print(df_stock.tail())#查看末尾 5 行
#打印结果
"""
              close      open      high       low
2012-09-22  9.883556  11.291189  11.291189  9.883556
2012-09-23  7.722702   9.883556   9.883556  7.722702
2012-09-24  9.930375   7.722702   9.930375  7.722702
2012-09-25  10.353870  9.930375  10.353870  9.930375
2012-09-26  9.813045  10.353870  10.353870  9.813045
"""
```

【示例 4.53】 DataFrame.index 和 DataFrame.columns 可以查看列名和索引信息，代码如下所示：

```
print(df_stock.columns)#查看列名
#打印结果
"""
Index(['close', 'open', 'high', 'low'], dtype='object')
"""

print(df_stock.index)#查看索引
#打印结果
```

```
"""
DatetimeIndex(['2010-01-01', '2010-01-02', '2010-01-03', '2010-01-04',
               '2010-01-05', '2010-01-06', '2010-01-07', '2010-01-08',
               '2010-01-09', '2010-01-10',
               ...
               '2012-09-17', '2012-09-18', '2012-09-19', '2012-09-20',
               '2012-09-21', '2012-09-22', '2012-09-23', '2012-09-24',
               '2012-09-25', '2012-09-26'],
              dtype='datetime64[ns]', length=1000, freq='D')
"""
```

【示例 4.54】 用 DataFrame.shape 查看数据行列形状,即有多少行有多少列的数据,代码如下所示:

```
print(df_stock.shape)#查看形状
#打印结果
"""
(1000, 4)
"""
```

【示例 4.55】 用 DataFrame.describe( )查看各列数据的最小值、最大值、分位值、均值、标准差等描述性统计信息,代码如下所示:

```
print(df_stock.describe())#查看各列数据描述性统计
#打印结果
"""
            close        open        high         low
count  999.000000  999.000000  999.000000  999.000000
mean    10.037225   10.039038   10.604220    9.472044
std      0.980702    0.981961    0.793123    0.809584
min      6.946236    6.946236    7.885836    6.946236
25%      9.399818    9.399818   10.055265    8.960818
50%     10.040371   10.042214   10.593579    9.524627
75%     10.699507   10.707016   11.108617   10.008677
max     13.958603   13.958603   13.958603   11.919792
"""
```

【示例 4.56】 用 DataFrame.info( )查看数据是否有缺失以及每列数据的类型,从中可知 Open、High、Low、Close 列各存在 1 个 NaN。代码如下所示:

```
print(df_stock.info())#查看缺失及每列数据类型
#打印结果
"""
<class 'pandas.core.frame.DataFrame'>
DatetimeIndex: 1000 entries, 2010-01-01 to 2012-09-26
Freq: D
Data columns (total 4 columns):
close    999 non-null float64
open     999 non-null float64
high     999 non-null float64
low      999 non-null float64
dtypes: float64(4)
memory usage: 39.1 KB
None
"""
```

4.5.3 DataFrame 的可视化

Pandas 封装了 Matplotlib 绘图功能，因此我们可以在 Pandas 中用更直接、更简单的方式绘制数据曲线，通过可视化方式更直观地观察数据。

在使用时需要导入 Matplotlib 库中的 pyplot 模块。如下所示：

import matplotlib.pyplot **as** plt

【示例 4.57】 可视化观察 **2010-01-01** 至 **2012-01-01** 交易日的'High'和'Low'两列数据的变化情况。代码如下所示：

```
# 可视化 DataFrame 数据
df_visual    =    df_stock.loc['2010-01-01':'2012-01-01',['high','low']].plot(linewidth=1,
figsize=(8, 6))
df_visual.set_xlabel('Time')
df_visual.set_ylabel('High and Low price')
df_visual.set_title('From 2010-01-01 to 2012-01-01')
df_visual.legend()
plt.show()
```

可视化效果如图 4.3 所示，图中可知我们模拟生成的收盘价数据为正态分布随机数组（期望为 10，标准差为 1）。

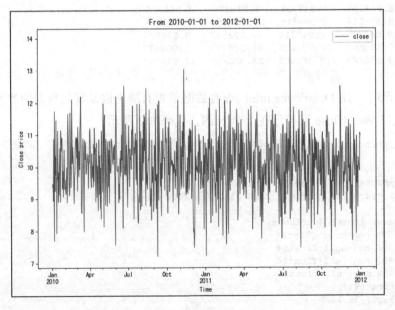

图 4.3

4.5.4　DataFrame 缺失值处理

在实际应用时，不可避免地会出现缺失值 NaN（Not a number），例如两个 DataFrame 对象在进行运算时对于无法匹配的位置就会出现缺失值，上文通过 DataFrame.info( )方法查看到数据中存在的缺失值。

1. 定位缺失值

【示例 4.58】　在 Pandas 中 DataFrame.isnull( )和 DataFrame.notnull( )方法可以更直接地判断数据是否为缺失值，例如 DataFrame.isnull( )会在缺失值的位置返回 True，而 DataFrame.notnull( )则刚好相反。代码如下所示：

```
print(df_stock.isnull().head()) #判断数据缺失值并打印前几行
#打印结果
"""
            close   open   high    low
2010-01-01   True   True   True   True
2010-01-02  False  False  False  False
2010-01-03  False  False  False  False
2010-01-04  False  False  False  False
2010-01-05  False  False  False  False
"""

print(df_stock.notnull().head()) #判断数据缺失值并打印前几行
#打印结果
"""
            close   open   high    low
2010-01-01  False  False  False  False
2010-01-02   True   True   True   True
2010-01-03   True   True   True   True
2010-01-04   True   True   True   True
2010-01-05   True   True   True   True
"""
```

【示例 4.59】　由于 DataFrame.isnull( )和 DataFrame.notnull( )方法判断缺失值所生成的是所有数据的 True/False 矩阵，对于庞大的 Dataframe 数据，很难一眼看出缺失值的位置，对此我们可以在 True/False 矩阵的基础上结合 DataFrame.any( )和 DataFrame.T 查找出含有 NaN 值所在的行。代码如下所示：

```
print(df_stock[df_stock.isnull().T.any().T]) #查看 NAN 值所在行
#.T 数据转置
# .any() 返回是否每列上包含至少一个为 True 元素（默认参数）
#打印结果
"""
            close  open  high   low
2010-01-01   NaN   NaN   NaN   NaN
"""
```

2. 填充缺失值

对于缺失值的处理,Pandas 中提供了填充缺失值的方法如下:

```
DataFrame.fillna(value=None, method=None, axis=None, inplace=False, limit=None, downcast=None, **kwargs)
```

其中关键的参数如下。

- method:method='ffill'表示用行或列方向的上一个值来填充缺失值;method='bfill'表示用行或列方向的下一个值来填充缺失值。
- axis:axis=0 指定列方向上填充缺失值;axis=1 指定行方向上填充缺失值。
- inplace:inplace=True 表示改变原 DataFrame;inplace=False 表示不改变原 DataFrame(默认)。

【示例 4.60】 此处我们选择的参数是选择在列方向上填充缺失值(axis=0),并且用列方向的下一个值来填充(method='bfill'),其他参数保持默认。代码如下所示:

```
df_fillna = df_stock.fillna(method='bfill', axis=0)#NAN 值填充
print(df_fillna.head())#判断缺失值是否被填充 打印前几行
#2010-01-01 的数据被 2010-01-02 填充
#打印结果
"""
                close       open       high        low
2010-01-01   9.388244  11.624345  11.624345   9.388244
2010-01-02   9.388244  11.624345  11.624345   9.388244
2010-01-03   9.471828   9.388244   9.471828   9.388244
2010-01-04   8.927031   9.471828   9.471828   8.927031
2010-01-05  10.865408   8.927031  10.865408   8.927031
"""
```

3. 删除缺失值

对于缺失值的处理,Pandas 中也提供了删除缺失值的方法,如下所示:

```
DataFrame.dropna (axis=0, how='any', thresh=None, subset=None, inplace=False)
```

其中关键的参数如下。

- axis:axis=0 表示删除包含缺失值的行;axis=1 表示删除包含缺失值的列。
- how:how=any 表示只要有一个缺失值就删除该行或列;how=all 表示只有当所有值都为缺失值时才删除该行或列。
- inplace:inplace=True 表示改变原 DataFrame;inplace=False 表示不改变原 DataFrame(默认)。

【示例 4.61】 此处我们选择的参数是删除包含缺失值行（axis=0），并且只要有一个缺失值就删除该行（how=any），删除缺失值后改变原 DataFrame，其他参数保持默认。代码如下所示：

```
#只要有一个缺失值就删除该行，于是删除了 2010-01-01 的行信息
df_stock.dropna(axis=0, how='any', inplace=True) #NAN 值删除
print(df_stock[df_stock.isnull().T.any().T]) #查看 NAN 值所在行
#执行完缺失值删除后，再查看 NAN 值时发现已经没有 NAN 值了
#打印结果
"""
Empty DataFrame
Columns: [close, open, high, low]
Index: []
"""
```

4.5.5 DataFrame 精度的转换

在处理完缺失值后，我们侧重于数据分析的特定需求，对数据展开针对性的处理，例如目前数据的精度为 6 位小数，为便于后续显示和运算，我们将所有数据的精度保留 2 位小数。这里我们提供一种精度处理的方法 DataFrame.round( )。

【示例 4.62】 使用 DataFrame.round( )方法将所有数据保留 2 位小数。由于矢量运算的能力，此处仅需一行代码就可实现，代码如下所示：

```
df_stock = df_stock.round(2) #保留 2 位小数
print(df_stock.info())
#打印结果
"""
<class 'pandas.core.frame.DataFrame'>
DatetimeIndex: 999 entries, 2010-01-02 to 2012-09-26
Freq: D
Data columns (total 4 columns):
close    999 non-null float64
open     999 non-null float64
high     999 non-null float64
low      999 non-null float64
dtypes: float64(4)
memory usage: 39.0 KB
None
"""
```

4.5.6 DataFrame 合并处理

为了形成一份更全面的股票行情数据用于量化分析，我们在完成了数据的基本清洗和处理工作后，模拟生成另一份股票成交量数据并将其合并至当前的股票价格数据中。不同的

DataFrame 数据之间的拼接分为纵向拼接（上下结构）和横向拼接（左右结构），通常股票行情数据中价格数据与成交量数据是在同一索引下左右排列的，因此我们选择横向拼接方式来实现。

Pandas 提供了以下几种方式来实现 DataFrame 数据的横向合并。

- pandas.concat( )：沿着一条轴（行方向/列方向）将多个 DataFrame 对象拼接到一起。
- pandas.merge( )：根据一个或多个键将两个 DataFrame 对象横向合并。
- DataFrame.join( )：根据行索引为连接键将两个 DataFrame 对象横向合并。

1. concat( )合并 DataFrame

pandas.concat( )的使用方法如下：

```
pandas.concat(objs, axis=0, join='outer', join_axes=None, ignore_index=False, keys=None,
levels=None, names=None, verify_integrity=False, sort=None, copy=True)
```

其中关键的参数如下。

- objs：以列表形式表示合并的数据。
- axis：axis=1 表示数据按列方向合并；axis=0 表示数据按行方向合并。
- join：join = 'outer'表示取各轴索引的并集关系合并数据，缺失部分用 NaN 表示；join = 'inner'表示取各轴索引的交集关系合并数据。
- keys：形成连接轴上的层次化索引。

【示例 4.63】 此处我们使用 pandas.concat( )将数据按列方向（axis=1）并以行索引的交集（join = 'inner'）合并到一起（**2010-01-01 行对应的数据已作为缺失值删除**），其他参数保持默认值。最终得到包含最高价、最低价、开盘价、收盘价、成交量的 DataFrame 股票行情数据。如下所示：

```
df_concat =pd.concat([df_stock, df_volume], axis=1, join = 'inner')
print(df_concat.head())
#打印结果
"""
            close   open   high    low  volume
2010-01-02   9.39  11.62  11.62   9.39  194447
2010-01-03   9.47   9.39   9.47   9.39  166905
2010-01-04   8.93   9.47   9.47   8.93  156091
2010-01-05  10.87   8.93  10.87   8.93  176409
2010-01-06   7.70  10.87  10.87   7.70  178237
"""
```

2. merge( )合并 DataFrame

pandas.merge( )的使用方法如下：

```
pandas.merge(left, right, how='inner', on=None, left_on=None, right_on=None, left_index=
False, right_index=False, sort=False, suffixes=('_x', '_y'), copy=True, indicator=False, val
idate=None)
```

其中关键的参数如下。

- left 和 right：需要合并的两个不同的 DataFrame 数据。
- how：合并的方式默认为 inner，即按两个表格的交集合并；若为 outer，则按两个表格的并集合并，缺失部分用 NaN 表示；若为 left，即按照左边 DataFrame 的连接键合并；若为 right，则按照右边的 DataFrame 的连接键合并。
- on：列表形式指定用于连接的公共键（列索引名称），支持多键连接，指定的列索引必须存在左右两个 DataFrame 对象中，默认以两个 DataFrame 的列名交集作为连接键。
- left_on、right_on：当两个 DataFrame 对象中没有公共列时，可以分别指定左侧/右则 DataFrame 中用作连接键的列名。
- left_index：当它为 True 时，使用左侧 DataFrame 中的行索引作为连接键。
- right_index：当它为 True 时，使用右则 DataFrame 中的行索引作为连接键。

【示例 4.64】 此处我们使用 pandas.merge( )将数据按行索引的交集（how= 'inner', left_index=True, right_index=True）合并到一起（这种场景更适合使用 DataFrame.join( )），其他参数保持默认值。最终得到包含最高价、最低价、开盘价、收盘价、成交量的 DataFrame 股票行情数据。代码如下所示：

```
df_merge = pd.merge(df_stock, df_volume, left_index=True, right_index=True, how = 'inner')
print(df_merge.head())
#打印结果
"""
            close   open    high    low     volume
2010-01-02  9.39    11.62   11.62   9.39    194447
2010-01-03  9.47    9.39    9.47    9.39    166905
2010-01-04  8.93    9.47    9.47    8.93    156091
2010-01-05  10.87   8.93    10.87   8.93    176409
2010-01-06  7.70    10.87   10.87   7.70    178237
"""
```

3. join( )合并 DataFrame

DataFrame.join( )的使用方法如下：

```
DataFrame.join(self, other, on=None, how='left', lsuffix='', rsuffix='', sort=False)
```

其中关键的参数如下。

- other：需要合并的 DataFrame 数据。

- on：可指定基于某一列的值作为合并参考，默认为基于行索引合并多列。
- how：默认为'left'，即按照左边 DataFrame 的 index 合并；若为'right'，则按照右边的 DataFrame 合并；若为'inner'，则按两个表格的交集合并；若为'outer'，则按两个表格的并集合合并，缺失部分用 NaN 表示。
- lsuffix 和 rsuffix：当左和右两个 DataFrame 的列名出现冲突时候，可以通过设定后缀名称以避免错误。

【示例 4.65】 此处我们使用 DataFrame.join( )将数据按行索引的交集（how= 'inner'）合并到一起，其他参数保持默认值。最终得到包含最高价、最低价、开盘价、收盘价、成交量的 DataFrame 股票行情数据。代码如下所示：

```
df_join = df_stock.join(df_volume, how = 'inner')
print(df_join.head())
#打印结果
"""
            close   open   high    low  volume
2010-01-02   9.39  11.62  11.62   9.39  194447
2010-01-03   9.47   9.39   9.47   9.39  166905
2010-01-04   8.93   9.47   9.47   8.93  156091
2010-01-05  10.87   8.93  10.87   8.93  176409
2010-01-06   7.70  10.87  10.87   7.70  178237
"""
```

4.6　DataFrame 的高效遍历

我们已经获知了股票数据每天的最高价、最低价、开盘价和收盘价，那么我们可以通过简单的运算转化得到该股每日的价格振荡幅度，振荡幅度在一定程度上可以体现股票的活跃程度，如果一只股票的振幅较小，说明该股不够活跃，反之则反。

振幅值的计算可为后续的量化交易分析提供数据依据。振幅的计算公式为：（最高价-最低价）/昨日收盘价。由于我们在模拟生成股票行情数据时，将昨日收盘价假定为今日开盘价，为简化计算过程，我们取今日开盘价进行计算。

在计算振幅值的时候不可避免地需要遍历 DataFrame 数据，最先想到的遍历方法是用 for-in 循环执行，在前文中我们在选取数据时已经使用了矢量化方法，NumPy 的矢量化方法可以用简洁的表达式代替 for-in 循环完成对数据的遍历。除了这两种方法之外，其实还有其他遍历 DataFrame 格式数据的方法，我们以计算股价振荡幅度为需求，从执行效率角度对比分析各种遍历 DataFrame 的方法。

4.6.1 循环遍历的几种方式

1. for-in 循环

关于 Python 中最常用的 for-in 循环遍历的方式，我们在 2.7 节中已经详细介绍，此处直接给出实现遍历 DataFrame 的代码。代码如下所示：

```
def forin_looping(df):
    df = df.assign(pct_change = 0)  #采用assign新增一列
    for i in np.arange(0,df.shape[0]):
        df.iloc[i,df.columns.get_loc('pct_change')] = (df.iloc[i]['high'] - df.iloc[i]['low'])/df.iloc[i]['open']
    return df
print(forin_looping(df_concat)[0:5])
"""
            close   open    high    low    volume    pct_change
2010-01-02   9.39  11.62   11.62   9.39   194447      0.191910
2010-01-03   9.47   9.39    9.47   9.39   166905      0.008520
2010-01-04   8.93   9.47    9.47   8.93   156091      0.057022
2010-01-05  10.87   8.93   10.87   8.93   176409      0.217245
2010-01-06   7.70  10.87   10.87   7.70   178237      0.291628
"""
```

2. iterrows( )生成器

另一种在 Python 中常用的遍历方式为 iterrows( )生成器方式。生成器其实是一种特殊的迭代器，内部支持了迭代器协议。使用生成器每次请求只返回一个结果，不需要一次性构建整个存储结果的列表，可以节省内存空间。此处 iterrows( )是对 DataFrame 数据的行进行迭代的一个生成器，它返回每行的索引及包含行本身的对象。代码如下所示：

```
#iterrows()遍历方式
def iterrows_loopiter(df):
    df = df.assign(pct_change=0)  # 采用assign新增一列
    for index,row in df.iterrows():
        df.loc[index, 'pct_change'] = (row['high']-row['low'])/row['open']
    return df
```

3. DataFrame.apply( )

使用 DataFrame.apply( )方法也可以实现遍历 DataFrame。该方法将函数作为参数传入，函数会用于 DataFrame 指定的行或列。此处将公式内嵌在 lambda 匿名函数中，然后函数作为参数传入 apply( )方法中，设置 axis = 1 表示函数作用于每一行。代码如下所示：

```
#apply()遍历方式
df_concat['pct_change'] = df_concat.apply(lambda row: ((row['high']-row['low'])/row['open']),
axis = 1)
```

4. 矢量化方式

关于矢量化方法实现遍历 DataFrame，此处我们主要处理一维数组之间的计算，那么矢量化方式可使用 Pandas series 的矢量化方式和 Numpy arrays 的矢量化方式两种。

先来看下 Pandas series 的矢量化方式。Pandas 的 DataFrame、Series 基础单元数据结构基于链表，因此可将函数在整个链表上进行矢量化操作，而不用按顺序执行每个值。Pandas 包括非常丰富的矢量化函数库，我们可以把整个 Series（列）作为参数传递，对整个链表进行计算。

Pandas series 的矢量化方式实现代码如下：

```
#Pandas series 的矢量化方式
df_concat['pct_change'] = (df_concat['high']-df_concat['low'])/df_concat['open']
```

对于 NumPy arrays 的矢量化方式，由于本例的矢量化运算中只使用 Series 的数值，无须使用索引等信息，因此可将 Series 转换为数组类型，统一类型的数据处理可以节省操作过程中的很多开销。使用 DataFrame.values 属性将指定列类型转换为 numpy.ndarray 类型数值，这样就将链表从 Pandas Series 转换为 NumPy arrays，再把 NumPy array 作为参数传递，对整个链表进行计算。

Numpy arrays 的矢量化方式实现代码如下：

```
#Numpy arrays 的矢量化方式
df_concat['pct_change'] =
(df_concat['high'].values-df_concat['low'].values)/df_concat['open'].values
```

4.6.2 循环遍历的性能对比

接下来使用 2.8 节自制的 timeit_test() 装饰器对以上几种遍历方式进行执行时间的对比测试，测试代码如下所示：

```
@timeit_test(number=10, repeat=1)
def forin_test():
    forin_looping(df_concat)

@timeit_test(number=10, repeat=1)
def iterloop_test():
    iterrows_loopiter(df_concat)
```

```python
@timeit_test(number=10, repeat=1)
def apply_test():
    df_concat['pct_change'] = df_concat.apply(lambda row: ((row['high']-row['low'])/row['open']), axis=1)

@timeit_test(number=10, repeat=1)
def series_test():
    df_concat['pct_change'] = (df_concat['high']-df_concat['low'])/df_concat['open']

@timeit_test(number=10, repeat=1)
def ndarray_test():
    df_concat['pct_change'] = (df_concat['high'].values-df_concat['low'].values)/df_concat ['open'].values

forin_test()     # Time of 0 used: 8.462902736
iterloop_test()  # Time of 0 used: 4.0023713690000005
apply_test()     # Time of 0 used: 0.25229068800000043
series_test()    # Time of 0 used: 0.0036549980000000204
ndarray_test()   # Time of 0 used: 0.0018982859999994162
```

由于测试环境千差万别，此处测试结果仅供读者对几种遍历方式横向对比参考。可以看出 for 循环执行的速度是最慢的，NumPy 数组（arrays）的矢量化运行速度最快，其次是 Pandas series 矢量化。

当我们对遍历数据时的执行效率有一定的认识后，便能够在处理大型数据集时选择更合适的遍历方法去处理数据，归纳的法则如下：

- 尽可能使用矢量化方式处理 DataFrame 数据，特别是 NumPy arrays 的矢量化方式；
- 如果处理逻辑过于复杂以至于矢量化方式无法有效地解决问题，建议使用 apply() 方法；
- 如果必须循环遍历数组，建议使用 iterrows() 生成器方式来提高速度。

4.7　DataFrame 的存储和加载

通常我们获取到的股票行情数据会以 csv 文件格式另存在本地文件夹下，csv 文件格式不仅在量化领域中比较常用，在其他数据相关的领域也同样非常流行。最主要的原因是它作为一种文本文件，可以非常容易地被导入到各种表格型的软件以及数据库中。另外，使用 Pandas 库中的各种方法对这些数据进行处理和分析时，势必要将 csv 文件格式的数据转换为 Pandas 所支持的 DataFrame 格式。因此 DataFrame 数据存储和加载是数据分析中必不可少的环节。

Pandas 库提供了 DataFrame.to_csv( )和 pandas.read_csv( )两个接口：to_csv( )将 DataFrame 数据以逗号分隔方式存储为 csv 文件格式；read_csv( )将表格型文件读取为 DataFrame 对象。

4.7.1 将 DataFrame 存储至 CSV

首先介绍 DataFrame.to_csv( )方法。由于所有的 DataFrame 对象都支持 to_csv( )方法，因此我们可以很方便地将处理完成的 DataFrame 股票行情数据存储为 csv 文件格式。使用 to_csv( )时有几个比较常用的参数需要注意，如下所示。

- path_or_buf：这个参数指的是 csv 文件存储的路径和文件名称。
- sep：指定使用哪种分隔符，默认是使用逗号（这种情况下我们都使用逗号分隔的）。
- na_rep：指定当 DataFrame 数据中存在缺失值时，怎么处理，默认是不写，用空值替代，也可以填 na_rep='NA'，这样缺失值会保存为 NA。
- float_format：指定存储时候保留几位小数。
- columns：指定写入 csv 文件的列索引对应的数据（就是说可以指定某一列存储或者某几列存储）。
- index：指定是否存储行索引的内容。
- header：指定是否存储列索引的内容。

【示例 4.66】 此处将存储路径设置为当前目录，文件名是' table-stock.csv '，columns 设置为存储全部的列数据（注意是列表的形式），index=True 表示存储行索引，其他参数保持默认值。代码如下所示：

```
df_concat.to_csv('table-stock.csv',columns=df_concat.columns,index=True)
```

运行后可以看到在指定的路径另存为'table-stock.csv'文件，我们用 Excel 打开文件后可以看到，已经把处理后的股票行情数据存储到本地文件了，如图 4.4 所示。

由于 csv 文件是一种文本文件，也可以用记事本打开，打开文件后可以看到数据列是以半角逗号分隔，每一行数据都以回车符结束。如果单元格中包含逗号，那么这个单元格中的内容将会以双引号引起。用记事本打开 csv 文件，如图 4.5 所示。

4.7 DataFrame 的存储和加载 | 133

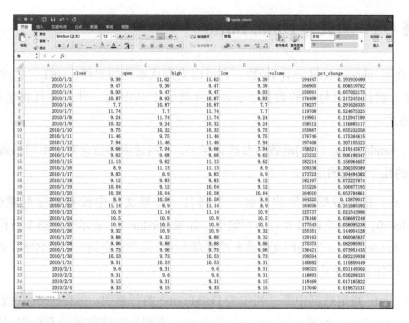

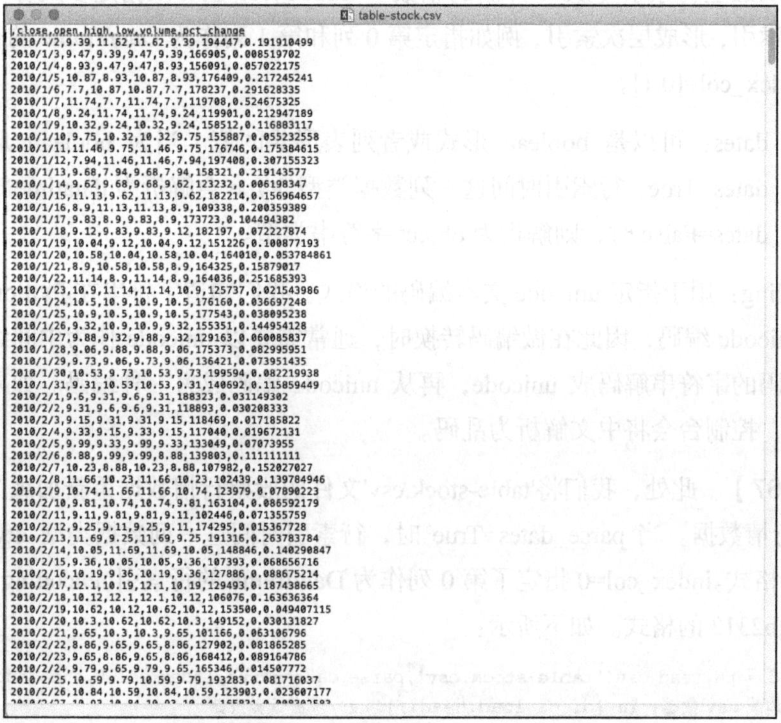

图 4.4

图 4.5

4.7.2 将 CSV 加载为 DataFrame

接下来介绍 pandas.read_csv( )函数,它可以支持从本地的文件、URL、文件型对象中加载带分隔符(默认为逗号)的数据,csv 文件就属于其中的一种,并且将数据转换得到 DataFrame 格式。

实际上,pandas.read_csv( )函数的参数有很多,不同选项参数会对应不同的效果,这里主要介绍常用的几个参数的用法。

- header:指定数据开始的行数作为列名。如果文件中没有指定列索引,则默认 header=0,表示文件第 0 行为列索引。如果 header=1,表示文件第 1 行作为列索引。如果 header=None 则表明文件数据没有列索引,除非给定列索引的名字,否则 read_csv 会自动加上列索引。

- index_col:指定数据中哪一列作为 DataFrame 的行索引。index_col=0 指定了第 0 列作为 DataFrame 的行索引。index_col=None,表明当文件数据没有行索引时,read_csv 会自动加上行索引(从 0 开始的整数)。index_col 也可以指定多列作为 DataFrame 的行索引,形成层次索引,例如指定第 0 列和第 1 列作为 DataFrame 的行索引,可以用 index_col=[0,1]。

- parse_dates:可以是 boolean 形式或者列表形式的值。当为 boolean 形式的值时,parse_dates=True,行索引时间这一列数据类型 dtype 会解析为 datatime 时间格式。当 parse_dates=False 时,则解析为 object 字符串类型。

- encoding:用于指定 unicode 文本编码的格式。我们知道字符串在 Python 内部的表示是 unicode 编码,因此在做编码转换时,通常需要以 unicode 作为中间编码,先将其他编码的字符串解码成 unicode,再从 unicode 编码成另一种编码。如果编码格式不对应,控制台会将中文解析为乱码。

【示例 4.67】 此处,我们将'table-stock.csv'文件的股票行情数据重新加载为 DataFrame 格式的股票行情数据。当 parse_dates=True 时,行索引时间这一列数据类型 dtype 会解析为 datatime 时间格式。index_col=0 指定了第 0 列作为 Dataframe 的行索引。encoding 指定 unicode 文本编码成 gb2312 的格式。如下所示:

```
df_csvload = pd.read_csv('table-stock.csv',parse_dates=True,index_col=0,encoding='gb2312')
print(f'加载csv数据: \n {df_csvload.head()}')#打印前5行数据
"""
加载csv数据:
```

```
              close  open   high   low   volume  pct_change
2010-01-02    9.39   11.62  11.62  9.39  194447  0.191910
2010-01-03    9.47   9.39   9.47   9.39  166905  0.008520
2010-01-04    8.93   9.47   9.47   8.93  156091  0.057022
2010-01-05    10.87  8.93   10.87  8.93  176409  0.217245
2010-01-06    7.70   10.87  10.87  7.70  178237  0.291628
"""
```

运行后可以看到，我们再次获取到了 DataFrame 数据，这样就可以使用 Pandas 库的工具对数据进行处理和分析了。

4.8 本章总结

本章介绍了 Pandas 库在量化交易中的关键知识点。首先介绍了 Series 和 DataFrame 数据结构的基本的生成和访问方法，然后围绕量化交易中最常用的 DataFrame 数据结构，展开了一系列与数据分析相关的方法，包括时间序列的生成和转换、规整化 DataFrame 数据的整个过程、高效遍历 DataFrame 数据的方法、存储 DataFrame 数据以及加载 DataFrame 数据的方法。掌握 Pandas 库的这些使用方法可以帮助我们更好地进行金融数据的量化分析。

第 5 章 第三方库 Matplotlib 快速入门

本章导读

可视化是最为直观的展示数据背后含义的方法。例如在金融量化交易中，通过对各个技术指标进行可视化来发现市场的运行规律，或者通过可视化收益曲线、最大回撤曲线来评估策略运行情况等。在其他领域的数据分析过程中，也都会通过可视化来观察数据的变化。

Matplotlib 库是 Python 中专业用于绘图的第三方库，也是最为流行的绘图库。凭借 Matplotlib 库极其强大的绘图功能，我们可以绘制出美观而有说服力的图形，使得可视化分析愈发效果显著。

5.1 两种绘图方式的区分

相信很多初学者在学习 Matplotlib 库时，会发现绘制同样的图形常常有多种实现的方式，这在无形之中容易让人产生混淆，增加了学习的难度。实际上 Matplotlib 的确有两种绘图风格，一种是延续自 MATLAB 的函数式绘图，另一种是 Python 的对象式绘图。笔者认为在学习 Matplotlib 之前有必要将函数式和对象式这两种绘图方式梳理清晰，之后你会发现学习 Matplotlib 是一件轻松简单的事情。本节分别介绍函数式绘图和对象式绘图的方法。

5.1.1 函数式绘图

MATLAB 是数据绘图领域广泛使用的工具,调用函数命令就可以轻松绘制图形。Matplotlib 受 MATLAB 的启发而构建,因此也延续了 MATLAB 函数形式的绘图方式,设计了一套函数形式的绘图 API,调用 API 即可绘制高质量的图形。

Matplotlib 中的 pyplot 模块集合了类似 MATLAB 的绘图 API,实际上 pandas.DataFrame.plot、pandas.Series.plot、seaborn 的绘图功能也是基于 pyplot 模块构建而成的。使用时需要导入模块,可以用缩写的别名 plt 代替 pyplot,如下所示:

```python
import matplotlib.pyplot as plt
```

函数式绘图的整体过程可以归纳为 4 步:第一步是创建一个图表;第二步是在图表上绘制图形,例如绘制线条、标注指示点等;第三步是设置图表的属性,例如标题、坐标轴等。最后一步是在图表上添加了各个元素之后执行显示图形这个命令,完成最后的显示。接下来,我们以绘制图 5.1 所示的图表为例来介绍函数式绘图的方法。

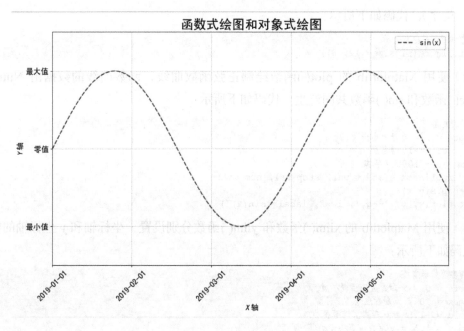

图 5.1

经过分析,我们调用 Matplotlib 中图 5.2 所示的这些接口,即可绘制出图 5.1 所示的图表。

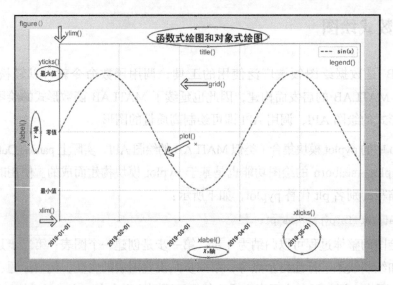

图 5.2

（1）首先使用 Matplotlib 的 figure( )函数创建图表，指定 figsize 参数设置图像的长和宽（单位：英寸），代码如下所示：

```
#创建图形并设置大小
plt.figure(figsize=(12, 8))
```

（2）使用 Matplotlib 的 plot( )函数绘制正弦函数曲线，函数曲线的数据由 NumPy 的 linspace( )函数和 sin( )函数共同产生。代码如下所示：

```
#生成数据
start_val = 0 #开始值
stop_val = 10 #终值
num_val = 1000 #样本
x = np.linspace(start_val, stop_val, num_val)
y = np.sin(x)
plt.plot(x, y, '--g,', lw=2, label='sin(x)')
```

（3）使用 Matplotlib 的 xlim( )函数和 ylim( )函数分别设置 x 坐标轴和 y 坐标轴的数值范围，代码如下所示：

```
#调整坐标轴范围
x_min = 0 # x 轴数值范围最小值
x_max = 10 # x 轴数值范围最大值
y_min = -1.5 # y 轴数值范围最小值
y_max = 1.5 # y 轴数值范围最小值
plt.xlim(x_min, x_max)
plt.ylim(y_min, y_max)
```

（4）使用 Matplotlib 的 xlabel( )函数和 ylabel( )函数添加 x 轴、y 轴的显示标签，代码如下所示：

```
#设置轴标签
plt.xlabel('X 轴',fontsize=15)
plt.ylabel('Y 轴',fontsize=15)
```

（5）使用 Matplotlib 的 xticks( )函数和 yticks( )函数分别设定 x 轴和 y 轴的坐标标签，对于坐标标签的设定，需要指定坐标轴上坐标的位置以及坐标的显示标签，前者以浮点数或整数组成的列表形式表示，后者以等长的字符串列表形式表示。另外，rotation 参数可旋转调节坐标标签，当坐标密集时可避免标签重叠。代码如下所示：

```
#设置坐标轴标签
x_location = np.arange(0,10,2)  #x 轴坐标位置
x_labels = ['2019-01-01','2019-02-01','2019-03-01','2019-04-01','2019-05-01'] #x 轴坐标显示标签
y_location = np.arange(-1,1.5,1)  #y 轴坐标位置
y_labels = [u'最小值',u'零值',u'最大值']  #y 轴坐标显示标签
plt.xticks(x_location,x_labels,rotation=45,fontsize=15)
plt.yticks(y_location,y_labels,fontsize=15)
```

（6）使用 Matplotlib 的 grid( )函数设置图形中的网格线。其中 linestyle 用于设置网格的线条类型，color 用于设置网格的线条颜色，代码如下所示：

```
#设置网格线
#ls: linestyle,用于设置线条类型
#color: 设置网格的线条颜色
plt.grid(True, ls=':', color='r', alpha=0.5)
```

（7）使用 Matplotlib 的 title( ) 函数设置图形的标题，代码如下所示：

```
# 设置标题
plt.title(u"函数式绘图 vs 对象式绘图",fontsize=25)
```

（8）使用 Matplotlib 的 legend( )函数增加图例显示，当多条曲线显示在同一张图时，便于识别不同的曲线。设置 loc 参数可以控制图例的放置位置，upper left（左上角）、upper center（中上）、upper right（右上角）、lower left（左下角）、lower center（中下）、lower right（右下）。代码如下所示：

```
#添加图例
plt.legend(loc='upper right',fontsize=15)
```

（9）使用 Matplotlib 的 show( )函数显示图形，在通常的运行情况下，show( )函数会阻塞程序的运行，直到关闭绘图窗口为止。代码如下所示：

```
# 显示图形
plt.show()
```

以下给出函数值绘图的完整示例代码：

```
# 函数式绘图
# 创建图形并设置大小
```

```python
plt.figure(figsize=(12, 8))

# 生成数据
start_val = 0 # 开始值
stop_val = 10 # 终值
num_val = 1000 # 样本
x = np.linspace(start_val, stop_val, num_val)
y = np.sin(x)

# y=sin(x) 图
# '--g,': format_string方式，等同于linestyle、color、marker的结合，即破折线、绿色、像素点
# lw: linewidth, 用于设置线条宽度
# label: 设置线条的标签为'sin(x)'
plt.plot(x, y, '--g,', lw=2, label='sin(x)')
# 调整坐标轴范围
x_min = 0 # x轴数值范围最小值
x_max = 10 # x轴数值范围最大值
y_min = -1.5 # y轴数值范围最小值
y_max = 1.5 # y轴数值范围最小值
plt.xlim(x_min, x_max)
plt.ylim(y_min, y_max)

#设置轴标签
plt.xlabel('X轴',fontsize=15)
plt.ylabel('Y轴',fontsize=15)

# 设置坐标轴标签
x_location = np.arange(0,10,2) # x轴坐标位置
x_labels = ['2019-01-01','2019-02-01','2019-03-01','2019-04-01','2019-05-01'] # x轴坐标显示标签
y_location = np.arange(-1,1.5,1) # y轴坐标位置
y_labels = [u'最小值',u'零值',u'最大值'] # y轴坐标显示标签
plt.xticks(x_location,x_labels,rotation=45,fontsize=15)
plt.yticks(y_location,y_labels,fontsize=15)

# 设置网格线
# ls: linestyle, 用于设置线条类型
# color: 设置网格的线条颜色
plt.grid(True, ls=':', color='r', alpha=0.5)

# 设置标题
plt.title(u"函数式绘图 vs 对象式绘图",fontsize=25)
# 添加图例
plt.legend(loc='upper right',fontsize=15)

#显示图形
plt.show()
```

5.1.2 对象式绘图

Matplotlib 本质上是以构建对象方式来绘制图像的，每个图像是由一系列有组织有隶属关系的对象所构成的。函数式绘图则是在原有的构建对象过程上增加了一层调用接口，虽然使用起来十分方便，但是不仅降低了效率，而且掩盖了原有的隶属关系，无法体现对象体系中细节的功能。

对象隶属关系如图 5.3 所示。整个图像作为一个 Figure 对象，所有元素依附于 Figure 对象；在 Figure 对象中可以包含一个或者多个 Axes 对象；每个 Axes 对象各自拥有坐标系统的绘图区域，包含各自的 Title（标题）、Axis（坐标轴）、Label（坐标轴标注）、Tick（刻度线）、Tick Label（刻度注释）等对象元素。

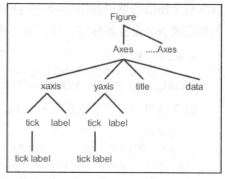

图 5.3

将函数式绘图所生成的图像标注上各个对象在图中的位置关系，如图 5.4 所示。

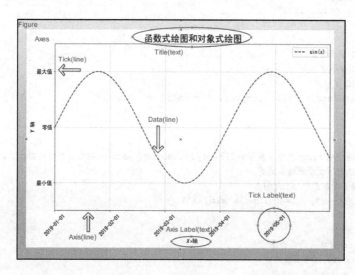

图 5.4

接下来我们使用对象方式绘制图 5.1 所示同样的图表，以此介绍面向对象方式绘图的方法。

（1）对象式绘图与函数式绘图的最大的区别在于使用 figure( )函数之后，虽然两种方式都可以创建 Figure 对象，但是对象式绘图在 Figure 对象中又手动创建一个 Axes 对象，Axes

对象即为一个绘图区域，在 Axes 对象中可以添加更多的元素，代码如下所示：

```
#pyplot 模块中的 figure()函数创建名为 fig 的 Figure 对象
fig = plt.figure(figsize=(12, 8))

#在 Figure 对象中创建一个 Axes 对象，每个 Axes 对象即为一个绘图区域
ax = fig.add_subplot(111)
```

（2）在 Axes 对象中增加坐标轴标签 label 对象、tick 对象、ticklabel 对象和标题 title 对象，以及对坐标轴的取值范围 xlim 和 ylim 进行设定等，这些过程与函数式绘图方式大体相同。例如在图表上设置轴标签，代码如下所示：

```
# 设置轴标签
ax.set_xlabel('X 轴',fontsize=15)
ax.set_ylabel('Y 轴',fontsize=15)
```

以下给出对象式绘图的完整代码：

```
# 对象式绘图
# pyplot 模块中的 figure()函数创建名为 fig 的 Figure 对象
fig = plt.figure(figsize=(12, 8))

# 在 Figure 对象中创建一个 Axes 对象，每个 Axes 对象即为一个绘图区域
ax = fig.add_subplot(111)

# 生成数据
start_val = 0 #开始值
stop_val = 10 #终值
num_val = 1000 #样本
x = np.linspace(start_val, stop_val, num_val)
y = np.sin(x)

#y=sin(x)图
#'--g,': format_string 方式，等同于 linestyle、color、marker 的结合，即破折线、绿色、像素点
#lw: linewidth, 用于设置线条宽度
#label: 设置线条的标签为'sin(x)'
ax.plot(x, y, '--g,', lw=2, label='sin(x)')

# 调整坐标轴范围
x_min = 0 # x 轴数值范围最小值
x_max = 10 # x 轴数值范围最大值
y_min = -1.5 # y 轴数值范围最小值
y_max = 1.5 # y 轴数值范围最小值
ax.set_xlim(x_min, x_max)
ax.set_ylim(y_min, y_max)

# 设置坐标轴标签
x_location = np.arange(0,10,2) # x 轴坐标位置
x_labels = ['2019-01-01','2019-02-01','2019-03-01','2019-04-01','2019-05-01'] #x 轴坐标显示标签
```

```python
y_location = np.arange(-1,1.5,1) # y轴坐标位置
y_labels = [u'最小值',u'零值',u'最大值'] # y轴坐标显示标签
ax.set_xticks(x_location)
ax.set_yticks(y_location)
ax.set_xticklabels(x_labels,rotation=45,fontsize=15)
ax.set_yticklabels(y_labels,fontsize=15)

# 设置轴标签
ax.set_xlabel('X轴',fontsize=15)
ax.set_ylabel('Y轴',fontsize=15)
# 设置网格线
ax.grid(True, ls=':', color='r', alpha=0.5)
# 设置标题
ax.set_title(u"函数式绘图和对象式绘图",fontsize=25)
# 添加图例
ax.legend(loc='upper right',fontsize=15)
# 显示图形
plt.show()
```

5.2 常用图表类型的绘制

好图表的关键是能够提供准确、直接的信息，选择合适的图表类型尤为重要。在 Matplotlib 中常用的图表有折线图、散点图、柱状图、直方图等，本节介绍几款典型图表的对象式绘图方法。

5.2.1 折线图的绘制

折线图用于展现数据的变化趋势，Matplotlib 的 plot( )函数可以绘制折线图形。5.1.2 节中使用对象式绘图方式绘制了图 5.1 所示的图表，其中的正弦函数曲线即通过 plot( )函数实现。此处延续该示例进一步介绍 plot( )函数的使用。

关于 plot( )函数的绘制，需要提供二维的序列数据，即 x 轴和 y 轴的数据。plot( )函数将 x 轴和 y 轴数据对应的点相应地连接起来绘制为正弦函数曲线。另外，在 plot( )函数中，可设置参数以调整线条的属性，如下所示。

- linestyle：设定线条类型。
- color：指定线条的颜色。
- marker：指定线条的标记风格。

- linewidth：设定线条的宽度。
- label：设置线条的标签。

【示例 5.1】 使用 linspace( )函数创建一维等差数组，将该数组作为 sin( )函数的 x 轴数据以生成对应的 y 轴数据，将 x 轴和 y 轴数据提供给 plot( )函数。对象式绘图的代码如下所示：

```
#生成数据
start_val = 0 #开始值
stop_val = 10 #终值
num_val = 1000 #样本
x = np.linspace(start_val, stop_val, num_val)
y = np.sin(x)

# y=sin(x)图
# '--g,': format_string方式，等同于linestyle、color、marker 的结合，即破折线、绿色、像素点
# lw: linewidth, 用于设置线条宽度
# label: 设置线条的标签为'sin(x)'
ax.plot(x, y, '--g', lw=2, label='sin(x)')
```

注：'--g,'为使用 format_string 设置方式，等同于 linestyle、color、marker 3 个参数的结合。

5.2.2 标注点的绘制

当我们要在图形上给数据添加指向性注释文本时，可以使用 Matplotlib 的 annotate( )函数，它支持箭头指示，方便我们在合适的位置添加描述信息。

在使用 annotate( )函数时，要考虑以下几个关键参数。

- s：注释文本内容。
- xy：被注释的坐标点，二维元组格式(x,y)。
- xytext：注释文本的坐标点，二维元组格式(x,y)。
- xycoords：被注释点的坐标系属性，默认为'data'（以被注释的坐标点 xy 为参考）。
- textcoords：设置注释文本的坐标系属性，默认与 xycoords 属性值相同，通常设置为'offset points'或'offset pixels'，即相对于被注释点 xy 的偏移量。
- arrowprops：设置箭头的样式，字典（dict）格式。
- bbox：设置文本周围所添加的外框属性。

【示例 5.2】 分别绘制以下 4 种样式的标注点。

- 注释文本 "annotate1" 所对应的样式配置：在 arrowprops 参数中使用关键字'arrowstyle'设置箭头样式'->'，关键字 connectionstyle 设置连接线的样式。

- 注释文本 "annotate2" 所对应的样式配置：arrowprops 参数中未使用关键字'arrowstyle'，则允许配置 width 箭头的宽度、shrink 箭头两端收缩的百分比等。

- 注释文本 "annotate3" 所对应的样式配置：使用 bbox 参数在文本周围添加外框，设置外框为 circle 样式。

- 注释文本 "annotate4" 所对应的样式配置：使用 bbox 参数在文本周围添加外框，设置外框为 round 样式。

对象式绘图代码，如下所示：

```
fig = plt.figure(figsize=(12, 8))
# 在 Figure 对象中创建一个 Axes 对象，每个 Axes 对象即为一个绘图区域
ax = fig.add_subplot(111)
x = np.arange(10, 20)
y = np.around(np.log(x), 2)
ax.plot(x, y, marker='o')

ax.annotate(u"样式 1", xy=(x[1], y[1]), xytext=(80, 10), textcoords='offset points',
arrowprops=dict(arrowstyle='->',connectionstyle="angle3,angleA=80,angleB=50"))

ax.annotate(u"样式 2", xy=(x[3], y[3]), xytext=(80, 10), textcoords='offset points',
            arrowprops=dict(facecolor='black', shrink=0.05, width=5))

ax.annotate(u"样式 3", xy=(x[5], y[5]), xytext=(80, 10), textcoords='offset points',
            arrowprops=dict(facecolor='green', headwidth=5, headlength=10),
            bbox=dict(boxstyle='circle,pad=0.5', fc='yellow', ec='k', lw=1, alpha=0.5))
# fc 为 facecolor,ec 为 edgecolor,lw 为 lineweight

ax.annotate(u"样式 4", xy=(x[7], y[7]), xytext=(80, 10), textcoords='offset points',
            arrowprops=dict(facecolor='blue', headwidth=5, headlength=10),
            bbox=dict(boxstyle='round,pad=0.5', fc='gray', ec='k', lw=1, alpha=0.5))
# 显示图形
plt.show()
```

绘制 4 种样式标注点的显示效果，如图 5.5 所示。

【示例 5.3】 接下来在图 5.1 所示的图上扩展标注点的绘制。此处要考虑两个坐标点，分别为 xy(x,y)表示箭头指向的点坐标，xytext(x,y)插入注释文本的位置坐标。另外，设置 arrowprops 参数调整箭头样式。

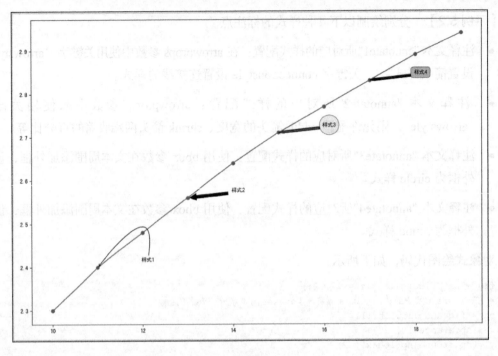

图 5.5

我们不妨在最低点($\pi*3/2$, -1)位置用一个红色箭头指向一个买入信号,在最高点($\pi/2$, 1)位置用一个绿色箭头指向一个卖出信号,以此来熟悉该函数的使用。

添加的对象式绘图代码,如下所示:

```
# 添加sin()的最高点注释
ax.annotate(u"最高点",
            xy = (np.pi/2, 1),#箭头指向点的坐标
            xytext = (np.pi/2, 1.3),#注释文本左端的坐标
            weight = 'regular',#注释文本的字体粗细风格,bold是粗体,regular是正常粗细
            color = 'g',#注释文本的颜色
            fontsize = 15,#注释文本的字体大小
            arrowprops = {#arrowprops: arrow properties,以字典格式设置箭头属性
                'arrowstyle': '->',#箭头类型
                'connectionstyle': 'arc3',#连接类型
                'color': 'g'#箭头颜色
            })
# 添加sin()的最低点注释
ax.annotate(u"最低点",
            xy = (np.pi*3/2, -1),
            xytext = (np.pi*3/2, -1.3),
            weight = 'regular',
            color = 'r',
```

```
            fontsize = 15,
            arrowprops = {
                'arrowstyle': '->',
                'connectionstyle': 'arc3',
                'color': 'r'
            })
```

添加标注点后的显示效果，如图 5.6 所示。

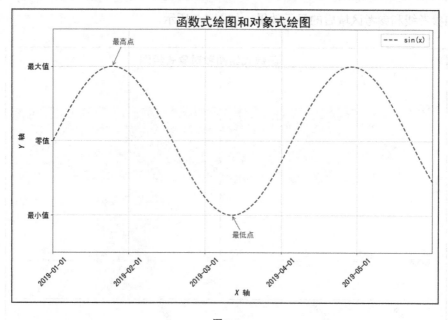

图 5.6

5.2.3 参考线/区域的绘制

接下来在图 5.1 所示的图表上扩展参考线和参考区域的绘制。

【示例 5.4】 使用 Matplotlib 的 axhline( )函数、axvline( )函数分别在图形中添加 sin( )函数的水平参考线和垂直参考线，在使用 axhline( )函数时给定 y 轴上的位置，同理在使用 axvline( )函数时需要给定 x 轴上的位置。

添加的对象式绘图代码，如下所示：

```
# 添加 sin()的水平/垂直参考线
ax.axhline(y=min(y), c='blue', ls=':', lw=2)
ax.axvline(x=np.pi*3/2, c='blue', ls='-.', lw=2)
```

【示例 5.5】 使用 Matplotlib 的 axhspan( )函数、axvspan( )函数分别在图形中添加 sin( )

函数平行于 x 轴的参考区域和平行于 y 轴的参考区域，在使用 axhspan( )函数时给定 y 轴上的区间位置，同理在使用 axvspan( )函数时需要给定 x 轴上的区间位置。

添加的对象式绘图代码，如下所示：

```
# 添加sin()平行于x/y轴的参考区域
ax.axhspan(ymin=0, ymax=1, facecolor='purple', alpha=0.3)
ax.axvspan(xmin=np.pi*2, xmax=np.pi*5/2, facecolor='g', alpha=0.3)
```

添加参考线和参考区域后的显示效果，如图 5.7 所示。

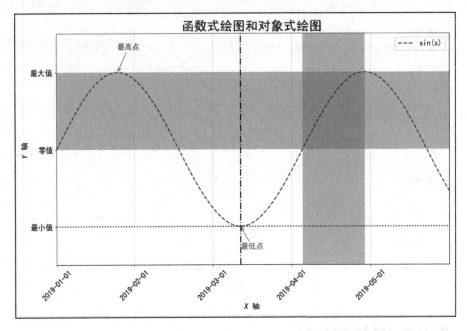

图 5.7

5.2.4 双 y 轴图表的绘制

如果要在同一个 x 轴上显示两个不同数量级别的序列，可以将第二个序列绘制在右侧辅助的 y 轴上。Matplotlib 的 twinx( )和 twiny( )可以实现双坐标轴的功能，其中 twinx( )可以实现同一个 x 轴对应两个 y 轴，同理 twiny( )可以实现同一个 y 轴对应两个 x 轴。

【示例 5.6】 在图 5.1 所示的图表上添加一条直线，该直线的 x 轴坐标位置与正弦函数曲线相同，y 轴坐标位置与正弦函数曲线独立显示。

对象式绘图代码如下所示：

```
# 实例一个共享x轴的axes对象
ax_aux = ax.twinx()
ax_aux.plot(x, np.arange(1000), color='blue', label='line 1000')
# 设置坐标轴标签
y_location = np.arange(0, 1000, 100)  # y 轴坐标位置
y_labels = np.arange(0, 1000, 100)    # y 轴坐标显示标签
ax.set_yticks(y_location)
ax.set_yticklabels(y_labels, fontsize=15)

# 设置轴标签
ax_aux.set_ylabel('Y 轴-辅助',fontsize=15)
```

当实例化一个共享 x 轴的 axes 对象后,可以在该对象上设置刻度、标签等属性。

可以使用 figure.legend( )共同显示双 y 轴所对应的图例,代码如下所示:

```
fig.legend(loc='upper right', bbox_to_anchor=(1, 1), bbox_transform=ax.transAxes, fontsize=15)
```

双 y 轴图表的显示效果,如图 5.8 所示。

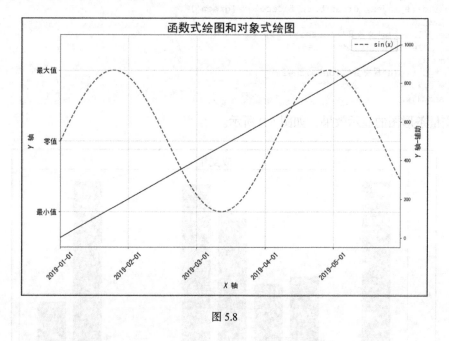

图 5.8

5.2.5 条形图的绘制

条形图是通过相同宽度条形的高度/宽度来表现数据差异的图表,例如股票中的成交量指标就是通过垂直条形图来呈现的。在 Matplotlib 中可以使用 bar( )函数绘制条形图。

【示例 5.7】 成交量由两种颜色的垂直条形图组成,当收盘价高于开盘价时显示红色,

反之则显示绿色。此次模拟生成两份成交量数据，一份为上涨交易日的成交量数据（上涨当天有数值，下跌当天数值为0），另一份为下跌交易日的成交量数据（下跌当天有数值，上涨当天数值为0），然后将两份成交量数据用红绿垂直条形图叠加显示。

对象式绘图代码如下所示：

```
# 对象式绘图
# pyplot 模块中的 figure() 函数创建名为 fig 的 Figure 对象
fig = plt.figure(figsize=(12, 8))
# 在 Figure 对象中创建一个 Axes 对象，每个 Axes 对象即为一个绘图区域
ax = fig.add_subplot(111)
# pandas 生成时间序列
date_index = pd.date_range('2019-01-01', freq='D', periods=10)
# 分别模拟生成涨跌时的成交量数据
red_bar = [1000, 0, 0, 0, 879, 986, 213, 0, 0, 0]
green_bar = [0, 200, 599, 567, 0, 0, 0, 234, 998, 489]
# 绘制条形图
ax.bar(date_index, red_bar, facecolor='red')
ax.bar(date_index, green_bar, facecolor='green')
# 设置轴标签
ax.set_xlabel(u'交易日',fontsize=15)
ax.set_ylabel(u'手',fontsize=15)
# 设置标题
ax.set_title(u"成交量",fontsize=25)
# 显示图形
plt.show()
```

成交量条形图的显示效果，如图 5.9 所示。

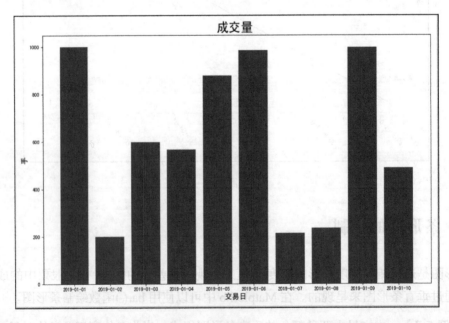

图 5.9

5.2.6 直方图的绘制

直方图与条形图的外观表现很相似，但它主要是用于展现样本数据的分布特征。例如将符合正态分布的随机数组绘制为直方图，首先要将全部样本数据按照不同的区间范围划分成若干个组，每个组为直方图的柱子，柱子的宽度表示该组的区间，柱子的高度表示数据出现的次数。在 Matplotlib 中可以使用 hist( ) 函数绘制直方图。

关于 Matplotlib 的 hist( ) 函数的输入参数非常多，常用的参数如下。

- x：绘制直方图的数据（一维数组形式），例如服从正态分布的的随机数组。
- bins：直方图的柱数。
- density：是否将直方图的频数（数据出现的次数）转换成频率（数据所占的比例）的标志，默认为 False，显示频数统计结果，True 表示显示频率统计结果。

关于函数返回值如下。

- n：直方图中每一个 bar 区间数据的频数或者频率，由参数 density 设定。
- bins：用于返回各个 bin 的区间范围。
- patches：列表形式返回每个 bin 的图形对象。

【示例 5.8】 使用 np.random.normal( ) 函数采样得到期望值和方差为 $\mu=0$、$\sigma=1$，符合正态分布的随机数组，然后调 Matplotlib 库中的 hist( ) 函数将随机数绘制为直方图。

对象式绘图代码如下所示：

```
# 对象式绘图
# pyplot 模块中的 figure() 函数创建名为 fig 的 Figure 对象
fig = plt.figure(figsize=(12, 8))
# 在 Figure 对象中创建一个 Axes 对象，每个 Axes 对象即为一个绘图区域
ax = fig.add_subplot(111)
# 绘制直方图
ax.hist(np.random.normal(loc=0, scale=1, size=1000), bins=50, density=False, color='b')
# 设置轴标签
ax.set_xlabel(u'样本值',fontsize=15)
ax.set_ylabel(u'频数',fontsize=15)
# 设置标题
ax.set_title(u"正态分布直方图",fontsize=25)
# 显示图形
plt.show()
```

正态分布随机数组的直方图显示效果如图 5.10 所示。

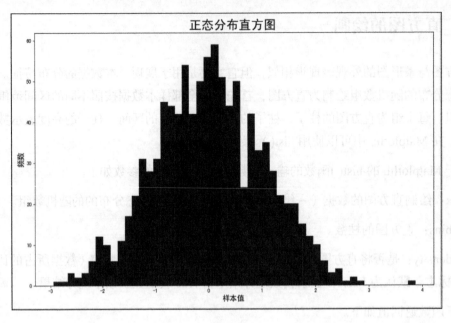

图 5.10

5.2.7 K 线图的绘制

股票的 K 线记录着一个时间段的开盘价、最高价、最低价、收盘价这 4 个数据，Matplotlib 库也提供了 K 线图的绘制方法。

早期 matplotlib.finance 模块的 candlestick( )函数可以绘制 K 线，不过从 Matplotlib 2.2.0 版本开始，该模块已经从 Matplotlib 库中剥离，需要单独安装 mpl_finance 模块。使用时需要导入 mpl_finance，代码如下所示：

```
import mpl_finance as mpf  #替换 import matplotlib.finance as mpf
```

mpl_finance 中绘制 K 线的常用函数有 candlestick_ochl( )和 candlestick2_ochl( )。接下来我们分别用这两种实现方式绘制 K 线图。

1. candlestick2_ochl( )函数

candlestick2_ochl()函数的定义为：candlestick2_ochl(ax, opens, closes, highs, lows, width=4, colorup='k', colordown='r', alpha=0.75)

这里介绍几个主要的参数：ax 是绘制图形的 axis 对象；opens、closes、highs、lows 分别是开盘价、收盘价、最高价、最低价的序列值，顾名思义，ochl 即是 opens、closes、highs、lows 数据排列顺序的缩写，同理 ohlc 表示数据排列顺序为 opens、highs、lows、closes。

【示例 5.9】 模拟生成开盘价（opens）、收盘价（closes）、最高价（highs）、最低价（lows）序列值，使用 candlestick2_ochl( )函数绘制 K 线图。

对象式绘图代码如下所示：

```
# 对象式绘图
# pyplot 模块中的 figure()函数创建名为 fig 的 Figure 对象
fig = plt.figure(figsize=(12, 8))
# 在 Figure 对象中创建一个 Axes 对象，每个 Axes 对象即为一个绘图区域
ax = fig.add_subplot(111)
# 绘制 K 线图
opens = [2320.36, 2300, 2295.35, 2347.22, 2360.75, 2385.43, 2376.41, 2424.92, 2411, 2432.68]
closes = [2320.26, 2291.3, 2347.5, 2358.98, 2382.48, 2385.42, 2419.02, 2428.15, 2433.13, 2334.48]
lows = [2287.3, 2288.26, 2295.35, 2337.35, 2347.89, 2371.23, 2369.57, 2417.58, 2403.3, 2427.7]
highs = [2362.94, 2308.38, 2345.92, 2363.8, 2382.48, 2383.76, 2391.82, 2421.15, 2440.38, 2441.73]
mpf.candlestick2_ochl(ax, opens, closes, highs, lows, width=0.5, colorup='r', colordown='g')
# 绘制 K 线走势
# pandas 生成时间序列
date_index = pd.date_range('2019-01-01', freq='D', periods=10)
# 设置 x 轴的范围
ax.set_xlim(0, 10)
# x 轴刻度设定 每 15 天标一个日期
ax.set_xticks(np.arange(0,10))
# 标签设置为日期
ax.set_xticklabels([date_index.strftime('%Y-%m-%d')[index] for index in ax.get_xticks()])
# 设置轴标签
ax.set_xlabel(u'日期',fontsize=15)
ax.set_ylabel(u'价格',fontsize=15)
# 设置标题
ax.set_title(u"日 K 线图",fontsize=25)
# 显示图形
plt.show()
```

2. candlestick_ochl( )函数

candlestick_ochl()函数的定义为：candlestick_ochl(ax, quotes, width=0.2, colorup='r', colordown='g', **alpha**=1.0)

这里介绍几个主要的参数：ax 是绘制图形的 axis 对象；quotes 是所有的股票数据序列，其中每一行都是按照开盘价、收盘价、最高价、最低价的顺序排列。

【示例 5.10】 模拟生成开盘价（opens）、收盘价（closes）、最高价（highs）、最低价（lows）序列值，使用 zip( )函数生成指定要求的股票数据列表之后，再使用 candlestick_ochl( )函数绘制 K 线图。

对象式绘图代码如下所示：

```
# 对象式绘图
# pyplot 模块中的 figure()函数创建名为 fig 的 Figure 对象
```

```python
fig = plt.figure(figsize=(12, 8))
# 在 Figure 对象中创建一个 Axes 对象，每个 Axes 对象即为一个绘图区域
ax = fig.add_subplot(111)
# 绘制 K 线图
opens = [2320.36, 2300, 2295.35, 2347.22, 2360.75, 2385.43, 2376.41, 2424.92, 2411, 2432.68]
closes = [2320.26, 2291.3, 2347.5, 2358.98, 2382.48, 2385.42, 2419.02, 2428.15, 2433.13, 2334.48]
lows = [2287.3, 2288.26, 2295.35, 2337.35, 2347.89, 2371.23, 2369.57, 2417.58, 2403.3, 2427.7]
highs = [2362.94, 2308.38, 2345.92, 2363.8, 2382.48, 2383.76, 2391.82, 2421.15, 2440.38, 2441.73]
# 使用 zip 方法生成数据列表
ohlc = list(zip(np.arange(0,10),opens,closes,highs,lows))
mpf.candlestick_ochl(ax, ohlc, width=0.5, colorup='r', colordown='g', alpha=1.0)
# pandas 生成时间序列
date_index = pd.date_range('2019-01-01', freq='D', periods=10)
# 设置 x 轴的范围
ax.set_xlim(0, 10)
# x 轴刻度设定 每天标一个日期
ax.set_xticks(np.arange(0,10))
# 标签设置为日期
ax.set_xticklabels([date_index.strftime('%Y-%m-%d')[index] for index in ax.get_xticks()])
# 设置轴标签
ax.set_xlabel(u'日期', fontsize=15)
ax.set_ylabel(u'价格', fontsize=15)
# 设置标题
ax.set_title(u"日 K 线图", fontsize=25)
# 显示图形
plt.show()
```

K 线图的显示效果，如图 5.11 所示。

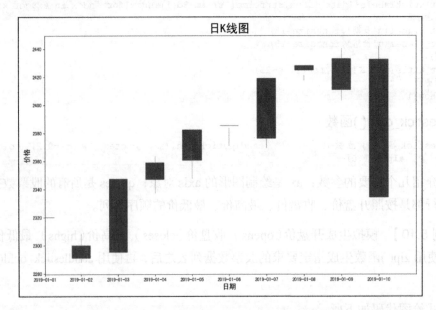

图 5.11

5.3 图形对象属性参数的调节

在绘制图形时不可避免地会调节其属性，以满足可视化的效果，但是属性参数也存在着一种属性对应多种实现方式的情况，这也会令读者产生混淆。

相对来说使用 plot( )函数绘制线条图形更普遍些，接下来以绘制线条图为例，介绍下在使用 plot( )函数时如何调节线条的属性参数。

首先，对比运行以下 3 行代码，这 3 行代码分别绘制 3 条斜线，属性参数看上去并不相同，如下所示：

```
plt.plot([1,2,3,4,5],[3,4,5,6,7],"go--")
plt.plot([1,2,3,4,5],[2,3,4,5,6],color='green', marker='o', linestyle='dashed')
plt.plot([1,2,3,4,5],[1,2,3,4,5],c='g', marker='o', ls='dashed')
```

对比可知，所绘制的线条属性却是一模一样的，为绿色+圆点标记+虚线，如图 5.12 所示。

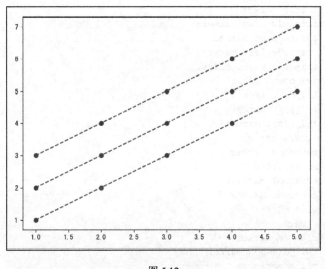

图 5.12

在解释其中的原因之前，先来了解 Matplotlib 中 plot( )函数一般的调用形式，如下所示：

```
#单条线：
#plot([x], y, [fmt], data=None, **kwargs)
#多条线一起画
#plot([x], y, [fmt], [x2], y2, [fmt2], ..., **kwargs)
```

其中[fmt]为可选参数，它用一个字符串来定义图形的基本属性，包括颜色（color）、点型（marker）、线型（linestyle），具体形式如下所示：

```
fmt = '[color][marker][line]'

**Colors**

============    ===============================
character       color
============    ===============================
``'b'``         blue
``'g'``         green
``'r'``         red
``'c'``         cyan
``'m'``         magenta
``'y'``         yellow
``'k'``         black
``'w'``         white
============    ===============================

**Markers**

============    ===============================
character       description
============    ===============================
``'.'``         point marker
``','``         pixel marker
``'o'``         circle marker
``'v'``         triangle_down marker
``'^'``         triangle_up marker
``'<'``         triangle_left marker
``'>'``         triangle_right marker
``'1'``         tri_down marker
``'2'``         tri_up marker
``'3'``         tri_left marker
``'4'``         tri_right marker
``'s'``         square marker
``'p'``         pentagon marker
``'*'``         star marker
``'h'``         hexagon1 marker
``'H'``         hexagon2 marker
``'+'``         plus marker
``'x'``         x marker
``'D'``         diamond marker
``'d'``         thin_diamond marker
``'|'``         vline marker
``'_'``         hline marker
============    ===============================

**Line Styles**

============    ===============================
character       description
============    ===============================
``'-'``         solid line style
``'--'``        dashed line style
``'-.'``        dash-dot line style
``':'``         dotted line style
============    ===============================
```

那么可知第一行代码是使用了[fmt]可选参数来配置图形的属性，例如"go--"表示如下：

```
color—'g'—green
marker—'o'—circle marker
linestyle—'--'—dashed line style
```

**kwargs 表示以关键字赋值方式传入属性参数，在第二行代码中，调节属性正是采用了这种方式，分别对 color、marker、linestyle 关键字赋值，即 color='green', marker='o', linestyle='dashed', 此时不能再使用[fmt]参数来组合赋值。

至于第三行代码，使用了关键字的缩写，c='g'即 color='green', ls='dashed'即 linestyle='dashed'。

此外，Matplotlib 还支持其他属性的关键字，使用简写方式表示如下：

```
'linewidth':       ['lw']
'linestyle':       ['ls']
'facecolor':       ['fc']
'edgecolor':       ['ec']
'markerfacecolor': ['mfc']
'markeredgecolor': ['mec']
'markeredgewidth': ['mew']
'markersize':      ['ms']
```

例如调节线条的宽度则可使用如下代码，效果显示如图 5.13 所示。

```
plt.plot([1,2,3,4,5],[2,3,4,5,6],color='green', marker='o', linestyle='dashed',linewidth=2)
plt.plot([1,2,3,4,5],[1,2,3,4,5],c='g', marker='o', ls='dashed',lw=5)
```

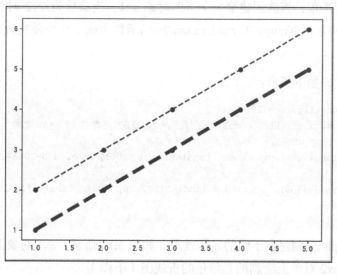

图 5.13

5.4 多子图对象的创建和布局

很多时候我们看到的图表是一幅页面上结合多个子图这种方式去显示的，本节介绍如何自定义布局多子图页面。

5.4.1 创建多子图对象的方法

当我们需要在图表上显示多个子图时，可以在 Figure 对象中创建了多个 Axes 对象，于是每个 Axes 对象即为一个独立的绘图区域，这样就可以实现多子图的显示。创建子图的方法主要有 subplot( )、add_subplot( )、add_axes( )这 3 种，它们各有各的特点。

接下来我们分别使用这 3 种方法创建多个子图，以此来了解它们之间的区别。

1. add_subplot( )创建子图

使用 add_subplot( )创建子图的参数为 3 个整数：分别代表几行几列，以及当前是第几个子图。例如用 add_subplot( )创建两个子图，当参数为 211 时，表示子图以两行一列排布，当前创建第一个子图；当参数为 212 时，表示当前创建第二个子图。211 可以用逗号分隔表示，即 2,1,1。

【示例 5.11】 使用 add_subplot( )创建两个子图，当 add_subplot( )的参数为 211 时，表示子图以两行一列排布，当前创建第一个子图对象 ax1；当参数为 212 时，表示当前创建第二个子图 ax2。分别采用 Numpy 的 random.randint( )函数生成 100 个随机数，作为在两个子图上绘制的数据。

对象式绘图代码如下所示：

```
fig = plt.figure(figsize=(12, 8))
ax1 = fig.add_subplot(211)    # 子图以 2 行 1 列排布，当前创建的第一个 Axes 对象
ax2 = fig.add_subplot(212)    # 创建另一个 Axes 对象
ax1.plot(np.arange(100), np.random.randint(0, 10, 100), label=u"0-10 随机数", ls='-', c='r', lw=1)
ax2.plot(np.arange(100), np.random.randint(10, 20, 100), label=u"10-20 随机数", ls='-', c='y', lw=1)
plt.show()
```

使用 add_subplot( )创建多子图的显示效果，如图 5.14 所示，ax1 对象上绘制的是红色的折线图（上图），ax2 对象上绘制的是黄色的折线图（下图）。

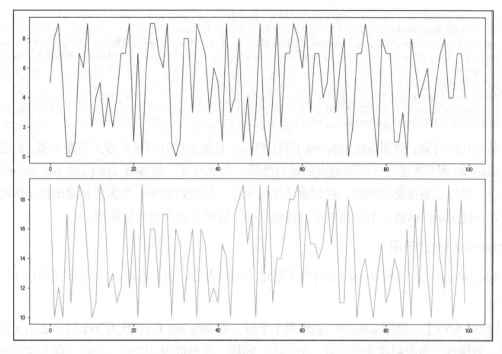

图 5.14

从 add_subplot( )创建子图返回的 Axes 对象可知，add_subplot( )是根据 3 个整数自动分配子区域在栅格的坐标位置，第一行第一列 ax1 对象的坐标位置是（0.0321644,0.536528），宽度和高度是 0.955336×0.444722。第二行第一列的 ax2 对象的左下角坐标位置是（0.0321644，0.0459028），宽度和高度是 0.955336×0.444722。可见 add_subplot( )本质上还是以坐标来定位子图位置的。此处左下角坐标位置是子图在整个 Figure 对象上的绝对坐标。如下所示：

```
print(ax1, ax2)
# AxesSubplot(0.0321644,0.536528;0.955336x0.444722)
# AxesSubplot(0.0321644,0.0459028;0.955336x0.444722)
```

2. add_axes( )创建子图

使用 add_axes( )创建子图与 add_subplot( )有所不同，add_axes( )函数中需要给定子图在整个 Figure 对象上的绝对坐标[x0, y0, width, height]，即左下角的坐标(x0,y0)及其宽度和高度。

【示例 5.12】 以【示例 5.11】中 add_subplot( )创建子图返回的 Axes 对象的位置信息，作为 add_axes( )的参数来创建子图。

对象式绘图代码如下所示：

```
# add_axes()函数
fig = plt.figure(figsize=(12, 8))
```

```
ax1 = fig.add_axes([0.0321644, 0.536528, 0.955336, 0.444722])
ax2 = fig.add_axes([0.0321644, 0.0459028, 0.955336, 0.444722])
ax1.plot(np.arange(100), np.random.randint(0, 10, 100), label=u"0-10 随机数", ls='-', c='r', lw=1)
ax2.plot(np.arange(100), np.random.randint(10, 20, 100), label=u"10-20 随机数", ls='-', c='y', lw=1)
plt.show()
print(ax1, ax2)
# Axes(0.0321644,0.536528;0.955336x0.444722)
# Axes(0.0321644,0.0459028;0.955336x0.444722)
```

从对比中可知，使用 add_subplot( )可在 Figure 对象上以行列排布方式创建子图，而使用 add_axes( )时则需要给定子图的起点的绝对坐标、长宽尺寸。当 add_axes( )和 add_subplot( )的坐标、宽度、高度都相同时，所创建子图的大小、位置都相同。当需要精确定位子图时，可使用 add_axes( )函数，不过获取子图精确定的位置信息相对会比较烦琐。

3．subplot( )创建子图

add_subplot( )和 add_axes( )是对象式创建子图的方法，而 subplot( )为函数式创建子图的方法。

【示例 5.13】 使用 subplot( )创建两个子图，当 subplot( )的参数为 211 时，表示子图以两行一列排布，当前创建并选中第一个子图；同样，当参数为 212 时，表示当前创建并选中第二个子图。

函数式绘图代码如下所示：

```
# subplot()函数
plt.figure(figsize=(12, 8))
plt.subplot(211)
plt.plot(np.arange(100),np.random.randint(0, 10, 100), label=u"0-10 随机数", ls='-', c='r', lw=1)
plt.subplot(212)
plt.plot(np.arange(100),np.random.randint(10, 20, 100), label=u"10-20 随机数", ls='-', c='y', lw=1)
plt.show()
```

plt.subplot( )函数在创建子图时会以数组形式返回已创建的子图对象，因此可以对 Axes 数组进行索引操作。

【示例 5.14】 使用 subplot( )函数创建 2 行 3 列排布的多子图，以遍历方式在子图上绘制折线图。

```
# subplot()函数 遍历显示图形
fig_ps,axes_ps = plt.subplots(2,3)
print(fig_ps,axes_ps)
for i in range(2):
    for j in range(3):
        axes_ps[i,j].plot(np.arange(100),np.random.randint(0, 10, 100),color='y',alpha=0.5)
plt.show()
#打印结果
"""
```

```
Figure(640x480)
[[<matplotlib.axes._subplots.AxesSubplot object at 0x11d23bcc0>
  <matplotlib.axes._subplots.AxesSubplot object at 0x11d26c2b0>
  <matplotlib.axes._subplots.AxesSubplot object at 0x11d2a0860>]
 [<matplotlib.axes._subplots.AxesSubplot object at 0x11d2d2e10>
  <matplotlib.axes._subplots.AxesSubplot object at 0x11d310400>
  <matplotlib.axes._subplots.AxesSubplot object at 0x11d33f9b0>]]
"""
```

使用 subplot( )函数创建多子图的显示效果，如图 5.15 所示。

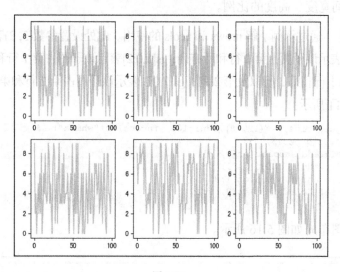

图 5.15

5.4.2 布局多子图对象的方法

我们不仅要在多个子图上显示图形，而且也要协调多个子图的位置和比例。5.4.1 节介绍了创建多子图的方法，其中使用较多的 add_subplot( )方法所创建的子图是对称的子图，因此该方法并不满足非对称子图的应用。

如果要创建非对称的子图，可以使用 matplotlib 的 GridSpec 模块。GridSpec 可以自定义子图的位置和调整子图行和列的相对高度和宽度。

使用时需要先导入该模块，如下所示：

```
import matplotlib.gridspec as gridspec#分割子图
```

gridspec.GridSpec 的构造函数，如下所示：

```
gridspec.GridSpec(nrows, ncols, figure=None,
        left=None, bottom=None, right=None, top=None,
        wspace=None, hspace=None,
        width_ratios=None, height_ratios=None)
```

参数 nrows 和 ncols 分别表示网格的行列数。用 plt.figure( )创建图表，通过 gridspec.GridSpec( )将整个图表划分为多个区域。由于 GridSpec 返回的实例支持切片方式选取网格区域，因此可以结合 add_subplot( )方法更灵活地添加跨度不同网格大小的子图。

参数 left、bottom、right、top 分别控制子图与 Figure 左边、底部、右边、顶部的距离比例。参数 wspace 和 hspace 分别控制子图之间水平、垂直间距。参数 width_ratios 和 height_ratios 分别控制子图之间宽度、高度的比例。

【示例 5.15】 通过示例了解 nrows 和 ncols 的使用。此处设置参数(3, 3)表示行列为 3×3 的网格区域。gs[0, :]表示该子图占第 0 行和所有列；gs[1,0:2]表示该子图占第 1 行和第 0、1 列；gs[1:3, 2]表示该子图占第 1 行和第 2 行以及第 2 列；gs[2,0:2 表示该子图占第 2 行和第 0 列和第 1 列。对象式绘图的代码如下所示：

```
fig = plt.figure(figsize=(12, 8), dpi=100, facecolor="white")  # 创建 fig 对象
gs = gridspec.GridSpec(3, 3)
graph_ax1 = fig.add_subplot(gs[0, :])
graph_ax2 = fig.add_subplot(gs[1, 0:2])
graph_ax3 = fig.add_subplot(gs[1:3, 2])
graph_ax4 = fig.add_subplot(gs[2, 0:2])
plt.show()
```

创建的多子图布局如图 5.16 所示。

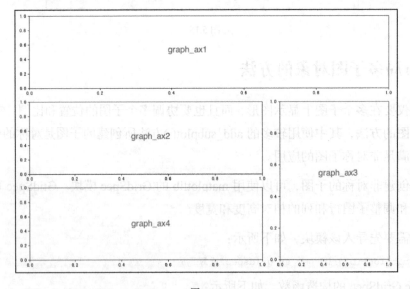

图 5.16

【示例 5.16】 在完成各个子图整体的布局后，可以通过 left、bottom、right、top、wspace、hspace、width_ratios、height_ratios 等子参数进行布局上的微调。对象式绘图的代码如下所示：

```
fig = plt.figure(figsize=(12, 8), dpi=100, facecolor="white")  # 创建 fig 对象
gs = gridspec.GridSpec(3, 3, left=0.08, bottom=0.15, right=0.99, top=0.96, wspace=0.5,
hspace=0.5,
                       width_ratios=[2, 2, 1],
                       height_ratios=[2, 1, 1])
graph_ax1 = fig.add_subplot(gs[0, :])
graph_ax2 = fig.add_subplot(gs[1, 0:2])
graph_ax3 = fig.add_subplot(gs[1:3, 2])
graph_ax4 = fig.add_subplot(gs[2, 0:2])
plt.show()
```

微调后的多子图布局如图 5.17 所示。

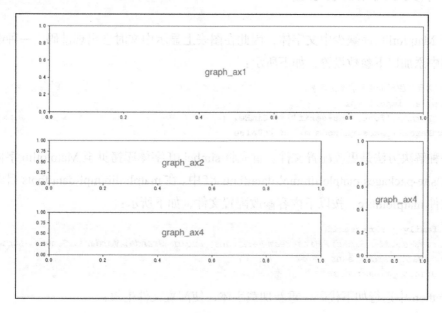

图 5.17

5.5 注意事项

5.5.1 tight_layout( )出错问题

Matplotlib v1.1 引入了一个新的命令 tight_layout( )，作用是自动调整子图参数，使之填充整个图像区域，以避免轴标签、标题、刻度标签等超出图形区域，引起显示不全。

调用 plt.show( )函数时会自动运行 tight_layout( )函数，不过很多时候会出现以下警告：

```
UserWarning: This figure includes Axes that are not compatible with tight_layout, so results
might be incorrect. warnings.warn("This figure includes Axes that are not compatible "
```

该警告指的是 tight_layout( )函数出现了错误的情况,可见该函数在 plt.show( )中并不太稳定。不过 tight_layout( )在 plt.savefig( )的调用中相对比较稳定,可以将 plt.show( )函数替换为 plt.savefig( )函数,如下所示:

```
plt.savefig('fig.png', bbox_inches='tight') # 替换plt.show()
```

替换后会在本地另存为 png 图片,该图片中的子图会填充整个图像区域。

5.5.2 中文显示乱码问题

由于 Matplotlib 库缺少中文字体,因此在图表上显示中文时会出现乱码。一种解决方法为在代码中添加以下参数设置,如下所示:

```
# 正常显示画图时出现的中文和负号
from pylab import mpl
mpl.rcParams['font.sans-serif']=['SimHei']
mpl.rcParams['axes.unicode_minus']=False
```

另一种解决方法是更改配置文件。首先将 simhei.ttf 字体库拷贝至 Matplotlib 字体文件夹 python3.7\site-packages\matplotlib\mpl-data\fonts\ttf 中。在 matplotlib/mpl-data/fonts 目录下打开该配置文件 matplotlibrc,按以下内容修改配置文件,如下所示:

```
font.family : sans-serif
font.sans-serif : SimHei, Bitstream Vera Sans, Lucida Grande, Verdana, Geneva, Lucid, Arial, Helvetica, Avant Garde, sans-serif
axes.unicode_minus:False
```

在 Python 中运行如下代码,重新加载字体,使配置文件生效:

```
from matplotlib.font_manager import _rebuild
_rebuild() #reload
```

5.6 本章总结

本章主要介绍 Matplotlib 库在量化交易中的关键知识点。首先介绍了 Matplotlib 中的两种绘图方式的区别,帮助读者梳理 Matplotlib 函数式和对象式这两种绘图方式的区别和特点,然后分别介绍了常用图表类型的绘制方法,例如折线图、标注点、条形图、K 线图等,最后介绍了多子图对象的形式创建和布局的方法,把分立的图表集成为一整幅页面。掌握了 Matplotlib 库的这些使用方法之后,我们可以用可视化的方法更直观地进行金融数据的量化分析。

第 6 章 统计概率理论快速入门

本章导读

本章分为两部分，第一部分介绍统计概率的基础知识，第二部分通过代码示例的方式深入讲解量化交易中的常用的随机变量分布。

6.1 统计概率的基础知识

无论是主观交易还是量化交易，无论是交易股票，还是交易期货，都与统计概率知识息息相关，学好统计概率是交易中非常重要的基础要求。

6.1.1 随机事件与概率的关系

在日常生活中，我们看到的现象大体分为必然事件和随机事件两类。必然事件是指在相同条件下发生时完全可以事先预言其结果的，例如太阳每天必然从东边升起，从西边落下。随机事件则是指在个别试验中呈现不确定的结果，但在相同的条件下大量重复试验又会呈现一定的规律性，例如抛掷一次硬币，可能是正面，也可能是反面，但是不管由什么人抛掷，当抛掷的次数逐渐增多时，出现正面或者反面的频率会逐渐接近 50%。

虽然我们不能确定随机事件的结果，但我们可以用一个介于 0 和 1 之间的数值来表示随机事件发生的可能性，这个数值就是概率。

概率可以用公式 $P(A)=m/n$ 表示，其中 A 为随机事件，$P(A)$ 表示事件 A 出现的概率值，m 表示发生的次数，n 表示试验的次数，例如抛掷硬币 n 次，出现正面向上的次数为 m，那么抛掷硬币正面向上的概率为 m/n。

显然，股票的涨跌属于随机事件，量化交易策略的本质就是管理涨跌的概率。我们经常看到一些策略：例如动量策略，当某只股票连续上涨几天后执行买入，在连续下跌几天后执行卖出；例如双均线策略，当某只股票短期均线上穿长期均线时，执行买入；当短期均线下穿长期均线时执行卖出。奇怪的是为什么要在这个条件下构成买入或者卖出的决策呢？策略背后所支撑的逻辑是什么？

其实这些策略的理论依据是基于历史走势的一个概率分布情况而制定的，例如动量策略，通俗地说就是追涨杀跌策略，它所反应的市场现象是好的股票受到大家的追捧会继续表现更好，差的股票被大家抛售会表现更差的一种"惯性"现象。如果对历史数据回测分析得到股票连续上涨 N 天后，第 $N+1$ 天继续上涨的概率有 70%～80% 的话，那么执行买入是具有盈利优势的。

6.1.2 离散和连续随机变量

我们的目标是要研究股票涨跌的概率，势必要用数学方法量化得到股票在不同行情和盘面下涨跌的概率。刚才提到股票的涨跌属于随机事件，因此我们需要罗列出随机发生的事件种类，才能进一步去衡量事件的概率。

在统计学中，我们是用随机变量（random variable）来表现随机事件可能发生的种类。随机变量故名思义就是随机取得不确定数值的变量，也就是说在进行试验之前，我们是无法预测某次试验中变量将取得某个确定的数值。例如 A 股市场每天涨停板股票的数量 X 是一个随机变量，它的取值范围是 $X=0, 1, 2, 3, \cdots$。对于非数量的标志，我们也可以用数量来规定，例如刚才举例的抛掷硬币试验的结果为正面或者反面，我们也可以用数量来规定正面为 1，反面为 0。

按照随机变量可能取得的值，可以把变量分为离散型和连续型两种基本类型。

离散型（discrete）随机变量是指在一定区间内变量取值为有限个数，数值可以一一列举出来的变量。例如抛掷硬币的结果取值有两种，每天涨停板股票的数量从 0 到全部股票数量为止，也是有限的取值。

关于离散型随机变量的概率分布公式为 $P(X=x_k)=p_k, k=1, 2, \cdots$，其中随机变量 X 所有可

能取的值为 $x_1, x_2, \cdots, x_k$，对应的概率值是 $p_1, p_2, \cdots, p_k$。我们可以用表格或者图表形式来表示离散型随机变量的概率分布，如图 6.1 所示。

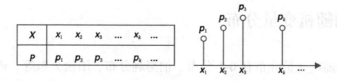

图 6.1

连续型（continuous）随机变量是指在一定区间内变量所有可能取值不能逐个列举出来，而是连续地充满这个区间。例如某个地区成年男性的身高值的分布，A 股的某只股票当日的涨跌幅值分布，它们都无法逐个列出可能的取值。

连续型随机变量的概率分布由它的概率密度函数所决定，与离散型随机变量的概率分布所不同的是，离散型随机变量概率分布函数本身代表该变量值的概率，而连续型随机变量的概率是将概率密度函数在某区间内进行积分后才得到该变量值的概率。如下所示。

$$P(a<X\leqslant b)=\int_a^b f(x)\mathrm{d}x$$

其中 X 为随机变量，$y=f(x)$ 为 X 的概率密度函数，它表示对于任意的实数 $a<b$，X 落在 $[a,b]$ 区间的概率为 $y=f(x)$ 与直线 $x=a, x=b$ 及 x 轴所围面积，如图 6.2 所示。

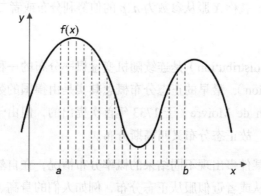

图 6.2

需要注意的是，求得 $y=f(x)$ 与直线 $x=a, x=b$ 及 x 轴所围面积也就是求得函数 $f(x)$ 在 $[a,b]$ 区间的定积分，因此 $f(x)$ 需要符合其为非负的可积函数。另外，当 $-\infty<x<+\infty$，X 落在该区间

的概率为100%，即 $\int_{-\infty}^{+\infty} f(x)dx = 1$。

6.1.3 典型的随机变量分布

常用的离散型随机变量分布有0-1分布、伯努利分布、泊松分布等，连续型随机变量分布有均匀分布、指数分布、正态分布等。接下来我们概括地介绍在金融领域十分常用的随机变量分布——伯努利分布和正态分布。

1. 伯努利分布

伯努利分布也称为二项分布。独立的伯努利试验结果与离散型随机变量中最基本的分布——0-1分布具有相同的特性，即随机变量的取值为0、1（事件发生或者不发生）。以抛掷硬币为例，抛掷一次硬币就是一次独立的伯努利试验，它只有两种可能的结果，即正面朝上或反面朝上，并且这两种可能的结果是否发生是互相对立的。我们将正面朝上用1表示，概率设为p=50%，反面朝上用0表示，概率设为q=1-50%，因此独立的伯努利分布即为结果为0或1的概率分布。

抛掷n次硬币就是n次独立的伯努利试验，由于每一次抛掷硬币正面朝上或反面朝上发生的概率是保持不变的，与其他各次抛掷硬币的结果无关，所以n次伯努利试验是相互独立的重复试验。我们把在n次伯努利试验中某事件发生的次数X定义为一个随机变量，如果每次试验中某事件发生的概率为p，就称X服从参数为n、p的伯努利分布或者二项分布，记作$X \sim B(n,p)$。

2. 正态分布

正态分布（Normal distribution）是连续随机变量概率分布的一种，也称常态分布、高斯分布（Gaussian distribution），最早的正态分布概念其实是由德国的数学家和天文学家阿伯拉罕·德莫弗尔（Abraham de Moivre）于1733年首次提出的，但由于德国数学家高斯率先将其应用于天文学家研究，故正态分布又叫高斯分布。

正态分布描述的是某件事出现不同结果的概率分布情况，在自然界、人类社会、心理学等领域，大量现象都服从或者近似服从正态分布，例如人们的身高、体重等身体的状态，学生成绩，人们的社会态度、行为表现等。可见正态分布在概率论、统计学的理论研究和实际应用中都占有重要地位和影响力。

那么如何才能称为服从正态分布呢？我们说当随机变量X的概率密度函数为：

$$f(x) = \frac{1}{\sigma\sqrt{2\pi}} e^{-\frac{(x-\mu)^2}{2\sigma^2}}$$

（其中 $-\infty < x < +\infty$，μ 和 σ 都为常数），则称 X 服从参数为 μ、σ 的正态分布，记作 $X \sim N(\mu,\sigma^2)$。由于该函数所对应的曲线（即正态曲线）的形状是两头低、中间高、左右对称呈钟形，因此人们又经常称之为钟形曲线，如图 6.3 所示。

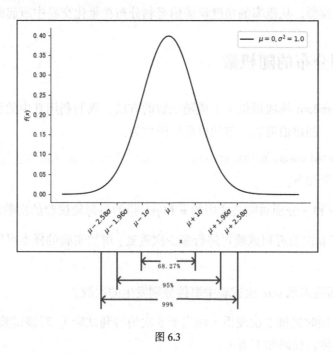

图 6.3

图中曲线和横轴之间的面积为 1，表示概率总和为 100%，μ 为期望值，决定了分布的位置，σ 为标准差，决定了分布的幅度，当 $\mu=0$，$\sigma=1$ 时的正态分布为标准正态分布，它的概率密度函数可简化为：

$$f(x) = \frac{1}{\sqrt{2\pi}} e^{-\frac{x^2}{2}}$$

那么 μ 和 σ 在实际正态分布现象中的意义是什么呢？假如调查了一个学校 100 名 18 岁男大学生的身高（cm），身高为随机变量，相互独立，服从正态分布，即中等身高的人比较多，而特别高的和特别低的人比较少。身高的期望值 μ 为 172.70cm，标准差 $\sigma=4.01$cm。μ 代表了这些男大学生的平均身高，μ 加减一个标准差 σ 会有 68.27% 的男大学生身高处于这个范围，μ 加减 1.96 个标准差 σ 会有 95% 的男大学生身高处于这个范围，μ 加减 2.58 个标准差

σ 会有 99%的男大学生身高处于这个范围。

6.2 深入理解伯努利分布

学习了统计概率基础知识之后，我们先来介绍生成符合伯努利分布随机数的方法，并通过一个简化的股市模型，从概率的角度谈谈伯努利分布在量化交易中所起的作用。

6.2.1 伯努利分布的随机数

Numpy 库的 random 模块提供了生成随机数的方法，我们利用其中的函数接口来产生伯努利分布的随机数。创建伯努利分布随机数的函数为：

```
numpy.random.binomial(n, p, size=None)
```

其中的关键参数如下。

- 代码中的 n 和 p 分别对应公式中的 n 和 p，指的是每轮试验的次数和概率。
- size 指对于 n 次伯努利试验再进行多少次重复，增加实验的样本可以更逼近真实的概率值。
- 函数的返回值表示 size 次试验中事件分别发生的次数。

【示例 6.1】 同时抛掷 5 次硬币（相当于 5 次伯努利试验），对该试验进行 10 次，获取硬币正面朝上的次数。代码如下所示：

```
#同时抛掷5枚硬币，出现正面朝上的次数——试验10次
print(np.random.binomial(5, 0.5, 10))
#打印结果
#[3 3 3 3 2 3 2 4 4 2]
```

提示：无论是 Python 的 random 模块，还是 numpy 的 random 模块，它们产生的随机数其实只能称为伪随机数，因为它们依赖于特殊算法和指定 seed 值作为随机因素来实现的。因此对于同一个 seed 值所产生的随机数会相同，默认情况下会使用当前系统时间作为 seed 值，以达到每次运行产生的随机数都不一样。

6.2.2 伯努利分布的概率

如果要求得在 n 次伯努利试验中某事件恰好发生 k 次的概率，对应的公式如下：

6.2 深入理解伯努利分布

$$P_n(X=k) = C_n^k p^k q^{n-k} = (\frac{n!}{k!(n-k)!})p^k(1-p)^{n-k}, k=0,1,\cdots,n$$

先解释一下这个公式，作为独立发生的事件，假定前 k 次发生而其余的 $n-k$ 次不发生的概率为 $p^k q^{n-k}$，由于只考虑事件在 n 次试验中发生 k 次且无论是在哪 k 次发生，所以由组合知识可知应有 C_n^k 种不同的方式。

我们仍然以抛掷硬币为例，具体介绍前面的公式。将抛掷硬币正面朝上用 1 表示、背面朝上用 0 表示，抛 5 次硬币可能出现的组合情况有 32 种，如图 6.4 所示。

11111	11011	10101	10001	00100	01010	01110	00111
11110	10010	11010	11001	01101	00101	00110	00011
11100	10110	10100	10111	01001	01011	01000	00001
11000	10000	11101	10011	01111	00010	01100	00000

图 6.4

我们通过公式计算抛 5 次硬币连续出现 5 次正面朝上事件的概率：$P(X=5) = C_5^5 \times 0.5^0 \times 0.5^5 = 0.03125$。

【示例 6.2】 使用 numpy.random.binomial( ) 函数计算抛 5 次硬币连续出现 5 次正面朝上事件的概率。此处设定 size 为 100000 次，计算得到的概率为 0.03123，与 0.03125 接近，当采样次数越大得到的概率会越接近真实值。代码如下所示：

```
#同时抛掷5枚硬币，则5次同时为正面发生的概率——采样size=100000 次
print(sum(np.random.binomial(5, 0.5, size=100000)==5)/100000.)
#打印结果
#0.03123
```

很多人对伯努利分布的认识存在一个误区：当抛硬币的次数增加到一定样本的时候正面和反面出现的概率会无限接近 50%，因此抛 5 次硬币中连续出现 5 次正面朝上事件的概率已经很小了，下一次出现反面朝上的概率会很大。

我们讲到伯努利试验是相互独立的，也就是说每次抛硬币是相互独立的，既然这样前 5 次抛硬币对于第 6 次抛硬币的结果是没有任何影响的。事实上，对于图 6.4 中抛 5 次硬币所能出现的 32 种组合，无论你所抛的结果是哪一个，它们的概率同样都是 1/32，也就是说 10011 出现的概率跟 11111 是一模一样的。

之所以说当抛硬币的次数增加到一定样本数的时候，正面和反面出现的概率会无限接近于 50%，是因为未考虑正反面出现的顺序，要知道 1100 和 0011 这两种情况正面出现的概率都是 50%，但是猜中的结果是完全不一样的。

所以说在抛硬币的游戏中，你并不需要知道前几次抛硬币的结果，因为下一次硬币出现

正面的概率还是 50%，但是随着次数的积累，每次都能顺利猜中的概率会变得越来越低。

假如我们以抛硬币的方式去参与股票交易，5 次交易中有 5 次成功和 0 次失败，有人会吹嘘道："我的交易策略胜率达到了 100%！"其实不然，实际上策略的胜率只有 50%而已。因为随着交易次数的增加，胜率会越来越低，最终会趋于 50%，这也是很多短期看似高胜率的策略到最后会失败的原因所在。

6.2.3 伯努利分布的市场模型

通常我们在下单买卖股票的时候需要设定价格和数量，选择买的原因是认为股票会涨，相反选择卖的原因是认为股票会跌，我们作出买卖方向以及买卖数量的决策其实是基于一个预期涨跌的概率，当你认为这个股票一定会涨的时候肯定会加大仓位多买点，相反如果认为这个股票会跌就会选择空仓。

当然在这个市场上也存在很多以抛硬币方式盲目买卖股票的人。那么为了说明概率与盈亏、仓位以及策略彼此之间的联系，我们将复杂的股市简化成一个博弈的案例模型，通过伯努利分布的特点，从概率的角度谈谈策略在金融市场博弈中所起的作用。

1. 简易市场模型中的博弈

假设我们投资的市场并不是一个处于牛市或熊市大趋势下的市场，而是一个具有涨跌随机波动特征的短线交易市场，可以不分昼夜地不停交易，而且还不需要交手续费。我们的初始资金是 1000 元，每次用 1%的仓位随机买 9 个股票，如果有一半以上的股票涨了的话，我们暂定如果有一半以上的股票涨了，则赚一倍投入的钱；否则当一半以上的股票跌了，投入的钱就全部亏损，即赔率为 1 赔 1。

我们创建一个简易的市场模型函数 simpmarket( )，可以用传入参数的方式调节市场的属性，包括概率 win_rate、赌局次数 play_cnt、股票数量 stock_num、仓位比例 position、手续费 commission、加注标志 lever。完整的代码如下所示：

```
#创建简易的市场模型
    def simpmarket(win_rate, play_cnt=1000, stock_num=9, position=0.01, commission=0.01,
lever=False):
        my_money = np.zeros(play_cnt)
        my_money[0] = 1000
        lose_count = 1
        binomial = np.random.binomial(stock_num, win_rate, play_cnt)
        for i in range(1, play_cnt):
            if my_money[i-1] * position * lose_count <= my_money[i-1]:     #资金充足
```

```
                once_chip = my_money[i-1] * position * lose_count
            else:
                print(my_money[i-1])
                break
        if binomial[i] > stock_num//2: #一半以上股票上涨
            # 三目运算
            # 如果lever == False 结果为假,不加注,my_money[i] = my_money[i-1] + once_chip
            # 如果lever == True 结果为真,加注,my_money[i] = my_money[i-1] + once_chip*lose_count
            my_money[i] = my_money[i-1] + once_chip if lever == False else my_money[i-1] + once_chip*lose_count
            lose_count = 1
        else:
            my_money[i] = my_money[i-1] - once_chip if lever == False else my_money[i-1] - once_chip*lose_count
            lose_count += 1
        my_money[i] -= commission
        if my_money[i] <= 0:
            break
    return my_money
```

由于股价涨跌被认为是无法预测的,那么盈利的概率为50%。我们邀请50人参与1000局交易,代码如下所示:

```
trader = 50
#概率50% 无手续费 参加1000 次
_ = [plt.plot(np.arange(1000),simpmarket(0.5,play_cnt=1000, stock_num=9, commission = 0)) for _ in np.arange(0,trader)]
_ = plt.hist([simpmarket(0.5, play_cnt=1000, stock_num=9, commission = 0)[-1] for _ in np.arange(0, trader)], bins=30)
```

资金变化曲线及最终亏盈资金直方图,分别如图 6.5 和图 6.6 所示。

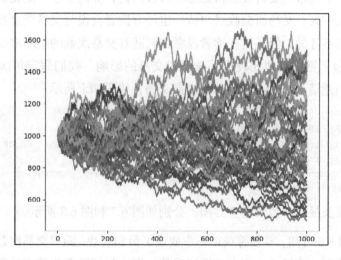

图 6.5

注：资金变化曲线的横坐标为参与的局数，总共为 1000 局。纵坐标为资金的变化情况，初始资金为 1000 元，最高的获利资金达到了 1600 元以上，最少的亏损资金则少于 600 元。

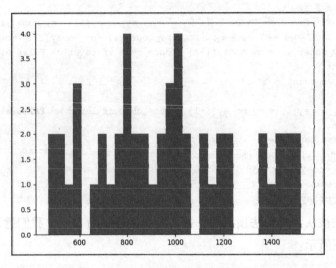

图 6.6

提示：最终亏盈资金直方图的横坐标为剩余资金的分布情况，纵坐标为分布的剩余资金所对应的人数。

从图 6.5 和图 6.6 可知，亏钱的人和赚钱的人基本各占一半，符合零和游戏中有人赚钱就有人亏钱的特征。不过市场要持续经营是需要有收入的，券商要收一定比例的佣金、国家会收印花税作为税收收入、交易所会收过户费。也许有读者会说与交易资金相比手续费才几个钱，几乎可以忽略不计的，但是这些读者没考虑到随着交易次数的不断增加手续费的影响就会体现出来了。为了更直观地比较出手续费对交易的影响，我们假定每次交易的手续费为 0.01 元，这次我们邀请 50 个人参与 500000 局交易，代码如下所示：

```
trader = 50
#概率50% 手续费0.01 参加500000 次
_ = [plt.plot(np.arange(500000), simpmarket(0.5, play_cnt=500000, stock_num=9, commission = 0.01)) for _ in np.arange(0,trader)]
_ = plt.hist([simpmarket(0.5, play_cnt=500000, stock_num=9, commission = 0.01)[-1] for _ in np.arange(0, trader)], bins=30)
```

资金变化曲线及最终亏盈资金直方图，分别如图 6.7 和图 6.8 所示。

从图 6.7 和图 6.8 可知，零和游戏很不幸变成了负和游戏，随着交易次数的进一步增大最后的结局是血本无归。市场是一定会有手续费的，那么我们需要调整交易策略才行！

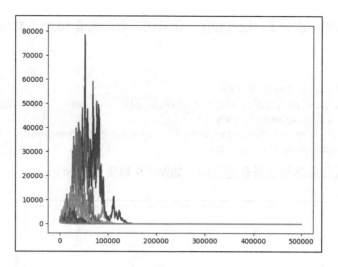

图 6.7

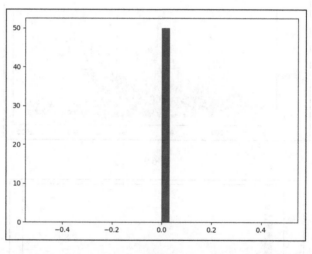

图 6.8

我们利用前面讲的统计概率学知识来制定一个策略，已知伯努利分布中单次买一只股票涨和跌的概率是独立的，无论买了多少次股票，下一次股票涨的概率还是 50%，那么只要运气不是太差总会碰到涨的时候。所以出现一半股票跌就继续买，越跌越买，同时加大每一次下注的仓位，加大的倍数一定要超过赔率，否则最后能挣到的钱是不足以弥补之前亏损的。例如：

第一次，投入 100 元，一半股票跌，亏损 100。
第二次，投入 300 元，一半股票跌，亏损 300。
第三次，投入 900 元，一半股票跌，亏损 900。
第四次，投入 2700 元，一半股票跌，亏损 2700。
第五次，投入 8100 元，一半股票涨，盈利 8100 元，扣除之前亏损的一共 4000 元，还挣了 4100 元。

我们假定每亏损一次，下一次就加注一倍筹码，我们邀请50个人参与1000局交易，代码如下所示：

```
trader = 50
#概率50% 无手续费 参加1000次 开启加注
_ = [plt.plot(np.arange(1000), simpmarket(0.5, play_cnt=1000, stock_num=9, commission=0, lever=True)) for _ in np.arange(0,trader)]
_ = plt.hist([simpmarket(0.5, play_cnt=1000, stock_num=9, commission = 0, lever=True)[-1] for _ in np.arange(0, trader)], bins=30)
```

资金变化曲线及最终亏盈资金直方图，如图6.9和图6.10所示。

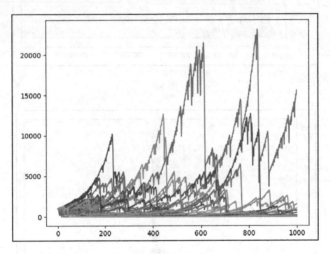

图6.9

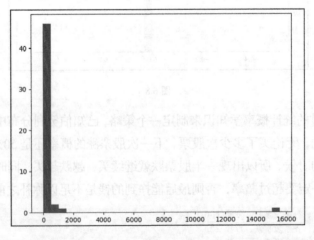

图6.10

理论上采用这个名叫"一条路走到黑"的策略，通过不断加码买入股票是可行的，算是利用概率取胜的一个很好的办法。但是从模拟的情况来看仍然有很大一部分交易者血本无归，原因很简单，你得保证有足够用的本金才行，当市场出现黑天鹅事件的时候连续10几次都出现一半以下的股票下跌也不是没有可能。对于大多数散户来说，并没有足够多的可以随意使用的本金，另外在短线交易中，当资金量到达一定程度之后，短线就已经没有办法操作了。

2. 仓位管理在模型中的作用

看来如果我们想盈利的话，就只能期待在每局上涨的概率大于50%时才参与，当上涨的概率小于50%就选择不参与，那样就不会亏钱了。但是我们立足这个市场的目的并不是为了不亏钱，而是为了在风险最小的前提下将利润最大化。于是我们加入仓位管理因子来制定另一个策略。虽然仓位管理本身无法提高概率，但是可以帮助我们平滑收益曲线和稳定性，否则每次全仓买入，即使概率再高碰到一次下跌也会血本无归。

我们创建一个加入仓位管理因子的市场模型函数 positmanage( )，并改变概率这个因子，只有在上涨的概率大于50%时才参与博弈，并且使用凯利公式计算每局下注仓位的比例，如下所示：

$$f = \frac{P_{\text{win}} \times b - P_{\text{lose}}}{b}$$

其中 P_{win} 为赢的概率，P_{loss} 为输的概率（即为 $1-P_{\text{win}}$），b 为赔率，此处赔率为1赔1。凯利公式将在 9.5 节中会具体介绍，此处直接使用该公式来说明仓位管理的重要性。从公式中可初步发现，仓位大小与概率相关联。当上涨概率大时，投入的仓位也大；当上涨概率小时，投入的仓位也小。这样就能保证每局赢的钱要比亏的钱多。完整的代码如下所示：

```
#创建简易的市场模型应用仓位管理
def positmanage(play_cnt=1000, stock_num=9, commission=0.01):
    my_money = np.zeros(play_cnt)
    my_money[0] = 1000
    win_rate = random.uniform(0.5, 1)    # 生成[0.5,1]之间的浮点数
    binomial = np.random.binomial(stock_num, win_rate, play_cnt)
    for i in range(1, play_cnt):
        once_chip = my_money[i-1] * (win_rate * 1 - (1 - win_rate))/1 # 凯利公式下注
        if binomial[i] > stock_num//2:
            my_money[i] = my_money[i-1] + once_chip
        else:
            my_money[i] = my_money[i-1] - once_chip
        my_money[i] -= commission
        if my_money[i] <= 0:
            break
    return my_money
```

我们邀请 50 个人参与 5 局交易，如下所示：

```
#仓位管理 手续费0.01参加5次
_ = [plt.plot(np.arange(5), positmanage(play_cnt=5, stock_num=9, commission=0.01)) \
                                          for _ in
np.arange(0,trader)]
_ = plt.hist([positmanage(play_cnt=5, stock_num=9, commission = 0)[-1] \
```

资金变化曲线及最终亏盈资金直方图，分别如图 6.11 和图 6.12 所示。

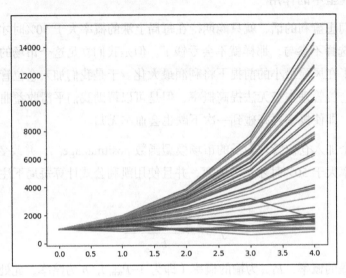

图 6.11

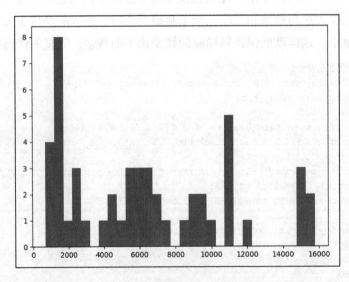

图 6.12

我们邀请 50 个人参与 50 局交易，资金变化曲线如图 6.13 所示。

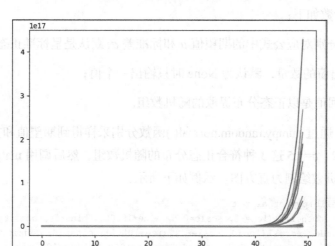

图 6.13

从图形上可知，每个人都盈利，而且仅仅参与 5 局交易，资金就以几乎指数形式增长，这个策略让我们逆袭成功！其实这些个示例映射到量化交易之中就是一次策略的回测，在上涨概率大时，增加仓位下注；在上涨概率小时，减少仓位下注或者干脆不参与，以此达到多盈少亏的目的。这样就可以在市场中风险可控的前提下获得最大的收益，这也就是量化交易管理概率带来的优势。

实际情况中，我们可以通过回测、度量等方法去评估股票上涨的概率，不过中长线交易往往有股票估值作为其价值基础，也有趋势指标作为技术支撑。而短线或者超短线交易更难通过模型去预测上涨的概率，这也是不建议大家去频繁参与短线交易的原因。

6.3 深入理解正态分布

接下来我们介绍生成符合正态分布随机数的方法，并结合随机漫步的特征，从概率的角度谈谈正态分布在量化交易中所起的作用。

6.3.1 正态分布的随机数

同样 Numpy 提供了函数接口来产生正态分布的随机数。创建正态分布随机数的方法如下：

```
numpy.random.normal(loc=0.0, scale=1.0, size=None)
```

其中的关键参数如下:

- loc、scale 分别对应公式中的期望值 μ 和标准差 σ,默认是呈标准正态分布($\mu=0, \sigma=1$);
- size 指输出值的数量,默认为 None 时只输出一个值;
- 函数的返回值是以正态分布提取的随机数组。

【示例 6.3】 通过 numpy.random.normal( )函数分别采样得到期望值和方差为 $\mu=0$、$\sigma=1$,$\mu=-2$、$\sigma=0.5$,$\mu=2$、$\sigma=1.5$ 这 3 种符合正态分布的随机数组,然后调用 matplotlib.pyplot 库中的 hist( )函数将随机数绘制为直方图。示例如下所示:

```
import matplotlib.pyplot as plt
plt.hist(np.random.normal(loc=-2, scale=0.5, size=10000), bins=50, density=True, color='g')
plt.hist(np.random.normal(loc=0, scale=1, size=10000), bins=50, density=True, color='b')
plt.hist(np.random.normal(loc=2, scale=1.5, size=10000), bins=50, density=True, color='r')
plt.show()
```

将符合正态分布的随机数组绘制成的直方图如图 6.14 所示,从图中可知,期望值 μ 决定了分布的位置(μ 越小直方图越偏零点的左边),标准差 σ 决定了分布的幅度(σ 越大直方图越矮)。

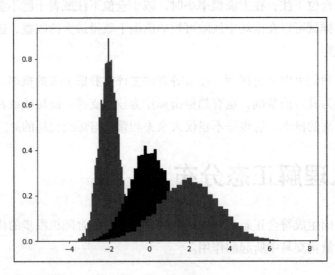

图 6.14

由于 $\mu=0$,$\sigma=1$ 被视为标准正态分布,因此可以将标准正态分布根据给定的期望和方差值进行相互转化,公式为 $z(\mu=0, \sigma=1)=(x-\mu)/\sigma$,其中 z 为标准正态分布,x 为需要转换的正态分布。

【示例 6.4】 通过 numpy.random.normal( )函数采样得到标准正态分布的随机数组,将标准正态分布按公式转化为期望值和方差为 $\mu=-2$、$\sigma=0.5$,$\mu=2$、$\sigma=1.5$ 正态分布的随机数组。代码如下所示:

```
import matplotlib.pyplot as plt
plt.hist(np.random.normal(loc=0, scale=1, size=10000)*0.5-2, bins=50, density=True, color='g')
plt.hist(np.random.normal(loc=0, scale=1, size=10000), bins=50, density=True, color='b')
plt.hist(np.random.normal(loc=0, scale=1, size=10000)*1.5+2, bins=50, density=True, color='r')
plt.show()
```

6.3.2 生成概率密度函数

接下来介绍正态分布的概率密度函数值的生成方法,并且在直方图上增加正态分布的概率密度函数曲线。

【示例 6.5】 使用 matplotlib.pyplot 库中的 plot( )函数按概率密度函数的公式来绘制曲线。示例如下所示:

```
import matplotlib.pyplot as plt
_, bins, _ = plt.hist(np.random.normal(loc=0, scale=1, size=10000), bins=50, density=True)
plt.plot(bins, 1. / (np.sqrt(2 * np.pi) * 1) * np.exp(-(bins - 0) ** 2 / (2 * 1 ** 2)),
label='$\mu$=%.1f, $\sigma^2$=%.1f' % (0, 1), lw=2)#公式计算求得函数值
plt.show()
```

直方图上叠加显示概率密度函数曲线后的效果如图 6.15 所示。

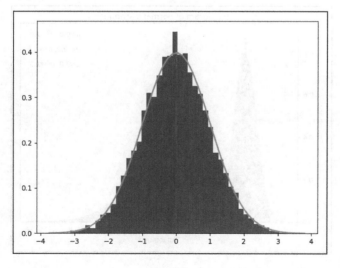

图 6.15

【示例 6.6】 使用科学计算库 scipy 提供的函数接口 scipy.stats.norm.pdf( )，只需给出直方图 bin 的区间范围，以及期望和方差，就可以求出对应的正态分布概率密度函数曲线，以此作为直方图的拟合曲线。代码如下所示：

```python
import matplotlib.pyplot as plt
import scipy.stats

#正态分布实现例程
def draw_normal(mu=0, sigma=1, size=10000):
    np.random.seed(0)
    dnormal = np.random.normal(mu, sigma, size=size)
    #dnormal = mu + sigma * np.random.randn(size)#np.random.randn(size)标准正态分布
    _, bins, _ = plt.hist(dnormal, bins=50, density=True)
    # 拟合曲线
    y = scipy.stats.norm.pdf(bins, mu, sigma)
    plt.plot(bins, y, label='$\mu$=%.1f, $\sigma^2$=%.1f' % (mu, sigma))#scipy.stats.norm
方式求得函数值

    plt.xlabel('Expectation')
    plt.ylabel('Probability')
    plt.title('histogram of normal distribution:')

draw_normal(0,1,10000)
draw_normal(-2,0.5,10000)
draw_normal(2,1.5,10000)
plt.legend(loc=0, ncol=1)#loc 自适应、ncol 列的数量
plt.show()
```

不同的期望值 μ 和标准差 σ 所对应的正态分布如图 6.16 所示。

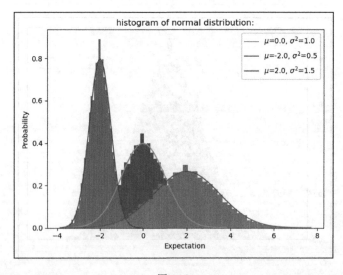

图 6.16

6.3.3 正态分布与随机漫步

股市波动的规律一直是一个极具挑战性的世界级难题,迄今为止已经出现过多个具有代表性的理论,随机漫步理论(Random Walk Theory)就是其中之一。

早在 1900 年,巴黎一位博士生路易斯·巴舍利耶(1887—1946)跟踪当时巴黎股市起伏,希望用数学工具来描述股价变动过程。经过长期的研究后,在他的论文《投机理论》中指出,股票价格的日常变动从根本上说是不可预知的,类似于**布朗运动**那样属于随机游走,没有任何规律可循。就好比一个人购买一只股票后立即将其卖掉,那么他输赢的概率是相等的。

在《漫步华尔街》一书中也提到,作者马尔基尔让他的学生用抛硬币的方式构建一个假想的股价走势图。股价开始时定为 50 美元,此后每个交易日的收盘价由抛硬币的结果来确定。若抛出正面朝上便假定股票当天收盘价较前一天上涨 0.5%,反之则下跌 0.5%。最后根据随机抛硬币画出的走势图居然和正常的股价走势图非常相似,甚至还呈现周期性的变动。

随机漫步理论对技术图表派无疑是一个正面大敌,理论中对于随机漫步现象的解释是:由于流入市场的股票信息是公开的,市场中成千上万的专业人士会对股票进行详细的分析,驱动着股票多空交易,因此股票当前的价格实际已经反映了供求关系和内在的价值,而这个价格正是专业人士经过分析后所构成的一个合理价位,后续的市价会围绕着它上下波动。引起波动的原因会是新的经济、政治新闻、收购、合并、加息减息等,这些消息往往没有任何轨迹可循地流入市场,使得专业人士重新分析股票的价值,给出买卖方针,致使股票走势发生新的变化。由此可见,股票现时是没有记忆系统的,过去、现在和未来的涨跌并无关联,企图用股价的波动找出一个原理去预知股市去向是行不通的。虽然理论至今仍然在经受着时间的检验,但如果理论一旦成立,所有股票专家都将深受影响。

股票价格的具体变化是无法预测的,不过量化交易鼻祖爱德华·索普从统计学的角度研究发现,可以把股票的这种不可预知性变为可预知。为了说明如何从统计学的角度去分析随机漫步的股票走势,我们将股票每天的价格变动比作醉汉行走,并以此为例来介绍其中蕴含的规律。

1. 随机漫步的轨迹

我们假设一名醉汉,从一个路灯下开始漫无目的地行走,每一步既可能前进又可能后退也可能拐弯。那么经过一定时间之后,这名醉汉的位置在哪里呢?为了便于理解,我们将醉汉的行走简化为一维的移动,规定他只能在一条直线上随机前进或者后退。

我们使用 numpy.random.randint( )函数来产生随机数,它构造函数和基本的使用方法如下所示:

```
numpy.random.randint(low, high=None, size=None, dtype='l')
```

- 返回随机整数，范围区间为[low,high)了，包含low，不包含high。
- 参数：low 为最小值，high 为最大值，size 为数组维度大小，dtype 为数据类型，默认的数据类型是 np.int。
- 当 high 没有填写时，默认生成随机数的范围是[0，low]。

使用 numpy.random.randint( )函数产生 2000 个随机数，作为随机游走的路线。代码如下所示：

```
draws = np.random.randint(0, 2, size=2000)
print(f'random walk direction is {draws}')
#打印结果
#random walk direction is [1 0 1 ... 0 1 0]
```

然后我们使用matplotlib.pyplot.plot( )函数绘制出醉汉从起点开始随机游走2000步的模拟轨迹图形，如图 6.17 所示。

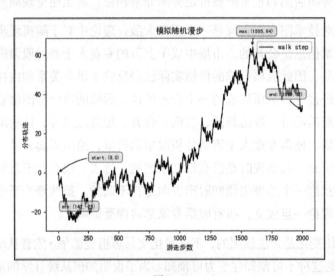

图 6.17

从图 6.17 中可知在 2000 次漫步中，终点的距离为 32，第 1595 步前进最远的距离为 64，第 142 步（后退）最远的距离为-25。我们把随机漫步轨迹的计算封装为函数 random_walk( )，此处给出实现的代码，如下所示：

```
def draw_random_walk():
    walk_steps = 2000
    walk_path = random_walk(walk_steps)
```

```python
# 统计漫步过程中,终点、前进和后退最大的距离
start_y = 0
start_x = 0
end_y = walk_path[-1]
end_x = walk_steps-1

max_y = walk_path.max()
max_x = walk_path.argmax()

min_y = walk_path.min()
min_x = walk_path.argmin()

x = np.linspace(0, 2000, num=2000)

# 绘制出漫步的足迹
plt.plot(x, walk_path, color='b', linewidth=1, label='walk step')

# 添加标注
# 起点坐标
plt.annotate(
    'start:({},{})'.format(start_x, start_y),
    xy = (start_x,start_y),
    xycoords='data',
    xytext=(+50, +20),
    textcoords='offset points',
    fontsize=8,
    bbox=dict(boxstyle='round,pad=0.5',fc ='yellow', alpha = 0.5), #增加外框
    arrowprops=dict(arrowstyle='->', connectionstyle="arc3,rad=.2")
)

# 终点坐标
plt.annotate(
    'end:({},{})'.format(end_x, end_y),
    xy = (end_x,end_y),
    xycoords='data',
    xytext=(-50, +20),
    textcoords='offset points',
    fontsize=8,
    bbox=dict(boxstyle='round,pad=0.5', fc='yellow', alpha=0.5),
    arrowprops=dict(arrowstyle='->', connectionstyle="arc3,rad=.2")
)

# 最大距离坐标
plt.annotate(
    'max:({},{})'.format(max_x,max_y),
    xy = (max_x,max_y),
    xycoords = 'data',
    xytext = (-20, +20),
    textcoords='offset points',
    fontsize = 8,
    bbox=dict(boxstyle='round,pad=0.5', fc='yellow', alpha=0.5),
    arrowprops=dict(arrowstyle='->', connectionstyle="arc3,rad=.2")
)
```

```python
    # 最小距离坐标
    plt.annotate(
        'min:({},{})'.format(min_x,min_y),
        xy = (min_x,min_y),
        xycoords = 'data',
        xytext = (-20, +20),
        textcoords='offset points',
        fontsize = 8,
        bbox=dict(boxstyle='round,pad=0.5', fc='yellow', alpha=0.5),
        arrowprops=dict(arrowstyle='->', connectionstyle="arc3,rad=.2")
    )
    plt.legend(loc='best')
    plt.xlabel('游走步数')
    plt.ylabel('分布轨迹')
    plt.title(u"模拟随机漫步")
    plt.show()
```

2. 正态随机漫步的特性

由于醉汉的每一步都是完全随机的,因此重复几次试验可发现醉汉最终准确的位置无法预测出,就像每天的股票价格变动一样是不可预知的。但是,量化交易会从统计学的角度去分析问题,我们用 1000 次随机漫步来模拟醉汉从 0 开始 1000 次随机游走 2000 步的模拟轨迹图形,如图 6.18 所示。此处给出实现的代码,如下所示:

```python
def simplot_random_walk():
    _ = [plt.plot(np.arange(2000), random_walk(nsteps=2000), c='b', alpha=0.05) for _ in np.arange(0,1000)]
    plt.xlabel('游走步数')
    plt.ylabel('分布轨迹')
    plt.title(u"模拟随机漫步")
    plt.show()
```

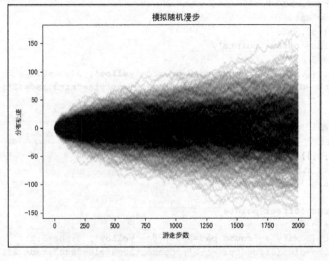

图 6.18

从统计学的角度来看,这名醉汉最终的位置的概率分布是可以计算出来的。在图 6.18 中,我们直观地观察出随机游走的发展情况,每一条淡淡的蓝线就是一次模拟,横轴为行走的步数,纵轴表示离开起始点的位置。蓝色越深就表示醉汉在对应行走了对应的步数之后,出现在此位置的概率越大,可见随着醉汉可能出现的位置的范围不断变大,但是距离起始点越远的位置概率越小。

于是我们联想到正态分布。正态分布描述的是某件事出现不同结果的概率分布情况,它的概率密度曲线的形状是两头低、中间高、左右对称呈钟型,与我们模拟的随机漫步图很相似。接下来我们继续验证,使用 matplotlib.pyplot 库中的 hist( )函数将随机漫步的位置绘制为直方图,如图 6.19 所示。此处给出代码如下所示:

```
#将随机漫步用直方图显示
def sim_normal_distribution():
    end_path = [random_walk(nsteps=2000)[-1] for _ in np.arange(0, 1000)]
    _, bins, _ = plt.hist(end_path, bins=50, density=True)
    plt.xlabel('游走步数')
    plt.ylabel('分布轨迹')
    plt.title(u"模拟随机漫步")
    plt.show()
```

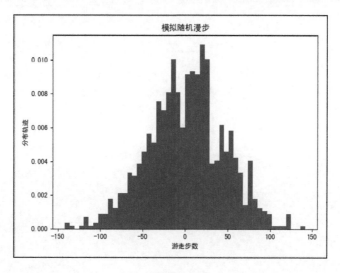

图 6.19

从图 6.19 可知醉汉的行走轨迹在一定意义上是符合正态分布的。可见正态分布现象在现实中意义重大。在自然界、人类社会、心理学等领域的大量现象中都服从或者近似服从正态分布,例如人们能力的高低,身高、体重等身体的状态,学生成绩的高低,人们的社会态度、行为表现等。我们不禁感慨道:数学的奇妙之处就在于,我们可以把不可预知性变为可预知。

量化交易鼻祖爱德华·索普就是利用正态随机漫步模型思想在市场上赚得盆满钵满。

6.4 本章总结

本章主要介绍了统计概率知识在量化交易中的应用。首先介绍了统计概率的基础知识，例如什么是随机事件，什么是概率，什么是随机变量分布等，然后通过案例深入介绍了伯努利分布和正态分布这两个典型的随机变量分布。统计概率是量化交易策略的基石，掌握统计概率能够帮助我们制定出更好的量化策略。

第 7 章

股票行情数据的获取和管理

本章导读

在量化交易系统中，行情数据是制定量化策略的基础。在量化分析过程中，如何快速、便捷地得到可靠、真实的数据以及高效管理本地行情数据是我们需要重点关注的地方。

7.1 如何获取股票行情数据

目前有多种途径可以获取到股票行情数据，例如 Panads、Tushare、BaoStock 等 Python 第三方库提供了从财经网站免费获取股票数据的 API（应用程序编程接口，Application Programming Interface），这样一来，仅仅调用 API 就可以轻松获取到股票数据了。

本节主要以差异化对比的方式来分析如何通过 Panads、Tushare 和 BaoStock 免费获取股票行情数据。对于需要更高质量数据的读者来说，可以使用收费的数据获取途径，例如万得（Wind）、同花顺等公司提供的金融数据终端，聚宽团队提供的 JQData 数据服务，预测者网站提供的金融数据下载服务等，大家可以登陆官方网站查询详细的介绍。

注意

本节内容涉及大量的 DataFrame 数据的打印显示，可通过如下参数调整数据显示的样式。

```python
# 参数设置
pd.set_option('display.expand_frame_repr',False) # False 不允许换行
pd.set_option('display.max_rows', 10) # 显示的最大行数
pd.set_option('display.max_columns', 6) # 显示的最大列数
pd.set_option('precision', 2) # 显示小数点后的位数
```

7.1.1 用 Panads 获取股票数据

Pandas 库在金融数据分析中的优势明显,它提供了专门处理金融数据的模块,早期该模块为 pandas.io,目前已经迁移到 pandas-datareader 包,所以在使用之前需要导入 pandas-datareader 模块,如下所示:

```python
import pandas_datareader.data as web
```

此处将 pandas_datareader.data 类取名为 web,因此具体获取股票数据的接口为 web.DataReader(name, data_source=None, start=None, end=None)。下面介绍接口的几个关键输入参数。

- name:指定股票代码。如果是苹果公司这种国外公司的股票,股票代码直接用"AAPL"缩写表示;如果是国内 A 股市场的股票代码,则需要在代码末尾加上市场代码,例如上证股票在股票代码后面加上.SS,深证股票在股票代码后面加上.SZ(创业板、中小板为深圳交易所下的子板块)。例如中国平安 601318.SS、贵州茅台 600519.SS、浙大网新 600797.SS、格力电器 000651.SZ、同花顺 300033.SZ。
- data_source:指定股票数据的网站,DataReader 可从多个金融网站上获取股票数据,例如"yahoo"指定从雅虎网站获取股票数据。
- start、end:指定股票数据的起始时间,默认是从 2010 年 1 月 1 日至今。

【示例 7.1】 我们所关心的股票数据接口的一个重要特性是历史数据的起始时间范围。此处我们使用 DataReader( )接口指定从雅虎网站获取上证综指从 2009 年 1 月 1 日至 2019 年 6 月 1 日近 10 年所有日线行情数据,并打印显示前 5 行和倒数 5 行的数据。代码如下所示:

```python
# 获取上证综指行情数据 pandas-datareade 模块 data.DataReader() 方法
df_stockload = web.DataReader("000001.SS", "yahoo", datetime.datetime(2009,1,1), datetime.datetime(2019,6,1))
print(df_stockload.head()) # 查看前几行
#打印结果
"""
             High      Low     Open    Close  Volume   Adj Close
Date
2009-01-05  1880.72  1844.09  1849.02  1880.72   67200    1880.72
```

```
2009-01-06  1938.69  1871.97  1878.83  1937.15   99000  1937.15
2009-01-07  1948.23  1920.52  1938.97  1924.01   92400  1924.01
2009-01-08  1894.17  1862.26  1890.24  1878.18   80400  1878.18
2009-01-09  1909.35  1875.16  1875.16  1904.86   71200  1904.86
"""
print(df_stockload.tail())   # 查看末尾几行
#打印结果
"""
              High     Low     Open    Close   Volume  Adj Close
Date
2019-05-27  2898.13  2833.04  2851.28  2892.38  196700  2892.38
2019-05-28  2924.04  2887.08  2890.27  2909.91  223300  2909.91
2019-05-29  2934.98  2890.67  2894.83  2914.70  199000  2914.70
2019-05-30  2907.85  2881.38  2903.43  2905.80  205800  2905.80
2019-05-31  2922.91  2895.58  2904.50  2898.70  195200  2898.70
"""
```

【示例7.2】 使用概览 DataFrame 格式数据的基本方法查看 DataReader( )接口返回的数据信息，例如 DataFrame.index、DataFrame.columns、DataFrame.describe( )、DataFrame.info( )。代码如下所示：

```
print (df_stockload.index)  # 查看行索引信息
#打印结果
"""
DatetimeIndex(['2009-01-05', '2009-01-06', '2009-01-07', '2009-01-08',
               '2009-01-09', '2009-01-12', '2009-01-13', '2009-01-14',
               '2009-01-15', '2009-01-16',
               ...
               '2019-05-20', '2019-05-21', '2019-05-22', '2019-05-23',
               '2019-05-24', '2019-05-27', '2019-05-28', '2019-05-29',
               '2019-05-30', '2019-05-31'],
              dtype='datetime64[ns]', name='Date', length=2529, freq=None)
"""
print (df_stockload.columns)  # 查看列索引信息
#打印结果
"""
Index(['High', 'Low', 'Open', 'Close', 'Volume', 'Adj Close'], dtype='object')
"""
print (df_stockload.describe())  # 查看各列数据描述性统计
#打印结果
"""
          High      Low     Open    Close     Volume  Adj Close
count   2529.00  2529.00  2529.00  2529.00    2529.00   2529.00
mean    2809.12  2761.67  2785.12  2788.61  167012.57   2788.61
std      542.75   525.35   535.37   535.78  120044.24    535.78
min     1880.72  1844.09  1849.02  1863.37       0.00   1863.37
25%     2338.78  2306.42  2322.32  2325.82   92900.00   2325.82
50%     2837.86  2786.32  2813.19  2818.16  134000.00   2818.16
75%     3159.67  3115.98  3137.65  3141.30  190800.00   3141.30
max     5178.19  5103.40  5174.42  5166.35  857100.00   5166.35
"""
print(df_stockload.info())  # 查看缺失及每列数据类型
#打印结果
```

```
"""
<class 'pandas.core.frame.DataFrame'>
DatetimeIndex: 2529 entries, 2009-01-05 to 2019-05-31
Data columns (total 6 columns):
High         2529 non-null float64
Low          2529 non-null float64
Open         2529 non-null float64
Close        2529 non-null float64
Volume       2529 non-null int64
Adj Close    2529 non-null float64
dtypes: float64(5), int64(1)
memory usage: 138.3 KB
None
"""
```

由 DataReader( )接口返回的数据可知，股票行情数据为二维的 DataFrame 格式数据，包含行索引-时间、列索引-最高价**'High'**、最低价**'Low'**、开盘价**'Open'**、除权收盘价**'Close'**、成交量**'Volume'**、前复权收盘价**'Adj Close'**，以及对应的数据值。

7.1.2 用 Tushare 获取股票数据

Tushare 是一个免费、开源的 Python 财经数据接口包，自 2014 年作为开源项目发布至今，Tushare 提供的金融数据种类日趋丰富，而且技术资料也非常详细。目前社区推出了 Tushare Pro 版本，这个版本相比于 Org 版本（旧版本）来说数据更加稳定、质量也更好。目前社区主要维护 Pro 版本，Org 版本仍然可以使用，只是社区不再维护这些数据获取接口。

接下来，分别从 Org 版本和 Pro 版本中选取一个有代表性的获取股票数据的接口进行介绍，以适应不同需求的读者。此处对 Tushare 的介绍只是起到抛砖引玉的作用，更多关于接口的介绍，读者们可以前往社区官网了解。

无论是 Org 版还是 Pro 版本，在使用之前都需要导入 Tushare 库，如下所示：

```
import tushare as ts
```

1. Tushare Org 版本 API

此处选取 Tushare Org 版本中常用的 ts.get_hist_data(code=None, start=None, end=None, ktype='D', retry_count=3, pause=0.001)接口进行介绍，其中的关键输入参数如下：

- code：6 位数字股票代码（例如格力电器 000651、中国平安 601318、同花顺 300033、贵州茅台 600519、浙大网新 600797），或者指数代码（例如 sh 表示上证指数、sz 表示深证成指、hs300 表示沪深 300 指数、sz50 表示上证 50、zxb 表示中小板、cyb 表示创业板）。

- start：开始日期，格式为 YYYY-MM-DD 形式的字符串。
- end：结束日期，格式为 YYYY-MM-DD 形式的字符串。
- ktype：指定数据周期的类型，D 表示日线、W 表示周线、M 表示月线、5 表示 5 分钟线、15 表示 15 分钟线、30 表示 30 分钟线、60 表示 60 分钟线，默认为 D，即日线。
- retry_count：当网络异常后，重试次数默认为 3。
- pause：重试时，停顿秒数默认为 0。

【示例 7.3】 使用 get_hist_data( )接口获取上证综指从 2009 年 1 月 1 日至 2019 年 6 月 1 日近 10 年的所有日线行情数据。代码如下所示：

```
df_sh_hist = ts.get_hist_data('sh', start='2009-01-01', end='2019-06-01')
print(df_sh_hist.head())
#打印结果
"""
             open     high    close   ...    v_ma5    v_ma10   v_ma20
date                                  ...
2019-05-31  2904.50  2922.91  2898.70 ...   2.04e+06  2.01e+06  2.23e+06
2019-05-30  2903.42  2907.85  2905.81 ...   1.98e+06  2.08e+06  2.25e+06
2019-05-29  2894.83  2934.98  2914.70 ...   1.97e+06  2.12e+06  2.29e+06
2019-05-28  2890.27  2924.04  2909.91 ...   1.97e+06  2.15e+06  2.33e+06
2019-05-27  2851.28  2898.13  2892.38 ...   1.95e+06  2.14e+06  2.38e+06

[5 rows x 13 columns]
"""
print(df_sh_hist.tail())
"""
             open     high    close   ...    v_ma5    v_ma10   v_ma20
date                                  ...
2017-06-20  3148.02  3150.46  3140.01 ...   1.38e+06  1.38e+06  1.38e+06
2017-06-19  3122.16  3146.77  3144.37 ...   1.37e+06  1.37e+06  1.37e+06
2017-06-16  3126.37  3134.25  3123.17 ...   1.38e+06  1.38e+06  1.38e+06
2017-06-15  3125.59  3137.59  3132.49 ...   1.43e+06  1.43e+06  1.43e+06
2017-06-14  3146.75  3149.17  3130.67 ...   1.38e+06  1.38e+06  1.38e+06

[5 rows x 13 columns]
"""
print(df_sh_hist.info())    # 查看行情数据概览信息
#打印结果
"""
<class 'pandas.core.frame.DataFrame'>
Index: 480 entries, 2019-05-31 to 2017-06-14
Data columns (total 13 columns):
open         480 non-null float64
high         480 non-null float64
close        480 non-null float64
```

```
low            480 non-null float64
volume         480 non-null float64
price_change   480 non-null float64
p_change       480 non-null float64
ma5            480 non-null float64
ma10           480 non-null float64
ma20           480 non-null float64
v_ma5          480 non-null float64
v_ma10         480 non-null float64
v_ma20         480 non-null float64
dtypes: float64(13)
memory usage: 52.5+ KB
None
"""
print(df_sh_hist.axes)    # 查看行和列的轴标签
#打印结果
"""
[Index(['2019-05-31', '2019-05-30', '2019-05-29', '2019-05-28', '2019-05-27',
       '2019-05-24', '2019-05-23', '2019-05-22', '2019-05-21', '2019-05-20',
       ...
       '2017-06-27', '2017-06-26', '2017-06-23', '2017-06-22', '2017-06-21',
       '2017-06-20', '2017-06-19', '2017-06-16', '2017-06-15', '2017-06-14'],
      dtype='object', name='date', length=480), Index(['open', 'high', 'close', 'low',
'volume', 'price_change', 'p_change', 'ma5', 'ma10', 'ma20', 'v_ma5', 'v_ma10', 'v_ma20'],
dtype='object')]
"""
```

通过打印出的行情数据概览信息和行/列轴标签信息可知，get_hist_data( )接口返回的列索引内容相比于 DataReader( )接口更丰富，除了返回基本的开盘价（open）、最高价（high）、收盘价（close）等数据外，还多了价格变动（price_change）、涨跌幅（p_change）、5 日到 20 日的移动平均价、5 日到 20 日移动平均量等指标数据。

DataReader( )接口返回的数据行顺序是按日期从 2009-01-05 到 2019-05-31 排列的，而 get_hist_data( )接口返回的数据行顺序刚好相反，从 2019-05-31 到 2017-06-14 排列。同时也反映了 get_hist_data( )接口只能返回指数或者个股近 3 年的行情数据。

DataReader( )接口返回的数据行索引为 datetime64[ns]类型，而 get_hist_data( )接口返回的数据行索引为 object 类型。

2. Tushare Pro 版本 API

关于 Pro 版本，使用前需要登录官网并注册账号获取 token（可以登录社区官网查看具体的步骤），Pro 版本中的少部分接口是免费使用的，不过大部分接口都有使用权限，需要达到一定的积分才能使用。关于积分的获取有多种途径，社区官网中也有具体的介绍。

我们选取无积分限制的接口 daily( )为例，介绍通过 Tushare Pro 获取数据的方法。daily( )是个股日线行情数据获取接口（返回未复权行情数据），如果要获取指数日线行情数据的话，要使用 index_daily( )接口（该接口需要 200 积分）。

daily( )接口关键输入参数如下所示。

- ts_code：股票代码，上证股票在股票代码后面加上.SH，深证股票在股票代码后面加上.SZ。例如中国平安 601318.SH、贵州茅台 600519.SH、浙大网新 600797.SH、格力电器 000651.SZ、同花顺 300033.SZ 等。
- start：开始日期，格式为 YYYYMMDD 形式的字符串。
- end：结束日期，格式为 YYYYMMDD 形式的字符串。

【示例 7.4】 使用 daily( )获取格力电器从 2009 年 1 月 1 日至 2019 年 6 月 1 日近 10 年的日线行情数据。代码如下所示：

```
# 设置 token
token = '' # 输入你的 token
pro = ts.pro_api(token) # 初始化 pro 接口

# 获取格力电器日线行情数据
df_gldq = pro.daily(ts_code='000651.SZ', start_date='20090101', end_date='20190601')

print(df_gldq.head())
#打印结果
"""
    ts_code  trade_date   open  ...  pct_chg      vol    amount
0  000651.SZ  20190531   52.90  ...   -1.19  374222.12  1.97e+06
1  000651.SZ  20190530   53.64  ...   -2.14  455447.77  2.41e+06
2  000651.SZ  20190529   54.13  ...   -1.46  295262.21  1.60e+06
3  000651.SZ  20190528   54.00  ...    1.57  399621.73  2.18e+06
4  000651.SZ  20190527   54.01  ...    0.28  352294.27  1.89e+06

[5 rows x 11 columns]
"""
print(df_gldq.tail())
#打印结果
"""
       ts_code  trade_date   open  ...  pct_chg      vol    amount
2356  000651.SZ  20090109   17.82  ...    2.19   94494.54  169766.08
2357  000651.SZ  20090108   17.51  ...   -0.61   74000.91  130851.09
2358  000651.SZ  20090107   18.01  ...   -1.21   86723.22  155955.16
2359  000651.SZ  20090106   18.73  ...   -2.89  193336.75  348609.53
2360  000651.SZ  20090105   19.60  ...   -3.86   65225.54  122372.22

[5 rows x 11 columns]
"""
print(df_gldq.info())
```

```
"""
<class 'pandas.core.frame.DataFrame'>
RangeIndex: 2361 entries, 0 to 2360
Data columns (total 11 columns):
ts_code       2361 non-null object
trade_date    2361 non-null object
open          2361 non-null float64
high          2361 non-null float64
low           2361 non-null float64
close         2361 non-null float64
pre_close     2361 non-null float64
change        2361 non-null float64
pct_chg       2361 non-null float64
vol           2361 non-null float64
amount        2361 non-null float64
dtypes: float64(9), object(2)
memory usage: 203.0+ KB
None
"""

print(df_gldq.axes)
#打印结果
"""
[RangeIndex(start=0, stop=2361, step=1), Index(['ts_code', 'trade_date', 'open', 'high',
'low', 'close', 'pre_close', 'change', 'pct_chg', 'vol', 'amount'], dtype='object')]
"""
```

对比 Org 版的接口可知，daily( )接口的主要输入参数与 Org 版 get_hist_data( )接口大体相同，包括股票代码、开始日期、结束日期。观察 daily( )接口返回的数据格式，行索引为序号（0~2360）而非交易日期，列索引包含基本的开盘价、最高价、最低价、成交量（单位：手）、涨跌幅等数据。此处 daily( )接口返回了格力电器近 10 年的日线行情数据，符合官网所述的特征，即能够返回自上市以来的全部日线行情数据。

7.1.3 用 Baostock 获取股票数据

Baostock 是一个免费、开源的证券数据平台，该平台提供了大量准确、完整的证券历史行情数据、上市公司财务数据等。通过 Python API 获取证券数据信息，可以满足量化交易投资者、数量金融爱好者、计量经济从业者数据需求。在使用之前需要导入 Baostock 库，如下所示：

```
import baostock as bs
```

同样，这里我们选取有代表性的接口 query_history_k_data_plus( )来介绍 Baostock 的

使用 query_history_k_data_plus( )接口可获取 A 股的历史行情数据，其中的关键输入参数如下。

- code：股票代码，sh（上海）或 sz（深圳）+.+6 位数字代码或者指数代码，例如 sh.601398。该参数不可为空。
- fields：可以填写返回 DataFrame 数据列的内容，例如开盘价 open、最高价 high、成交量 volume、涨跌幅 pctChg 等。
- start：开始日期（包含），格式"YYYY-MM-DD"，为空时取 2015-01-01。
- end：结束日期（不包含），格式"YYYY-MM-DD"，为空时取最近一个交易日。
- frequency：数据类型，d 表示日线数据、w 表示周线数据、m 表示月线数据、5 表示 5 分钟线数据、15 表示 15 分钟线数据、30 表示 30 分钟线数据、60 表示 60 分钟线数据，不区分大小写，默认为 d；指数没有分钟线数据；周线在每周最后一个交易日才可以获取，月线为每月最后一个交易日才可以获取。
- adjustflag：复权类型，3 为不复权（默认）；1 为后复权；2 为前复权。目前已支持分钟线、日线、周线、月线前后复权。

【示例 7.5】 使用 query_history_k_data_plus( )接口获取上证综指从 2009 年 1 月 1 日至 2019 年 6 月 1 日近 10 年的所有日线行情数据。代码如下所示：

```
# 登陆系统
lg = bs.login()
# 获取历史行情数据
fields= "date,open,high,low,close,volume"
df_bs = bs.query_history_k_data("sh.000001", fields, start_date='2009-01-01', end_date='2019-06-01',
                                        frequency="d", adjustflag="2") # <class 'baostock.data.resultset.ResultData'>
# frequency="d"取日 k 线, adjustflag="3"默认不复权, 1: 后复权; 2: 前复权

data_list = []

while (df_bs.error_code == '0') & df_bs.next():
    # 获取一条记录，将记录合并在一起
    data_list.append(df_bs.get_row_data())
result = pd.DataFrame(data_list, columns=df_bs.fields)
result.close = result.close.astype('float64')
result.open = result.open.astype('float64')
result.low = result.low.astype('float64')
result.high = result.high.astype('float64')
result.volume = result.volume.astype('int')
```

```python
result.index = pd.to_datetime(result.date)

print(result.head())
"""
                  date     open     high      low    close      volume
date
2009-01-05  2009-01-05  1849.02  1880.72  1844.09  1880.72  6713671500
2009-01-06  2009-01-06  1878.83  1938.69  1871.97  1937.14  9906675600
2009-01-07  2009-01-07  1938.97  1948.23  1920.52  1924.01  9236008600
2009-01-08  2009-01-08  1890.24  1894.17  1862.26  1878.18  8037400000
2009-01-09  2009-01-09  1875.16  1909.35  1875.16  1904.86  7122477900
"""
print(result.tail())
"""
                  date     open     high      low    close       volume
date
2019-05-27  2019-05-27  2851.28  2898.13  2833.04  2892.38  19672090112
2019-05-28  2019-05-28  2890.26  2924.04  2887.08  2909.91  22331055616
2019-05-29  2019-05-29  2894.83  2934.98  2890.66  2914.70  19895881984
2019-05-30  2019-05-30  2903.42  2907.85  2881.38  2905.80  20575878912
2019-05-31  2019-05-31  2904.50  2922.91  2895.58  2898.70  19523057920
"""
print(result.info())
#打印结果
"""
<class 'pandas.core.frame.DataFrame'>
DatetimeIndex: 2530 entries, 2009-01-05 to 2019-05-31
Data columns (total 6 columns):
date     2530 non-null object
open     2530 non-null float64
high     2530 non-null float64
low      2530 non-null float64
close    2530 non-null float64
volume   2530 non-null int64
dtypes: float64(4), int64(1), object(1)
memory usage: 138.4+ KB
None
"""
print(result.axes)
#打印结果
"""
[DatetimeIndex(['2009-01-05', '2009-01-06', '2009-01-07', '2009-01-08',
               '2009-01-09', '2009-01-12', '2009-01-13', '2009-01-14',
               '2009-01-15', '2009-01-16',
               ...
               '2019-05-20', '2019-05-21', '2019-05-22', '2019-05-23',
               '2019-05-24', '2019-05-27', '2019-05-28', '2019-05-29',
               '2019-05-30', '2019-05-31'],
              dtype='datetime64[ns]', name='date', length=2530, freq=None), Index(['date',
'open', 'high', 'low', 'close', 'volume'], dtype='object')]
"""

# 退出系统
bs.logout()
```

由于 query_history_k_data_plus( )接口返回的是可迭代对象,因此需要调用 get_row_data( )方法将每行数据汇总为一个列表,再转换为 DataFrame 格式的行情数据。转换为 DataFrame 格式后可以相应地规整化 DataFrame 数据的行索引类型、元素类型等。

观察转换后的数据,query_history_k_data_plus( )接口能获取到 2009-01-01 至 2019-05-31 近 10 年时间的数据,返回的行数据顺序与 DataReader( )接口相同,列索引种类由 fields 参数设定,已经能够满足基本的开盘价、最高价、收盘价、最低价、成交量(单位:股)等数据。

更多关于 baostock 数据获取接口的介绍,可以前往社区的官网了解。

7.2 规整化处理股票数据格式

在对比分析了 Panads、Tushare 和 BaoStock 这几个常用的获取股票行情数据的方法后,我们发现各个接口有各自的优点,例如提供的数据种类不一、获取数据的时间范围不一、获取数据的速度不一样。在使用中,我们要充分结合各个接口的优势,有选择地使用这些方法得到所需的股票行情数据。

不过各个接口所获取到的数据格式是不一致的,例如 Panads 接口获取的数据格式中索引为 Datetime,而 Tushare Pro 接口获取的数据格式中索引为数字,同时两者列索引名称也不相同、排列顺序也不一样,如图 7.1 和图 7.2 所示。

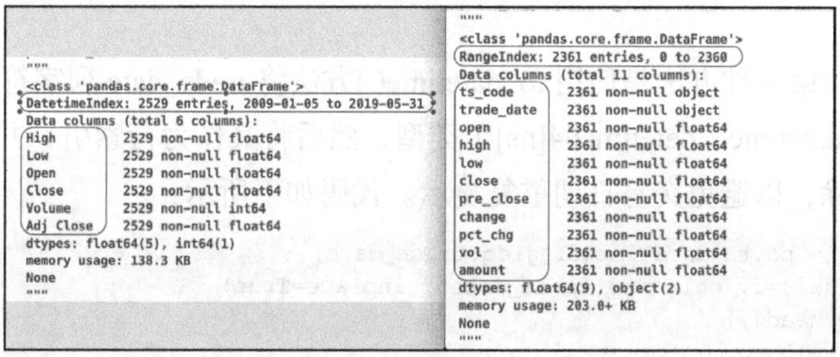

图 7.1

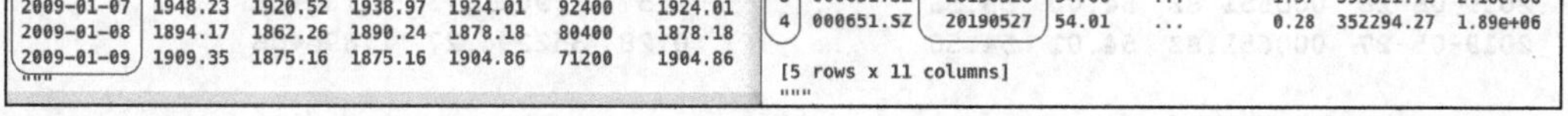

图 7.2

在使用前我们需要将数据格式规整化为统一格式，我们定义的股票行情数据标准格式如下所示，其中数据的行索引为 DatetimeIndex 时间类型，列索引名称首字母为大写格式，数值为 float64 类型。

```
"""
                High    Low    Open   Close   Volume
Date
2019-05-27     54.50   52.98   54.01   54.05   3.52e+07
2019-05-28     55.33   53.80   54.00   54.90   4.00e+07
2019-05-29     54.66   53.70   54.13   54.10   2.95e+07
2019-05-30     53.79   52.63   53.64   52.94   4.55e+07
2019-05-31     53.53   52.17   52.90   52.31   3.74e+07
"""
```

接下来，以【示例 7.4】Tushare Pro 的 daily( ) 接口所获取的格力电器近 10 年的日线行情数据为例，介绍如何规整化地统一数据格式的方法。

7.2.1 行索引时间格式规整化

（1）行索引序号转换为日期

我们发现 daily( ) 接口返回的行情数据格式中，行索引为序号而非交易日期，因此需要进行简单的处理使它与标准格式相兼容，即将序号形式的索引转换为日期格式的索引。此处提供两种方法。

【示例 7.6】 第一种方法是使用 to_datetime( ) 方法将 trade_date 列字符（object）类型的交易日期转换为 datetime（datetime64[ns]）类型，然后将其作为行索引，并使用 drop( ) 方法将 date 列数据删除，以避免交易日期重复显示。代码如下所示：

```
df_gldq.index = pd.to_datetime(df_gldq.trade_date)
df_gldq.drop(axis=1, columns='trade_date', inplace=True)
print(df_gldq.head())
#打印结果
"""
              ts_code    open    high    ...   pct_chg       vol     amount
trade_date                                ...
2019-05-31    000651.SZ  52.90   53.53   ...     -1.19   374222.12   1.97e+06
2019-05-30    000651.SZ  53.64   53.79   ...     -2.14   455447.77   2.41e+06
2019-05-29    000651.SZ  54.13   54.66   ...     -1.46   295262.21   1.60e+06
2019-05-28    000651.SZ  54.00   55.33   ...      1.57   399621.73   2.18e+06
2019-05-27    000651.SZ  54.01   54.50   ...      0.28   352294.27   1.89e+06

[5 rows x 10 columns]
"""
```

【示例 7.7】 另一种方法是使用 DatetimeIndex( ) 将字符类型转化成 datetime64 类型，等同于 to_datetime( ) 的效果。set_index( ) 将指定的列作为索引，并且可以配置 drop 参数删除该列，以避免重复。代码如下所示：

```
df_gldq.trade_date = pd.DatetimeIndex(df_gldq.trade_date)
df_gldq.set_index("trade_date", drop=True, inplace=True)
print(df_gldq.head())
#打印结果
"""
              ts_code   open   high   ...   pct_chg      vol    amount
trade_date                             ...
2019-05-31   000651.SZ  52.90  53.53  ...     -1.19  374222.12  1.97e+06
2019-05-30   000651.SZ  53.64  53.79  ...     -2.14  455447.77  2.41e+06
2019-05-29   000651.SZ  54.13  54.66  ...     -1.46  295262.21  1.60e+06
2019-05-28   000651.SZ  54.00  55.33  ...      1.57  399621.73  2.18e+06
2019-05-27   000651.SZ  54.01  54.50  ...      0.28  352294.27  1.89e+06

[5 rows x 10 columns]
"""
```

（2）行索引排序调整

另外，标准格式的行顺序是按日期从 2009-01-05 到 2019-05-31 排列的，而 daily( ) 接口返回的数据行顺序刚好相反，我们可以使用 sort_index( ) 方法调整排序，代码如下所示：

```
df_gldq.sort_index(inplace=True)
print(df_gldq.index) # 查看行的轴标签
#打印结果
"""
DatetimeIndex(['2009-01-05', '2009-01-06', '2009-01-07', '2009-01-08',
               '2009-01-09', '2009-01-12', '2009-01-13', '2009-01-14',
               '2009-01-15', '2009-01-16',
               ...
               '2019-05-20', '2019-05-21', '2019-05-22', '2019-05-23',
               '2019-05-24', '2019-05-27', '2019-05-28', '2019-05-29',
               '2019-05-30', '2019-05-31'],
              dtype='datetime64[ns]', name='trade_date', length=2361, freq=None)
"""
```

（3）行索引名称设置

最后将行索引的名称'trade_date'更改为标准格式显示的 Date，代码如下所示：

```
df_gldq.index = df_gldq.index.set_names('Date')
print(df_gldq.index)    # 查看行的轴标签
#打印结果
"""
DatetimeIndex(['2009-01-05', '2009-01-06', '2009-01-07', '2009-01-08',
               '2009-01-09', '2009-01-12', '2009-01-13', '2009-01-14',
               '2009-01-15', '2009-01-16',
               ...
               '2019-05-20', '2019-05-21', '2019-05-22', '2019-05-23',
```

```
            '2019-05-24', '2019-05-27', '2019-05-28', '2019-05-29',
            '2019-05-30', '2019-05-31'],
           dtype='datetime64[ns]', name='Date', length=2361, freq=None)
"""
```

7.2.2 列索引名称格式规整化

标准格式中行情数据的列索引名称首字母为大写格式,例如 High、Low、Open、Close、Volume,而 daily( )接口返回的行情数据格式中列索引名称首字母为小写格式,例如 open、high。

另一方面,为了统一各个接口的数据种类,行情数据只选择 High、Low、Open、Close、Volume 这 5 类,其余的数据可以由基础数据经过相应的计算获得。

我们以 Series 组成的字典形式从原行情数据中提取所需列并重新创建一个 DataFrame,其中字典的每个键所对应的 Series 序列会成为 DataFrame 的一列,由于未指定 DataFrame 的行索引 index,那么各 Series 的索引会被合并成 DataFrame 的行索引。代码如下所示:

```
recon_data = {'Open': df_gldq.open, 'Close': df_gldq.close, 'High': df_gldq.high, 'Low': df_gldq.low, 'Volume': df_gldq.vol}
df_recon = pd.DataFrame(recon_data)
print(df_recon.columns)
#打印结果
"""
Index(['Open', 'Close', 'High', 'Low', 'Volume'], dtype='object')
"""
print(df_recon.head())
#打印结果
"""
            High    Low    Open   Close    Volume
Date
2009-01-05  19.80  18.40  19.60   18.69   65225.54
2009-01-06  18.73  17.81  18.73   18.15  193336.75
2009-01-07  18.10  17.90  18.01   17.93   86723.22
2009-01-08  17.95  17.45  17.51   17.82   74000.91
2009-01-09  18.25  17.65  17.82   18.21   94494.54
"""
print(df_recon.tail())
#打印结果
"""
            High    Low    Open   Close    Volume
Date
2019-05-27  54.50  52.98  54.01   54.05  352294.27
2019-05-28  55.33  53.80  54.00   54.90  399621.73
2019-05-29  54.66  53.70  54.13   54.10  295262.21
2019-05-30  53.79  52.63  53.64   52.94  455447.77
2019-05-31  53.53  52.17  52.90   52.31  374222.12
"""
```

7.3 定制股票行情数据获取接口

我们掌握了获取股票行情数据的方法和规整化处理股票数据格式的方法,接下来可以依据自己的需求定制股票行情数据的获取接口,如此一来,不仅可以充分结合 Panads、Tushare、BaoStock 等常用接口的优势,而且可以返回规整化后的股票数据格式。

本节我们分别对 Tushare Pro 的 daily( )接口和 Baostock 的 query_history_k_data_plus( )接口进行定制化的封装。

【示例 7.8】 基于 Tushare Pro 的 daily( )接口,定制股票行情数据接口 pro_daily_stock( )。该接口仅能返回个股未复权的日线行情数据,返回的数据格式为规整化后的格式。代码如下所示:

```python
def pro_daily_stock(code_val='000651.SZ', start_val='20090101', end_val='20190601'):
    # 获取股票日线行情数据
    df_stock = pro.daily(ts_code=code_val, start_date=start_val, end_date=end_val)
    df_stock.trade_date = pd.DatetimeIndex(df_stock.trade_date)
    df_stock.set_index("trade_date", drop=True, inplace=True)
    df_stock.sort_index(inplace=True)
    df_stock.index = df_stock.index.set_names('Date')
    
    recon_data = {'High': df_stock.high, 'Low': df_stock.low, 'Open': df_stock.open, 'Close': df_stock.close, 'Volume': df_stock.vol}
    df_recon = pd.DataFrame(recon_data)
    
    return df_recon
```

【示例 7.9】 基于 Baostock 的 query_history_k_data_plus( )接口,定制股票行情数据接口 bs_k_data_stock( )。该接口能返回指数和个股多个周期的行情数据,对于个股数据而言,还支持复权功能,返回的数据格式为规整化后的格式。代码如下所示:

```python
def bs_k_data_stock(code_val='sz.000651', start_val='2009-01-01', end_val='2019-06-01',
                    freq_val='d', adjust_val='3'):
    
    # 登陆系统
    lg = bs.login()
    # 获取历史行情数据
    fields= "date,open,high,low,close,volume"
    df_bs = bs.query_history_k_data(code_val, fields, start_date=start_val, end_date=end_val,
                                    frequency=freq_val,   adjustflag=adjust_val)   # <class
'baostock.data.resultset.ResultData'>
    # frequency="d"取日k线, adjustflag="3"默认不复权, 1: 后复权; 2: 前复权
    
    data_list = []
    
    while (df_bs.error_code == '0') & df_bs.next():
        # 获取一条记录,将记录合并在一起
```

```python
            data_list.append(df_bs.get_row_data())
        result = pd.DataFrame(data_list, columns=df_bs.fields)

        result.close = result.close.astype('float64')
        result.open = result.open.astype('float64')
        result.low = result.low.astype('float64')
        result.high = result.high.astype('float64')
        result.volume = result.volume.astype('float64')
        result.volume = result.volume/100  # 单位转换：股->手
        result.date = pd.DatetimeIndex(result.date)
        result.set_index("date", drop=True, inplace=True)
        result.index = result.index.set_names('Date')

        recon_data = {'High': result.high, 'Low': result.low, 'Open': result.open, 'Close': result.close, 'Volume': result.volume}
        df_recon = pd.DataFrame(recon_data)

        # 退出系统
        bs.logout()
        return df_recon
```

pro_daily_stock( )和 bs_k_data_stock( )返回的股票数据格式，如下所示：

```
"""
            High    Low     Open    Close   Volume
Date
2009-01-05  19.80   18.40   19.60   18.69   65225.54
2009-01-06  18.73   17.81   18.73   18.15   193336.75
2009-01-07  18.10   17.90   18.01   17.93   86723.22
2009-01-08  17.95   17.45   17.51   17.82   74000.91
2009-01-09  18.25   17.65   17.82   18.21   94494.54
...         ...     ...     ...     ...     ...
2019-05-27  54.50   52.98   54.01   54.05   352294.27
2019-05-28  55.33   53.80   54.00   54.90   399621.73
2019-05-29  54.66   53.70   54.13   54.10   295262.21
2019-05-30  53.79   52.63   53.64   52.94   455447.77
2019-05-31  53.53   52.17   52.90   52.31   374222.12

[2530 rows x 5 columns]
"""
```

7.4 注册 JSON 格式自选股票池

股票池一般是指交易者从市场上选出较有操作意义的一些股票，放入到一个池中，供交易者结合自己的情况和盘面变化从中筛选出适合自己买入的股票。接下来我们介绍注册 JSON 格式的自选股票池的方法。

JSON（JavaScript Object Notation）属于 JavaScript 语言的子集部分，最初用来标记 JavaScript 的对象。为什么选择 JSON 格式来存储自选股呢？那是因为 JSON 语法格式简单、层次结构清晰、易于阅读和编写、也易于机器解析和生成,它采用完全独立于语言的文本格式,可以被任何编程语言所读取和交互,已经成为一种理想的轻量级数据交换格式。

JSON 格式数据交互过程可以简单概括为,JSON 将 JavaScript 对象中表示的一组数据转换为字符串,然后以字符串格式在网络或者程序之间轻松传递,在需要解析的时候将它还原为各编程语言所支持的数据格式。

Python 支持 JSON 格式,在 Python 中 JSON 由列表和字典表示,处理 JSON 格式数据时需要导入 JSON 模块,如下所示:

```python
import json
```

在 Python 中使用 JSON 模块将数据进行序列化后就可以在不同语言之间以 JSON 格式交换数据。不过 JSON 模块只能序列化常用的数据类型(列表、字典、字符串、数字)。

JSON 模块中主要包含 dumps、dump、loads 和 load 这 4 种方法。

- dumps 把 Python 数据类型序列化成 JSON 编码的字符串。
- dump 把 Python 数据类型序列化成 JSON 编码的字符串并存储在文件中。
- loads 把 JSON 编码的字符串转换成 Python 数据类型。
- load 把 JSON 文件打开,将从 JSON 编码字符串转换成 Python 数据类型。

接下来我们通过两个场景来介绍 Python 如何以 JSON 格式交换数据。

- 将 Python 创建的股票池存储为本地 JSON 文件。
- 将本地创建的 JSON 格式股票池转换为 Python 数据格式。

7.4.1 将股票池另存为 JSON 文件

1. 创建 Python 股票池

此处选取 Tushare Pro 版本 API 所对应的个股代码格式(格力电器:000651.SZ),以及 Baostock 所对应的指数代码格式(上证综指:sh.000001),用 Python 的字典和列表创建股票池。代码如下所示:

```python
stock_index = [{'指数':
                {'上证综指': 'sh.000001',
                 '深证成指': 'sz.399001',
                 '沪深300': 'sz.000300',
                 '创业板指': 'sz.399006',
```

```
                    '上证 50': 'sh.000016',
                    '中证 500': 'sh.000905',
                    '中小板指': 'sz.399005',
                    '上证 180': 'sh.000010'}},
            {'股票':
                    {'格力电器': '000651.SZ',
                    '平安银行': '000001.SZ',
                    '同花顺': '300033.SZ',
                    '贵州茅台': '600519.SH',
                    '浙大网新': '600797.SH'}}]
print(stock_index)
#打印结果
"""
[{'指数': {'上证综指': '000001.SH', '深证成指': '399001.SZ', '沪深 300': '000300.SH', '创业板指': '399006.SZ', '上证 50': '000016.SH',
            '中证 500': '000905.SH', '中小板指': '399005.SZ', '上证 180': '000010.SH'}},
    {'股票': {'格力电器': '000651.SZ', '平安银行': '000001.SZ', '同花顺': '300033.SZ', '贵州茅台': '600519.SH', '浙大网新': '600797.SH'}}]
"""
```

查看 stock_index 的类型,目前仍然为 list 格式。代码如下所示:

```
print(type(stock_index))   #打印结果: <class 'list'>
```

2. Python 转换为 JSON

使用 dumps 把 Python 数据类型转换成 JSON 编码的字符串,查看类型会发现 dumps 已经把数据转换为 str 格式了。代码如下所示:

```
# dumps: 将数据转换成字符串
json_str = json.dumps(stock_index)
print(json_str)
#打印结果
#[{"\u6307\u6570": {"\u4e0a\u8bc1\u7efc\u6307": "sh.000001", "\u6df1\u8bc1\u6210\u6307": "sz.399001", "\u6caa\u6df1300": "sz.000300", "\u521b\u4e1a\u677f\u6307": "sz.399006", "\u4e0a\u8bc150": "sh.000016", "\u4e2d\u8bc1500": "sh.000905", "\u4e2d\u5c0f\u677f\u6307": "sz.399005", "\u4e0a\u8bc1180": "sh.000010"}}, {"\u80a1\u7968": {"\u683c\u529b\u7535\u5668": "000651.SZ", "\u5e73\u5b89\u94f6\u884c": "000001.SZ", "\u540c\u82b1\u987a": "300033.SZ", "\u8d35\u5dde\u8305\u53f0": "600519.SH", "\u6d59\u5927\u7f51\u65b0": "600797.SH"}}]
print(type(json_str))   #打印结果: <class 'str'>
```

使用 dump 则是把 Python 数据类型转换成 JSON 编码的字符串并存储在 JSON 文件中。

首先要使用 Python 内置的 open( )方法打开 JSON 文件文件,结合 with 语句会自动调用 close( )方法,使代码更简洁。

此处会涉及几个关键的参数。

- 在 open( )中设置 encoding='utf-8'表示文件以 UTF-8 编码打开。

- 在 dump( )中设置 ensure_ascii=False 避免变成 ascii 写入 JSON 文件中,indent 参数可以设置缩进,如果不设置的话,则保存下来会是一行。

代码如下所示：

```
# dump: 将数据写入 json 文件中
with open("stock_pool.json", "w", encoding='utf-8') as f:
    json.dump(stock_index, f, ensure_ascii=False, indent=4)
```

打开 **stock_pool.json** 文件，股票池的信息如图 7.3 所示。

```
[
    {
        "指数": {
            "上证综指": "sh.000001",
            "深证成指": "sz.399001",
            "沪深300": "sz.000300",
            "创业板指": "sz.399006",
            "上证50": "sh.000016",
            "中证500": "sh.000905",
            "中小板指": "sz.399005",
            "上证180": "sh.000010"
        }
    },
    {
        "股票": {
            "格力电器": "000651.SZ",
            "平安银行": "000001.SZ",
            "同花顺": "300033.SZ",
            "贵州茅台": "600519.SH",
            "浙大网新": "600797.SH"
        }
    }
]
```

图 7.3

3．案例-创建 A 股市场股票池

掌握将 Python 格式转换成 JSON 文件的方法后，我们可以创建一个涵盖 A 股市场所有股票代码的股票池。

（1）使用 Tushare Pro 版本的 stock_basic( )接口获取已上市的所有股票基础信息数据，包括股票代码、名称、上市日期、退市日期等，代码如下所示：

```
df = pro.stock_basic(exchange='', list_status='L')
print(df.head())
#打印结果
"""
    ts_code   symbol  name     area   industry   market  list_date
0   000001.SZ 000001  平安银行    深圳    银行        主板    19910403
1   000002.SZ 000002  万科A     深圳    全国地产    主板    19910129
2   000004.SZ 000004  国农科技    深圳    生物制药    主板    19910114
3   000005.SZ 000005  世纪星源    深圳    环境保护    主板    19901210
4   000006.SZ 000006  深振业A    深圳    区域地产    主板    19920427
"""
```

（2）此处得到了所有股票的代码，将股票名称 name 和股票代码 ts_code 作为键—值对转换为字典格式数据，代码如下所示：

```
codes=df.ts_code.values
names=df.name.values
stock=dict(zip(names,codes))
print(stock)
#打印结果
#{'平安银行': '000001.SZ', '万科A': '000002.SZ', ......}
```

（3）由于 stock_basic( )接口得到的只是个股的名称和代码，我们还需要将指数名称和代码合并到股票池中。代码如下所示：

```
index = {'上证综指': 'sh.000001',
         '深证成指': 'sz.399001',
         '沪深300': 'sz.000300',
         '创业板指': 'sz.399006',
         '上证50': 'sh.000016',
         '中证500': 'sh.000905',
         '中小板指': 'sz.399005',
         '上证180': 'sh.000010'}
stock_index = dict([('指数', index), ('股票', stock)])
```

（4）至此我们创建的股票池已经包含了 A 股市场所有指数和上市个股的名称和代码，然后使用 dump 把 Python 股票池存储为 JSON 文件即可。代码如下所示：

```
# dump: 将数据写入 json 文件中
with open("stock_pool.json", "w", encoding='utf-8') as f:
    json.dump(stock_index, f, ensure_ascii=False, indent=4)
```

打开 **stock_pool.json** 文件，股票池的信息如图 7.4 所示。

```
 1  {
 2      "指数": {
 3          "上证综指": "sh.000001",
 4          "深证成指": "sz.399001",
 5          "沪深300": "sz.000300",
 6          "创业板指": "sz.399006",
 7          "上证50": "sh.000016",
 8          "中证500": "sh.000905",
 9          "中小板指": "sz.399005",
10          "上证180": "sh.000010"
11      },
12      "股票": {
13          "平安银行": "000001.SZ",
14          "万科A": "000002.SZ",
15          "国农科技": "000004.SZ",
16          "世纪星源": "000005.SZ",
17          "深振业A": "000006.SZ",
18          "全新好": "000007.SZ",
19          "神州高铁": "000008.SZ",
20          "中国宝安": "000009.SZ",
21          "*ST美丽": "000010.SZ",
22          "深物业A": "000011.SZ",
23          "南玻A": "000012.SZ",
24          "沙河股份": "000014.SZ",
25          "深赛格": "000016.SZ",
26          "深中华A": "000017.SZ",
27          "神城A退": "000018.SZ",
28          "深粮控股": "000019.SZ",
```

图 7.4

7.4.2 加载 JSON 文件以获取股票池

同样的,我们需要将本地 JSON 文件转换为 Python 格式的类型才能对股票池中的股票实施选股策略。我们使用 open( )把 **stock_pool.json** 文件打开,然后使用 load( )将文件中 JSON 编码字符串转换成 Python 数据类型,代码如下所示:

```
# load: 将文件中的字符串变换为数据类型
with open("stock_pool.json", 'r', encoding='utf-8') as load_f:
    stock_index = json.load(load_f)
print(stock_index)
#打印结果
# {'指数': {'上证综指': '000001.SH', ..... '上证 180': '000010.SH'}, '股票': {'平安银行':
'000001.SZ', '万科 A': '000002.SZ', ......}}
print(type(stock_index))  # <class 'dict'>
```

使用时可通过字典键的股票名称搜索对应的股票代码,代码如下所示:

```
print(stock_index['指数']['上证综指'])   # 打印结果: sh.000001
print(stock_index['股票']['平安银行'])   # 打印结果: 000001.SZ
```

7.5 用多任务为股票数据的获取提速

在建立了自选股票池之后,我们需要分别获取股票池中对应股票的行情数据。当获取几千只股票过去几年甚至十几年的行情数据时,下载过程势必会出现耗时过长的问题。

2.9 节介绍了多进程和多线程的提速方案,当涉及复杂的计算、繁多的 I/O 操作时,可以考虑使用多任务并行方式充分利用 CPU 多核性能来提高程序的执行效率。在 Python 中由于 GIL 机制的的存在,多进程和多线程在计算密集型和 I/O 密集型的任务场景中执行效率会有所不同,多线程更适合 I/O 密集型应用,多进程对于 CPU 密集型的应用表现更好。接下来我们将分析的结论结合至实际应用中。

1. 分析任务类型

我们首先要清楚获取股票数据的 API 属于计算密集型任务还是 I/O 密集型,然后才能给出对应的多任务解决方案。获取股票数据的 API 最终是基于 Python 网络请求模块实现的。简单地梳理 Python 中的网络请求模块,最早内置的是 urllib,然后在 Python2.x 中开始自带了 urllib2 模块,在 Python3.x 中将 urllib 和 urllib2 整合成 urllib3,urllib2 成为了 urllib.request。

urllib3 扮演了 HTTP 客户端的角色,即向网络服务器发送一个 HTTP 请求,然后等待网络服务器的响应,这类任务属于 I/O 密集型的任务。不同于计算密集型任务那样会在整个时间片内始终消耗 CPU 的资源，I/O 密集型的任务大部分时间都在等待 I/O 操作的完成。

2. 多任务获取股票数据

（1）用 for 循环获取股票数据

【示例 7.10】 使用 for 循环遍历获取股票池对应的股票数据，然后在此基础上采用多任务方式进行优化。示例中需要关注以下两点。

- 使用【示例 7.8】定制的 pro_daily_stock( )接口获取股票行情数据。
- 使用 2.8 节自制的 timeit_test( )装饰器对 for 循环获取股票数据函数进行执行时间测试。
- 为了避免获取数据时出错导致程序崩溃，此处使用 try-except 语句。
- 遍历获取股票池中前 500 只股票的数据。

代码如下所示：

```python
def json_to_str():
    # load:将文件中的字符串变换为数据类型
    with open("stock_pool.json", 'r', encoding='utf-8') as load_f:
        stock_index = json.load(load_f)
    return stock_index

@timeit_test(number=1, repeat=1)
# 获取股票数据
def get_daily_data(start='20180101', end='20190101'):

    stock_index = json_to_str()  # 读取股票池 Json 文件
    for code in list(stock_index['股票'].values())[0:500]:
        try:
            df_data = pro_daily_stock(code, start, end)
            print("right code is %s" % code)
        except:
            print("error code is %s" % code)
```

执行 get_daily_data( )后返回的时间为 55.2775239 秒。如下所示：

```
get_daily_data()  # Time of 0 used: 55.2775239
```

（2）多线程获取股票数据

我们可以将该任务分配给多个线程来完成，而不只是让一个线程去逐一读取。在 Python3 中内置了线程池模块 ThreadPoolExecutor，使用时需要导入该模块，代码如下所示：

```python
from concurrent.futures import ThreadPoolExecutor
```

【示例 7.11】 通过 ThreadPoolExecutor 模块来实现多线程的处理，按模块的使用要求，将 get_daily_data( )函数拆分为执行函数 map_fun( )和可迭代参数 itr_arg 两部分。代码如下所示：

```python
def map_fun(code, start='20180101', end='20190101'):
    try:
        df_data = pro_daily_stock(code, start, end)
        print("right code is %s" % code)
    except:
        print("error code is %s" % code)

@timeit_test(number=1, repeat=1)
def get_daily_thread():
    stock_index = json_to_str()  # 读取股票池 Json 文件
    itr_arg = [code for code in stock_index['股票'].values()]
    print(itr_arg)
    with ThreadPoolExecutor(max_workers=4) as executor:
        # map_fun 传入的要执行的 map 函数
        # itr_argn 可迭代的参数
        # resultn 返回的结果是一个生成器
        result = executor.map(map_fun, itr_arg[0:500])
```

对多线程的执行时间进行测试，当 max_workers 为 4 时，即 4 个线程，任务耗时为 14.587871138 秒，当 max_workers 为 8 时，任务耗时仅为 7.472551079。

（3）多进程获取股票数据

使用多进程并发方式获取股票数据。Python 中内置的多进程模块为 multiprocessing，其中 Pool 类可以提供指定数量的进程供用户调用，使用时要导入该模块，代码如下所示：

```python
from multiprocessing import Pool
```

【示例 7.12】 通过 Pool 模块来实现多进程的处理，仍然是以执行函数 map_fun( )和可迭代参数 itr_arg 两部分来实现。代码如下所示：

```python
@timeit_test(number=1, repeat=1)
def get_daily_multi():
    stock_index = json_to_str()  # 读取股票池 Json 文件
    itr_arg = [code for code in stock_index['股票'].values()]

    pool = Pool(4)  # 创建拥有 4 个进程数量的进程池
    # map_fun 传入的要执行的 map 函数
    # itr_argn 可迭代的参数
    pool.map(map_fun, itr_arg[0:500])
    pool.close()  # 关闭进程池，不再接受新的进程
    pool.join()  # 主进程阻塞等待子进程的退出
```

当 Pool 为 4 时，即 4 个进程，任务耗时为 14.722377219 秒；当 Pool 为 8 时，任务耗时为 7.8457270。

由于测试环境千差万别，此处测试结果仅供读者对几种方式横向对比，测试结果符合 2.9

节的结论，I/O 密集型应用中多线程的效率更高。主要原因是 I/O 密集型的任务大部分时间都在等待 I/O 操作的完成，在此期间不需要做任何事情。因此当一个线程向一个服务器发出网络请求后，在它等待服务器响应时会释放 GIL，此时允许其他并发线程执行，即可以切换为另一个线程向服务器发出另一个网络请求，以此提升运行程序的效率。由于多进程创建和销毁的开销比多线程大，因此多线程执行效率相对于多进程更高。

7.6 用数据库管理本地行情数据

如何高效地管理大量数据是量化交易分析中非常关键的环节，数据库是最佳的解决方案之一，目前流行的数据库有 Oracle、MySQL、MongoDB、Redis、SQLite……关于数据库的选型通常取决于性能、数据完整性以及应用方面的需求。每个数据库都有它的特点和最适合的应用场合。

这里推荐一款轻型的关系型数据库 SQLite，目前已经发布 SQLite 3 版本，此处强力推荐的理由如下。

- SQLite 本身是用 C 语言编写的，它体积小巧，占用内存资源少。
- SQLite 本身是用 C 语言编写的，处理速度非常快。
- SQLite3 支持 Windows/Linux/UNIX 等主流操作系统。
- Python 2.5.x 以上版本默认内置 SQLite3，无须单独安装和配置。

当我们仅仅是用于本地的数据管理，无须多用户访问，数据容量小于 2TB，无须海量数据处理。如果关键要求是移植方便、使用简单、处理迅速的话，SQLite 确实是个很不错的选择，非常适合用于 Python 金融量化分析爱好者在本地实现数据管理。

7.6.1 Python 操作 SQLite 的 API

因为 Python 2.5.x 以上版本内置了 SQLite 库，所以无须单独安装 SQLite 库，只需导入模块 sqlite3 即可，该模块是遵循 DB-API 2.0 规范兼容的 SQL 接口开发的。代码如下所示：

```
import sqlite3
```

Python 中操作 SQLite 的常用 API 如下所示。

- 创建数据库连接：sqlite3.connect(database [,timeout ,other optional arguments])。
- 建立 Cursor：connection.cursor([cursorClass])。

- 创建数据表：cursor.execute(sql [, optional parameters])。
- 提交操作：connection.commit( )。
- 返回查询结果：cursor.fetchall( )。
- 关闭数据库连接：connection.close( )。

接下来，我们分别介绍 Python 中操作 SQLite 的使用方法。

1. 创建数据库的连接

使用 Python 操作 SQLite 库，首先需要连接这个数据库。通过 sqlite3.connect( )接口可以连接到 SQLite 库并返回一个连接对象 connection，如果数据库不存在，那么将会自动创建一个数据库。代码如下所示：

```
conn = sqlite3.connect('stock-data.db')
```

SQLite 是文件型数据库，可以看到创建的'stock-data.db'就是一个文件，备份这个文件就备份了整个数据库。

在连接到数据库之后，需要建立 Cursor 对象，通过 Cursor 能让数据库执行 SQL 语句。代码如下所示：

```
c = conn.cursor()
```

2. 创建数据库中的表

在数据库中数据是以表的形式存放的。我们使用 SQL 语句"CREATE TABLE"在 stock-data.db 数据库中创建一个 SZ000002 表。"CREATE TABLE"语句后跟着表的唯一的名称或标识，数据库识别到"CREATE TABLE"关键字后则会创建一个新表。代码如下所示：

```
c.execute('''CREATE TABLE SZ000002
    (ID             INT PRIMARY KEY   NOT NULL,
    TIME            TEXT    NOT NULL,
    CODE            TEXT    NOT NULL,
    HIGH            REAL,
    LOW             REAL,
    CLOSE           REAL,
    OPEN            REAL,
    DESCRIPTION CHAR(50));''')
conn.commit()
```

解释下例程中"CREATE TABLE"语句的基本语法：

- ID、TIME、CODE、HIGH、LOW、CLOSE、OPEN、DESCRIPTION 为表中的列；
- INT、TEXT、REAL、CHAR 表示数据类型；

- NOT NULL 约束：确保列中不能有 NULL 值；
- PRIMARY KEY 约束：唯一标识数据库表中的各行/记录。

创建表后记得使用 connection.commit( )接口提交当前的操作，如果未调用该函数，那么所做的任何操作对数据库来说都是无效的。

我们可以查看表结构来验证表是否已成功创建，cursor.fetchall( )接口可将查询到的结果以列表形式返回所有行。代码如下所示：

```
#查询表结构
c.execute("PRAGMA table_info(SZ000002)")
print(c.fetchall())
#打印结果
#[(0, 'ID', 'INT', 1, None, 1), (1, 'TIME', 'TEXT', 1, None, 0), (2, 'CODE', 'TEXT', 1, None,
0), (3, 'HIGH', 'REAL', 0, None, 0), (4, 'LOW', 'REAL', 0, None, 0), (5, 'CLOSE', 'REAL', 0, None,
0), (6, 'OPEN', 'REAL', 0, None, 0), (7, 'DESCRIPTION', 'CHAR(50)', 0, None, 0)]
```

3. 表中插入数据

我们在创建的 SZ000002 表中用 SQL 语句"INSERT INTO"插入 4 行数据，代码如下所示：

```
#插入表
c.execute("INSERT INTO SZ000002 (ID,TIME,CODE,HIGH,LOW,CLOSE,OPEN,DESCRIPTION) \
    VALUES (1, '2019-1-1', 000002, 10.12, 10.12, 10.12, 10.12,'Buy Signal' )")

c.execute("INSERT INTO SZ000002 (ID,TIME,CODE,HIGH,LOW,CLOSE,OPEN,DESCRIPTION) \
    VALUES (2, '2019-1-2', 000002, 10.13, 10.13, 10.13, 10.13,'Sell Signal' )")

c.execute("INSERT INTO SZ000002 (ID,TIME,CODE,HIGH,LOW,CLOSE,OPEN,DESCRIPTION) \
    VALUES (3, '2019-1-3', 000002, 10.14, 10.14, 10.14, 10.14,'Buy Signal' )")

c.execute("INSERT INTO SZ000002 (ID,TIME,CODE,HIGH,LOW,CLOSE,OPEN,DESCRIPTION) \
    VALUES (4, '2019-1-4', 000002, 10.15, 10.15, 10.15, 10.15,'Sell Signal' )")
conn.commit()
```

查看表的内容来验证是否已成功插入 4 行，代码如下所示：

```
#查询表内容
c.execute("select * from SZ000002")
print(c.fetchall())
#打印结果
#[(1, '2019-1-1', '2', 10.12, 10.12, 10.12, 10.12, 'Buy Signal'), (2, '2019-1-2', '2', 10.13,
10.13, 10.13, 10.13, 'Sell Signal'), (3, '2019-1-3', '2', 10.14, 10.14, 10.14, 10.14, 'Buy Signal'),
(4, '2019-1-4', '2', 10.15, 10.15, 10.15, 10.15, 'Sell Signal')]
```

4. 更新表中数据

当我们需要更新表中的第一行的"DESCRIPTION"列的内容时，可以使用 SQL 语句"UPDATE"，代码如下所示：

```
# 更新表
c.execute("UPDATE SZ000002 set DESCRIPTION = 'None' where ID=1")
conn.commit()
c.execute("select * from SZ000002")
print(c.fetchall())
#打印结果
#[(1, '2019-1-1', '2', 10.12, 10.12, 10.12, 10.12, 'None'), (2, '2019-1-2', '2', 10.13, 10.13,
10.13, 10.13, 'Sell Signal'), (3, '2019-1-3', '2', 10.14, 10.14, 10.14, 10.14, 'Buy Signal'),
(4, '2019-1-4', '2', 10.15, 10.15, 10.15, 10.15, 'Sell Signal')]
```

5. 查询表中数据

SQL 的基本查询语句是 "select * from 表 where 条件"，条件可以是等于（=）、不等于（<>或者 !=）、大于（>）、大于等于（>=）这种比较运算符，也可以说使用通配符 "%" "_" 匹配若干个字符实现模糊查询等。

此处查询表中满足 "HIGH < 10.15 and HIGH > 10.12" 条件的 id、time、code、description 字段信息，代码如下所示：

```
# 选择表
cursor = conn.execute("SELECT id, time, code, description from SZ000002 where HIGH < 10.15
and HIGH > 10.12")
    for row in cursor:
        print("ID = {}; TIME = {}; CODE = {}; description = {};".format(row[0],row[1],
row[2],row[3]))
#打印结果
        #ID = 2; TIME = 2019-1-2; CODE = 2; description = Sell Signal;
        #ID = 3; TIME = 2019-1-3; CODE = 2; description = Buy Signal;
```

6. 删除表中数据

使用 SQL 语句 "DELETE" 从当前创建的数据表中删除 id 为 2 的信息，只剩下 id 为 1、3、4 行的内容，代码如下所示：

```
# 删除表数据
c.execute("DELETE from SZ000002 where ID=2;")
conn.commit()
c.execute("select * from SZ000002")
print(c.fetchall())
#打印结果
#[(1, '2019-1-1', '2', 10.12, 10.12, 10.12, 10.12, 'None'), (3, '2019-1-3', '2', 10.14, 10.14,
10.14, 10.14, 'Buy Signal'), (4, '2019-1-4', '2', 10.15, 10.15, 10.15, 10.15, 'Sell Signal')]
```

假如要删除整个表时，可以使用 SQL 语句 "drop"，代码如下所示：

```
# 删除一个表
c.execute("drop table SZ000002")
conn.commit()
```

7. 关闭数据库连接

当关闭数据库连接时，可使用 connection.close( )接口，需要注意到该接口不会自动调用

commit( ),如果关闭数据库连接前未调用 commit( )方法,所有的更改将丢失,切记!

注:本质上讲,Python 是对 SQLite 语句做了封装而已,此处介绍了常用的 SQL 语句,大多数语句可参考 SQLite 官网文档的。

7.6.2 Pandas 操作 SQLite 的 API

Pandas 提供了 DataFrame 格式数据与常用表格型数据的输入输出接口,支持 text 格式数据(csv、json、html、剪贴板)、二进制数据(excel、hdf5 格式、Feather 格式、Parquet 格式、Msgpack、Stata、SAS、pkl)、SQL 数据(SQL、谷歌 BigQuery 云数据)等。

接下来介绍下 Pandas 是如何将 DataFrame 格式数据随心所欲地在 SQLite 库中交互的,可以使用以下两个接口。

(1)读取 SQL

```
pandas.read_sql_query(sql, con, index_col=None, coerce_float=True, params=None, parse_dates=None, chunksize=None)[source]
```

其中关键的参数包括以下两个。

- sql:SQL 的查询语句。
- con:此处为 sqlite3 的 Connection 对象。

(2)写入 SQL

```
DataFrame.to_sql(self, name, con, schema=None, if_exists='fail', index=True, index_label=None, chunksize=None, dtype=None, method=None)
```

其中关键的参数包括以下几个。

- name:SQL 表名称。
- con:此处为 sqlite3 的 Connection 对象。
- index:是否将 index 作为单独一列,使用 index_label 作为列名。
- index_label:指定 index 这列的列表。
- if_exists:当目标 SQL 表已经存在时的处理,Fail(抛出错误)、replace(替换)、append(插入)。

接下来,我们介绍读取和写入 SQL 接口的使用方法。此处使用 Tushare Pro 版本的 daily( )

接口获取格力电器 2019 年 1 月 1 日至 2 月 1 日的股票行情数据,如下所示:

```
df_gldq = pro.daily(ts_code='000651.SZ', start_date='20190101', end_date='20190201')
print(df_gldq.head())
#打印结果
"""
    ts_code  trade_date   open  ...  pct_chg       vol    amount
0  000651.SZ   20190201  42.35  ...     0.50  408947.29  1.71e+06
1  000651.SZ   20190131  41.08  ...     2.58  473745.89  1.96e+06
2  000651.SZ   20190130  40.83  ...    -0.97  332306.54  1.36e+06
3  000651.SZ   20190129  40.25  ...     2.01  522980.77  2.13e+06
4  000651.SZ   20190128  40.10  ...     0.98  518476.65  2.11e+06

[5 rows x 11 columns]
"""
```

【示例 7.13】 调用 DataFrame.to_sql( )方法将 df_gldq 转化为数据库中的数据表。代码如下所示:

```
df_gldq.to_sql(name='STOCK000651',
               con=conn,
               index=False,
               if_exists='replace')
```

【示例 7.14】 通过 pandas.read_sql_query( )函数执行 SQL 查询指令 "select * from 'STOCK000651';",将数据表从数据库中导出。代码如下所示:

```
sql_gldq = pd.read_sql_query("select * from 'STOCK000651';", conn)
print(sql_gldq)
#打印结果
"""
    ts_code  trade_date   open  ...  pct_chg       vol    amount
0  000651.SZ   20190201  42.35  ...     0.50  408947.29  1.71e+06
1  000651.SZ   20190131  41.08  ...     2.58  473745.89  1.96e+06
2  000651.SZ   20190130  40.83  ...    -0.97  332306.54  1.36e+06
3  000651.SZ   20190129  40.25  ...     2.01  522980.77  2.13e+06
4  000651.SZ   20190128  40.10  ...     0.98  518476.65  2.11e+06

[5 rows x 11 columns]
"""
```

可见导出的和存入的数据相同。当需要修改数据表时也会涉及这两个接口,先把表导出为 DataFrame 格式,然后按处理 DataFrame 的方式修改数据,最后把 DataFrame 导入为数据库的表。

7.6.3 建立 SQLite 股票行情数据库

建立本地的股票行情数据库,需要获取股票行情数据,并将数据存入本地 SQLite 数据库中,方便进一步查询和操作。

【示例 7.15】 遍历 A 股市场个股 2019 年 1 月 1 日至 2 月 1 日的行情数据，并存入本地数据库中。示例中需要关注以下 4 点。

- 在 7.4 节中，我们创建了自选股票池，股票池中包含了所要获取的 A 股市场的股票代码和名称，此处需要加载股票池。
- 使用 Tushare Pro 版本的 daily( )接口获取股票池中股票 2019 年 1 月 1 日至 2 月 1 日的行情数据。
- 为了避免获取数据时出错导致程序崩溃，此处使用 try-except 语句。
- daily( )接口有每分钟访问次数的限制，适当的时候需要在每次下载间隔增加延时。
- 此处使用 for 循环方式存入数据库，耗时会比较长。如果读者使用的接口不存在访问频率的限制，可参考 7.5 节多任务的方法进行提速。

示例如下所示：

```python
def json_to_str():
    # load: 将文件中的字符串变换为数据类型
    with open("stock_pool.json", 'r') as load_f:
        stock_index = json.load(load_f)
    return stock_index

def stock_to_sql_for(table_name, con_name, start='20190101', end='20190201'):

    stock_code = json_to_str()
    for code in stock_code['股票'].values():
        try:
            data = pro.daily(ts_code=code, start_date=start, end_date=end)
            time.sleep(0.2)
            data.to_sql(table_name, con_name, index=False, if_exists='append')
            print("right code is %s" % code)
        except:
            print("error code is %s" % code)

    # 读取整张表数据
    df = pd.read_sql_query("select * from " + table_name, con_name)
    print(df)
    #打印结果
    """
              ts_code  trade_date   open   ...   pct_chg     vol      amount
    0       000001.SZ  20190201    11.20   ...     0.90    1.01e+06  1.13e+06
    1       000001.SZ  20190131    10.98   ...     1.37    8.32e+05  9.23e+05
    2       000001.SZ  20190130    10.95   ...    -0.45    7.12e+05  7.85e+05
    3       000001.SZ  20190129    10.96   ...     0.55    8.27e+05  9.05e+05
    4       000001.SZ  20190128    11.04   ...    -0.55    1.04e+06  1.14e+06
    ...           ...       ...     ...   ...      ...         ...       ...
    82400   603999.SH  20190108     5.06   ...    -0.20    4.08e+04  2.08e+04
    82401   603999.SH  20190107     5.00   ...     1.40    4.30e+04  2.15e+04
```

```
82402   603999.SH   20190104   4.70   ...    5.05  4.70e+04  2.31e+04
82403   603999.SH   20190103   4.79   ...    0.00  1.83e+04  8.77e+03
82404   603999.SH   20190102   4.86   ...   -1.86  1.73e+04  8.32e+03

[82405 rows x 11 columns]
"""
stock_to_sql_for('STOCK000001', conn)  # 下载/更新数据库
```

此次只存入了个股 1 个月的行情数据至数据库中，后续我们可以不断更新数据库的个股数据。

7.6.4 基于 SQLite 股票行情数据分析

在读取到数据库整张表的数据后，结合前文介绍的 SQL 基本查询语句即可完成股票行情数据的分析。

【示例 7.16】 查询 20190128 这天交易日收盘价为 9～10 元，涨幅超过 5%的股票。示例如下所示：

```
df = pd.read_sql_query("select * from 'STOCK000001' where close > 9 and close < 10 and pct_chg > 5 and trade_date == '20190128'", conn)
print(df.loc[:,['ts_code','trade_date','close','pct_chg','vol']])
#打印结果
"""
    ts_code  trade_date  close  pct_chg       vol
0  000603.SZ   20190128   9.62     5.48   79957.80
1  002127.SZ   20190128   9.34     6.02  178280.73
2  600992.SH   20190128   9.12     6.92  110388.24
3  601615.SH   20190128   9.10    10.04   12091.95
"""
```

【示例 7.17】 查询股价日涨幅超过 5%的个股在 2019 年 1 月至 2019 年 2 月的分布，可以结合 groupby( )按关键字分组来实现功能。我们将分布情况用条形图显示，如图 7.5 所示。示例如下所示：

```
df = pd.read_sql_query("select * from 'STOCK000001' where pct_chg > 5", conn)
count_=df.groupby('trade_date')['ts_code'].count()

# 绘图
plt.bar(range(len(count_.index)), count_.values, align='center',color='steelblue', alpha=0.8)
# 添加轴标签
plt.ylabel('count')
# 添加刻度标签
plt.xticks(range(len(count_.index)),count_.index, rotation=45)
```

```
# 添加标题
plt.title('pct_chg > 5 time distribution')
# 为每个条形图添加数值标签
for x,y in enumerate(count_.values):
    plt.text(x, y, '%s'%y, ha='center')
# 显示图形
plt.show()
```

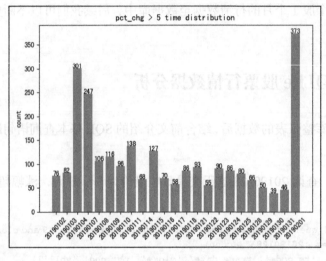

图 7.5

同样的方法我们绘制出在 2019 年 1 月至 2 月的期间，股价跌幅超过 5%的分布图，如图 7.6 所示。

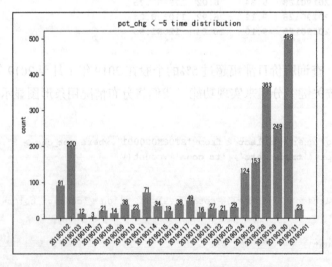

图 7.6

数据库在金融数据分析中的应用不止于此，除了对以上介绍的股票历史行情数据的管理外，我们还能将其应用在上市公司基本面数据、宏观和行业数据的管理上。另外，再提一下，SQL 语句提供的 SELECT 选取功能，包括汇总 GROUP BY、排序 ORDER BY、关联查询 JOIN 等，其实也可以用 Pandas 来实现。

7.7 本章总结

本章首先介绍了各种获取股票行情数据的方法，然后对获取到的股票行情数据进行规整化的处理，统一的数据格式便于后续展开量化分析。

本章进一步介绍了自选股票池的创建方法，通过股票池可以分类管理股票信息，便于统一下载股票数据。针对下载过程中的耗时问题，本章也给出了多任务提速的方案。

最后我们介绍了使用轻型的数据库 SQLite 管理本地行情数据的方法，提供了更加高效地管理大量行情数据的方案。

第 8 章 股票技术指标的可视化分析

本章导读

股票分析一般分为基本面分析和技术指标分析，对于中小股民来说，很难解读政策层面是利好还是利空，也无法了解上市公司内部运营的实质状况以及发布的公告对股价的影响有多大。而股价的走势则涵盖了所有的盘面信息，当主力做多，表明有资金进场，此时一切指标都会走好，我们只需要跟着主力进场就行。当资金离场时一切指标都会走坏，我们也只需要跟着主力离场即可。由此可见，对于中小股民来说，技术指标分析相比于基本面分析更靠谱些。

可视化是分析股票技术指标最直观的方法，本章首先定制可视化的接口程序，好的程序框架可以帮助我们在分析中事半功倍。然后在此基础上展开技术指标的计算和可视化，从而挖掘出指标背后的含义。

8.1 定制可视化接口

通常我们在数据分析的代码之后添加 Matplotlib 绘图代码来实现数据的可视化。在技术指标的可视化分析过程中，笔者发现，这种方式不仅会产生大量重复的代码，而且不利于灵活更改图表的属性。

如图 8.1 和图 8.2 所示，在绘制 KDJ 指标函数 draw_kdj_chart( ) 和绘制 SMA 指

标函数 draw_sma_chart( )时，Matplotlib 绘图代码大同小异，它们主要的作用是将数据绘制为折线图并设置图表的属性，例如坐标轴的显示标签、图表标题等，除了某些特定的参数不同外，其他代码几乎是一样的。

```python
def draw_kdj_chart(stock_dat):
    # 绘制KDJ图
    low_list = stock_dat['Low'].rolling(9, min_periods=1).min()
    high_list = stock_dat['High'].rolling(9, min_periods=1).max()
    rsv = (stock_dat['Close'] - low_list) / (high_list - low_list) * 100    # 数据分析的代码
    stock_dat['K'] = rsv.ewm(com=2, adjust=False).mean()
    stock_dat['D'] = stock_dat['K'].ewm(com=2, adjust=False).mean()
    stock_dat['J'] = 3 * stock_dat['K'] - 2 * stock_dat['D']

    fig = plt.figure(figsize=(14, 5), dpi=100, facecolor="white")#创建fig对象
    graph_kdj = fig.add_subplot(1,1,1) #创建子图
    graph_kdj.plot(np.arange(0, len(stock_dat.index)), stock_dat['K'], 'blue', label='K')  # K
    graph_kdj.plot(np.arange(0, len(stock_dat.index)), stock_dat['D'], 'g--', label='D')  # D
    graph_kdj.plot(np.arange(0, len(stock_dat.index)), stock_dat['J'], 'r-', label='J')  # J
    graph_kdj.legend(loc='best', shadow=True, fontsize='10')
    graph_kdj.set_ylabel(u"KDJ")                                           # 可视化部分的代码
    graph_kdj.set_xlabel("日期")
    graph_kdj.set_xlim(0, len(stock_dat.index)) # 设置x轴的范围
    graph_kdj.set_xticks(range(0, len(stock_dat.index), 15)) # X轴刻度设定 每15天标一个日期
    graph_kdj.set_xticklabels([stock_dat.index.strftime('%Y-%m-%d')[index] \
                                for index in graph_kdj.get_xticks()])  # 标签设置为日期
    fig.autofmt_xdate(rotation=45) # 避免x轴日期刻度标签的重叠 将每个ticker标签倾斜45度

    plt.show()
```

图 8.1

```python
def draw_sma_chart(stock_dat):
    # 绘制移动平均线图
                                                                # 数据分析的代码
    stock_dat['SMA20'] = stock_dat.Close.rolling(window=20).mean()
    stock_dat['SMA30'] = stock_dat.Close.rolling(window=30).mean()
    stock_dat['SMA60'] = stock_dat.Close.rolling(window=60).mean()

    fig = plt.figure(figsize=(14, 5), dpi=100, facecolor="white") # 创建fig对象
    graph_sma = fig.add_subplot(1,1,1) # 创建子图
    graph_sma.plot(np.arange(0, len(stock_dat.index)), stock_dat['SMA20'],'black', label='SMA20',lw=1.0)
    graph_sma.plot(np.arange(0, len(stock_dat.index)), stock_dat['SMA30'],'green',label='SMA30', lw=1.0)
    graph_sma.plot(np.arange(0, len(stock_dat.index)), stock_dat['SMA60'],'blue',label='SMA60', lw=1.0)
    graph_sma.legend(loc='best')
    graph_sma.set_title(u"000651 格力电器-均线")
    graph_sma.set_ylabel(u"价格")                                # 可视化部分的代码
    graph_sma.set_xlim(0,len(stock_dat.index)) # 设置x轴的范围
    graph_sma.set_xticks(range(0,len(stock_dat.index),15)) # X轴刻度设定 每15天标一个日期
    graph_sma.set_xticklabels([stock_dat.index.strftime('%Y-%m-%d')[index] \
                                for index in graph_sma.get_xticks()]) # 标签设置为日期
    fig.autofmt_xdate(rotation=45) # 避免x轴日期刻度标签的重叠 将每个ticker标签倾斜45度
    plt.show()
```

图 8.2

当我们需要统一图表风格时，势必要同时更改这两个函数的绘图代码；

当我们需要在图中添加一些标注点时，势必要把绘制标注点的代码复制到函数中；

……

假如我们能够将 Matplotlib 绘图代码封装成独立的接口，那么可以复用大部分代码，易用性方面会提高很多。

在 2.8 节中，我们领略了 Python 装饰器的强大，它可以在不改变原有代码的前提下实现特殊的功能。在正式展开股票技术指标的可视化分析之前，我们先应用装饰器定制可视化接口，这样不仅可以灵活地配置各种图表及属性，也可以剥离出 Matplotlib 绘图代码以实现统一维护的效果，并能够方便后续的可视化分析。

8.1.1 可视化代码结构分析

以图 8.2 中的 draw_sma_chart( )函数为例，可以将该绘图代码分为以下几部分：

- 创建 fig 对象和子图；
- 将数据可视化为折线图；
- 设置图表的属性；
- 显示图表。

（1）创建 fig 对象和子图

使用 matplotlib 的对象式绘图方式，首先调用 figure( )方法创建一个名称为 fig 的图表对象，其中 figsize 参数设置图像的长和宽（英寸），dpi 参数设置图像的分辨率，facecolor 参数设置绘图区域的背景颜色，代码如下所示：

```
fig = plt.figure(figsize=(14, 5), dpi=100, facecolor="white") #创建fig对象
```

然后在 figure 对象中创建一个名为 graph_sma 的 Axes 对象，在该对象上绘制 SMA 图，代码如下所示：

```
graph_sma = fig.add_subplot(1,1,1) #创建子图
```

（2）将数据可视化为折线图

使用 graph_sma.plot( )将一系列的数据坐标点连接起来形成一条折线，代码如下所示：

```
graph_sma.plot(np.arange(0, len(stock_dat.index)), stock_dat['SMA20'],'black', label='SMA20', lw=1.0)
graph_sma.plot(np.arange(0, len(stock_dat.index)), stock_dat['SMA 30'],'green',label='SMA30', lw=1.0)
graph_sma.plot(np.arange(0, len(stock_dat.index)), stock_dat['SMA 60'],'blue',label='SMA60', lw=1.0)
```

（3）设置图表的属性

设置图表的标题、坐标轴的显示标签、坐标轴范围等属性，代码如下所示：

```python
graph_sma.legend(loc='best')
graph_sma.set_title(u"000651 格力电器-均线")
graph_sma.set_ylabel(u"价格")
graph_sma.set_xlim(0,len(stock_dat.index)) # 设置 x 轴的范围
graph_sma.set_xticks(range(0,len(stock_dat.index),15)) # X 轴刻度设定每 15 天标一个日期
graph_sma.set_xticklabels([stock_dat.index.strftime('%Y-%m-%d')[index] \
                         for index in graph_sma.get_xticks()]) # 标签设置为日期
fig.autofmt_xdate(rotation=45) # 避免 x 轴日期刻度标签的重叠 将每个 ticker 标签倾斜 45 度
```

（4）显示图表

最后别忘了使用 show( )函数显示图表，代码如下所示：

```
plt.show()
```

在以上 4 个部分的代码中，对于不同的图表实际上只有第 2 部分代码是不同的，例如成交量指标会可视化成柱状图，MACD 指标会可视化成为柱状图和折线图的结合，而其他（1）、（3）、（4）部分代码仅仅只有参数不同而已。因此可以将（1）、（3）、（4）部分的代码封装为普通的函数，而装饰器所封装的是第二部分代码。

8.1.2 可视化接口框架实现

可视化接口框架由 3 个类组成，分别是 DefTypesPool、MplTypesDraw 和 MplVisualIf。

（1）DefTypesPool 类

DefTypesPool 类的主要功能是将各种不同类型的图表函数以相应的路径名注册到一个容器中，使用时可通过路径名找到对应的图表函数。

需要在类中分别创建如下函数。

- __init__()：构造函数，创建字典变量 self.routes 用于注册绘图函数。
- route_types：装饰器函数，将各种绘图函数注册至 self.routes。
- route_output：根据注册路径输出已注册的绘图函数。

完整的 DefTypesPool 类代码如下所示：

```python
class DefTypesPool():
    def __init__(self):
        self.routes = {}
    def route_types(self, types_str):
        def decorator(f):
            self.routes[types_str] = f
            return f
```

```
        return decorator
    def route_output(self, path):
        function_val = self.routes.get(path)
        if function_val:
            return function_val
        else:
            raise ValueError('Route "{}"" has not been registered'.format(path))
```

(2) MplTypesDraw 类

在 MplTypesDraw 类中实例化 DefTypesPool 类，此处 mpl 属于类变量。如下所示：

```
mpl = DefTypesPool()
```

以 SMA 和 KDJ 指标为例，它们都属于折线图类型，我们将绘图代码单独封装成函数 line_plot( )，使用@语法把装饰器@mpl.route_types(u"line")置于函数的定义处，这样就能把函数的名称和路径成对地注册到字典变量 self.routes 中。例如 u"line"名称对应于 line_plot( )函数。

部分代码如下所示：

```
class MplTypesDraw():

    mpl = DefTypesPool()

    @mpl.route_types(u"line")
    def line_plot(df_index, df_dat, graph):
        # 绘制line图
        for key, val in df_dat.items():
            graph.plot(np.arange(0, len(val)), val, label=key, lw=1.0)
```

(3) 创建 MplVisualIf 类

MplVisualIf 类继承于 MplTypesDraw 类，作用是绘制出一幅完整的图表，对应于可视化代码中的（1）、（3）、（4）部分。在类中保留一部分常用的图表属性作为默认属性，无须重复配置，已精简配置代码。

需要在类中创建如下函数。

- __init__( )：构造函数，用于初始化父类和子类。

- fig_creat( )：由 fig_output( )调用的子函数，用于创建 fig 对象和子图。

- fig_config( )：由 fig_output( )调用的子函数，用于设置图表的属性。

- fig_show( )：由 fig_output( )调用的子函数，用于显示图表。

- fig_output( )：由外部调用的绘图函数，用于输出定制的图表。

完整的 MplVisualIf 类代码如下所示：

```python
class MplVisualIf(MplTypesDraw): # matplotlib Visualization interface
    def __init__(self):
        MplTypesDraw.__init__(self)

    def fig_creat(self, **kwargs):
        if 'figsize' in kwargs.keys(): # 创建fig对象
            self.fig = plt.figure(figsize=kwargs['figsize'], dpi=100, facecolor="white")
        else:
            self.fig = plt.figure(figsize=(14, 7), dpi=100, facecolor="white")
        self.graph = self.fig.add_subplot(1, 1, 1) # 创建子图
        self.fig.autofmt_xdate(rotation=45) # 避免x轴日期刻度标签的重叠 将每个ticker标签倾斜45度

    def fig_config(self, **kwargs):
        if 'legend' in kwargs.keys():
            self.graph.legend(loc=kwargs['legend'], shadow=True)
        if 'xlabel' in kwargs.keys():
            self.graph.set_xlabel(kwargs['xlabel'])
        else:
            self.graph.set_xlabel(u"日期")
        self.graph.set_title(kwargs['title'])
        self.graph.set_ylabel(kwargs['ylabel'])
        self.graph.set_xlim(0, len(self.index)) # 设置x轴的范围

        if 'ylim' in kwargs.keys(): # 设置y轴的范围
            bottom_lim = self.graph.get_ylim()[0]
            top_lim = self.graph.get_ylim()[1]
            range_lim = top_lim - bottom_lim
            self.graph.set_ylim(bottom_lim+range_lim*kwargs['ylim'][0],
                        top_lim+range_lim*kwargs['ylim'][1])

        if 'xticks' in kwargs.keys(): # X轴刻度设定
            self.graph.set_xticks(range(0, len(self.index), kwargs['xticks']))
        else:
            self.graph.set_xticks(range(0, len(self.index), 15)) # 默认每15天标一个日期
        if 'xticklabels' in kwargs.keys(): # 标签设置为日期
            self.graph.set_xticklabels([self.index.strftime(kwargs['xticklabels'])[index] \
                            for index in self.graph.get_xticks()])
        else:
            self.graph.set_xticklabels([self.index.strftime('%Y-%m-%d')[index] \
                            for index in self.graph.get_xticks()])
    def fig_show(self, **kwargs):
        plt.show()

    def fig_output(self, **kwargs):
        self.index = kwargs['index']
        self.fig_creat(**kwargs)
        for path, val in kwargs['draw_kind'].items():
            print(u"输出[%s]可视化图表:" % path)
            view_function = self.mpl.route_output(path)
            view_function(self.index, val, self.graph)
        self.fig_config(**kwargs)
        self.fig_show(**kwargs)
```

8.1.3 可视化图表类型实现

本章会涉及 K 线图、柱状图、标注点等类型的图表，此处我们以表 8.1 罗列图表的名称及对应的函数。

表 8.1

技术指标	Matplotlib 图表	函数名称
K 线	K 线图（ochl）	ochl_plot( )
移动平均线	折线图（line）	line_plot( )
成交量	柱状图（bar）	bar_plot( )
MACD	折线图（line） 柱状图（bar）	line_plot( ) bar_plot( )
KDJ	折线图（line）	line_plot( )
移动平均线交叉	折线图（line） 标注点（annotate）	line_plot( ) annotate_plot( )
跳空缺口	K 线图（ochl） 标注点（annotate）	ochl_plot( ) annotate_plot( )
黄金分割线	K 线图（ochl） 标注点（annotate） 水平线（hline）	ochl_plot( ) annotate_plot( ) hline_plot( )

接下来我们分别介绍这些类型的 Matplotlib 图表的绘制方法。

【示例 8.1】 K 线图的可视化对应于可视化接口中的 ochl_plot( )函数。代码如下所示：

```
@mpl.route_types(u"ochl")
def ochl_plot(df_index, df_dat, graph):
    # 绘制 ochl 图——Kline
    # 方案一
    mpf.candlestick2_ochl(graph, df_dat['Open'], df_dat['Close'], df_dat['High'], df_dat['Low'],
width=0.5, colorup='r', colordown='g') # 绘制 K 线走势
    # 方案二
    ohlc = list(zip(np.arange(0,len(df_index)),df_dat['Open'], df_dat['Close'], df_dat['High'],
df_dat['Low'])) # 使用 zip 方法生成数据列表
    mpf.candlestick_ochl(graph, ohlc, width=0.2, colorup='r', colordown='g', alpha=1.0) #
绘制 K 线走势
```

【示例 8.2】 关于成交量图的绘制，对应于可视化接口中的 bar_plot( )函数。代码如下所示：

```
@mpl.route_types(u"bar")
def bar_plot(df_index, df_dat, graph):
    # 绘制 bar 图——Volume
```

```
graph.bar(np.arange(0, len(df_index)), df_dat['bar_red'], facecolor='red')
graph.bar(np.arange(0, len(df_index)), df_dat['bar_green'], facecolor='green')
```

【示例 8.3】 关于移动平均线的绘制，对应于可视化接口中的 line_plot( )函数。采用遍历的方式使用 graph.plot( )方法直接在子图上绘制出移动平均线图。代码如下所示：

```
@mpl.route_types(u"line")
def line_plot(df_index, df_dat, graph):
    # 绘制 line 图
    for key, val in df_dat.items():
        graph.plot(np.arange(0, len(val)), val, label=key, lw=1.0)
```

【示例 8.4】 关于金叉/死叉标注点的绘制，对应于可视化接口中的 annotate_plot( )函数。此处以标注点坐标 xy( )为基准，插入文本点的坐标 xytext( )与 xy( )之间是偏移关系。参数 arrowprops 是以字典形式设置箭头的属性。代码如下所示：

```
@mpl.route_types(u"annotate")
def annotate_plot(df_index, df_dat, graph):
    # 绘制 annotate 图
    for key, val in df_dat.items():
        for kl_index, today in val['andata'].iterrows():
            x_posit = df_index.get_loc(kl_index)
            graph.annotate(u"{}\n{}".format(key, today.name.strftime("%m.%d")),
                            xy=(x_posit, today[val['xy_y']]),
                            xycoords='data',
                            xytext=(val['xytext'][0], val['xytext'][1]),
                            va=val['va'],  # 点在标注下方
                            textcoords='offset points',
                            fontsize=val['fontsize'],
                            arrowprops=val['arrow'])
```

【示例 8.5】 关于黄金分割的绘制，对应于可视化接口中的 hline_plot()函数。代码如下所示：

```
@mpl.route_types(u"hline")
def hline_plot(df_index, df_dat, graph):
    # 绘制 hline 图
    for key, val in df_dat.items():
        graph.axhline(val['pos'],c=val['c'],label=key)
```

8.1.4 可视化接口使用说明

在调用可视化接口之前，需要以嵌套键—值对形式的配置参数来描述图表的属性。由于 MplVisualIf 类中会保留默认的配置参数，在配置参数时只需要关心与默认值不同的参数即可。关于配置参数的定义如表 8.2 所示。

表 8.2

配置参数	子参数	说明
figsize	无	【可选项】plt.figure( )函数的 figsize 参数，图表的尺寸。默认(14, 7)
title	无	set_title( )方法的参数，图表的标题
ylabel	无	set_ylabel( )方法的参数，y 轴标签
xlabel	无	【可选项】set_xlabel( )方法的参数，x 轴标签。默认"日期"
ylim	无	【可选项】set_ylim( )方法的参数，y 轴范围（bottom 和 top 的比例）。默认根据图表数据自动调整
xticks	无	【可选项】set_xticks( )方法的参数，x 轴刻度设定。默认为 15
xticklabels	无	【可选项】set_xticklabels( )方法的参数，x 轴日期标签格式。默认'%Y-%m-%d'
legend	无	【可选项】legend( )方法的参数，图例的位置。当图表类型为 line 时使用
index	无	数据的索引，同时用于配置 x 轴范围和刻度
draw_kind	有	定义图表的种类，子参数为各类图表的所需的参数。例如'ochl'、'annotate'等类型的参数

配置参数与绘图代码参数的对应关系如图 8.3 所示。

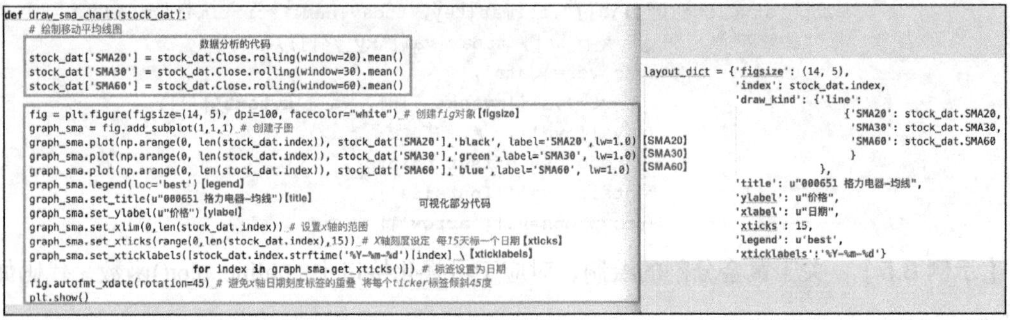

图 8.3

创建 MplVisualIf 类的实例对象 app，当调用 app.fig_output( )方法时传入配置参数，fig_output( )方法会接收并按参数设定值可视化图表。代码如下所示：

```
layout_dict = {'figsize': (14, 5),
               'index': stock_dat.index,
               'draw_kind': {'line':
                             {'SMA20': stock_dat.SMA20,
                              'SMA30': stock_dat.SMA30,
                              'SMA60': stock_dat.SMA60
                             }
                            },
               'title': u"000651 格力电器-均线",
               'ylabel': u"价格",
```

```
                'xlabel': u"日期",
                'xticks': 15,
                'legend': u'best',
                'xticklabels': '%Y-%m-%d'}
app.fig_output(**layout_dict)
```

其中'draw_kind'表示数据可视化的图表类型,示例中给定的是'line'图表,'line'图表对应的参数分别为'SMA20'(20日SMA)、'SMA30'(30日SMA)和'SMA60'(60日SMA)序列值。

app.fig_output( )方法中会从字典变量 self.routes 中返回'line'所对应的绘图函数,并将'line'的参数传入绘图函数中。关于其他图表的绘制方法我们会在对应的技术指标可视化中介绍。

8.2 基础技术指标的可视化

观察技术指标的变化十分重要,通常我们会使用行情软件来观察股票的技术指标,从而判断未来股价的变动方向。本节介绍股票行情界面中K线、均线、成交量、MACD、KDJ这几个基础技术指标的原理、计算及可视化方法。

此处使用 7.3 节定制的股票行情数据获取接口 pro_daily_stock( )或者 bs_k_data_stock( ),得到格力电器 2018-06-01 至 2019-06-01 近一年的股票行情数据,作为本节的数据。如下所示:

```
df_stockload = bs_k_data_stock("sz.000651", '2018-06-01', '2019-06-01')
```

需要注意的是,为了不改变原生行情数据,本节将 df_stockload 以副本形式传入函数中使用,函数中对应的形参定义为 stock_dat。代码如下所示:

```
def draw_kline_chart(stock_dat):
    pass # 添加实现内容
draw_kline_chart(df_stockload.copy(deep=True)) # K线图

def draw_volume_chart(stock_dat):
    pass # 添加实现内容
draw_volume_chart(df_stockload.copy(deep=True)) # 成交量图

def draw_sma_chart(stock_dat):
    pass # 添加实现内容
draw_sma_chart(df_stockload.copy(deep=True)) # 移动平均线图

def draw_kdj_chart(stock_dat):
    pass # 添加实现内容
draw_kdj_chart(df_stockload.copy(deep=True)) # KDJ图

def draw_macd_chart(stock_dat):
```

```
    pass  # 添加实现内容
draw_macd_chart(df_stockload.copy(deep=True))  # MACD 图
```

8.2.1 原生量价指标可视化

原生的行情数据由单位时间的量和价两个部分组成，量指的是单位时间的成交量，价主要包括单位时间的收盘价、开盘价、最高价和最低价。技术指标本质上是依据这些原生的行情数据，以特定的算法计算而生成的，因此绘制体现原生行情数据的技术指标——K 线和成交量是非常基础的一步。

接下来，我们分别介绍如何可视化 K 线和成交量这两个体现原生行情数据的技术指标。

1．K 线的可视化

K 线对大家来说并不陌生，通常 K 线是以单位时间划分，例如 5 分钟线、30 分钟线、日线、周线等，不同交易风格的人会使用不同周期的 K 线进行决策。

每一根 K 线记录着这个时间段的开盘价、最高价、最低价、收盘价这 4 个数据。开盘价和收盘价顾名思义就是开盘后第一笔成交的价格和收盘前最后一笔成交的价格。当收盘价比开盘价高时，收盘价在上，开盘价在下，K 线为阳线，实体呈现红色；如果收盘价比开盘价低，收盘价在下，开盘价在上，K 线为阴线，实体呈现绿线；最高价及最低价则以影线表示，高价回落则留上影线，低价回升则留下影线，如图 8.4 所示。

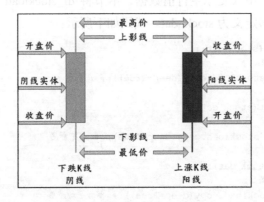

图 8.4

关于 K 线图的可视化，首先创建 draw_kline_chart( )函数。然后在函数中通过配置参数来描述图表的显示效果。此处图表类型选项 draw_kind 选择为 ochl，将 Open、Close、High、Low 对应的开盘价、收盘价、最高价、最低价的序列值传递给可视化接口。xlabel、xticks、 xticklabels 参数保持默认值即可。

完整代码如下所示：

```python
def draw_kline_chart(stock_dat):
    # 绘制K线图
    layout_dict = {'figsize': (12, 6),
                   'index': stock_dat.index,
                   'draw_kind': {'ochl':
                                   {'Open': stock_dat.Open,
                                    'Close': stock_dat.Close,
                                    'High': stock_dat.High,
                                    'Low': stock_dat.Low
                                   }
                                },
                   'title': u"000651格力电器-日K线",
                   'ylabel': u"价格"}

    app.fig_output(**layout_dict)
```

绘制效果如图 8.5 所示。

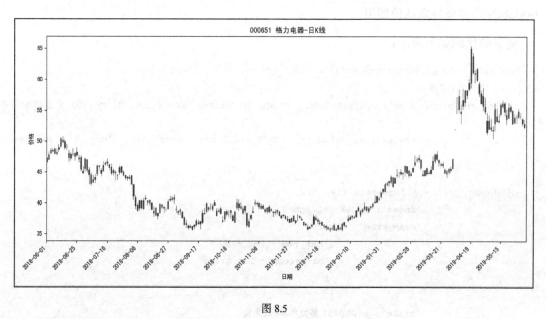

图 8.5

2. 成交量的可视化

成交量指的是当日股票交易成功的数量，以手为单位（1 手等于 100 股）。在技术分析时，通常会将价格和成交量相结合来判断主力的动向，例如在主力拉高股价出货时，往往当日的股价会出现"过山车"的走势，同时成交量会出现近期的"天量"。

关于成交量图的可视化，首先要创建 draw_volume_chart( )函数，在函数中完成以下步骤。

（1）判断上涨/下跌成交量

我们获取到的股票原始行情数据中已经包含了成交量信息，只需用条件判断来区分上涨交易日的成交量和下跌交易日的成交量即可，判断的条件为当收盘价高于开盘价时显示红色，反之则显示绿色，如下所示：

```
bar_red = np.where(stock_dat.Open < stock_dat.Close,  stock_dat.Volume, 0) # 绘制BAR>0柱状图
bar_green = np.where(stock_dat.Open > stock_dat.Close,  stock_dat.Volume, 0) # 绘制BAR<0柱状图
```

（2）配置参数描述图表属性

在函数中通过配置参数来描述图表的显示效果。此处图表类型选项 draw_kind 选择为 bar，将 bar_red、bar_green 对应的红色成交量、绿色成交量序列值传递给可视化接口。xlabel、xticks、xticklabels 参数保持默认值即可。

完整的代码如下所示：

```python
def draw_volume_chart(stock_dat):
    # 绘制成交量图
    bar_red = np.where(stock_dat.Open < stock_dat.Close,  stock_dat.Volume, 0) # 绘制BAR>0柱状图
    bar_green = np.where(stock_dat.Open > stock_dat.Close,  stock_dat.Volume, 0) # 绘制BAR<0柱状图

    layout_dict = {'figsize': (14, 5),
                   'index': stock_dat.index,
                   'draw_kind': {'bar':
                                    {'bar_red': bar_red,
                                     'bar_green': bar_green
                                    }
                                },
                   'title': u"000651 格力电器-成交量",
                   'ylabel': u"成交量"}

    app.fig_output(**layout_dict)
```

绘制成交量的效果如图 8.6 所示。

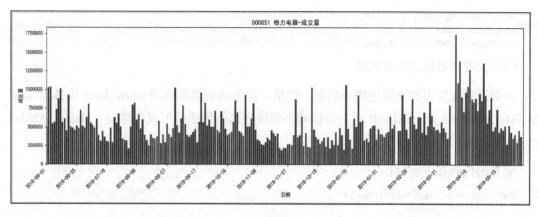

图 8.6

8.2.2 移动平均线 SMA 可视化

1. 指标原理介绍

移动平均线（Moving Average，MA）是技术分析中应用十分普遍的一项指标，主要用于判断行情的趋势。"平均"是指单位周期内的平均收盘价格，"移动"是指将新的交易日收盘价纳入计算周期的同时，剔除最早的交易日收盘价。

此处介绍普通移动平均线 SMA 的实现。例如计算收盘价的 10 日 SMA，可用如下公式概括：

$$SMA(10)_{t1} = \frac{p_1 + p_2 + \cdots + p_{10}}{10} \quad SMA(10)_{t2} = \frac{p_2 + p_3 + \cdots + p_{11}}{10} \ldots SMA(10)_{tn} = \frac{p_n + p_{n+1} + \cdots + p_{n+10}}{10}$$

移动平均线体现了在该段周期内持股人的平均持股成本。在股价上涨时移动平均线会随着股价保持上行，反应了该周期内持股人的平均持股成本上升了，反之亦然。一般来说，在上涨过程中，由于主力筹码较多，移动平均线可视为主力的成本线，在上涨末期时由于主力把筹码派发给了散户，移动平均线可视为散户的成本线。

2. 指标可视化方法

关于移动平均线的可视化，首先要创建 draw_sma_chart( ) 函数，在函数中完成以下步骤。

（1）计算 SMA20、SMA30、SMA60 移动平均线序列

我们使用 DataFrame.rolling( ).mean( ) 计算移动平均线，使用时只需提供收盘价和移动平均时间窗口的大小即可，对使用者来说是非常方便快捷的，此处我们计算 SMA20、SMA30、SMA60 这 3 种移动平均线，如下所示：

```
stock_dat['SMA20'] = stock_dat.Close.rolling(window=20).mean()
stock_dat['SMA30'] = stock_dat.Close.rolling(window=30).mean()
stock_dat['SMA60'] = stock_dat.Close.rolling(window=60).mean()
```

（2）配置参数描述图表属性

函数通过配置参数来描述图表的显示效果。此处图表类型选项 draw_kind 选择为 line，将 SMA20、SMA30、SMA60 对应的移动平均线序列值传递给可视化接口，xlabel、xticks、xticklabels 参数保持默认值即可。

完整的代码如下所示：

```
def draw_sma_chart(stock_dat):
    # 绘制移动平均线图
    stock_dat['SMA20'] = stock_dat.Close.rolling(window=20).mean()
    stock_dat['SMA30'] = stock_dat.Close.rolling(window=30).mean()
    stock_dat['SMA60'] = stock_dat.Close.rolling(window=60).mean()

    layout_dict = {'figsize': (14, 5),
                   'index': stock_dat.index,
                   'draw_kind': {'line':
                                     {'SMA20': stock_dat.SMA20,
                                      'SMA30': stock_dat.SMA30,
                                      'SMA60': stock_dat.SMA60
                                      }
                                 },
                   'title': u"000651 格力电器-均线",
                   'ylabel': u"价格",
                   'legend': u'best'}
    app.fig_output(**layout_dict)
```

绘制移动平均线的效果如图 8.7 所示。

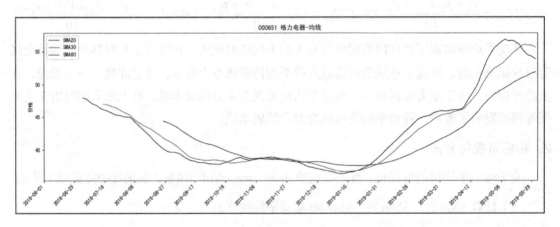

图 8.7

提示：SMA20、SMA30、SMA60 分别在第 20 个、第 30 个和第 60 个交易日时才能计算得到第一个周期内的收盘价平均值，所以有一段移动平均线为无效值。

8.2.3 震荡类指标 KDJ 可视化

1. 指标原理介绍

KDJ 是常用的震荡类指标。在介绍 KDJ 指标之前，先介绍威廉指标（Williams %R，简称 W%R）。威廉指标由拉里·威廉斯（Larry Williams）提出，该指标的计算首先选定一个特定的时间跨度（例如 14 日），然后找出这一特定区间的最高价和最低价，构成一个价格变化区间，而后分析这一时间跨度最后一个时间点的收盘价与期间最高价和最低价的相对位置，以此来衡量市场的超买或超卖现象。

KDJ 指标最早的雏形是由芝加哥期货交易商 George Lane 提出的 KD 指标，该指标又被称为随机震荡指标（Stochastic Oscillator Indicator）。从最基础的交易思想上看，KD 指标的分析思想与威廉指标类似，均使用特定时间跨度中的最后收盘价与该时间跨度内的最高价和最低价的相对位置来推测市场的超买和超卖情况。与威廉指标不同的是，随机震荡指标在收盘价与最高价和最低价的相对位置的比值上，又融合了移动平均的思想，用更多的信息来捕捉市场的超买、超卖现象。KDJ 指标则是在随机震荡指标 K 线和 D 线的基础上增加了一条 J 线，进一步提高了随机震荡指标对市场买卖信号捕捉的准确度。

关于 KDJ 指标的计算，分为以下几步。

（1）计算未成熟随机值 RSV（Raw Stochastic Value），计算公式如下所示：

RSV =（第 n 天的收盘价-最近 n 天内的最低价）÷（最近 n 天内的最高价-最近 n 天内的最低价）× 100%

其中，n 为时间跨度，RSV 取值范围在 0～100 之间，取值越大说明收盘价在价格区间中的相对位置越高，市场可能出现超买的现象，反之则反。

（2）计算得到 RSV 值后，K 值由 RSV 值的指数移动平均（Exponential Moving Average，EMA）计算得到，即前一日的 K 值和当期 RSV 值经过一定权重调整后相加所得，计算公式如下：

K 值 = 2/3 × 前一日 K 值 + 1/3 当日 RSV 值

（3）D 值由 K 值的指数移动平均计算得到，即前一日的 D 值和当期 K 值经过一定权重调整后相加得到，计算公式如下：

D 值 = 2/3 × 前一日 D 值 + 1/3 当日 K 值

（4）J 值是 KD 的辅助指标，进一步反映了 K 指标和 D 指标的乘离程度，计算公式如下：

J 值 = 3 × K 值 − 2 × D 值

2. 指标可视化方法

关于 KDJ 的可视化，首先要创建 draw_kdj_chart( ) 函数，在函数中完成以下步骤。

（1）计算 KDJ 指标的序列

首先要确认计算公式中的参数，在计算 K 值和 D 值时，取较为常用的平滑权重 2/3 和 1/3，该权重也可根据股价走势特点对应修改。时间跨度 n 选择为 9 日，第 9 个数据产生第一个有效 RSV 值。

在介绍 Numpy 和 Pandas 工具时提到了矢量化计算的优势，此处可以用更高效的矢量化方式计算 KDJ 指标的数值，代码如下所示：

```
low_list = stock_dat['Low'].rolling(9, min_periods=1).min()
high_list = stock_dat['High'].rolling(9, min_periods=1).max()
rsv = (stock_dat['Close'] - low_list) / (high_list - low_list) * 100
stock_dat['K'] = rsv.ewm(com=2, adjust=False).mean()
stock_dat['D'] = stock_dat['K'].ewm(com=2, adjust=False).mean()
stock_dat['J'] = 3 * stock_dat['K'] - 2 * stock_dat['D']
```

在平滑 KD 值时使用了 pandas.DataFrame.ewm( ) 函数，该函数提供指数加权平滑功能，函数原型如下所示：

```
DataFrame.ewm(com=None, span=None, halflife=None, alpha=None, min_periods=0, adjust=True, ignore_na=False, axis=0)
```

当 adjust 为 False 时，是以递归方式计算加权平均值，公式如下所示，其中 α 为平滑指数：

$$y_t = x_t$$
$$y_t = (1-\alpha)y_{t-1} + \alpha \times y_t$$
$$\alpha = 1/(1+com)$$

当 com 为 2 则 α 为 1/3，于是 K 值为 (2/3×前一日 K 值 + 1/3 当日 RSV 值)，此处 K 值初值为 rsv[0]，不同的初值计算得到的具体数值在开始阶段会有所不同。

（2）配置参数描述图表属性

函数中通过配置参数来描述图表的显示效果。KDJ 的绘制对应于可视化接口中的 line_plot( ) 函数，此处图表类型选项 draw_kind 选择为 line，将 K、D、J 对应的 KDJ 序列值以下提供矢量化方式实现 KDJ 指标的完整例程代码，如下所示：

```
def draw_kdj_chart(stock_dat):
    # 绘制KDJ图
    low_list = stock_dat['Low'].rolling(9, min_periods=1).min()
    high_list = stock_dat['High'].rolling(9, min_periods=1).max()
    rsv = (stock_dat['Close'] - low_list) / (high_list - low_list) * 100
    stock_dat['K'] = rsv.ewm(com=2, adjust=False).mean()
    stock_dat['D'] = stock_dat['K'].ewm(com=2, adjust=False).mean()
    stock_dat['J'] = 3 * stock_dat['K'] - 2 * stock_dat['D']
    layout_dict = {'figsize': (14, 5),
                   'index': stock_dat.index,
                   'draw_kind': {'line':
                                     {'K': stock_dat.K,
                                      'D': stock_dat.D,
                                      'J': stock_dat.J
                                      }
                                 },
                   'title': u"000651 格力电器-KDJ",
                   'ylabel': u"KDJ",
                   'legend': u'best'}
    app.fig_output(**layout_dict)
```

矢量化方式绘制 KDJ 的显示效果如图 8.8 所示。

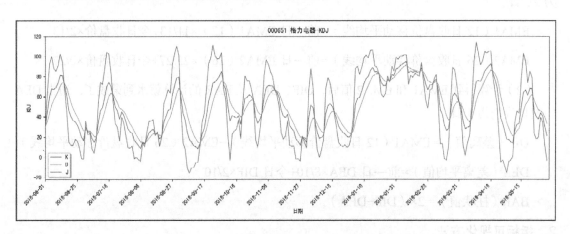

图 8.8

8.2.4　趋势类指标 MACD 可视化

1. 指标原理介绍

MACD（Moving Average Convergence and Divergence）称为平滑异同移动平均线，由 Geral

Appel 于 1979 年提出，它属于趋势类的指标，由快速线 DIF、慢速线 DEA 以及红绿柱状图 BAR 组成。DIF 和 DEA 是以零轴为中心轴，上下交叉移动的两条线，BAR 由 DIF 和 DEA 相减获得，红绿柱的收缩作为研判行情的辅助指标。

MACD 的关键在于差离值 DIF，它由收盘价的短期指数移动平均线 EMA1 与长期指数移动平均线 EMA2 相减所得，以 EMA1 和 EMA2 之间的聚合与分离状况来对行情趋势进行判断，DEA 只是对 DIF 值进行二次移动平滑用于辅助观察变化。

理论上讲，在持续加速的涨势中，短期 EMA1 线在长期 EMA2 线之上，其间的正离差值（+DIF）会越来越大，DIF 距离 DEA 也会变大，BAR 柱状线也会扩展；反之，在加速跌势中负离差值（-DIF）会越来越小。当行情即将反转时，DIF 与 DEA 距离会逐渐减小，也就是指标出现背离的情形，对应于股价可体现为第二轮上涨/下跌虽然超越了第一轮股价的高点/低点，但第二轮运行的动能比第一轮降低了，预示着趋势已经是强弩之末的态势了。

关于 MACD 指标的计算，分为以下几步。

（1）是计算 EMA1 与 EMA2 指标。需要注意的是，EMA 不同于普通的移动平均线 MA，它为指数加权的移动平均线，通常 EMA1 的窗口周期为 12 日，EMA2 的窗口周期为 26 日。

EMA1（12 日收盘价移动平均线）=前一日 EMA1（12）×11/13+今日收盘价×2/13

EMA2（26 日收盘价移动平均线）=前一日 EMA2（26）×25/27+今日收盘价×2/27

（2）计算得到 EMA1 和 EMA2 值后，DIF、DEA 及 BAR 的计算就水到渠成了，通常 DEA 的窗口周期为 9 日。

DIF（差离值）= EMA1（12 日收盘价移动平均线）-EMA2（26 日收盘价移动平均线）

DEA（差离平均值）=前一日 DEA×8/10+今日 DIF×2/10

BAR（柱状值）= 2×（DIF-DEA）

2. 指标可视化方法

关于 MACD 的可视化，首先要创建 draw_macd_chart( )函数，在函数中完成以下步骤。

（1）计算 MACD 指标的序列

此处使用矢量化方式计算 MACD 指标的数值时，关于指数加权的移动平均线 EMA1 和 EMA2 的计算与前文 KDJ 指标中 K 和 D 值的计算类似，因此仍然使用 pandas.DataFrame.ewm( )函数，并将 adjust 置为 False，即以递归方式计算加权平均值。不过此处使用 span 参数设置加权值，如下所示：

$$y_t = x_t$$
$$y_t = (1-a)y_{t-1} + a \times y_t$$
$$a = 2/(1+\text{span})$$

当 span 为 12 则 alpha 为 2/13，于是 EMA1 值为（11/13×前一日 EMA 值 +2/13 当日收盘价），因此 EMA1 对应的 span 为 12，EMA2 对应的 span 为 26，DEA 对应的 span 为 9。矢量化方式计算 KDJ 指标的数值，如下所示：

```
macd_dif = stock_dat['Close'].ewm(span=12, adjust=False).mean() - stock_dat['Close'].ewm(span=26, adjust=False).mean()
macd_dea = macd_dif.ewm(span=9, adjust=False).mean()
macd_bar = 2 * (macd_dif - macd_dea)
```

（2）配置参数描述图表属性

函数通过配置参数来描述图表的显示效果。MACD 指标的绘制，对应于可视化接口中的 line_plot( )函数和 bar_plot( )函数的结合，此处图表类型选项 draw_kind 分别选择为 line 和 bar，并将对应的序列值传递给可视化接口，fig_output( )方法会采用遍历的方式直接在子图上绘制出 macd_dif、macd_dea 和 macd_bar 图。xlabel、xticks、xticklabels 参数保持默认值即可。

矢量化方式实现 MACD 指标的完整代码如下所示：

```
def draw_macd_chart(stock_dat):
    # 绘制MACD
    macd_dif = stock_dat['Close'].ewm(span=12, adjust=False).mean() - stock_dat['Close'].ewm(span=26, adjust=False).mean()
    macd_dea = macd_dif.ewm(span=9, adjust=False).mean()
    macd_bar = 2 * (macd_dif - macd_dea)

    bar_red = np.where(macd_bar > 0, macd_bar, 0) # 绘制BAR>0柱状图
    bar_green = np.where(macd_bar < 0, macd_bar, 0) # 绘制BAR<0柱状图
    layout_dict = {'figsize': (14, 5),
                   'index': df_stockload.index,
                   'draw_kind': {'bar':
                                    {'bar_red': bar_red,
                                     'bar_green': bar_green
                                    },
                                 'line':
                                    {'macd_dif': macd_dif,
                                     'macd_dea': macd_dea
                                    }
                                },
                   'title': u"000651格力电器-MACD",
                   'ylabel': u"MACD",
```

```
                  'legend': u'best'}
      app.fig_output(**layout_dict)
```

矢量化方式绘制 MACD 的显示效果如图 8.9 所示。

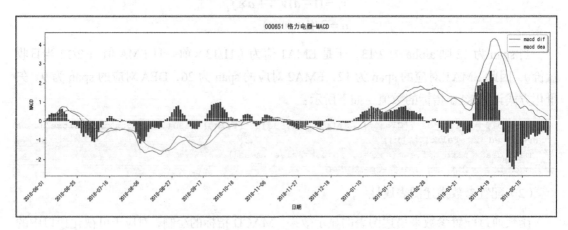

图 8.9

8.3 衍生技术指标的可视化

在很多情况下，基础技术指标会在盘面上呈现出股价的异动信息，例如不同周期的移动平均线相互之间的交叉背后预示着什么？相邻的两根 K 线之间出现了没有交易的空白区间又预示着什么？作为一名交易者，我们要有捕捉这些动态的敏锐嗅觉，因为这些现象的背后无不蕴含着特殊的意义。

那么在可视化 K 线、移动平均线、MACD、KDJ 等基础技术指标后，本节介绍如何在这些基础指标之上二次挖掘出衍生技术指标，以辅助交易策略的制定。

需要注意的是，本节的例程数据与 8.2 节相同，即格力电器 2018-06-01 至 2019-06-01 近一年的股票行情数据，并以副本形式传入函数中使用。如下所示：

```
def draw_cross_annotate(stock_dat):
    pass  # 添加实现内容
draw_cross_annotate(df_stockload.copy(deep=True))  # 均线交叉提示

def draw_gap_annotate(stock_dat):
    pass  # 添加实现内容
draw_gap_annotate(df_stockload.copy(deep=True))  # 跳空缺口提示

def draw_kweek_chart(stock_dat):
    pass  # 添加实现内容
```

```
draw_kweek_chart(df_stockload.copy(deep=True))   # 重采样周K线图形

def draw_fibonacci_chart(stock_dat):
    pass    # 添加实现内容
draw_fibonacci_chart(df_stockload.copy(deep=True))   # 黄金分割率绘制支撑与阻力线
```

8.3.1 均线交叉信号可视化

1. 指标原理介绍

移动平均线交叉指的是不同周期的移动平均线随着交易时间的推进出现相互交叉的现象。

最常见的双均线策略就是其中的一种：当较短周期的均线从长期均线的下方，向上穿越较长周期的均线，形成的交点为金叉，可视为市场由空头转为多头的交叉点；当短周期均线由上向下跌破长周期均线时，形成的交点为死叉，可视为市场由多头转为空头的交叉点。

如图 8.10 所示，上证指数在 MA20 和 MA30 形成金叉后由跌转涨，而在 MA20 和 MA30 形成死叉后开始下跌。

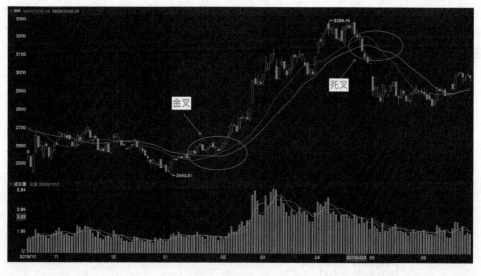

图 8.10

2. 指标可视化方法

接下来我们从格力电器 2018-01-01 至 2019-06-01 的历史行情数据中挖掘出金叉/死叉的交易信号。首先创建 draw_cross_annotate( )函数，在函数中完成以下步骤。

（1）计算金叉/死叉的交易信号

我们选取格力电器的 MA20 和 MA30 分别作为短期和长期走势的判断指标。

将短期均线 MA20 数值序列减去长期均线 MA30 数值序列，并使用 numpy.sign( )取差值符号，当 MA20 在 MA30 上方时差值为正，MA20 在 MA30 下方时差值为负，如图 8.11 所示。

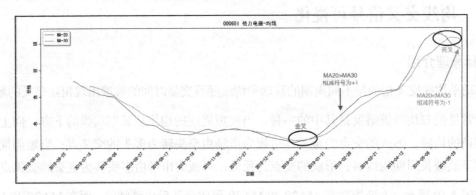

图 8.11

代码如下所示：

```
list_diff = np.sign(stock_dat['Ma20'] - stock_dat['Ma30'])
print(list_diff)
```

结果如图 8.12 所示。

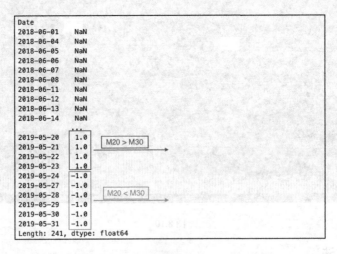

图 8.12

需要注意的是，当序列中含 NaN 值时相减得到的仍然为 NaN。

对相减后得到的序列 list_diff 使用 DataFrame.shift( )函数向右平移 1 个数值得到一个新的

序列,再将这两个序列相减后取符号,就可以得到两条均线的交叉信号。当符号为负时,MA20 向下穿越 MA30 形成死叉,当符号为正时,MA20 向上穿越 MA30 形成金叉。

例如,序列为[+1, +1, +1, +1, +1, -1, -1, -1, -1, -1],向右平移 1 个数值后为[NA, +1, +1, +1, +1, +1, -1, -1, -1, -1](缺少的值会填充 NaN)。再将这两个序列相减后会得到[NA, 0, 0, 0, 0, -2, 0, 0, 0, 0],对该序列取符号即可。

对 list_diff 序列的处理如下所示:

```
list_signal = np.sign(list_diff - list_diff.shift(1))
```

通过矢量化方式遍历序列中的符号值,以此判断出金叉和死叉,如下所示:

```
down_cross = stock_dat[list_signal < 0]
up_cross = stock_dat[list_signal > 0]
```

(2)配置参数描述图表属性

接下来,我们可视化移动平均线和金叉/死叉的标注点,实际就是通过配置参数来描述图表的显示效果。本节的衍生技术指标是在移动平均线上标注金叉和死叉信号,此处图表类型选项 draw_kind 分别选择为 line 和 annotate,并将对应的序列值传递给可视化接口。

完整的代码如下所示:

```
def draw_cross_annotate(stock_dat):
    # 绘制均线金叉和死叉
    # 绘制移动平均线图
    stock_dat['Ma20'] = stock_dat.Close.rolling(window=20).mean()
    stock_dat['Ma30'] = stock_dat.Close.rolling(window=30).mean()

    # 长短期均线序列相减取符号
    list_diff = np.sign(stock_dat['Ma20'] - stock_dat['Ma30'])
    list_signal = np.sign(list_diff - list_diff.shift(1))
    down_cross = stock_dat[list_signal < 0]
    up_cross = stock_dat[list_signal > 0]

    # 循环遍历 显示均线金叉/死叉提示符
    layout_dict = {'figsize': (14, 5),
                   'index': stock_dat.index,
                   'draw_kind': {'line':
                                    {'SMA-20': stock_dat.Ma20,
                                     'SMA-30': stock_dat.Ma30
                                    },
                                 'annotate':
                                    {u'死叉':
                                        {'andata': down_cross,
                                         'va':'top',
                                         'xy_y': 'Ma20',
                                         'xytext': (-30, -stock_dat['Ma20'].mean()*0.5),
                                         'fontsize': 8,
                                         'arrow': dict(facecolor='green', shrink=0.1)
```

```
                            },
                    u'金叉':
                        {'andata': up_cross,
                         'va': 'bottom',
                         'xy_y': 'Ma20',
                         'xytext': (-30, stock_dat['Ma20'].mean()*0.5),
                         'fontsize': 8,
                         'arrow': dict(facecolor='red', shrink=0.1)
                         }
                    },
            'title': u"000651 格力电器-均线交叉",
            'ylabel': u"价格",
            'legend': u'best'}
app.fig_output(**layout_dict)
```

绘制效果如图 8.13 所示,从图中可以直观地看出,格力电器在 2019-01-17 日 MA20 和 MA30 形成金叉,之后开启了一轮上涨直到 2019-05-24 日出现死叉信号。由于移动平均线的滞后特性,一般与其他的技术指标相结合使用效果更佳,图中在死叉信号出现时股价已经跌了一部分,但是涨幅仍然非常可观。另外,值得说明的是,当股价处于震荡盘整阶段时,均线会频繁出现交叉信号,导致交易信号的失真,例如 2018-10-17、2018-11-02 等交易日,这些干扰信号需要通过多因子策略去滤除。

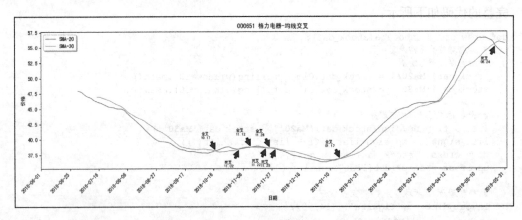

图 8.13

8.3.2 股价跳空缺口可视化

1. 指标原理介绍

对 K 线图分析时会发现形态各异的 K 线,例如"锤头线"(K 线下影线远远大于 K 线实体)、"红三兵"(连续三根创新高的小阳线)等,这些形态是具有技术含义的,值得交易者去挖掘。

在这些 K 线形态中有一种威力很大的形态——跳空缺口。跳空缺口指相邻的两根 K 线之间出现了没有交易的空白区间，当今日最低价与昨日最高价之间没有重合部分，称为向上缺口；当今日最高价与昨日最低价之间没有重叠部分，称为向下缺口，如图 8.14 所示。

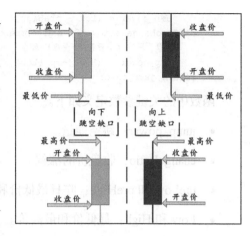

图 8.14

理论上讲，市场或个股在前一天收盘后如果没有任何消息刺激，次日应当是平开的，但是如果这期间出现突发的利好就会刺激交易者在 9:30 之前的集合竞价（9:15～9:29）期间挂高价格追买股票，因为他们恐怕价格挂低了买不到股票，这样便形成了向上的跳空高开，反之跳空低开也是这个道理。股价留下缺口，不仅仅是当日投资者激烈情绪的反映，在很多情况下，这种缺口对于判断后市是具有一定意义的。但是如果高开低走，跌到昨日最高价之内，回补了这个空档，只能叫跳空高开，不能叫缺口，缺口是指当日价格没有被反向回补。

由于跳空缺口的高度和它对后期走势的支撑/阻力有着直接的联系，此处设定一个跳空阈值以过滤掉夹杂在其中力度较小的缺口，因为该类缺口对后市的作用较小。

于是我们将跳空缺口重定义为：

- 如果今日是上涨趋势，今日的最低价大于昨日的最高价，并且达到设定的阈值时为向上跳空缺口；
- 如果今日是下跌趋势，昨天最低价大于今日最高价，并且达到设定的阈值时为向下跳空缺口。

2. 指标可视化方法

接下来，我们从格力电器 2018-06-01 至 2019-06-01 近一年的历史股票行情数据中挖掘出跳空缺口。

（1）创建函数计算跳空能量值

首先创建 apply_gap( )函数，该函数用于计算跳空能量。如下所示：

```
def apply_gap(changeRatio, preLow, preHigh, Low, High, threshold):
    jump_power = 0
    if (changeRatio > 0) and ((Low - preHigh) > threshold):
        # 向上跳空 (今最低-昨最高)/阈值
```

```
            jump_power = (Low - preHigh) / threshold # 正数
    elif (changeRatio < 0) and ((preLow - High) > threshold):
        # 向下跳空 (今最高-昨最低)/阈值
            jump_power = (High - preLow) / threshold # 负数
    return jump_power
```

函数中的关键参数定义如下。

- jump_power：跳空能量。
- changeRatio：收盘价的涨幅。
- preLow 和 preHigh：昨日最低价和昨日最高价。
- Low 和 High：最低价和最高价。
- threshold：跳空阈值。大于阈值表明缺口存在很强的支撑或者阻力。

跳空缺口的方向判断条件如下。

- 向上跳空缺口的判断：当涨幅 changeRatio 为正，并且今日最低价（Low）减去昨日最高价（preHigh）大于跳空阈值（threshold）。
- 向下跳空缺口的判断：当涨幅 changeRatio 为负，并且昨日最低价（preLow）减去今日最高价（High）大于跳空阈值（threshold）。

在识别出跳空缺口的方向后计算跳空能量 jump_power。将缺口的高度除以阈值可以再次量化支撑或者阻力的大小，正数为向上跳空能量，负数为向下跳空能量。

（2）遍历行情数据

创建 draw_gap_annotate( )函数，在函数中使用 DataFrame.apply( )方法遍历全部行情数据，从中挖掘出跳空缺口。

apply 方法可以接受函数作为参数，并将函数沿 DataFrame 的轴（行或列）逐个应用。配合 lambda 函数将 changeRatio、preLow、preHigh、Low、High、jump_threshold 列数据逐行传递给 apply_gap( )函数。

示例代码如下所示：

```
jump_threshold = stock_dat.Close.median( )*0.01 # 跳空阈值 收盘价中位数*0.01
stock_dat['changeRatio'] = stock_dat.Close.pct_change( ) * 100   # 计算涨/跌幅 (今收-昨收)/昨收*100% 判断向上跳空缺口/向下跳空缺口
stock_dat['preLow'] = stock_dat.Low.shift(1)   # 增加昨日最低价序列
stock_dat['preHigh'] = stock_dat.High.shift(1) # 增加昨日最高价序列
stock_dat = stock_dat.assign(jump_power = 0)
stock_dat['jump_power'] = stock_dat.apply(lambda row:apply_gap(row['changeRatio'],
```

```
                                          row['preLow'],
                                          row['preHigh'],
                                          row['Low'],
                                          row['High'],
                                          jump_threshold),
                                          axis = 1)
```

jump_power 列存储跳空能量的量化数值。筛选出的跳空缺口信息可再进一步分为向上跳空和向下跳空两部分，以便于后续显示，如下所示：

```
up_jump = stock_dat[(stock_dat.changeRatio > 0) & (stock_dat.jump_power > 0)]
down_jump = stock_dat[(stock_dat.changeRatio < 0) & (stock_dat.jump_power < 0)]
```

（3）用配置参数描述图表属性

本节的衍生技术指标是将挖掘到的跳空缺口叠加到 K 线图上显示。可在 draw_gap_annotate( ) 函数中通过配置参数来描述图表的显示效果。

关于 K 线的绘制，对应于可视化接口中的 ochl_plot( ) 函数。关于跳空缺口标注点的绘制，对应于可视化接口中的 annotate_plot( ) 函数。因此，此处图表类型选项 draw_kind 分别选择为 ochl 和 annotate，并将对应的序列值传递给可视化接口。

完整的代码如下所示：

```
def draw_gap_annotate(stock_dat):
    # 绘制K线图
    # 挖掘跳空缺口
    jump_threshold = stock_dat.Close.median()*0.01 # 跳空阈值 收盘价中位数*0.01
    stock_dat['changeRatio'] = stock_dat.Close.pct_change() * 100  # 计算涨/跌幅 (今收-昨收)/昨收*100% 判断向上跳空缺口/向下跳空缺口
    stock_dat['preLow'] = stock_dat.Low.shift(1) # 增加昨日最低价序列
    stock_dat['preHigh'] = stock_dat.High.shift(1) # 增加昨日最高价序列
    stock_dat = stock_dat.assign(jump_power = 0)

    stock_dat['jump_power'] = stock_dat.apply(lambda row:apply_gap(row['changeRatio'],
                                          row['preLow'],
                                          row['preHigh'],
                                          row['Low'],
                                          row['High'],
                                          jump_threshold),
                                          axis = 1)
    up_jump = stock_dat[(stock_dat.changeRatio > 0) & (stock_dat.jump_power > 0)]
    down_jump = stock_dat[(stock_dat.changeRatio < 0) & (stock_dat.jump_power < 0)]

    layout_dict = {'figsize': (14, 7),
                   'index': stock_dat.index,
                   'draw_kind': {'ochl':# 绘制K线图
                                 {'Open': stock_dat.Open,
                                  'Close': stock_dat.Close,
```

```
                            'High': stock_dat.High,
                            'Low': stock_dat.Low
                        },
                        'annotate':
                        {u'up':
                            {'andata': up_jump,
                             'va': 'top',
                             'xy_y': 'preHigh',
                             'xytext': (0,-stock_dat['Close'].mean() * 0.5),
                             'fontsize': 8,
                             'arrow': dict(facecolor='red', shrink=0.1)
                            },
                         u'down':
                            {'andata': down_jump,
                             'va': 'bottom',
                             'xy_y': 'preLow',
                             'xytext': (0, stock_dat['Close'].mean() * 0.5),
                             'fontsize': 8,
                             'arrow': dict(facecolor='green', shrink=0.1)
                            }
                        },
                        'title': u"000651 格力电器-跳空缺口",
                        'ylabel': u"价格"}
    app.fig_output(**layout_dict)
```

绘制效果如图 8.15 所示。

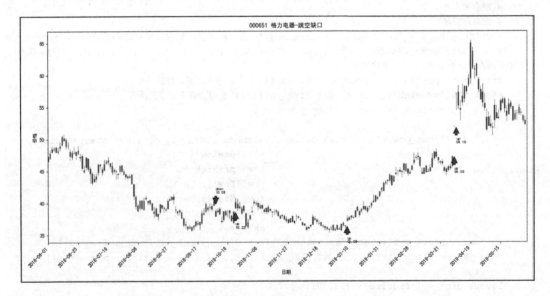

图 8.15

挖掘得到的跳空缺口详细信息如下所示：

```
print(up_jump.filter(['jump_power', 'preClose', 'changeRatio', 'Close', 'Volume']))  # 向
上跳空缺口，按顺序显示该列
"""
           jump_power  changeRatio  Close  Volume
Date
2018-10-22       1.07         3.83  40.11  8.51e+07
2019-01-09       1.58         3.22  37.51  1.06e+08
2019-04-09      11.48        10.00  51.93  1.08e+07
2019-04-10       6.40         9.99  57.12  3.23e+08
"""
print(down_jump.filter(['jump_power', 'preClose', 'changeRatio', 'Close', 'Volume']))  #
向下跳空缺口，按顺序显示该列
#打印结果
"""
           jump_power  changeRatio  Close  Volume
Date
2018-10-08      -1.22        -5.65  37.93  7.15e+07
"""
```

需要注意的是，当股票发生除权除息时，股票价格也会因此出现缺口，这种情况需要结合真实涨跌幅数据来区分，或使用复权数据寻找跳空缺口（复权因子可由真实的涨跌幅数据计算得出）。

在实际应用中，跳空缺口需要和当前行情走势相对应去分析，例如同样能量的跳空缺口在底部盘整很长一段时间后出现，和已经持续一轮涨幅后出现，两者的含义是完全不同的。对此，可以增加一些筛选条件，例如"涨跌幅大于 2%""成交量大于中位值"等，以得到更可靠的跳空缺口。

8.3.3　量价指标周期重采样

在分析股票数据的时候，我们往往会用不同的周期进行分析，以期望得到更全面的结果。例如日线、周线、月线，或者 5 分钟线、15 分钟线、30 分钟线、60 分钟线。除了自然周或者自然月作为周期外，有的时候甚至会选择每 11 天或者每 24 天作为一个周期。因此如何把一种时间序列频度的股票数据重采样为另一种频度的数据十分重要。

用到的数据为格力电器 2018-06-01 至 2019-06-01 日线级别的数据，因此最小时间粒度为交易日，此处我们以降采样方式将日线数据转换为周线数据，以此来介绍时间序列重采样的方法。程序中需要转换的日线行情的部分数据如下所示：

```
"""
            High   Low   Open  Close  Volume
Date
2018-06-01  47.30  46.26  47.30  46.58  4.96e+07
2018-06-04  48.31  46.99  47.00  47.81  1.02e+08
```

```
2018-06-05  48.84  47.93  48.00  48.55  1.03e+08
2018-06-06  48.80  48.15  48.55  48.41  5.46e+07
2018-06-07  48.86  47.92  48.75  47.98  5.64e+07
2018-06-08  48.73  47.75  47.95  48.15  7.34e+07
2018-06-11  49.48  48.23  48.70  48.93  8.80e+07
2018-06-12  50.58  48.95  49.16  50.40  1.01e+08
2018-06-13  50.76  49.75  50.20  49.88  5.65e+07
2018-06-14  50.23  48.65  49.93  48.94  6.08e+07
......
"""
```

为了方便大家观察，我们把数据的日期以日历方式附于图 8.16。第一周的交易日数据只有 2018-06-01（星期五）一天，第二周的交易数据是从 2018-06-04 至 2018-06-08 完整的 5 天。

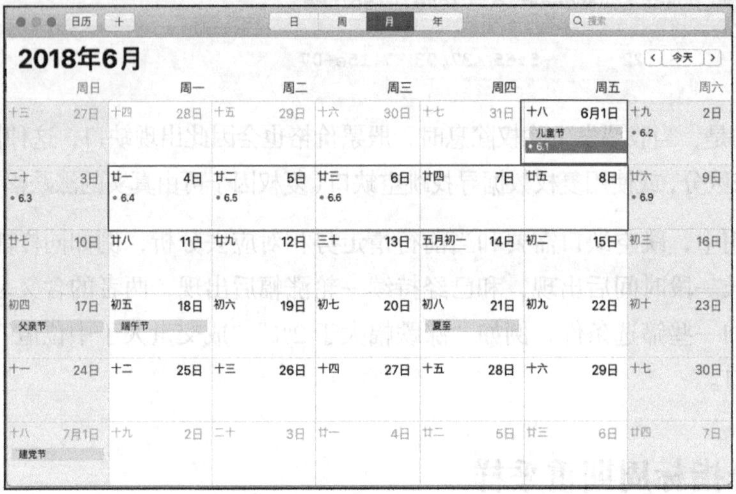

图 8.16

关于周 K 线的可视化，首先要创建 draw_kweek_chart( )函数，在函数中完成以下步骤。

（1）对时间序列进行重采样

我们使用 resample( )方法将日线级别的数据降采样为周线级别的数据。 转换的思路如下：

- 以日历中的周进行聚合（rule='W'周），如 2018-06-04 至 2018-06-08 为一周；
- 取该周期内最后一个交易日的数据为聚合后的数据（how=last( )最后一天），如图 8.17 红色方框所示；
- 时间区间为右闭合（closed='right'右闭合）；
- 区间索引为右标签（label='right'右标签）。

```
"""
            High    Low    Open   Close  Volume
Date
2018-06-01  47.30  46.26  47.30  46.58  4.96e+05
2018-06-04  48.31  46.99  47.00  47.81  1.02e+06
2018-06-05  48.84  47.93  48.00  48.55  1.03e+06
2018-06-06  48.80  48.15  48.55  48.41  5.46e+05
2018-06-07  48.86  47.92  48.75  47.98  5.64e+05
2018-06-08  48.73  47.75  47.95  48.15  7.34e+05
2018-06-11  49.48  48.23  48.70  48.93  8.80e+05
2018-06-12  50.58  48.95  49.16  50.40  1.01e+06
2018-06-13  50.76  49.75  50.20  49.88  5.65e+05
2018-06-14  50.23  48.65  49.93  48.94  6.08e+05
......
"""
```

图 8.17

关于转换的代码如下所示：

```
#rule='W'周 how=last( )最后一天 closed='right'右闭合 label='right'右标签
print(stock_dat.resample('W', closed='right', label='right').last().head())
#打印结果
"""
            High    Low    Open   Close  Volume
Date
2018-06-03  47.30  46.26  47.30  46.58  4.96e+07
2018-06-10  48.73  47.75  47.95  48.15  7.34e+07
2018-06-17  49.55  48.60  49.02  49.01  4.50e+07
2018-06-24  48.11  46.86  47.50  48.06  4.57e+07
2018-07-01  47.20  45.20  45.60  47.15  4.86e+07
"""
```

目前重采样得到的周线数据显示的时间为周日，而数据实际为每周最后一个交易日周五的数据，例如 **2018-06-10**（周日）这周的数据为 **2018-06-08** 这一天的数据，我们需要将周期设置为'W-FRI'，以周五这个交易日为周期重采样。如下所示：

```
Freq_T = 'W-FRI'
print(stock_dat.resample(Freq_T, closed='right', label='right').last().head())
#打印结果
"""
            High    Low    Open   Close  Volume
Date
2018-06-01  47.30  46.26  47.30  46.58  4.96e+07
2018-06-08  48.73  47.75  47.95  48.15  7.34e+07
2018-06-15  49.55  48.60  49.02  49.01  4.50e+07
2018-06-22  48.11  46.86  47.50  48.06  4.57e+07
2018-06-29  47.20  45.20  45.60  47.15  4.86e+07
"""
```

需要注意的是，虽然周线的收盘价（Close）为本周最后一个交易收盘价（Close）数据，但周线的最高价（High）应该为这一周所有日 K 线的最高价（High）中的最大值，周线的最低价（Low）应该为这一周所有日 K 线的最低价（Low）中的最小值，周线的开盘价（Open）

为本周第一个交易日开盘价（Open）数据，周线的成交量（Volume）应该等于这一周所有日线成交量（Volume）之和。在理解周 K 线形成的原理后，我们对 High、Low、Open 和 Volume 进行特殊处理，如下所示：

```
#周线 Close 等于一周中最后一个交易日 Close
week_dat = stock_dat.resample(Freq_T, closed='right', label='right').last()
#周线 Open 等于一周中第一个交易日 Open
week_dat.Open = stock_dat.Open.resample(Freq_T, closed='right', label='right').first()
#周线 High 等于一周中 High 的最大值
week_dat.High = stock_dat.High.resample(Freq_T, closed='right', label='right').max()
#周线 Low 等于一周中 Low 的最小值
week_dat.Low = stock_dat.Low.resample(Freq_T, closed='right', label='right').min()
#周线 Volume 等于一周中 Volume 的总和
week_dat.Volume = stock_dat.Volume.resample(Freq_T, closed='right', label='right').sum()
print(week_dat.head())
#打印结果
             High    Low    Open   Close   Volume
Date
2018-06-01  47.30  46.26  47.30  46.58  4.96e+07
2018-06-08  48.86  46.99  47.00  48.15  3.90e+08
2018-06-15  50.76  48.23  48.70  49.01  3.51e+08
2018-06-22  48.84  46.73  48.02  48.06  2.38e+08
2018-06-29  48.99  44.71  48.25  47.15  2.72e+08
```

处理后的周线数据可与图 8.18 方框内所标注的最高价、最低价、开盘价、收盘价和成交量相验证。

图 8.18

（2）绘制周级别 K 线指标

接下来绘制已经转换为周级别的 K 线指标。关于周 K 线的绘制与日 K 线的绘制类似，可参考 8.2.1 节中的介绍。

完整的代码如下所示：

8.3 衍生技术指标的可视化

```python
def draw_kweek_chart(stock_dat):
    #周期重采样
    #rule='W'周 how=last()最后一天 closed='right'右闭合 label='right'右标签
    Freq_T = 'W-FRI'

    #周线 Close 等于一周中最后一个交易日 Close
    week_dat = stock_dat.resample(Freq_T, closed='right', label='right').last()
    #周线 Open 等于一周中第一个交易日 Open
    week_dat.Open = stock_dat.Open.resample(Freq_T, closed='right', label='right').first()
    #周线 High 等于一周中 High 的最大值
    week_dat.High = stock_dat.High.resample(Freq_T, closed='right', label='right').max()
    #周线 Low 等于一周中 Low 的最小值
    week_dat.Low = stock_dat.Low.resample(Freq_T, closed='right', label='right').min()
    #周线 Volume 等于一周中 Volume 的总和
    week_dat.Volume = stock_dat.Volume.resample(Freq_T, closed='right', label='right').sum()

    layout_dict = {'figsize': (14, 7),
                   'index': week_dat.index,
                   'draw_kind': {'ochl':
                                    {'Open': week_dat.Open,
                                     'Close': week_dat.Close,
                                     'High': week_dat.High,
                                     'Low': week_dat.Low
                                    }
                                },
                   'title': u"000651 格力电器-周 K 线",
                   'ylabel': u"价格"}
    app.fig_output(**layout_dict)
```

绘制效果如图 8.19 所示。

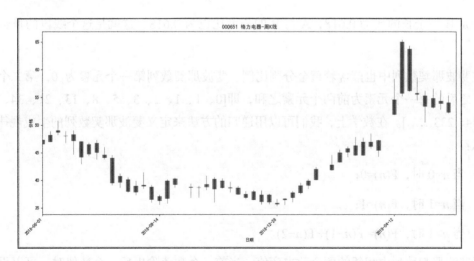

图 8.19

8.3.4 黄金分割与支撑/阻力线

1. 指标原理介绍

黄金分割的诞生要追溯到古希腊时期，创始人毕达哥拉斯听到了一段非常好听的铁匠打铁的声音，他发现这个声音的节奏很有规律，于是就用数学方式定义了这个声音的比例，这个比例被公认为是最能引起美感的比例，因此称为黄金分割。

黄金分割具体是指将整体一分为二，较大部分与整体部分的比值等于较小部分与较大部分的比值，其比值约为 0.618。假设线段总长为 1，在线段上找到一个黄金分割点，将线段分割为 A 和 B 两部分，B 的长度为 x，A 的长度为 $1-x$，如图 8.20 所示。

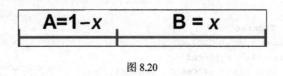

图 8.20

以黄金分割的定义，A 与 B 的长度之比等于 B 与全长的比，比例关系如下所示：

$$\frac{1-x}{x} = \frac{x}{1}$$

对该公式进行转换，并求出 x 值，如下所示：

$$x^2 + x - 1 = 0 \Rightarrow x = \frac{\sqrt{5}-1}{2} \approx 0.618$$

于是 B 与全长的比为 0.618，A 与 B 的长度比也为 0.618，这就是这个线段的黄金分割比例。

在斐波那契数列中也蕴含着黄金分割比例。斐波那契数列第一个元素为 0，第二个元素为 1，之后的每一个元素为前两个元素之和，即[0、1、1、2、3、5、8、13、21、34、55、89、144、233……]。在数学上，我们可以用递归的方法来定义斐波那契数列的生成规律，如下所示：

- 当 $n=0$ 时，$F(n)=0$；
- 当 $n=1$ 时，$F(n)=1$；
- 当 $n>1$ 时，$F(n)= F(n-1)+ F(n-2)$。

对斐波那契数列中相邻的两个数求商值。当前一个数值除以后一个数值时，可以得到以下的结果：

```
0÷1 = 0
1÷1 = 1
1÷2 = 0.5
2÷3 = 0.6666…
3÷5 = 0.6
5÷8 = 0.625
8÷13 = 0.615…
13÷21 = 0.619…
21÷34 = 0.617…
34÷55 = 0.618…
55÷89 = 0.617…
89÷144 = 0.618…
144÷233 = 0.618…
……
```

注意，从 21 除以 34 开始以至于到数列的无穷大，商值是趋于 0.618 的一个无理数！为了更确切地说明这个问题，我们了解下由数学家比内建立的斐波那契数列的通项公式，如下所示：

$$F_n = \frac{1}{\sqrt{5}}\left[\left(\frac{1+\sqrt{5}}{2}\right)^n - \left(\frac{1-\sqrt{5}}{2}\right)^n\right]$$

由通项公式计算 F_n/F_{n+1} 的结果依然是 0.618，如下所示：

$$\lim_{n\to\infty}\frac{F_n}{F_{n+1}} = \frac{\left[\left(\frac{1+\sqrt{5}}{2}\right)^n - \left(\frac{1-\sqrt{5}}{2}\right)^n\right]}{\left[\left(\frac{1+\sqrt{5}}{2}\right)^{n+1} - \left(\frac{1-\sqrt{5}}{2}\right)^{n+1}\right]} = \frac{\sqrt{5}-1}{2} \approx 0.618$$

因此斐波那契数列的增长形式是在初期增长缓慢，之后会呈现出以 1.618（0.618 的倒数）为底数的指数增长速度，如图 8.21 所示。

而 0.618 这个数值正是"黄金分割"比例，因此斐波那契数列也称为黄金分割数列。

可见黄金分割比例是作用在人们潜意识中的一种客观规律，有着极强的自然属性，广泛应用在绘画、雕塑、建筑等多个领域，人们不约而同地认为黄金分割比例是最完美的。当然在股市中也并不例外。

在股市中没有永远的牛市和熊市，股价遵循着周期涨跌规律。在牛市和熊市中也没有单边的上涨和下跌，大多采用螺旋走势，上涨一定幅度时就会有一段回撤走势，下跌一定幅度时会有一段反弹走势。当股价出现反向走势时，极有可能在黄金分割比例上遇到暂时的阻力或支撑，因此通过黄金分割比例找出上涨/下跌趋势中的压力位和支撑位，有助于交易者更好地判断"入场"和"出场"的时机。

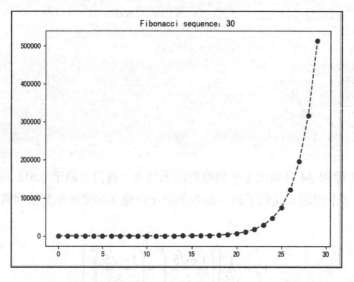

图 8.21

使用黄金分割比例计算支撑/阻力位的公式为"（最大值-最小值）×黄金分割比例+最小值"，其中较为关键的是判断一轮走势的最大值和最小值，这直接关系到支撑/阻力位的确认。关于黄金分割比例，虽然除了 0.618 和 0.382 外还能推算出 0.236、0.5、0.809 这些黄金分割比例，但 0.618 和 0.382 是极易产生支撑与压力的，此处以 0.618 和 0.382 为例来介绍。

2．指标可视化方法

接下来我们从格力电器 2018-06-01 至 2019-06-01 近一年的历史行情数据中找出支撑\阻力位置。

（1）计算支撑/阻力位

首先寻找出格力电器此轮走势中收盘价的最大值和最小值，以及对应在序列中的位置，然后根据公式计算出支撑/阻力位，通常在一轮上涨后的回撤走势会出现支撑位，在一轮下跌后的反弹走势会出现阻力位。如下所示：

```
Fib_max = stock_dat.Close.max()
Fib_maxid = stock_dat.index.get_loc(stock_dat.Close.idxmax())
Fib_min = stock_dat.Close.min()
```

```
Fib_minid = stock_dat.index.get_loc(stock_dat.Close.idxmin())
Fib_382 = (Fib_max - Fib_min) * 0.382 + Fib_min
Fib_618 = (Fib_max - Fib_min) * 0.618 + Fib_min
print(u'黄金分割0.382：{}'.format(round(Fib_382,2)))
print(u'黄金分割0.618：{}'.format(round(Fib_618,2)))
#打印结果
#黄金分割0.382: 46.88
#黄金分割0.618: 53.8
```

（2）配置参数描述图表属性

接下来绘制格力电器当前走势的支撑/阻力位，以验证黄金分割比例判断的有效性。本节的衍生技术指标是在 K 线图上标注最大值和最小值信号，以及支撑/阻力位水平线。关于 K 线图和标注点的绘制，对应于可视化接口中的 ochl_plot( )函数和 annotate_plot( )函数。关于水平线的绘制，对应于可视化接口中的 hline_plot( )函数。

我们的工作就是通过配置参数来描述图表的显示效果。此处图表类型选项 draw_kind 分别选择为 ochl、annotate 和 hline，并将对应的序列值传递给可视化接口，fig_output( )方法会采用遍历的方式在子图上绘制出叠加支撑/阻力位和最大/最小值标注点的 K 图。

完整的代码如下所示：

```
def draw_fibonacci_chart(stock_dat):
    # 黄金分割线
    Fib_max = stock_dat.Close.max()
    Fib_maxid = stock_dat.index.get_loc(stock_dat.Close.idxmax())
    Fib_min = stock_dat.Close.min()
    Fib_minid = stock_dat.index.get_loc(stock_dat.Close.idxmin())
    Fib_382 = (Fib_max - Fib_min) * 0.382 + Fib_min
    Fib_618 = (Fib_max - Fib_min) * 0.618 + Fib_min
    print(u'黄金分割0.382：{}'.format(round(Fib_382, 2)))
    print(u'黄金分割0.618：{}'.format(round(Fib_618, 2)))
    # 黄金分割0.382: 46.88
    # 黄金分割0.618: 53.8

    max_df = stock_dat[stock_dat.Close == stock_dat.Close.max()]
    min_df = stock_dat[stock_dat.Close == stock_dat.Close.min()]

    # 绘制K线图+支撑/阻力
    layout_dict = {'figsize': (14, 7),
                   'index': stock_dat.index,
                   'draw_kind': {'ochl':# 绘制K线图
                                    {'Open': stock_dat.Open,
                                     'Close': stock_dat.Close,
```

```
                         'High': stock_dat.High,
                         'Low': stock_dat.Low
                         },
                     'hline':
                     {'Fib_382':
                         {'pos': Fib_382,
                          'c': 'r'
                          },
                     'Fib_618':
                         {'pos': Fib_618,
                          'c': 'g'
                          }
                     },
                     'annotate':
                     {u'max':
                         {'andata': max_df,
                          'va': 'top',
                          'xy_y': 'High',
                          'xytext': (-30, stock_dat.Close.mean()),
                          'fontsize': 8,
                          'arrow': dict(facecolor='red', shrink=0.1)
                          },
                      u'min':
                         {'andata': min_df,
                          'va': 'bottom',
                          'xy_y': 'Low',
                          'xytext': (-30, -stock_dat.Close.mean()),
                          'fontsize': 8,
                          'arrow': dict(facecolor='green', shrink=0.1)
                          }
                     }
                 },
             'title': u"000651格力电器-支撑/阻力位",
             'ylabel': u"价格",
             'legend': u'best'}
app.fig_output(**layout_dict)
```

绘制效果如图 8.22 所示。此轮上涨后出现了回撤走势，当下跌到黄金分割率 0.618 处附近获得了支撑。

尽管黄金分割率可以帮助交易者提高判断支撑位或阻力位的成功率，但和其他的技术分析工具一样，它也存在一定的局限性，例如选择了不合适的波段走势作为支撑/阻力位判断的基准，会导致计算得到的支撑/阻力位存在一定的误差。

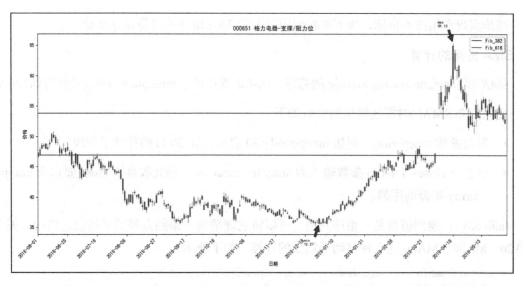

图 8.22

8.4 使用 TA-Lib 库计算技术指标

TA-Lib（Technical Analysis Library）是一套被业界广泛应用的开源技术分析库，自 2001 年发布以来已经有近 20 年的历史，目前各种大型的开源量化框架都会内置这个库。

TA-Lib 包含了大约 200 个技术指标计算函数和 K 线形态识别函数，例如 MACD、RSI、KDJ、动量指标、布林带等。同时 TA-Lib 提供包括 C/C++、Java、Perl、Python 等多种语言的 API，十分强大和便捷。

TA-Lib 属于金融量化的高级库，它可以让使用者专注于策略的设计，而不用像"重复造轮子"一样花时间实现技术指标。本节就让我们一起感受 TA-Lib 的优势所在。使用时需要导入 TA-Lib 库，代码如下所示：

```
import talib
```

需要注意的是，与 8.2 节相同，本节使用的数据为格力电器 2018-06-01 至 2019-06-01 这一年的行情数据，并以副本形式传入函数中使用。

8.4.1 常用技术指标的计算方法

为了让大家能够从侧面对比出 TA-Lib 的便捷性，在 8.2 节和 8.3 节中，我们通过计算公式一步步实现常用技术指标，接下来我们用强大的 TA-Lib 库来计算这些指标。

1. SMA 指标的计算

SMA 即为 simple moving average 的缩写，TA-Lib 库提供了 talib.SMA( ) 函数计算得到 SMA。

使用 talib.SMA( ) 时需要提供的参数如下。

- 时间参数 timeperiod：例如 timeperiod =30 表示计算 30 日的移动平均线。
- 收盘价 close：TA-Lib 参数输入为 array in、array out，因此收盘价 close 要求为 numpy.ndarray 类型的序列。

talib.SMA( ) 返回值也是一组序列值，可以将它理解为一条涵盖移动平均值的曲线。关于 MA20、MA30、MA60 这 3 种移动平均线的计算，如下所示：

```
stock_dat['SMA20'] = talib.SMA(stock_dat.Close, timeperiod=20)
stock_dat['SMA30'] = talib.SMA(stock_dat.Close, timeperiod=30)
stock_dat['SMA60'] = talib.SMA(stock_dat.Close, timeperiod=60)
```

需要注意的是，在计算股票 N 天移动平均线时，前 N 天会有一段数据为缺失值，例如 20 日移动平均线是从第 20 天开始才能计算第一个均值，因此 100 个交易日的收盘价计算得到的 20 天的移动平均线总共有 81 个数据。此处使用移动平均线中第一个有效值来替换这些缺失值，如下所示：

```
stock_dat['SMA20'].fillna(method='bfill',inplace=True)
stock_dat['SMA30'].fillna(method='bfill',inplace=True)
stock_dat['SMA60'].fillna(method='bfill',inplace=True)
```

绘制 SMA20、SMA30、SMA60 指标的方法请参考 8.2.2 节，绘制效果如图 8.23 所示。

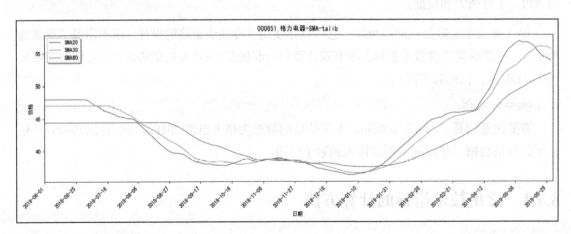

图 8.23

当然，移动平均线还有很多不同的计算方法，例如常用的 EMA（指数移动平均值）和 WMA（加权移动平均值），它们在计算均值时会把更多的权重放在较近的日期，因此会比普通移动平均线更灵敏，更能捕捉到市场的变化。

TA-Lib 考虑到了这点，为了更便捷地计算这些指标，我们可以使用 talib.MA( )函数，该函数中提供了均线类型参数 matype，用数字代表均线计算方式，可以涵盖多种均线的计算方法，例如 0=SMA，1=EMA，2=WMA，3=DEMA，4=TEMA，5=TRIMA，6=KAMA，7=MAMA，8=T3（Default=SMA）。实现方式如下所示：

```
stock_dat['Ma20'] = talib.MA(stock_dat.Close, timeperiod=20, matype=0)
stock_dat['Ma30'] = talib.MA(stock_dat.Close, timeperiod=30, matype=1)
stock_dat['Ma60'] = talib.MA(stock_dat.Close, timeperiod=60, matype=2)
```

使用 talib.MA( )函数绘制 SMA、EMA 和 WMA 的效果如图 8.24 所示。

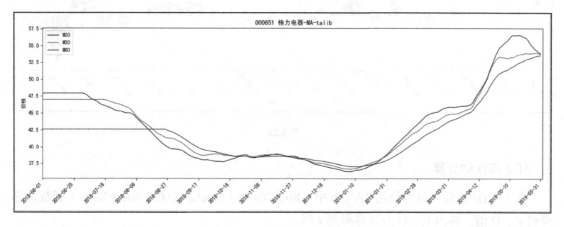

图 8.24

2. MACD 指标的计算

关于 MACD 指标，TA-Lib 中的 talib.MACD( )函数可以根据输入的收盘价序列直接计算得到 DIF、DEA、BAR 这 3 组数据，只需要 1 行代码就轻松搞定。另外，需要确定公式中的参数，此处 fastperiod=12，slowperiod=26，signalperiod=9。代码如下所示：

```
macd_dif, macd_dea, macd_bar = talib.MACD(stock_dat['Close'].values, fastperiod=12, slowperiod=26, signalperiod=9)
```

由于涉及周期移动平均的计算，DIF、DEA、BAR 值有一段数据为无效值，此处使用 0 值替换，如下所示：

```
macd_dif[np.isnan(macd_dif)] ,macd_dea[np.isnan(macd_dea)], macd_bar[np.isnan(macd_bar)]=
0, 0, 0
```

接下来,绘制 DIF、DEA 指标以及柱状图 BAR,绘制方法与 8.2 节相同,需要注意的是在绘制 BAR 时要将 macd_bar 值乘以 2 倍,如下所示:

```
bar_red = np.where(macd_bar > 0, 2 * macd_bar, 0) # 绘制 BAR>0 柱状图
bar_green = np.where(macd_bar < 0, 2 * macd_bar, 0) # 绘制 BAR<0 柱状图
```

绘制的 MACD 指标效果如图 8.25 所示。

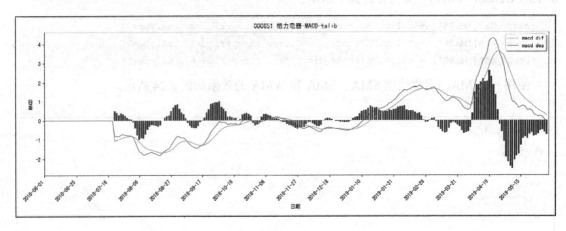

图 8.25

3. KDJ 指标的计算

关于 KDJ 指标,可以使用 TA-Lib 中 talib.STOCH(Stochastic Oscillator Slow)函数计算得到 K、D 值,再由 K、D 值计算得到 J 值。

talib.STOCH()与 8.2.3 节介绍的 KDJ 指标计算公式略有不同,但核心思想是一致的。使用时需要确定公式中的参数,此处 fastk_period=9,slowk_period=3,slowd_period=3。对于返回的 K 和 D 数组中涉及无效值的,使用 0 值替换。示例代码如下所示:

```
stock_dat['K'], stock_dat['D'] = talib.STOCH(stock_dat.High.values, stock_dat.Low.values,
stock_dat.Close.values, fastk_period=9, slowk_period=3, slowk_matype=0, slowd_period=3, slowd_
matype=0)
stock_dat['K'].fillna(0,inplace=True), stock_dat['D'].fillna(0,inplace=True)
stock_dat['J'] = 3 * stock_dat['K'] - 2 * stock_dat['D']
```

接下来绘制 K、D、J 指标,绘制方法与 8.2.3 节相同,绘制效果如图 8.26 所示。

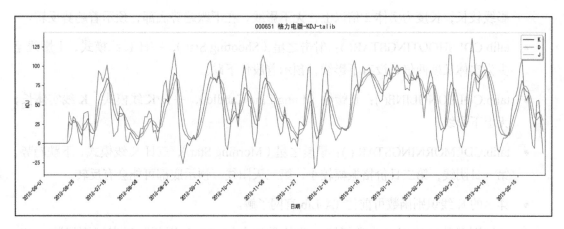

图 8.26

8.4.2 常见 K 线形态的识别方法

K 线形态在判断市场运行趋势起到非常重要的作用，特别是多根 K 线形态组合在一起所包含的信息更加丰富。TA-Lib 不仅可以计算常见的技术指标，另一个特色就是可以识别 K 线形态。

TA-Lib 可识别的 K 线形态非常多，函数名称即体现了可识别的 K 线形态。

- talib.CDL2CROWS()：两只乌鸦（Two Crows），三日 K 线模式，第一天长阳，第二天高开收阴，第三天再次高开继续收阴，收盘比前一日收盘价低，预示股价下跌。

- talib.CDL3BLACKCROWS()：三只乌鸦（Three Black Crows），三日 K 线模式，连续三根阴线，每日收盘价都下跌且接近最低价，每日开盘价都在上根 K 线实体内，预示股价下跌。

- talib.CDLDARKCLOUDCOVER()：乌云压顶（Dark Cloud Cover），二日 K 线模式，第一日长阳，第二日开盘价高于前一日最高价，收盘价处于前一日实体中部以下，预示着股价下跌。

- talib.CDLDOJISTAR()：十字星（Doji Star），一日 K 线模式，开盘价与收盘价基本相同，上下影线不会很长，预示着当前趋势反转。

- talib.CDLHAMMER()：锤头（Hammer），一日 K 线模式，实体较短，无上影线，下影线大于实体长度两倍，处于下跌趋势底部，预示着趋势反转。

- talib.CDLINVERTEDHAMMER()：倒锤头（Inverted Hammer），一日 K 线模式，上

影线较长,长度为实体 2 倍以上,无下影线,在下跌趋势底部,预示着趋势反转。

- talib.CDLSHOOTINGSTAR( ):射击之星(Shooting Star),一日 K 线模式,上影线至少为实体长度两倍,没有下影线,预示着股价下跌。
- talib.CDLLONGLINE( ):长蜡烛(Long Line Candle),一日 K 线模式,K 线实体长,无上下影线。
- talib.CDLMORNINGSTAR ( ):早晨之星(Morning Star),三日 K 线模式,下跌趋势,第一日阴线,第二日价格振幅较小,第三天阳线,预示底部可能会有反转。
- 详尽的 K 线识别函数可前往 TA-Lib 官网了解。

K 线识别函数的使用也非常便捷,此处举例介绍"乌云压顶"形态识别函数 talib.CDLDARKCLOUDCOVER( )的使用方法。在调用该函数时,只需输入开盘价、最高价、最低价、收盘价序列就可以识别出符合"乌云压顶"形态的 K 线。当某天的 K 线满足该形态时,会输出-100,不满足时会输出 0。具体使用方法如下所示:

```
CDLDARKCLOUDCOVER = talib.CDLDARKCLOUDCOVER(stock_dat.Open.values, stock_dat.High.values,
stock_dat.Low.values,stock_dat.Close.values)
"""
[   0    0    0    0    0    0    0    0    0    0    0    0
    0 -100    0    0    0    0    0    0    0    0    0    0
                           ......
    0    0    0    0    0    0    0    0    0    0    0    0
    0    0    0    0    0    0 -100    0    0    0    0    0
    0    0    0    0    0    0    0    0    0    0    0    0
    0    0    0    0    0    0    0    0    0    0    0    0
    0    0    0    0    0    0    0    0    0    0    0    0
    0    0    0]
"""
```

从"乌云压顶"形态的定义可获悉到 K 线组合的形态如图 8.27 所示。

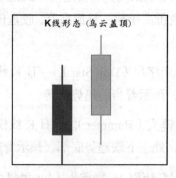

图 8.27

接下来我们验证 talib.CDLDARKCLOUDCOVER( )函数识别 K 线形态的效果,将识别信号在 K 线图上进行标注,如图 8.28 所示,从图中可知函数识别结果与形态的定义相稳合。

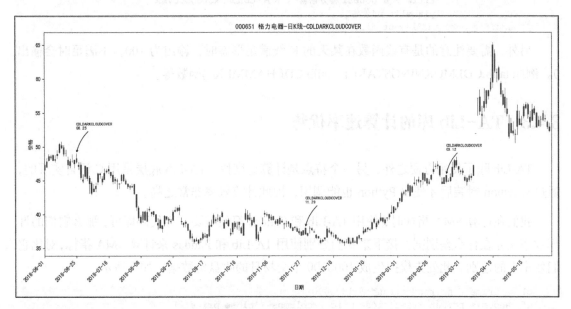

图 8.28

标注 K 线形态的代码如下所示:

```python
def draw_takpattern_annotate(stock_dat):
    # 绘制 talib K 线形态 乌云压顶
    CDLDARKCLOUDCOVER = talib.CDLDARKCLOUDCOVER(stock_dat.Open.values, stock_dat.High.values,
stock_dat.Low.values,stock_dat.Close.values)
    # 绘制K线图
    pattern = stock_dat[(CDLDARKCLOUDCOVER == 100)|(CDLDARKCLOUDCOVER == -100)]

    layout_dict = {'figsize': (14, 7),
                   'index': stock_dat.index,
                   'draw_kind': {'ochl':# 绘制K线图
                                 {'Open': stock_dat.Open,
                                  'Close': stock_dat.Close,
                                  'High': stock_dat.High,
                                  'Low': stock_dat.Low
                                 },
                                 'annotate':
                                 {u'CDLDARKCLOUDCOVER':
                                     {'andata': pattern,
                                      'va': 'bottom',
                                      'xy_y': 'High',
                                      'xytext': (0, stock_dat['Close'].mean()),
                                      'fontsize': 8,
                                      'arrow':       dict(arrowstyle='->',facecolor='blue',
connectionstyle="arc3,rad=.2")
```

```
                          }
                      }
                  },
            'title': u"000651格力电器-日K线-CDLDARKCLOUDCOVER",
            'ylabel': u"价格"}
app.fig_output(**layout_dict)
```

另外,需要注意的是有些函数在某天的 K 线满足形态时,输出为 100,不满足时会输出 0。例如 talib.CDLMORNINGSTAR( )、talib.CDLHAMMER( )函数等。

8.4.3　TA-Lib 库的计算速率优势

TA-Lib 除了使用方便之外,另一个特点是计算速度快。TA-Lib 底层是用 C 语言实现的,通过 Cpython 封装后才使得 Python 也能调用,因此计算效率非常之高。

我们在计算 SMA 指标时,使用 TA-Lib 和 Pandas 都仅需要一行代码即可,那么它们的计算效率又存在什么差别呢?接下来我们分别使用 TA-Lib 和 Pandas 来计算 SMA 指标,对比它们效率上的差别。此处先模拟生成 1000000 个交易日的收盘价数据,如下所示:

```
close_price = np.random.random(1000000)
df_random = pd.DataFrame(close_price, columns=['close_price'])
```

由于 TA-Lib 和 Pandas 计算 SMA 指标都仅需要一行代码,此次采用 Python 内置的 time 模块来分别测试这行代码的开销时间。分别在代码的开始和结束处添加 time.perf_counter( )函数,用于返回系统的运行时间,由于返回值的基准点是未定义的,所以只有连续调用的结果之差才是有效的代码开销时间。如下所示:

```
start_a = time.perf_counter()
talib.SMA(close_price, timeperiod=20)
end_a = time.perf_counter()
print("Time talib: ", end_a-start_a) # 打印结果: talib time consuming

start_p = time.perf_counter()
df_random.rolling(20).mean()
end_p = time.perf_counter()
print("Time pandas: ", end_p-start_p) # 打印结果: Pandas time consuming
```

实际测得的结果:TA-Lib 执行时间 0.0057898779999998595,Pandas 执行时间 0.018953841000000082,显然 TA-Lib 比 Pandas 快了很多。

8.5　自定义显示界面框架开发

我们介绍了 K 线、均线、成交量、MACD、KDJ 等各类技术指标的计算及可视化,不过这些指标皆以分立图表的形式呈现。

为了更加全面、直观地了解可视化信息，通常在股票行情软件中会将各种技术指标集成在一幅页面上显示。本节介绍如何用 Matplotlib 库实现多子图的布局机制来定制我们的行情分析界面。

8.5.1 行情界面需求分析

打开目前市面上较为流行的股票行情软件展开需求分析，行情分析界面如图 8.29 所示。

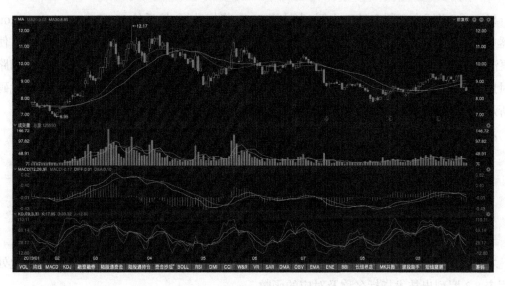

图 8.29

关于子图的数量，通常一幅显示界面上最少为 1 个子图，最多分为 4 个子图，可以根据自己的需求而设定。

关于子图的布局，通常各子图以多行 1 列的规则排布，即多子图的宽度相同，子图高度的比例可手动调整，另外多个子图之间不存在间隙。

关于子图中的技术指标，通常移动平均线叠加在 K 线上显示，占据一个子图，成交量、MACD、KDJ 等指标均为独立的子图，也可以根据自己的需求选择是否显示。

8.5.2 行情界面框架实现

经过上述的需求分析，我们相应设计了行情界面的程序框架，该框架能够满足自定义界面的需求。框架由 3 个类组成,分别为 DefTypesPool、MplTypesDraw 和 MultiGraphIf。其中 DefTypesPool 类和 MplTypesDraw 类已经在 8.1 节介绍了,此处继续以面向对象思想中继承和组合方式来沿用。

接下来创建 MultiGraphIf 类,该类继承于 MplTypesDraw 类,组合于 DefTypesPool 类中使用。该类的主要功能分为将技术指标在单子图上显示、将多子图集成为一幅图表显示。

在 MultiGraphIf 类中实例化 DefTypesPool 类,此处 app 属于类变量。如下所示:

```
app = DefTypesPool()
```

以 SMA 指标在子图上显示为例,先计算 SMA 指标数据,然后从 MplTypesDraw.mpl.routes 容器中调用 Matplotilb 的折线图显示。我们将 SMA 指标单独封装成函数 sma_graph( ),使用 @语法把装饰器@app.route_types(u"sma")置于函数的定义处,这样就能把函数的名称和路径成对地注册到字典变量 self.routes 中。例如 u"sma"名称对应于 sma_graph( )函数。部分代码如下所示:

```
class MultiGraphIf(MplTypesDraw):
    app = DefTypesPool()
    @app.route_types(u"sma")
    def sma_graph(stock_dat, sub_graph, periods):    # prepare data
        for val in periods:
            type_dict = {'SMA'+str(val): stock_dat.Close.rolling(window=val).mean()}
            view_function = MplTypesDraw.mpl.route_output(u"line")
            view_function(stock_dat.index, type_dict, sub_graph)
```

本节设计的行情分析界面会涉及 K 线、均线、KDJ、MACD 等技术指标的显示,此处我们用表 8.3 罗列出技术指标名称及对应的函数。

表 8.3

技术指标	Matplotlib 图表	函数名称
K 线	K 线图(ochl)	ochl_graph( )
移动平均线	折线图(line)	sma_graph( )
成交量	柱状图(Bar)	vol_plot( )
MACD	折线图(line)	macd_plot( )
	柱状图(bar)	
KDJ	折线图(line)	kdj_plot( )

将多子图集成绘制出一幅完整的图表,需要在类中创建如下函数。

- __init__( ):构造函数,通过 GridSpec 创建多子图,定义子图的位置并调整子图的行和列的相对高度和宽度。

- graph_attr( )：由 graph_run( )所调用的子函数，设置各子图的图表属性。
- graph_run( )：由外部自定义配置参数绘图各个子图，并集成显示为一幅图表。

完整的 MultiGraphIf 类代码如下所示：

```python
class MultiGraphIf(MplTypesDraw):

    app = DefTypesPool()
    @app.route_types(u"ochl")
    def ochl_graph(stock_dat, sub_graph, df_dat=None):  # prepare data
        type_dict = {'Open': stock_dat.Open,
                     'Close': stock_dat.Close,
                     'High': stock_dat.High,
                     'Low': stock_dat.Low
                     }
        view_function = MplTypesDraw.mpl.route_output(u"ochl")
        view_function(stock_dat.index, type_dict, sub_graph)

    @app.route_types(u"sma")
    def sma_graph(stock_dat, sub_graph, periods):  # prepare data
        for val in periods:
            type_dict = {'SMA'+str(val): stock_dat.Close.rolling(window=val).mean()}
            view_function = MplTypesDraw.mpl.route_output(u"line")
            view_function(stock_dat.index, type_dict, sub_graph)

    @app.route_types(u"vol")
    def vol_graph(stock_dat, sub_graph, df_dat=None):  # prepare data
        type_dict = {'bar_red': np.where(stock_dat.Open < stock_dat.Close, stock_dat.Volume, 0),  # 绘制 BAR>0 柱状图
                     'bar_green': np.where(stock_dat.Open > stock_dat.Close, stock_dat.Volume, 0)  # 绘制 BAR<0 柱状图
                     }
        view_function = MplTypesDraw.mpl.route_output(u"bar")
        view_function(stock_dat.index, type_dict, sub_graph)

    @app.route_types(u"macd")
    def macd_graph(stock_dat, sub_graph, df_dat=None):  # prepare data

        macd_dif = stock_dat['Close'].ewm(span=12, adjust=False).mean() - stock_dat['Close'].ewm(span=26, adjust=False).mean()
        macd_dea = macd_dif.ewm(span=9, adjust=False).mean()
        macd_bar = 2 * (macd_dif - macd_dea)
```

```python
    type_dict = {'bar_red': np.where(macd_bar > 0, macd_bar, 0),    # 绘制 BAR>0 柱状图
                 'bar_green': np.where(macd_bar < 0, macd_bar, 0)   # 绘制 BAR<0 柱状图
                 }
    view_function = MplTypesDraw.mpl.route_output(u"bar")
    view_function(stock_dat.index, type_dict, sub_graph)

    type_dict = {'macd dif': macd_dif,
                 'macd dea': macd_dea
                 }
    view_function = MplTypesDraw.mpl.route_output(u"line")
    view_function(stock_dat.index, type_dict, sub_graph)


@app.route_types(u"kdj")
def kdj_graph(stock_dat, sub_graph, df_dat=None):   # prepare data

    low_list = stock_dat['Low'].rolling(9, min_periods=1).min()
    high_list = stock_dat['High'].rolling(9, min_periods=1).max()
    rsv = (stock_dat['Close'] - low_list) / (high_list - low_list) * 100
    stock_dat['K'] = rsv.ewm(com=2, adjust=False).mean()
    stock_dat['D'] = stock_dat['K'].ewm(com=2, adjust=False).mean()
    stock_dat['J'] = 3 * stock_dat['K'] - 2 * stock_dat['D']

    type_dict = {'K': stock_dat.K,
                 'D': stock_dat.D,
                 'J': stock_dat.J
                 }
    view_function = MplTypesDraw.mpl.route_output(u"line")
    view_function(stock_dat.index, type_dict, sub_graph)
```

8.5.3 如何显示行情界面

在自定义生成行情分析界面之前，需要以嵌套键—值对形式的配置参数来分别描述图表的整体属性和各个子图的属性。

关于图表整体的配置参数的定义如表 8.4 所示。

表 8.4

配置参数	说明
figsize	plt.figure 函数的 figsize 参数，图表的尺寸
nrows	GridSpec 的 nrows 参数，子图的行数

配置参数	说明
ncols	GridSpec 的 ncols 参数,子图的列数
left	GridSpec 的 left 参数,控制子图与 figure 左边的距离比例
bottom	GridSpec 的 bottom 参数,控制子图与 figure 底部的距离比例
right	GridSpec 的 right 参数,控制子图与 figure 右边的距离比例
Top	GridSpec 的 top 参数,控制子图与 figure 顶部的距离比例
wspace	GridSpec 的 wspace 参数,控制子图之间水平间距
hspace	GridSpec 的 hspace 参数,控制子图之间垂直间距
height_ratios	GridSpec 的 height_ratios 参数
subplots	用列表形式定义子图的名称

关于各个子图的配置参数的定义如表 8.5 所示。

表 8.5

配置参数	说明
graph_name	子图名称,需要与 subplots 列表参数所对应
graph_type	子图类型,例如'ochl'、'sma'等
title	set_title 的内容,图表的标题
ylabel	set_ylabel 的内容,y 轴标签
xlabel	set_xlabel 的内容,x 轴标签
xticks	set_xticks 的内容,x 轴刻度设定
xticklabels	set_xticklabels 的内容,x 轴日期标签格式
legend	legend 的内容,图例的位置

接下来,我们介绍如何生成一幅自定义的行情分析界面。此处创建 4 行 1 列排布的子图,分别为 K 线&均线子图、成交量子图、MACD 子图、KDJ 子图,其中 K 线&均线子图和其余子图高度比例设置为 3.5∶1∶1∶1,将 hspace 参数设置为 0 去除子图之间存在的空隙。配置参数设置如下所示:

```
layout_dict = {'figsize': (12,6),
        'nrows': 4,
        'ncols': 1,
        'left': 0.07,
        'bottom': 0.15,
        'right': 0.99,
        'top': 0.96,
        'wspace': None,
```

```python
                'hspace': 0,
                'height_ratios': [3.5, 1, 1, 1],
                'subplots':['kgraph', 'volgraph', 'kdjgraph', 'macdgraph']}

subplots_dict = {'graph_fst':{'graph_name': 'kgraph',
                              'graph_type': {'ochl': None,
                                             'sma':[20,30,60,]
                                            },
                              'title': u"000651 格力电器-日K线",
                              'ylabel': u"价格",
                              'xticks': 15,
                              'legend': 'best'
                             },
                 'graph_sec':{'graph_name': 'volgraph',
                              'graph_type': {'vol': None
                                            },
                              'ylabel': u"成交量",
                              'xticks': 15,
                             },
                 'graph_thd': {'graph_name': 'kdjgraph',
                               'graph_type': {'kdj': None
                                             },
                               'ylabel': u"KDJ",
                               'xticks': 15,
                               'legend': 'best',
                              },
                 'graph_fth': {'graph_name': 'macdgraph',
                               'graph_type': {'macd': None
                                             },
                               'ylabel': u"MACD",
                               'xlabel': u"日期",
                               'xticks': 15,
                               'legend': 'best',
                               'xticklabel': '%Y-%m-%d'
                              },
                }
```

创建 MultiGraphIf 类的实例对象 draw_stock，同时传入股票行情数据（格力电器 2018-06-01 至 2019-06-01 的股票行情数据 df_stockload）和图表整体的配置参数，当调用 draw_stock.graph_run( )方法时需要传入各个子图的配置参数，graph_run( )方法会接收并按参数设定值可视化图表。如下所示：

```python
draw_stock = MultiGraphIf(df_stockload, **layout_dict)
draw_stock.graph_run(**subplots_dict)
```

将各技术指标相结合成的股票行情分析界面，显示效果如图 8.30 所示。

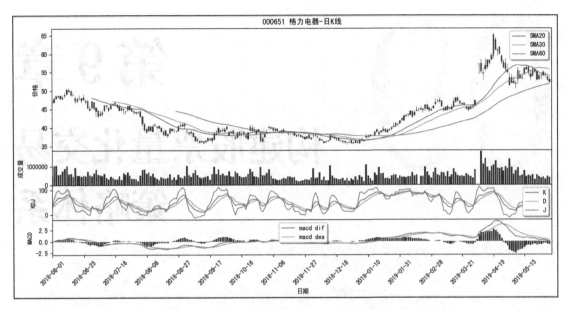

图 8.30

8.6 本章总结

首先介绍了定制可视化接口的方法,好的框架接口可以帮助我们更加便捷地展开股票技术指标的可视化分析。

然后在可视化接口基础上,介绍了基础技术指标、衍生技术指标的原理、计算和可视化方法,同时也介绍了使用更加强大的 Ta-Lib 库实现技术指标的优势和方法。

最后,我们将分立的技术指标通过自定义的框架,灵活地集成为一幅行情分析界面,帮助我们更加全面地观测股票技术指标。

第 9 章 构建股票量化交易策略体系

本章导读

量化交易策略体系涵盖了择时、选股、仓位管理策略的制定,以及策略的收益、风险回测评估等。尽管市面上已经有一些量化平台和框架,但我们知道"投资交易"这个领域是高度个性化的,每个交易者所关注和侧重的层面并不相同。本章就结合各个环节介绍如何构建自己的量化交易策略体系。

9.1 建立多维度的度量体系

当我们制定出一条量化策略,并不能立即将该策略应用于实盘交易之中,原因很简单,我们无法评价该策略的具体效果如何。对此,我们需要将策略基于一段历史股票数据进行模拟的买入和卖出,以验证交易策略的可行性,我们称这个环节为回测阶段。

在回测阶段,我们需要以图形化的方式显示出大周期下的买卖价位、持股时间等交易信息,也需要计算得到策略的收益和风险这两个关键的指标,通过直观的图形化分析度量策略的执行效果以及存在的问题和改善的空间。本节介绍如何图形化显示交易的盈亏区间以及收益和风险指标。

我们使用与 8.2 节相同的格力电器 2018-06-01 至 2019-06-01 近一年的股票行情数据,作为本节回测的数据,并将数据以副本形式传入函数中使用。

注意：为了降低学习难度，本节内容简化了回测过程，并未考虑除权、除息、涨跌停板交易限制、停牌交易限制等贴近实际交易的因素。

9.1.1 交易盈亏区间可视化

我们已经将模拟的格力电器的交易信息以 csv 文件格式存储，文件名为 GLDQ000651.csv，文件内容包括股票代码和名称、买入/卖出时间、交易股数、买入/卖出价格等，如图 9.1 所示。

	A	B	C	D	E	F	G
1	Code	Name	Buy-Time	Sell-Time	Number	Buy-Price	Sell-Price
2	000651.SZ	格力电器	20180601	20180613	1000	46.71	49.28
3	000651.SZ	格力电器	20180706	20180801	1000	43.19	42.45
4	000651.SZ	格力电器	20180912	20181008	1000	35.64	37.33
5	000651.SZ	格力电器	20181227	20190307	1000	35.85	45.74
6	000651.SZ	格力电器	20190327	20190422	1000	45.08	61.14
7	000651.SZ	格力电器	20190514	20190530	1000	53.25	52.94

图 9.1

接下来将交易的基本信息以图形化的方式来显示。

1. 在行情数据上构建交易信号

首先创建 get_trade_signal( )函数，该函数的作用是在原股票行情数据的基础上增加 Signal 列数据。在函数中需完成以下步骤。

（1）使用 pandas.read_csv( )函数加载 GLDQ000651.csv 的交易信息，其中的 parse_dates 参数指定将第 2 列（买入时间）和第 3 列（卖出时间）的内容解析为日期格式。代码如下所示：

```
df_csvload_trade = pd.read_csv('GLDQ000651.csv',index_col=None, parse_dates=[2,3],
encoding='gb2312')
print(df_csvload_trade)
#打印结果
"""
    Code       Name   Buy-Time    Sell-Time  Number  Buy-Price  Sell-Price
0  000651.SZ  格力电器  20180601   20180613    1000    46.71      49.28
1  000651.SZ  格力电器  20180706   20180801    1000    43.19      42.45
2  000651.SZ  格力电器  20180912   20181008    1000    35.64      37.33
3  000651.SZ  格力电器  20181227   20190307    1000    35.85      45.74
4  000651.SZ  格力电器  20190327   20190422    1000    45.08      61.14
5  000651.SZ  格力电器  20190514   20190530    1000    53.25      52.94
"""
```

（2）将买卖的交易时间与格力电器 2018-06-01 至 2019-06-01 这一年的行情数据相关联。构建 Signal 序列，即将买入交易日的 Signal 值设置为 1，同理将卖出交易日的 Signal 值设置为-1。代码如下所示：

```
stock_dat = stock_dat.assign(Signal = np.nan)
stock_dat.loc[df_csvload_trade["Buy-Time"], 'Signal'] = 1
stock_dat.loc[df_csvload_trade["Sell-Time"],'Signal'] = -1
```

（3）对 Signal 买卖信号序列的缺失值做一些处理，用上一个值来填充缺失值，使得买入后持有交易日的 Signal 值填充为 1，同理卖出后空仓交易日的 Signal 值填充为-1。例如序列 [1, NaN, NAN, NaN, NaN, NaN, NaN, NaN, -1,NaN, NaN, NaN……]处理后成为[1, 1, 1, 1, 1, 1, 1, 1, -1, -1, -1, -1……]，这样符合买入持有或卖出空仓的状态。实现方法如下所示：

```
stock_dat['Signal'].fillna(method = 'ffill', inplace = True) # 与前面元素值保持一致
```

对于序列最前面的 NaN 值则使用-1 值填充，如下所示：

```
stock_dat['Signal'].fillna(value = -1, inplace = True) # 序列最前面几个 NaN 值用-1 填充
```

完整的代码如下所示：

```
def get_trade_signal(stock_dat):

    df_csvload_trade = pd.read_csv('GLDQ000651.csv', index_col=None, parse_dates=[2, 3], encoding='gb2312')
    stock_dat = stock_dat.assign(Signal = np.nan)
    stock_dat.loc[df_csvload_trade["Buy-Time"], 'Signal'] = 1
    stock_dat.loc[df_csvload_trade["Sell-Time"],'Signal'] = -1
    stock_dat['Signal'].fillna(method = 'ffill', inplace = True) # 与前面元素值保持一致
    stock_dat['Signal'].fillna(value = -1, inplace = True) # 序列最前面几个 NaN 值用-1 填充

    return stock_dat
```

2. 注册可视化接口类型

关于可视化交易区间的获利情况，在 8.1 节的可视化接口 MplTypesDraw( )中添加的 filltrade_plot( )函数，该函数主要由以下三部分实现。

- 对 Signal 交易信号处理，获取到买入/卖出当天的执行信号。
- 使用 matplotlib.pyplot 模块的 fill_between( )填充 0 轴和收盘价曲线之间的区域，alpha 可设置底色的透明度。依据买入和卖出时收盘价的高低填充持有区间的颜色，当买入时的收盘价格高于卖出时为绿色，表示亏钱，反之为红色。
- 使用 matplotlib.pyplot 模块的 annotate( )函数在图中标注买卖交易获利/亏损信息，其中标注内容由标志位 is_win 判断，分别对应显示盈利和亏损文字内容。

接口函数如下所示：

```
@mpl.route_types(u"filltrade")
def filltrade_plot(df_index, df_dat, graph):
    # 绘制 filltrade 图
    signal_shift = df_dat['signal'].shift(1)
```

```
        signal_shift.fillna(value=-1, inplace=True)   # 序列最前面的NaN值用-1填充
        list_signal = np.sign(df_dat['signal'] - signal_shift)
        bs_singal = list_signal[list_signal != 0]

        skip_days = False
        for kl_index, value in bs_singal.iteritems(): # iteritems以迭代器形式返回
            if (value == 1) and (skip_days == False) :
                start = df_index.get_loc(kl_index)
                skip_days = True
            elif (value == -1) and (skip_days == True) :
                end = df_index.get_loc(kl_index) + 1 # 加1用于匹配[start:end]选取到end值
                skip_days = False

                if df_dat['jdval'][end-1] < df_dat['jdval'][start]: # 赔钱显示绿色
                    graph.fill_between(np.arange(start, end), 0, df_dat['jdval'][start:end],
color='green', alpha=0.38)
                    is_win = False
                else:  # 赚钱显示红色
                    graph.fill_between(np.arange(start, end), 0, df_dat['jdval'][start:end],
color='red', alpha=0.38)
                    is_win = True
                graph.annotate('获利\n' if is_win else '亏损\n',
                        xy=(end, df_dat['jdval'].asof(kl_index)),
                        xytext=(df_dat['xytext'][0], df_dat['xytext'][1]),
                        xycoords='data',
                        va=df_dat['va'],   # 点在标注下方
                        textcoords='offset points',
                        fontsize=df_dat['fontsize'],
                        arrowprops=df_dat['arrow'])
        # 整个时间序列填充为底色blue透明度alpha小于后标注区间颜色
        graph.fill_between(np.arange(0, len(df_index)), 0, df_dat['jdval'], color='blue',
alpha=.08)
```

3. 配置参数描述图表属性

对于可视化买卖交易区间的盈亏情况，我们创建draw_trade_chart( )函数，在函数中通过配置参数来描述图表的显示效果。此处图表类型选项draw_kind选择filltrade，并将对应的序列值传递给可视化接口，fig_output( )方法会在子图上绘制出买卖交易区间的获利图。

完整的代码如下所示：

```
def draw_trade_chart(stock_dat):
    # 交易获利/亏损区间可视化

    layout_dict = {'figsize': (14, 7),
                   'index': stock_dat.index,
                   'draw_kind': {'filltrade':
```

```
                        {'signal': stock_dat.signal,
                        'jdval': stock_dat.Close,
                        'va': 'top',
                        'xy_y': 'Close',
                        'xytext': (0,stock_dat['Close'].mean()),
                        'fontsize': 8,
                        'arrow': dict(facecolor='yellow', shrink=0.1)
                        }
                },
                'title': u"000651格力电器-交易持股区间",
                'ylabel': u"Close",
                'xlabel': u"日期",
                'xticks': 20,
                'xticklabels': '%Y-%m-%d'
                }
    app.fig_output(**layout_dict)
```

4. 绘制买卖交易区间的获利图

get_trade_signal( )函数会返回附有交易信息 Signal 列的股票行情数据，代码如下所示：

```
print(get_trade_signal(df_stockload.copy(deep=True)))
#打印结果
"""
            High    Low    Open    Close   Volume    Signal
Date
2018-06-01  47.30   46.26  47.30   46.58   4.96e+05  1.0
2018-06-04  48.31   46.99  47.00   47.81   1.02e+06  1.0
2018-06-05  48.84   47.93  48.00   48.55   1.03e+06  1.0
2018-06-06  48.80   48.15  48.55   48.41   5.46e+05  1.0
2018-06-07  48.86   47.92  48.75   47.98   5.64e+05  1.0
...          ...     ...    ...     ...     ...      ...
2019-05-27  54.50   52.98  54.01   54.05   3.52e+05  1.0
2019-05-28  55.33   53.80  54.00   54.90   4.00e+05  1.0
2019-05-29  54.66   53.70  54.13   54.10   2.95e+05  1.0
2019-05-30  53.79   52.63  53.64   52.94   4.55e+05  -1.0
2019-05-31  53.53   52.17  52.90   52.31   3.74e+05  -1.0

[238 rows x 6 columns]
"""
```

将 get_trade_signal( )函数返回的交易信息传入 draw_trade_chart( )中，实现最后的绘制。代码如下所示：

```
draw_trade_chart(get_trade_signal(df_stockload.copy(deep=True))) # 交易获利/亏损区间可视化
```

绘制效果如图 9.2 所示。

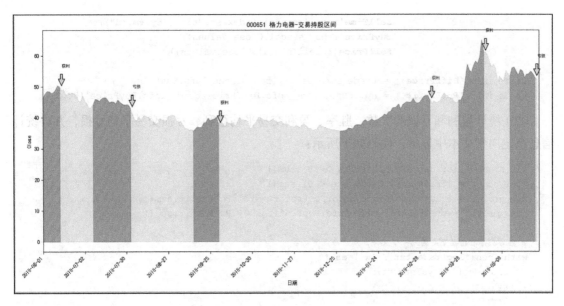

图 9.2

9.1.2 交易概览信息的统计

再进一步,通过简单的统计,我们还可以从原始的交易信息中侧面计算出评价策略质量的一些指标。此处列举实现盈利和亏损的次数的统计、胜率的计算,以及盈利/亏损交易中平均盈利和亏损的计算。

创建 log_trade_info( )函数用于统计交易的概览信息,并且以文本形式保存到本地中。将 9.1.1 节 get_trade_signal( )函数返回的附有交易信号的股票行情数据传入函数中。如下所示:

```
log_trade_info(get_trade_signal(df_stockload.copy(deep=True)))  # 交易概览信息的统计
```

在函数中需完成以下步骤。

(1)创建包含买入时间、卖出时间、买入价格、卖出价格、买卖价差、盈亏幅值信息的 DataFrame 数据结构,代码如下所示:

```
signal_shift = stock_dat.Signal.shift(1)
signal_shift.fillna(value=-1, inplace=True)  # 序列最前面的 NaN 值用-1 填充
list_signal = np.sign(stock_dat.Signal - signal_shift)

buy_singal = stock_dat[list_signal.isin([1])]
sell_singal = stock_dat[list_signal.isin([-1])]

trade_info = pd.DataFrame({'BuyTime': buy_singal.index.strftime("%y.%m.%d"),
```

```
                           'SellTime': sell_singal.index.strftime("%y.%m.%d"),
                           'BuyPrice': buy_singal.Close.values,
                           'SellPrice': sell_singal.Close.values})
trade_info['DiffPrice'] = trade_info.SellPrice - trade_info.BuyPrice
trade_info['PctProfit'] = np.round(trade_info.DiffPrice/trade_info.BuyPrice*100,2)
```

（2）统计盈利和亏损的次数、胜率、盈利交易平均盈利、亏损交易平均亏损，并将统计信息重定向到文本中显示，代码如下所示：

```
win_count = (trade_info.DiffPrice >= 0).sum()
loss_count = (trade_info.DiffPrice < 0).sum()
win_profit = trade_info[trade_info.PctProfit >= 0].PctProfit.sum()
loss_profit = trade_info[trade_info.PctProfit < 0].PctProfit.sum()

# 临时把标准输出重定向到一个文件，然后再恢复正常
with open('logtrade.txt', 'w') as f:
    oldstdout = sys.stdout
    sys.stdout = f
    try:
        print(trade_info)
        print(f'亏损次数:{loss_count}，盈利次数:{win_count}, 胜率:{round(win_count / (win_count+loss_count)*100, 2)}%')
        print(f'平均亏损:{round((loss_profit / loss_count), 2)}%平均盈利:{round((win_profit / win_count), 2)}%')

    finally:
        sys.stdout = oldstdout
```

关于重定向的原理说明：Python 中的 sys.stdout 对应着解释器的标准输出，在使用 print( ) 打印时事实上是调用了 sys.stdout.write( )，只不过 print( )在把内容打印到控制台后，追加了一个换行符（linefeed）。如果我们要把内容重定向到文本中去，需要把文件对象的引用赋值给 sys.stdout，那么 print 调用的即为文件对象的 write 方法，这样就实现了重定向。

运行后本地的 logtrade.txt 文件中可获得如图 9.3 所示的指标信息。在回测阶段，这些指标也可以从侧面去测试我们对极端交易情况的承受能力。

```
                                              logtrade.txt
   BuyTime  SellTime  BuyPrice  SellPrice  DiffPrice  PctProfit
0  18.06.01  18.06.13     46.58      49.88       3.30       7.08
1  18.07.06  18.08.01     44.20      43.05      -1.15      -2.60
2  18.09.12  18.10.08     35.77      37.93       2.16       6.04
3  18.12.27  19.03.07     35.68      45.74      10.06      28.20
4  19.03.27  19.04.22     45.60      61.14      15.54      34.08
5  19.05.14  19.05.30     53.36      52.94      -0.42      -0.79
亏损次数:2, 盈利次数:4, 胜率:66.67%
平均亏损:-1.7% 平均盈利:18.85%
```

图 9.3

完整的代码如下所示：

```python
def log_trade_info(stock_dat):

    signal_shift = stock_dat.Signal.shift(1)
    signal_shift.fillna(value=-1, inplace=True)   # 序列最前面的NaN值用-1填充
    list_signal = np.sign(stock_dat.Signal - signal_shift)

    buy_singal = stock_dat[list_signal.isin([1])]
    sell_singal = stock_dat[list_signal.isin([-1])]

    trade_info = pd.DataFrame({'BuyTime': buy_singal.index.strftime("%y.%m.%d"),
                               'SellTime': sell_singal.index.strftime("%y.%m.%d"),
                               'BuyPrice': buy_singal.Close.values,
                               'SellPrice': sell_singal.Close.values})

    trade_info['DiffPrice'] = trade_info.SellPrice - trade_info.BuyPrice
    trade_info['PctProfit'] = np.round(trade_info.DiffPrice/trade_info.BuyPrice*100,2)

    win_count = (trade_info.DiffPrice >= 0).sum()
    loss_count = (trade_info.DiffPrice < 0).sum()
    win_profit = trade_info[trade_info.PctProfit >= 0].PctProfit.sum()
    loss_profit = trade_info[trade_info.PctProfit < 0].PctProfit.sum()

    # 临时把标准输出重定向到一个文件，然后再恢复正常
    with open('logtrade.txt', 'w') as f:
        oldstdout = sys.stdout
        sys.stdout = f
        try:
            print(trade_info)
            print(f'亏损次数:{loss_count}, 盈利次数:{win_count}, 胜率:{round(win_count / (win_count + loss_count), 2)}%')
            print(f'平均亏损:{round((loss_profit / loss_count), 2)}%平均盈利:{round((win_profit / win_count), 2)}%')
        finally:
            sys.stdout = oldstdout
```

9.1.3 度量策略资金的绝对收益

能否获得收益是衡量策略好坏的重要标准，因此策略收益的图形化显示十分必要。策略的绝对收益指的是执行该策略后资金方面最终的收益情况。接下来先从绝对收益来度量该策略的执行效果。

首先，创建draw_absolute_profit( )函数，将9.1.1节get_trade_signal( )函数返回的附有交易信号的股票行情数据传入函数中。如下所示：

```python
draw_absolute_profit(get_trade_signal(df_stockload.copy(deep=True)))  # 绝对收益-资金的度量
```

在 draw_absolute_profit( )函数中需要完成以下步骤。

1. 计算资金的绝对收益

此处设置的初始资金为 10 万元，一旦信号触发则按指定仓位执行买卖操作，买入股票后资金转为市值，全仓卖出股票后市值转为现金，在实际买卖过程中也会涉及手续费和滑点。因此，初始化以下 6 个变量，如下所示：

```
cash_hold = 100000 #初始资金
posit_num = 0 #持股数目
skip_days = False #持股/持币状态
slippage = 0.01 # 滑点, 默认为 0.01
c_rate = 5.0 / 10000  # 手续费, (commission), 默认为万分之五
t_rate = 1.0 / 1000   # 印花税, (tax), 默认为千分之一
```

遍历 Signal 序列，当触发买入信号时，如果当前是持币状态则将现金转换为股票，当触发卖出信号时，如果是持股状态则将股票转换为现金，总体收益为资金和股票市值两者的结合。如下所示：

```
# 绝对收益-资金的度量
for kl_index, today in stock_dat.iterrows():
    # 买入/卖出执行代码
    if today.signal == 1 and skip_days == False: # 买入
        skip_days = True
        posit_num = int(cash_hold / (today.Close + slippage)) # 资金转化为股票
        posit_num = int(posit_num / 100) * 100 # 买入股票最少 100 股, 对 posit_num 向下取整百
        buy_cash = posit_num * (today.Close + slippage) # 计算买入股票所需现金
        # 计算手续费, 不足 5 元按 5 元收, 并保留 2 位小数
        commission = round(max(buy_cash * c_rate, 5), 2)
        cash_hold = cash_hold - buy_cash - commission
    elif today.signal == -1 and skip_days == True: # 卖出, 避免未买先卖
        skip_days = False
        sell_cash = posit_num * (today.Close - slippage) # 计算卖出股票得到的现金 卖出股票可以不是整百
        # 计算手续费, 不足 5 元按 5 元收, 并保留 2 位小数
        commission = round(max(sell_cash * c_rate, 5), 2)
        # 计算印花税, 保留 2 位小数
        tax = round(sell_cash * t_rate, 2)
        cash_hold = cash_hold + sell_cash - commission - tax # 剩余现金
    if skip_days == True: # 持股
        stock_dat.loc[kl_index,'total'] = posit_num * today.Close + cash_hold
    else: # 空仓
        stock_dat.loc[kl_index,'total'] = cash_hold
```

2. 配置参数描述图表属性

函数中通过配置参数来描述图表的显示效果。此处图表类型选项 draw_kind 选择为 line，将计算得到的资金收益序列值传递给可视化接口，xlabel、xticks、xticklabels 参数保持默认值即可。该部分可参考 8.1 节的内容。

以下提供完整的代码，如下所示：

```python
# 度量策略绝对收益和相对收益
def draw_absolute_profit(stock_dat):

    cash_hold = 100000 # 初始资金
    posit_num = 0 # 持股数目
    skip_days = False # 持股/持币状态
    slippage = 0.01 # 滑点，默认为0.01
    c_rate = 5.0 / 10000 # 手续费, commission, 默认万分之5
    t_rate = 1.0 / 1000 # 印花税, tax, 默认千分之1

    # 绝对收益-资金的度量
    for kl_index, today in stock_dat.iterrows():
        # 买入/卖出执行代码
        if today.Signal == 1 and skip_days == False: # 买入
            skip_days = True
            posit_num = int(cash_hold / (today.Close + slippage)) # 资金转化为股票
            posit_num = int(posit_num / 100) * 100 # 买入股票最少100股，对posit_num向下取整百
            buy_cash = posit_num * (today.Close + slippage) # 计算买入股票所需现金
            # 计算手续费，不足5元按5元收，并保留2位小数
            commission = round(max(buy_cash * c_rate, 5), 2)
            cash_hold = cash_hold - buy_cash - commission
        elif today.Signal == -1 and skip_days == True: # 卖出，避免未买先卖
            skip_days = False
            sell_cash = posit_num * (today.Close - slippage) # 计算卖出股票得到的现金 卖出股票可以不是整百
            # 计算手续费，不足5元按5元收，并保留2位小数
            commission = round(max(sell_cash * c_rate, 5), 2)
            # 计算印花税，保留2位小数
            tax = round(sell_cash * t_rate, 2)
            cash_hold = cash_hold + sell_cash - commission - tax # 剩余现金
        if skip_days == True: # 持股
            stock_dat.loc[kl_index,'total'] = posit_num * today.Close + cash_hold
        else: # 空仓
            stock_dat.loc[kl_index,'total'] = cash_hold

    line_key = "资金总体收益%d；上涨幅度 %.2f%%" % (stock_dat['total'][-1], (stock_dat['total'][-1] - 100000) / 100000*100)
    print(line_key)
    layout_dict = {'figsize': (14, 5),
                   'index': stock_dat.index,
                   'draw_kind': {'line':
                                 {line_key: stock_dat.total
                                  }
                                 },
                   'title': u"000651 格力电器-资金总体收益",
                   'ylabel': u"总体收益",
                   'xlabel': u"日期",
                   'xticks': 20,
                   'legend': u'best',
                   'xticklabels': '%Y-%m-%d'
                   }
    app.fig_output(**layout_dict)
```

显示效果如图9.4所示，从资金收益曲线可获悉到，执行该策略后有3.67%的资金增长幅度。

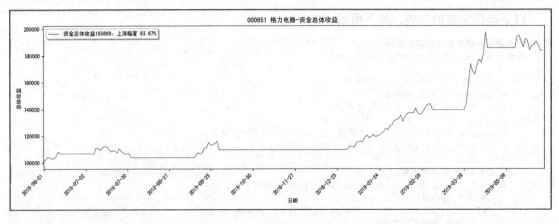

图 9.4

9.1.4 度量策略与基准的相对收益

除了从绝对收益角度去度量策略的效果外,还应该从相对收益角度去度量,毕竟有对比才更有说服力。在衡量策略的相对收益时,可以与基准收益率进行比较,此处的基准收益指的是"买入-持有"策略下的收益,也就是从第一天开始持有股票直到最后一天的收益情况。

首先创建 draw_relative_profit( )函数,将 9.1.1 节 get_trade_signal( )函数返回的附有交易信号的股票行情数据传入函数中。如下所示:

```
draw_relative_profit(get_trade_signal(df_stockload.copy(deep=True)))   # 相对收益-策略VS基准
```

在 draw_relative_profit( )函数中需要完成以下步骤。

1. 计算资金的相对收益

关于收益率的计算方法,平时使用比较多的是从每日涨跌幅的百分比层面去计算,即(今收-昨收)/昨收,公式原型为:

$$r = (c_n - c_{n-1})/c_{n-1} = c_n/c_{n-1} - 1 \tag{1}$$

每日的涨跌幅情况虽然平时使用比较多,但是存在不对称的特性,例如股价从 50 元涨到 100 元再跌回 50 元,股价的变化是 0,但 r%分别为 100%和-50%,两者之和并不为 0。同理,当涨跌幅之和为 0 时,通常最后的股价都小于最初的股价。

在金融领域更倾向于使用对数收益率,公式原型为:

$$r = \ln(c_n/c_{n-1}) \tag{2}$$

公式（2）中 C_n 为今日收盘价，C_{n-1} 为昨日收盘价，即求以 e 为底(C_n/C_{n-1})的对数，对应的指数公式原型为：

$$c_n = c_{n-1} * e^r \tag{3}$$

对数收益率分别为 r%=ln(100/50)=69%、r%=ln(50/100)=-69%，两者之和为 0，具有对称特性。

对数收益率可由 Numpy 的 log( )函数实现，我们先计算基准收益，如下所示：

```
stock_dat['benchmark_profit_log'] = np.log(stock_dat.Close/stock_dat.Close.shift(1))
```

对于使用策略后的收益计算，先将 Signal 序列中的-1 值用 0 代替，然后在基准收益基础上与 Signal 序列矢量相乘。由于 Signal 序列中 1 代表买入后持续持有股票，0 代表卖出后持续空仓持币，与基准收益相乘可过滤掉 Signal 序列为 0 时对应当天的收益，同时可保持 signal 序列为 1 时对应当天的收益，如下所示：

```
stock_dat.loc[stock_dat.Signal == -1, 'Signal'] = 0
stock_dat['trend_profit_log'] = stock_dat['Signal'] * stock_dat.benchmark_profit_log
```

由于对数收益率可线性叠加，DataFrame.cumsum( )方法具有数值累加的作用，因此使用 cumsum( )将序列值累加形成基准收益曲线和策略收益曲线，如下所示：

```
stock_dat['trend_profit_log'].cumsum()
stock_dat['benchmark_profit_log'].cumsum()
```

2. 配置参数描述图表属性

函数通过配置参数来描述图表的显示效果。此处图表类型选项 draw_kind 选择为 line，将计算得到的基准收益序列值和策略收益序列值传递给可视化接口，xlabel、xticks、xticklabels 参数保持默认值即可。该部分可参考 8.1 节关于可视化接口的介绍。

以下提供完整的代码，如下所示：

```python
def draw_relative_profit(stock_dat):
    # 相对收益-策略 VS 基准
    stock_dat['benchmark_profit_log'] = np.log(stock_dat.Close/stock_dat.Close.shift(1))
    stock_dat.loc[stock_dat.Signal == -1, 'Signal'] = 0
    stock_dat['trend_profit_log'] = stock_dat['Signal'] * stock_dat.benchmark_profit_log
    line_trend_key = "策略收益%.2f" % (stock_dat['trend_profit_log'].cumsum()[-1])
    line_bench_key = "基准收益%.2f" % (stock_dat['benchmark_profit_log'].cumsum()[-1])
    layout_dict = {'figsize': (14, 5),
                   'index': stock_dat.index,
                   'draw_kind': {'line':
                                 {line_bench_key: stock_dat['benchmark_profit_log'].cumsum(),
                                  line_trend_key: stock_dat['trend_profit_log'].cumsum()
                                 }
                                },
                   'title': u"000651 格力电器-相对收益率",
                   'ylabel': u"相对收益率",
```

```
                'xlabel': u"日期",
                'xticks': 20,
                'legend': u'best',
                'xticklabels': '%Y-%m-%d'
                }
    app.fig_output(**layout_dict)
```

用对数方式计算的相对收益率可视化如图 9.5 所示,从图中可知对数方式计算的收益率曲线基值为 0。

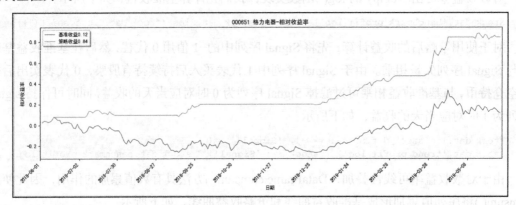

图 9.5

9.1.5 度量策略的最大风险回撤

我们看到了执行交易策略后的收益,但是股票交易是有风险的,如何去衡量这个风险呢?最大回撤率就是一种直观的将风险切实量化的指标,它描述了买入股票后,在策略出现最糟糕的情况下会损失多少钱,这也直接关系到了风险策略中止损因子的设定。

回撤的意思是指在某一段时期内股价从最高点开始回落到最低点的幅度。最大回撤率计算公式为:

$$\max(1-当日收盘价/当日之前最高价) \times 100\%$$

举个例子,在股票最高价 2 元买入,近半年内,股价下跌到最低点 1.6 元,最大亏损 0.4 元,那么这近半年最大回撤率=1-1.6/2×100%,结果是 20%。显而易见,回撤率越小越好,因为回撤与风险成正比,回撤越大,风险也就越高。

1. 收盘价最大回撤率

我们先介绍如何实现股票收盘价最大回撤率的计算。首先创建 draw_closemax_risk ( )函数,将 9.1.1 节的 get_trade_signal( )函数处理后的买卖信号传入函数中。代码如下所示:

```
draw_closemax_risk(get_trade_signal(df_stockload.copy(deep=True)))  # 度量策略最大风险回撤——
收盘价最大回撤
```

在 draw_closemax_risk( )函数中需要完成以下步骤。

（1）计算收盘价最大回撤率

首先使用 DataFrame.expanding( )方法计算收盘价的滚动最大值序列，也就是截止到任一交易日之前收盘价的最大值，如下所示：

```
#计算收盘价曲线当前的滚动最高值
stock_dat['max_close'] = stock_dat['Close'].expanding().max()
```

接着，将收盘价序列与滚动最大值序列矢量相除，计算收盘价对于最高值所占的百分比，如下所示：

```
# 计算收盘价曲线在滚动最高值之后所回撤的百分比
stock_dat['per_close'] = stock_dat['Close'] / stock_dat['max_close']
```

对该百分比从小到大排序，收盘价对于最高值所占的百分比越低，说明回撤的幅度越大，那么只需将1减去排序后的最小数值，即得到收盘价的最大回撤率。如下所示：

```
#找出收盘价最大回撤率交易日
min_point_df = stock_dat.sort_values(by=['per_close'])[0:1]
min_point_close= min_point_df.per_close
```

找出收盘价最大回撤率所对应的最高收盘价交易日和最大回撤交易日，并打印显示，如下所示：

```
#找出收盘价最高的交易日
max_point_df = stock_dat[stock_dat.index <= min_point_close.index[0]].sort_values
(by=['Close'], ascending=False)[0:1]
max_point_close=max_point_df.close
#打印收盘价的最大回撤率与所对应的最高收盘价交易日和最大回撤交易日
print("股价最大回撤%5.2f%% 从%s 开始至%s 结束" % ((1-min_point_close.values*100,\
max_point_close.index[0], min_point_close.index[0]))
#最大股价回撤29.21%从2018-06-12 00:00:00开始至2018-12-27 00:00:00结束
```

（2）配置参数描述图表属性

函数通过配置参数来描述图表的显示效果。此处图表类型选项 draw_kind 选择为 line 和 annotate，将计算得到对应的序列值传递给可视化接口，xlabel、xticks、xticklabels 参数保持默认值即可。该部分可参考 8.1 节的内容。

以下提供完整的代码，如下所示：

```
def draw_closemax_risk(stock_dat):
    # 度量策略最大风险回撤——收盘价最大回撤

    # 计算收盘价曲线当前的滚动最高值
    stock_dat['max_close'] = stock_dat['Close'].expanding().max()
    # 计算收盘价曲线在滚动最高值之后所回撤的百分比
```

```python
stock_dat['per_close'] = stock_dat['Close'] / stock_dat['max_close']
# 找出收盘价的最大回撤率交易日
min_point_df = stock_dat.sort_values(by=['per_close'])[0:1]
min_point_close = min_point_df.per_close
#找出收盘价的最大回撤率所对应的最高值交易日和最大回撤交易日,并打印显示
max_point_df = stock_dat[stock_dat.index <= min_point_close.index[0]].sort_values(by=
['Close'], ascending=False)[0:1]
max_point_close = max_point_df.Close
print("股价最大回撤%5.2f%% 从%s 开始至%s 结束" % ((1 - min_point_close.values)*100,\
                      max_point_close.index[0], min_point_close.index[0]))
##最大股价回撤29.21% 从 2018-06-12 00:00:00 开始至 2018-12-27 00:00:00 结束
layout_dict = {'figsize': (14, 5),
               'index': stock_dat.index,
               'draw_kind': {'line':
                             {'最大收盘价': stock_dat.max_close,
                              '收盘价': stock_dat.Close
                              },
                             'annotate':
                             {u"股价最大回撤\n{}".format(1 - min_point_close.values):
                              {'andata': min_point_df,
                               'va':'top',
                               'xy_y': 'Close',
                               'xytext': (0, stock_dat['High'].mean()),
                               'fontsize': 8,
                               'arrow': dict(facecolor='green', shrink=0.1)
                               },
                              }
                             },
               'title': u"000651 格力电器-收盘价最大回撤",
               'ylabel': u"收盘价最大回撤",
               'xlabel': u"日期",
               'xticks': 20,
               'legend': u'best',
               'xticklabels': '%Y-%m-%d'}
app.fig_output(**layout_dict)
```

绘制收盘价及其滚动最大值曲线,以及标注最大回撤点,可视化效果如图 9.6 所示。

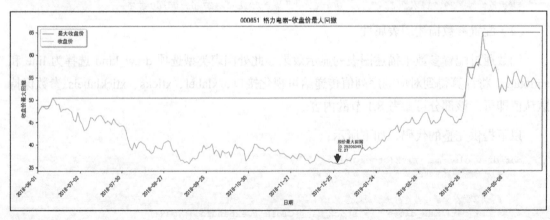

图 9.6

2. 资金曲线最大回撤

对于计算资金曲线最大回撤率的方法，与计算收盘价曲线最大回撤率的方法类似。仅需要将计算对象由收盘价序列更换为资金序列即可。绘制资金曲线及其滚动最大值曲线，以及标注最大回撤点。

完整的代码如下所示：

```python
def draw_profitmax_risk(stock_dat):
    # 度量策略最大风险回撤——资金最大回撤
    cash_hold = 100000  # 初始资金
    posit_num = 0  # 持股数目
    skip_days = False  # 持股/持币状态
    slippage = 0.01  # 滑点, 默认为0.01
    c_rate = 5.0 / 10000  # 手续费, commission, 默认万分之5
    t_rate = 1.0 / 1000   # 印花税, tax, 默认千分之1
    # 绝对收益-资金的度量
    for kl_index, today in stock_dat.iterrows():
        # 买入/卖出执行代码
        if today.Signal == 1 and skip_days == False:  # 买入
            skip_days = True
            posit_num = int(cash_hold / (today.Close + slippage))  # 资金转化为股票
            posit_num = int(posit_num / 100) * 100  # 买入股票最少100股，对posit_num向下取整百
            buy_cash = posit_num * (today.Close + slippage)  # 计算买入股票所需现金
                # 计算手续费，不足5元按5元收，并保留2位小数
            commission = round(max(buy_cash * c_rate, 5), 2)
            cash_hold = cash_hold - buy_cash - commission
        elif today.Signal == -1 and skip_days == True:  # 卖出 避免未买先卖
            skip_days = False
            sell_cash = posit_num * (today.Close - slippage)  # 计算卖出股票得到的现金 卖出股票可以不是整百
            # 计算手续费，不足5元按5元收，并保留2位小数
            commission = round(max(sell_cash * c_rate, 5), 2)
            # 计算印花税，保留2位小数
            tax = round(sell_cash * t_rate, 2)
            cash_hold = cash_hold + sell_cash - commission - tax  # 剩余现金
        if skip_days == True:  # 持股
            stock_dat.loc[kl_index,'total'] = posit_num * today.Close + cash_hold
        else:  # 空仓
            stock_dat.loc[kl_index,'total'] = cash_hold
    # expanding()计算资金曲线当前的滚动最高值
    stock_dat['max_total'] = stock_dat['total'].expanding().max()

    # 计算资金曲线在滚动最高值之后所回撤的百分比
    stock_dat['per_total'] = stock_dat['total'] / stock_dat['max_total']

    min_point_df = stock_dat.sort_values(by=['per_total'])[0:1]
    min_point_total = min_point_df.per_total
```

```python
        max_point_df = stock_dat[stock_dat.index <= min_point_total.index[0]].sort_values(by=
['total'], ascending=False)[0:1]
        max_point_total = max_point_df.total

        print("资金最大回撤%5.2f%% 从%s 开始至%s 结束" % ((1 - min_point_total.values)*100, \
                                        max_point_total.index[0], min_point_total.index[0]))
        # 最大资金回撤7.53%从2018-07-13 00:00:00 开始至2018-09-12 00:00:00 结束
        layout_dict = {'figsize': (14, 5),
                       'index': stock_dat.index,
                       'draw_kind': {'line':
                                        {'最大资金': stock_dat.max_total,
                                         '资金': stock_dat.total
                                        },
                                     'annotate':
                                        {u"资金最大回撤\n{}".format(1 - min_point_total.values):
                                            {'andata': min_point_df,
                                             'va':'top',
                                             'xy_y': 'total',
                                             'xytext': (0,stock_dat['High'].mean()),
                                             'fontsize': 8,
                                             'arrow': dict(facecolor='green', shrink=0.1)
                                            },
                                        }
                                    },
                       'title': u"000651 格力电器-资金最大回撤",
                       'ylabel': u"资金最大回撤",
                       'xlabel': u"日期",
                       'xticks': 20,
                       'legend': u'best',
                       'xticklabels': '%Y-%m-%d'}
        app.fig_output(**layout_dict)
```

绘制资金及其滚动最大值曲线，以及标注最大回撤点，可视化效果如图9.7所示。

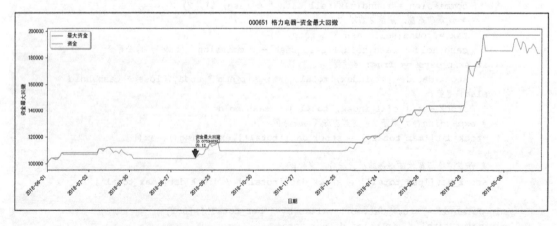

图 9.7

使用最大回撤率去度量风险有两大用途。

- 直接的用途是可以排除不适合自己的策略。假设一个策略的最大回撤是 20%，那么使用这个策略之前就要评估自己能否经受得起 20%浮亏的极端情况。如果最大回撤一直控制在低水平，那么最明显的两个好处就是不会大幅丧失之前的盈利，以及可以较快地重新回到原来的最高点。
- 通过收益回撤比，选出最有优势的产品。如果收益率为 30%，回撤率为 5%，那么收益与回撤之比：收益率/回撤率 = 6，比值越大往往说明该股票的赢利能力越强。

9.1.6 回测界面的自定义设计

我们介绍了回测阶段以图形化的方式度量策略的收益和风险这两个关键的指标。不过这些指标的可视化皆以分立图表的形式呈现。

为了更加全面、直观地了解可视化信息，通常在股票量化策略软件中，也会将策略执行效果集成在一幅页面上显示。本节介绍如何用 Matplotlib 库多子图的布局机制定制自己的回测分析界面。

回测分析界面可以更好地帮助我们分析策略的回测执行情况。在界面中我们创建 3 个子图分别绘制如下内容：

- 收盘价曲线及最大回撤点，并呈现盈亏状态的买卖区间、标注买卖信号点；
- 资金曲线及最大回撤点；
- 基准收益曲线及使用策略后的收益曲线。

1. 创建回测评估指标函数

我们沿用 8.5 节显示界面框架的机制，创建 MultiTraceIf 类，在该类中创建相应的子图函数。此处我们以表 9.1 罗列本节设计的回测分析界面中所涉及的一些评估指标。关于这些指标的绘制方法我们已经在 9.1 节中已经介绍。

表 9.1

评估指标	Matplotlib 图表	函数名称
收盘价曲线 最大回撤点	折线图（line） 标注点（annotate）	close_retrace_graph()

续表

评估指标	Matplotlib 图表	函数名称
盈亏状态的交易区间 交易信号点	标注点（annotate） 区间填充（filltrade）	trade_graph( )
资金曲线 资金最大回撤点	折线图（line） 标注点（annotate）	cash_profit_graph( )
基准收益曲线 策略收益曲线	折线图（line）	cmp_profit_graph( )

MultiTraceIf 类中评估指标函数的代码如下所示：

```python
class MultiTraceIf(MplTypesDraw):

    app = DefTypesPool()
    ##############################回测分析界面##############################
    @app.route_types(u"cash_profit") # cash profit and retracement
    def cash_profit_graph(stock_dat, sub_graph, cash_hold = 100000, slippage = 0.01, c_rate = 5.0 / 10000, t_rate = 1.0 / 1000):
        posit_num = 0   # 持股数目
        skip_days = False  # 持股/持币状态

        # 最大风险回撤——资金最大回撤
        # 绝对收益-资金的度量
        for kl_index, today in stock_dat.iterrows():
            # 买入/卖出执行代码
            if today.Signal == 1 and skip_days == False:  # 买入
                skip_days = True
                posit_num = int(cash_hold / (today.Close + slippage))  # 将资金转化为股票
                posit_num = int(posit_num / 100) * 100  # 买入股票至少100股，对posit_num向下取整百

                buy_cash = posit_num * (today.Close + slippage) # 计算买入股票所需现金
                # 计算手续费，不足5元按5元收，并保留2位小数
                commission = round(max(buy_cash * c_rate, 5), 2)
                cash_hold = cash_hold - buy_cash - commission

            elif today.Signal == -1 and skip_days == True:  # 卖出 避免未买先卖
                skip_days = False
                sell_cash = posit_num * (today.Close - slippage) # 计算卖出股票所得现金，卖出的股票数可以不是整百
                # 计算手续费，不足5元按5元收，并保留2位小数
                commission = round(max(sell_cash * c_rate, 5), 2)
                # 计算印花税，保留2位小数
                tax = round(sell_cash * t_rate, 2)
                cash_hold = cash_hold + sell_cash - commission - tax # 剩余现金
            if skip_days == True:  # 持股
                stock_dat.loc[kl_index, 'total'] = posit_num * today.Close + cash_hold
            else:  # 空仓
```

```python
            stock_dat.loc[kl_index, 'total'] = cash_hold

        # expanding()计算资金曲线当前的滚动最高值
        stock_dat['max_total'] = stock_dat['total'].expanding().max()
        # 计算资金曲线在滚动最高值之后所回撤的百分比
        stock_dat['per_total'] = stock_dat['total'] / stock_dat['max_total']

    min_point_df = stock_dat.sort_values(by=['per_total'])[0:1]
    min_point_total = min_point_df.per_total
    max_point_df = stock_dat[stock_dat.index <= min_point_total.index[0]].sort_values(by=['total'], ascending=False)[0:1]
    max_point_total = max_point_df.total

    print("资金最大回撤%5.2f%% 从%s开始至%s结束" % ((1 - min_point_total.values) * 100, \
                                    max_point_total.index[0], min_point_total.index[0]))

    line_total = "资金总体收益%d；上涨幅度 %.2f%%" % (stock_dat['total'][-1], \
(stock_dat['total'][-1] - 100000) / 100000 * 100)
    print(line_total)
    max_total = "资金滚动最高值"

    type_dict = {line_total: stock_dat.total,
                 max_total: stock_dat.max_total,
                 }
    view_function = MplTypesDraw.mpl.route_output(u"line")
    view_function(stock_dat.index, type_dict, sub_graph)

    type_dict = {u"资金最大回撤\n{}".format(1 - min_point_total.values):
                    {'andata': min_point_df,
                     'va': 'top',
                     'xy_y': 'total',
                     'xytext': (0, stock_dat['High'].mean()),
                     'fontsize': 8,
                     'arrow': dict(facecolor='green', shrink=0.1)
                     },
                 }
    view_function = MplTypesDraw.mpl.route_output(u"annotate")
    view_function(stock_dat.index, type_dict, sub_graph)

@app.route_types(u"cmp_profit")    # relative_profit
def cmp_profit_graph(stock_dat, sub_graph, para_dat):

    # 相对收益-策略VS基准
    stock_dat['benchmark_profit_log'] = np.log(stock_dat.Close / stock_dat.Close.shift(1))
    stock_dat.loc[stock_dat.Signal == -1, 'Signal'] = 0
    stock_dat['trend_profit_log'] = stock_dat['Signal'] * stock_dat.benchmark_profit_log
    line_trend_key = "策略收益%.2f" % stock_dat['trend_profit_log'].cumsum()[-1]
    line_bench_key = "基准收益%.2f" % stock_dat['benchmark_profit_log'].cumsum()[-1]
    print("资金相对收益: %s VS %s" % (line_trend_key, line_bench_key))
```

```python
            type_dict = {line_bench_key: stock_dat['benchmark_profit_log'].cumsum(),
                         line_trend_key: stock_dat['trend_profit_log'].cumsum()
                         }
            view_function = MplTypesDraw.mpl.route_output(u"line")
            view_function(stock_dat.index, type_dict, sub_graph)

        @app.route_types(u"close_retrace")   # relative_profit
        def close_retrace_graph(stock_dat, sub_graph, para_dat):
            # 度量策略最大风险回撤——收盘价最大回撤

            # 计算收盘价曲线当前的滚动最高值
            stock_dat['max_close'] = stock_dat['Close'].expanding().max()
            # 计算收盘价曲线在滚动最高值之后所回撤的百分比
            stock_dat['per_close'] = stock_dat['Close'] / stock_dat['max_close']

            # 找出收盘价的最大回撤率交易日
            min_point_df = stock_dat.sort_values(by=['per_close'])[0:1]
            min_point_close = min_point_df.per_close
            # 找出收盘价最高值交易日，并打印显示
            max_point_df = stock_dat[stock_dat.index <= min_point_close.index[0]].sort_values(by=['Close'],ascending=False)[0:1]
            max_point_close = max_point_df.Close

            # 打印收盘价的最大回撤率与所对应的最高值交易日和最大回撤交易日
            print("股价最大回撤%5.2f%% 从%s 开始至%s 结束" % ((1 - min_point_close.values) * 100, \
                                                  max_point_close.index[0], min_point_close.index[0]))

            type_dict = {'最大收盘价': stock_dat.max_close,
                         '收盘价': stock_dat.Close
                         }
            view_function = MplTypesDraw.mpl.route_output(u"line")
            view_function(stock_dat.index, type_dict, sub_graph)

            type_dict = {u"股价最大回撤\n{}".format(1 - min_point_close.values):
                             {'andata': min_point_df,
                              'va': 'top',
                              'xy_y': 'Close',
                              'xytext': (0,stock_dat['High'].mean()),
                              'fontsize': 8,
                              'arrow': dict(facecolor='green', shrink=0.1)
                              },
                         }
            view_function = MplTypesDraw.mpl.route_output(u"annotate")
            view_function(stock_dat.index, type_dict, sub_graph)

        @app.route_types(u"trade")
        def trade_graph(stock_dat, sub_graph, para_dat):
            # 交易获利/亏损区间可视化
```

```
type_dict = {'signal': stock_dat.Signal,
             'jdval': stock_dat.Close,
             'va': 'top',
             'xy_y': 'Close',
             'xytext': (0,stock_dat['High'].mean()),
             'fontsize': 8,
             'arrow': dict(facecolor='yellow', shrink=0.1)
             }
view_function = MplTypesDraw.mpl.route_output(u"filltrade")
view_function(stock_dat.index, type_dict, sub_graph)
```

2．配置参数描述图表属性

在自定义生成回测分析界面之前，需要以嵌套键—值对形式的配置参数来分别描述图表的整体属性和各个子图的属性。关于图表整体的配置参数定义和各个子图的通用配置参数定义，如同 8.5 节中所介绍的，只需在子图类型 graph_type 参数中添加对应指标的名称即可，如表 9.2 所示。

表 9.2

graph_type 参数	说明
trade	盈亏状态交易卖区间、交易信号点
close_retrace	收盘价曲线、最大回撤点
cash_profit	资金曲线、资金最大回撤点
cmp_profit	基准收益曲线、策略收益曲线

接下来，我们用代码示例来介绍如何生成一幅自定义的回测分析界面。此处创建 3 行 1 列排布的子图，分别为交易区间&收盘价最大回撤子图、资金最大回撤子图、基准和策略收益子图，其中交易区间&收盘价最大回撤子图和其余子图高度比例设置为1.5∶1∶1，将 hspace 参数设置为 0，去除子图之间存在空隙。配置参数设置如下所示：

```
layout_dict = {'figsize': (14, 8),
               'nrows': 3,
               'ncols': 1,
               'left': 0.08,
               'bottom': 0.15,
               'right': 0.95,
               'top': 0.95,
               'wspace': None,
               'hspace': 0,
               'height_ratios': [1.5, 1, 1],
               'subplots': ['kgraph', 'cashgraph', 'cmppfgraph']}
```

```python
subplots_dict = {'graph_fst': {'graph_name': 'kgraph',
                               'graph_type': {'trade': None,
                                              'close_retrace': None
                                              },
                               'title': u"000651 格力电器-回测分析",
                               'ylabel': u"价格",
                               'xticks': 15,
                               'legend': 'best'
                               },
                 'graph_sec': {'graph_name': 'cashgraph',
                               'graph_type': {'cash_profit': 100000   # 初始资金
                                              },
                               'ylabel': u"资金收益和回撤",
                               'xticks': 15,
                               'legend': 'best',
                               },
                 'graph_fth': {'graph_name': 'cmppfgraph',
                               'graph_type': {'cmp_profit': None
                                              },
                               'ylabel': u"策略收益VS基准收益",
                               'xlabel': u"日期",
                               'xticks': 15,
                               'legend': 'best',
                               'xticklabel': '%Y-%m-%d'
                               },
                 }
```

创建MultiTraceIf类的实例对象draw_stock，同时传入股票行情数据（格力电器2018-6-1至2019-6-1的股票行情数据 df_stockload）和图表整体的配置参数，当调用draw_stock.graph_run( )方法时需要传入各个子图的配置参数，graph_run( )方法会接收并按参数设定值可视化图表。如下所示：

```python
draw_stock = MultiTraceIf(df_stockload, **layout_dict)
draw_stock.graph_run(**subplots_dict)
```

3. 文件输出回测评估指标

采用9.1.2节的方法将回测过程所产生的全部评估指标以文件格式存储。此处只需对8.5节 MultiGraphIf类中的 graph_run( )稍作更改即可，另外 log_trade_info( )函数可参考9.1.2节的实现方式。代码如下所示：

```python
def graph_run(self, stock_data, **kwargs):
    # 绘制子图
    self.df_ohlc = stock_data
    # 临时把标准输出重定向到一个文件，然后再恢复正常
    with open('logtrade.txt', 'w') as f:
        oldstdout = sys.stdout
        sys.stdout = f
```

```
        try:
            self.log_trade_info(self.df_ohlc)
            for key in kwargs:
                self.graph_curr = self.graph_dict[kwargs[key]['graph_name']]
                for path, val in kwargs[key]['graph_type'].items():
                    view_function = MultiTraceIf.app.route_output(path)
                    view_function(self.df_ohlc, self.graph_curr, val)
                self.graph_attr(**kwargs[key])
            plt.show()
        finally:
            sys.stdout = oldstdout
```

运行后本地 logtrade.txt 文件中可获得图 9.8 所示的指标信息。

logtrade.txt

	BuyTime	SellTime	BuyPrice	SellPrice	DiffPrice	PctProfit
0	18.06.01	18.06.13	46.58	49.88	3.30	7.08
1	18.07.06	18.08.01	44.20	43.05	-1.15	-2.60
2	18.09.12	18.10.08	35.77	37.93	2.16	6.04
3	18.12.27	19.03.07	35.68	45.74	10.06	28.20
4	19.03.27	19.04.22	45.60	61.14	15.54	34.08
5	19.05.14	19.05.30	53.36	52.94	-0.42	-0.79

亏损次数:2, 盈利次数:4, 胜率:66.67%
平均亏损:-1.7% 平均盈利:18.85%
股价最大回撤29.21% 从2018-06-12 00:00:00开始至2018-12-27 00:00:00结束
资金最大回撤 7.53% 从2018-07-13 00:00:00开始至2018-09-12 00:00:00结束
资金总体收益183669；上涨幅度 83.67%
资金相对收益：策略收益0.84 VS 基准收益0.12

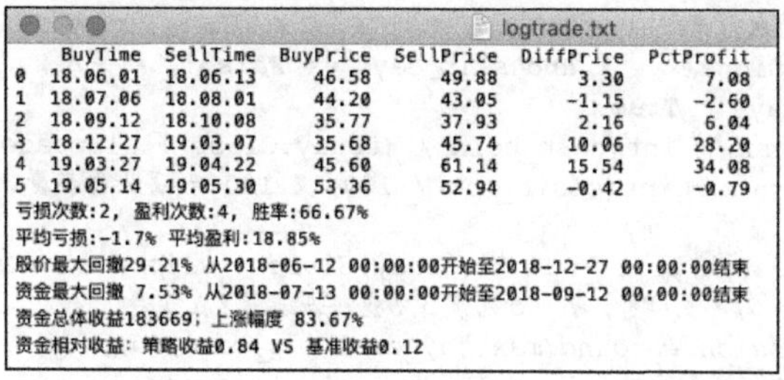

图 9.8

各技术指标相结合成的回测分析界面，显示效果如图 9.9 所示。

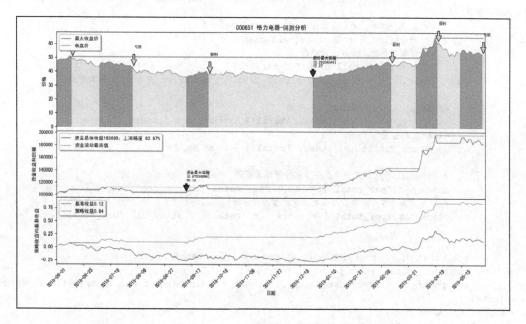

图 9.9

完整的代码如下所示：

```python
class MultiTraceIf(MplTypesDraw):

    app = DefTypesPool()
    ###########################回测分析界面###########################
    @app.route_types(u"cash_profit") # cash profit and retracement
    def cash_profit_graph(stock_dat, sub_graph, cash_hold = 100000, slippage = 0.01, c_rate = 5.0 / 10000, t_rate = 1.0 / 1000):
        posit_num = 0  # 持股数目
        skip_days = False  # 持股/持币状态

        # 最大风险回撤——资金最大回撤
        # 绝对收益—资金的度量
        for kl_index, today in stock_dat.iterrows():
            # 买入/卖出执行代码
            if today.Signal == 1 and skip_days == False: # 买入
                skip_days = True
                posit_num = int(cash_hold / (today.Close + slippage)) # 资金转化为股票
                posit_num = int(posit_num / 100) * 100 # 买入股票最少100股，对posit_num向下取整百

                buy_cash = posit_num * (today.Close + slippage) # 计算买入股票所需现金
                # 计算手续费，不足5元按5元收，并保留2位小数
                commission = round(max(buy_cash * c_rate, 5), 2)
                cash_hold = cash_hold - buy_cash - commission

            elif today.Signal == -1 and skip_days == True: # 卖出 避免未买先卖
                skip_days = False
                sell_cash = posit_num * (today.Close - slippage) # 计算卖出股票得到的现金 卖出股票可以不是整百

                # 计算手续费，不足5元按5元收，并保留2位小数
                commission = round(max(sell_cash * c_rate, 5), 2)
                # 计算印花税，保留2位小数
                tax = round(sell_cash * t_rate, 2)
                cash_hold = cash_hold + sell_cash - commission - tax # 剩余现金

            if skip_days == True: # 持股
                stock_dat.loc[kl_index, 'total'] = posit_num * today.Close + cash_hold
            else: # 空仓
                stock_dat.loc[kl_index, 'total'] = cash_hold

            # expanding() 计算资金曲线当前的滚动最高值
            stock_dat['max_total'] = stock_dat['total'].expanding().max()
            # 计算资金曲线在滚动最高值之后所回撤的百分比
            stock_dat['per_total'] = stock_dat['total'] / stock_dat['max_total']

        min_point_df = stock_dat.sort_values(by=['per_total'])[0:1]
        min_point_total = min_point_df.per_total
        max_point_df = stock_dat[stock_dat.index <= min_point_total.index[0]].sort_values(by=['total'], ascending=False)[0:1]
        max_point_total = max_point_df.total
```

```python
        print("资金最大回撤%5.2f%% 从%s开始至%s结束" % ((1 - min_point_total.values) * 100, \
                        max_point_total.index[0], min_point_total.index[0]))

        line_total = "资金总体收益%d; 上涨幅度 %.2f%%" % (stock_dat['total'][-1], (stock_dat
['total'][-1] - 100000) / 100000 * 100)
        print(line_total)
        max_total = "资金流动最高值"

        type_dict = {line_total: stock_dat.total,
                     max_total: stock_dat.max_total,
                     }
        view_function = MplTypesDraw.mpl.route_output(u"line")
        view_function(stock_dat.index, type_dict, sub_graph)

        type_dict = {u"资金最大回撤\n{}".format(1 - min_point_total.values):
                        {'andata': min_point_df,
                         'va': 'top',
                         'xy_y': 'total',
                         'xytext': (0, stock_dat['High'].mean()),
                         'fontsize': 8,
                         'arrow': dict(facecolor='green', shrink=0.1)
                         },
                     }
        view_function = MplTypesDraw.mpl.route_output(u"annotate")
        view_function(stock_dat.index, type_dict, sub_graph)

    @app.route_types(u"cmp_profit")  # relative_profit
    def cmp_profit_graph(stock_dat, sub_graph, para_dat):

        # 相对收益-策略 VS 基准
        stock_dat['benchmark_profit_log']=np.log(stock_dat.Close/
stock_dat.Close.shift(1))
        stock_dat.loc[stock_dat.Signal == -1, 'Signal'] = 0
        stock_dat['trend_profit_log'] = stock_dat['Signal'] * stock_dat.benchmark_profit_log
        line_trend_key = "策略收益%.2f" % stock_dat['trend_profit_log'].cumsum()[-1]
        line_bench_key = "基准收益%.2f" % stock_dat['benchmark_profit_log'].cumsum()[-1]
        print("资金相对收益: %s VS %s" % (line_trend_key, line_bench_key))

        type_dict = {line_bench_key: stock_dat['benchmark_profit_log'].cumsum(),
                     line_trend_key: stock_dat['trend_profit_log'].cumsum()
                     }
        view_function = MplTypesDraw.mpl.route_output(u"line")
        view_function(stock_dat.index, type_dict, sub_graph)

    @app.route_types(u"close_retrace")  # relative_profit
    def close_retrace_graph(stock_dat, sub_graph, para_dat):
        # 度量策略最大风险回撤——收益价最大回撤

        # 计算收益价曲线当前的滚动最高值
        stock_dat['max_close'] = stock_dat['Close'].expanding().max()
        # 计算收益价曲线在滚动最高值之后所回撤的百分比
        stock_dat['per_close'] = stock_dat['Close'] / stock_dat['max_close']
```

```python
            # 找出收盘价最大回撤率交易日
            min_point_df = stock_dat.sort_values(by=['per_close'])[0:1]
            min_point_close = min_point_df.per_close
            # 找出收盘价最高值交易日,并打印显示
            max_point_df = stock_dat[stock_dat.index <= min_point_close.index[0]].sort_values(by=['Close'],
                            ascending=False)[0:1]
            max_point_close = max_point_df.Close
            # 打印收盘价的最大回撤率与所对应的最高值交易日和最大回撤率交易日
            print("股价最大回撤%5.2f%% 从%s 开始至%s 结束" % ((1 - min_point_close.values) * 100, \
                                max_point_close.index[0], min_point_close.index[0]))

            type_dict = {'最大收盘价': stock_dat.max_close,
                         '收盘价': stock_dat.Close
                         }
            view_function = MplTypesDraw.mpl.route_output(u"line")
            view_function(stock_dat.index, type_dict, sub_graph)

            type_dict = {u"股价最大回撤\n{}".format(1 - min_point_close.values):
                             {'andata': min_point_df,
                              'va': 'top',
                              'xy_y': 'Close',
                              'xytext': (0,stock_dat['High'].mean()),
                              'fontsize': 8,
                              'arrow': dict(facecolor='green', shrink=0.1)
                              },
                         }
            view_function = MplTypesDraw.mpl.route_output(u"annotate")
            view_function(stock_dat.index, type_dict, sub_graph)

        @app.route_types(u"trade")
        def trade_graph(stock_dat, sub_graph, para_dat):
            # 交易获利/亏损区间可视化

            type_dict = {'signal': stock_dat.Signal,
                         'jdval': stock_dat.Close,
                         'va': 'top',
                         'xy_y': 'Close',
                         'xytext': (0,stock_dat['High'].mean()),
                         'fontsize': 8,
                         'arrow': dict(facecolor='yellow', shrink=0.1)
                         }
            view_function = MplTypesDraw.mpl.route_output(u"filltrade")
            view_function(stock_dat.index, type_dict, sub_graph)

        def __init__(self, **kwargs):
            MplTypesDraw.__init__(self)
            self.fig = plt.figure(figsize=kwargs['figsize'], dpi=100, facecolor="white")#创建fig对象
            self.graph_dict = {}
            self.graph_curr = []
```

```python
        try:
            gs = gridspec.GridSpec(kwargs['nrows'], kwargs['ncols'],
                                    left = kwargs['left'], bottom = kwargs['bottom'], right = kwargs['right'], top = kwargs['top'],
                                    wspace = kwargs['wspace'], hspace = kwargs['hspace'],
                                    height_ratios = kwargs['height_ratios'])
        except:
            raise Exception("para error")
        else:
            for i in range(0, kwargs['nrows'], 1):
                self.graph_dict[kwargs['subplots'][i]] = self.fig.add_subplot(gs[i, :])

    def log_trade_info(self, stock_dat):

        signal_shift = stock_dat.Signal.shift(1)
        signal_shift.fillna(value=-1, inplace=True)   # 序列最前面的NaN值用-1填充
        list_signal = np.sign(stock_dat.Signal - signal_shift)

        buy_singal = stock_dat[list_signal.isin([1])]
        sell_singal = stock_dat[list_signal.isin([-1])]

        trade_info = pd.DataFrame({'BuyTime': buy_singal.index.strftime("%y.%m.%d"),
                                    'SellTime': sell_singal.index.strftime("%y.%m.%d"),
                                    'BuyPrice': buy_singal.Close.values,
                                    'SellPrice': sell_singal.Close.values})

        trade_info['DiffPrice'] = trade_info.SellPrice - trade_info.BuyPrice
        trade_info['PctProfit'] = np.round(trade_info.DiffPrice / trade_info.BuyPrice*100, 2)

        win_count = (trade_info.DiffPrice >= 0).sum()
        loss_count = (trade_info.DiffPrice < 0).sum()
        win_profit = trade_info[trade_info.PctProfit >= 0].PctProfit.sum()
        loss_profit = trade_info[trade_info.PctProfit < 0].PctProfit.sum()

        print(trade_info)
        print(f'亏损次数:{loss_count}，盈利次数:{win_count}，胜率:{round(win_count / (win_count + loss_count)*100, 2)}%')
        print(f'平均亏损:{round((loss_profit / loss_count), 2)}% 平均盈利:{round((win_profit / win_count), 2)}%')

    def graph_run(self, stock_data, **kwargs):
        # 绘制子图
        self.df_ohlc = stock_data
        # 临时把标准输出重定向到一个文件，然后再恢复正常
        with open('logtrade.txt', 'w') as f:
            oldstdout = sys.stdout
            sys.stdout = f
            try:
                self.log_trade_info(self.df_ohlc)
                for key in kwargs:
                    self.graph_curr = self.graph_dict[kwargs[key]['graph_name']]
                    for path, val in kwargs[key]['graph_type'].items():
```

```
                    view_function = MultiTraceIf.app.route_output(path)
                    view_function(self.df_ohlc, self.graph_curr, val)
                self.graph_attr(**kwargs[key])
            plt.show()
        finally:
            sys.stdout = oldstdout
    def graph_attr(self, **kwargs):

        if 'title' in kwargs.keys():
            self.graph_curr.set_title(kwargs['title'])

        if 'legend' in kwargs.keys():
            self.graph_curr.legend(loc=kwargs['legend'], shadow=True)

        if 'xlabel' in kwargs.keys():
            self.graph_curr.set_xlabel(kwargs['xlabel'])

        self.graph_curr.set_ylabel(kwargs['ylabel'])
        self.graph_curr.set_xlim(0, len(self.df_ohlc.index))    # 设置一下x轴的范围
        self.graph_curr.set_xticks(range(0, len(self.df_ohlc.index), kwargs['xticks']))    #
x轴刻度设定 每15天标一个日期

        if 'xticklabels' in kwargs.keys():
            self.graph_curr.set_xticklabels(
                [self.df_ohlc.index.strftime(kwargs['xticklabels'])[index] for index in
                 self.graph_curr.get_xticks()])    # 标签设置为日期

            # x-轴每个ticker标签都向右倾斜45度
            for label in self.graph_curr.xaxis.get_ticklabels():
                label.set_rotation(45)
                label.set_fontsize(10)    # 设置标签字体
        else:
            for label in self.graph_curr.xaxis.get_ticklabels():
                label.set_visible(False)
```

9.2 经典择时策略进阶之股票量化交易

股票交易需要做的有 3 件事：选股、择时和仓位管理。关于择时方面的交易策略，目前市面上有复杂的、也有简单的，种类繁多。其实各种纷繁复杂的量化策略的理论基础是均值回归或趋势追踪。

趋势追踪策略也称为"惯性"或"动量"策略，认为之前价格的上涨预示着之后一段时间内也会上涨。均值回归策略认为股价是围绕着价值在上下波动的，之前股价上涨/下跌只是暂时的，价格随后会下跌/上涨，回归到一个相对正常的水平。

其实股价的涨跌本质是多空双方之间的博弈，选择交易的时机也就是判断多空双方之间抗衡的局势。作为一名股票交易者，制定策略的出发点更多的是为了拨开股价现象看到多空

双方动能的本质,而不是一味地追求复杂的策略机制。

与此同时,在量化交易策略中存在着必不可少的设计环节,包括如何止盈/止损、如何最优化参数、如何管理仓位、如何以可视化方法呈现信号的触发、如何回测分析策略的执行效果等,这些都是在制定量化交易策略时需要考虑到的。

本节选取量化策略中经典的趋势型策略作为案例,介绍制定量化交易择时策略的全过程,以此带领读者从更全面的角度进阶股票量化交易。

本节仍然使用格力电器 2018-06-01 至 2019-06-01 这一年的历史股票行情数据。将 df_stockload 以副本形式传入函数中使用,函数中对应的形参定义为 stock_dat。

9.2.1 唐奇安通道突破策略的思想

"我们要培养交易者,就像新加坡人养海龟一样。"著名的交易大师理查德·丹尼斯在新加坡时聚精会神地观察着一个海龟农场,突然脱口说出了这样一句话,而著名的"海龟交易试验"正是取名于此。

"海龟交易试验"的起因是理查德·丹尼斯想弄清伟大的交易员是天生造就的还是后天培养的。为此,他在 1983 年招募了 13 个人,教授给他们期货交易的基本概念,以及他自己的交易方法和原则,学员们被称为"海龟"。在随后的 4 年中,"海龟"们取得了年均复利 80%的收益。

"海龟交易试验"也因此成为了金融史上著名的实验,在实验中运用的"海龟交易法则"非常适合应用于量化分析,以至于在近几年的量化投资热浪中再一次成为热门模式。

"海龟交易法则"具备了一个完整交易系统所应有的所有成分,包括市场、入市、头寸规模、止损/止盈、退出、买卖策略等。其中介绍了一种趋势类的择时策略——唐奇安通道突破策略。

策略的核心思想为:将 N_1 天内最高价构成唐奇安通道的上轨,当天收盘价超过上轨,则认为上升趋势成立,作为买入信号;将 N_2 天内最低价构成唐奇安通道的下轨,当天收盘价低于下轨,则认为下跌趋势成立,作为卖出信号。

也就是说,唐奇安通道上轨突破买入即为 N_1 日创新高买入,当股价创出阶段性新高或历史新高后,一方面说明该股有资金在运作,相对比较强势,更容易顺势而上;另一方面创新高后近期买入的投资者都有获利,上档的套牢盘比较少,股价上冲的阻力也较小,更容易继续上涨。反之，下轨趋势跌破时卖出的逻辑思维一样成立。

9.2.2 唐奇安通道突破策略的实现

1. 制定唐奇安通道突破策略

创建 get_ndays_signal( )函数，该函数的作用是在原股票行情数据基础上增加 **'N1_High''N2_Low''Signal'** 3列数据。如下所示：

```
print(get_ndays_signal(df_stockload.copy(deep=True))) # 海龟策略-唐奇安通道突破(N日突破) 买入/卖出信号
#打印结果
"""
            High  Low   Open  ...  N1_High  N2_Low  Signal
Date                          ...
2018-06-01  47.3  46.3  47.3  ...     47.3    46.3    -1.0
2018-06-04  48.3  47.0  47.0  ...     48.3    46.3    -1.0
2018-06-05  48.8  47.9  48.0  ...     48.8    46.3     1.0
2018-06-06  48.8  48.1  48.5  ...     48.8    46.3     1.0
2018-06-07  48.9  47.9  48.8  ...     48.9    46.3     1.0
...          ...   ...   ...  ...      ...     ...     ...
2019-05-27  54.5  53.0  54.0  ...     56.6    52.9    -1.0
2019-05-28  55.3  53.8  54.0  ...     56.6    52.9    -1.0
2019-05-29  54.7  53.7  54.1  ...     56.6    52.9    -1.0
2019-05-30  53.8  52.6  53.6  ...     56.6    52.6    -1.0
2019-05-31  53.5  52.2  52.9  ...     56.6    52.2    -1.0

[238 rows x 8 columns]
"""
```

在函数中需完成以下步骤。

（1）确定 N 日突破策略的参数。关于 N 日突破策略的参数 N_1、N_2 的选取，假定我们侧重于中线周期的交易，此处选择 N_1 参数为 15 天，N_2 参数为 5 天，至于参数 N_1 大于 N_2 的原因是为了打造一个非均衡胜负收益的环境，因为我们从事量化交易的目标是要赢大于亏。

（2）计算股票 N_1 个交易日的滚动最大值。此处使用 df.rolling( ).max( )这种方式，只需提供最高价和移动时间窗口大小即可，对使用者来说是非常方便快捷的，如下所示：

```
stock_dat['N1_High'] = stock_dat.High.rolling(window=N1).max( )  # 计算最近N1个交易日最高价
```

（3）由于是从第 N_1 天开始滚动计算该周期内的最大值，因此前 N_1 个数值都为 NaN，我们用前 N_1 个交易日滚动最大值来填充 NaN，如下所示：

```
stock_dat['N1_High'] = stock_dat.High.rolling(window=N1).max() # 计算最近N1个交易日最高价
expan_max = stock_dat.High.expanding().max() # 滚动计算当前交易日为止的最大值
stock_dat['N1_High'].fillna(value=expan_max,inplace=True) # 填充前N1个nan
print(stock_dat.head())
#打印结果
"""
            High  Low   Open  Close  Volume   N1_High
Date
2018-06-01  47.3  46.3  47.3  46.6   5.0e+05  47.3
2018-06-04  48.3  47.0  47.0  47.8   1.0e+06  48.3
2018-06-05  48.8  47.9  48.0  48.5   1.0e+06  48.8
2018-06-06  48.8  48.1  48.5  48.4   5.5e+05  48.8
2018-06-07  48.9  47.9  48.8  48.0   5.6e+05  48.9
"""
```

（4）同理，计算股票 N_2 个交易日的滚动最小值。如下所示：

```
stock_dat['N2_Low'] = stock_dat.Low.rolling(window=N2).min() # 计算最近N2个交易日最低价
expan_min = stock_dat.Low.expanding().min()
stock_dat['N2_Low'].fillna(value=expan_min,inplace=True) # 目前出现过的最小值填充前N2个nan
print(stock_dat.head())
#打印结果
"""
            High  Low   Open   ...   Volume   N1_High  N2_Low
Date                           ...
2018-06-01  47.3  46.3  47.3   ...   5.0e+05  47.3     46.3
2018-06-04  48.3  47.0  47.0   ...   1.0e+06  48.3     46.3
2018-06-05  48.8  47.9  48.0   ...   1.0e+06  48.8     46.3
2018-06-06  48.8  48.1  48.5   ...   5.5e+05  48.8     46.3
2018-06-07  48.9  47.9  48.8   ...   5.6e+05  48.9     46.3

[5 rows x 7 columns]
"""
```

（5）根据突破定义构建买卖信号。在当天的收盘价超过 N_1 天内最高价时，给出买入股票信号；在当天的收盘价跌破 N_2 天内最低价时，给出卖出股票信号。接下来选取符合买入条件的时间序列 buy_index，以及符合卖出条件的时间序列 sell_index。用 Dataframe 矢量化处理数据的方式，仅需简单的几行代码就可以实现，如下所示：

```
# 收盘价超过N1最高价 买入股票
buy_index = stock_dat[stock_dat.Close > stock_dat.N1_High.shift(1)].index
# 收盘价超过N2最低价 卖出股票
sell_index = stock_dat[stock_dat.Close < stock_dat.N2_Low.shift(1)].index
```

此处 shift(1)的作用是在 index 不变的情况下对序列的值向右移动一个单位，这么做的目的是获取昨天为止的最高/最低价格，表示当日收盘价突破昨日为止的最高/最低价格时买入/卖出股票。

（6）构建新的序列 Signal，表示触发的突破信号。在符合买入/卖出条件的时间序列下，将买入当天的 Signal 值设置为 1，代表买入，将卖出当天的 Signal 设置为-1，代表卖出。

```
stock_dat.loc[buy_index, 'Signal'] = 1
stock_dat.loc[sell_index,'Signal'] = -1
```

由于未涉及仓位管理的方法，此处设定为一旦触发买入信号则全仓买入，一旦卖出信号触发则全仓卖出。因此在第一个信号触发后，由于是全仓买入或全仓卖出，即使后续仍有信号发出也不执行，也就是说连续的信号只有第一个有实际的操作意义。

（7）由于收盘价格是在收盘后才确定，那么第二天才能执行给出的买卖操作，此处将 signal 序列使用 shift(1)方法右移更接近真实情况，代码如下所示：

```
stock_dat['Signal'] = stock_dat.Signal.shift(1)
```

（8）对于 Signal 序列中的 NaN 值，使用 fillna( )方法将所有 NaN 值与前面元素值保持一致，即参数 method='ffill'，这样符合一旦状态被设置为 1（买入持有），只有遇到-1（卖出空仓）时 Signal 状态才会改变，代码如下所示：

```
stock_dat['Signal'].fillna(method = 'ffill', inplace = True)  # 与前面元素值保持一致
```

（9）对于 Signal 序列最前面几个 NaN 值并不起作用，此时需要再一次使用 fillna( )方法，选择用-1 值填充序列最前面的几个 NaN 值，代码如下所示：

```
stock_dat['Signal'].fillna(value = -1, inplace = True)  # 序列最前面几个NaN值用-1填充
```

完整的唐奇安通道突破策略的实现代码，如下所示：

```
def get_ndays_signal(stock_dat, N1 = 15, N2 = 5):
    # 海龟策略-唐奇安通道突破(N 日突破) 买入/卖出信号
    stock_dat['N1_High'] = stock_dat.High.rolling(window=N1).max()  # 计算最近N1个交易日最高价
    expan_max = stock_dat.High.expanding().max()  # 滚动计算当前交易日为止的最大值
    stock_dat['N1_High'].fillna(value=expan_max,inplace=True)  # 填充前N1个nan
    stock_dat['N2_Low'] = stock_dat.Low.rolling(window=N2).min()  # 计算最近N2个交易日最低价
    expan_min = stock_dat.Low.expanding().min()
    stock_dat['N2_Low'].fillna(value=expan_min,inplace=True)  # 目前出现过的最小值填充前N2个nan
    # 收盘价超过N1最高价，买入股票
    buy_index = stock_dat[stock_dat.Close > stock_dat.N1_High.shift(1)].index
    # 收盘价超过N2最低价，卖出股票
    sell_index = stock_dat[stock_dat.Close < stock_dat.N2_Low.shift(1)].index
    stock_dat.loc[buy_index, 'Signal'] = 1
    stock_dat.loc[sell_index,'Signal'] = -1
    stock_dat['Signal'] = stock_dat.Signal.shift(1)
    stock_dat['Signal'].fillna(method = 'ffill', inplace = True)  # 与前面元素值保持一致
    stock_dat['Signal'].fillna(value = -1, inplace = True)  # 序列最前面几个NaN值用-1填充
    return stock_dat
```

2. 可视化唐奇安通道突破策略

在 K 线图上绘制唐奇安通道以及突破通道的指示信号,如图 9.10 所示。代码如下所示:

```python
def draw_ndays_annotate(stock_dat):
    # 绘制唐奇安通道突破/N 日突破
    signal_shift = stock_dat.Signal.shift(1)
    signal_shift.fillna(value=-1, inplace=True)  # 序列最前面的 NaN 值用-1 填充
    list_signal = np.sign(stock_dat.Signal - signal_shift)  # 计算买卖点

    down_cross = stock_dat[list_signal < 0]
    up_cross = stock_dat[list_signal > 0]

    layout_dict = {'figsize': (14, 7),
                   'index': stock_dat.index,
                   'draw_kind': {'ochl':
                                     {'Open': stock_dat.Open,
                                      'Close': stock_dat.Close,
                                      'High': stock_dat.High,
                                      'Low': stock_dat.Low
                                      },
                                 'line':
                                     {'N1_High': stock_dat.N1_High,
                                      'N2_Low': stock_dat.N2_Low
                                      },
                                 'annotate':
                                     {u'down':
                                          {'andata': down_cross,
                                           'va': 'top',
                                           'xy_y': 'N2_Low',
                                           'xytext': (-10, -stock_dat['Close'].mean()),
                                           'fontsize': 8,
                                           'arrow': dict(facecolor='green', shrink=0.1)
                                           },
                                      u'up':
                                          {'andata': up_cross,
                                           'va': 'bottom',
                                           'xy_y': 'N1_High',
                                           'xytext': (-10, stock_dat['Close'].mean()),
                                           'fontsize': 8,
                                           'arrow': dict(facecolor='red', shrink=0.1)
                                           }
                                      },
                                 },
                   'title': u"000651 格力电器-唐奇安通道突破",
                   'ylabel': u"价格",
                   'xlabel': u"日期",
                   'xticks': 15,
                   'legend': u'best',
                   'xticklabels': '%Y-%m-%d'}
    app.fig_output(**layout_dict)
```

```
draw_ndays_annotate(get_ndays_signal(df_stockload.copy(deep=True)))  # 海龟策略-唐奇安通道突
破(N日突破) 买入/卖出信号
```

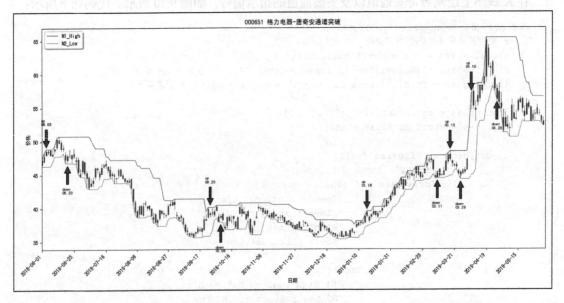

图 9.10

9.2.3 唐奇安通道突破策略的回测

接下来对格力电器的历史行情数据进行回测，评估海龟交易法则"唐奇安通道突破策略"
效果如何，可以直接调用 9.1.6 节的回测分析界面，评估策略的收益和风险。

图 9.11 为回测分析界面，图 9.12 为回测评估指标，从中可获知如下信息。

- 资金总体收益图显示。资金最终为 104190，上涨幅度 4.19%。
- 资金相对收益率图显示。策略收益 0.12 VS 基准收益 0.12。
- 收盘价最大回测图显示。股价最大回撤 29.21%，从 2018-06-12 00:00:00 开始至 2018-12-27 00:00:00 结束。
- 资金最大回测图显示。资金最大回撤 13.35%，从 2019-04-19 00:00:00 开始至 2019-05-31 00:00:00 结束。
- 交易持股区间图显示。总共执行了 5 笔交易，最后一次买入虽然前期有获利，但最后触及 N 日突破策略的卖出阈值以亏损告终。下一节我们尝试融入跟踪止盈止损因子，观察是否能够改善交易过程。

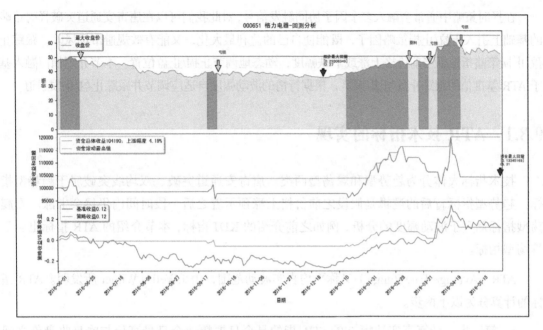

图 9.11

图 9.12

9.3　融入 ATR 跟踪止盈/止损策略

　　唐奇安通道突破择时策略的核心思想为：当天收盘价超过 N1 天内最高价，认为上升趋势成立，作为买入信号；当天收盘价低于 N2 天内最低价格，认为下跌趋势成立，作为卖出信号。

　　我们发现该策略存在的问题是：当买入股票后，在趋势上涨时并不会出现卖点，而是当趋势下跌成立后才出现卖点，此时已经回撤了较大部分盈利；当策略判断错误而给出买入信号时，股价出现不断下跌的走势，如果直到策略给出卖点信号才卖出股票，此时已经亏损较多资金。

在择时策略中通常会融入多个因子协同触发信号,对此我们可以在唐奇安通道突破择时策略的基础上引入止盈/止损策略因子,既能使自己的盈利最大化,又能有效规避市场风险。跟踪止盈/止损策略指根据当前价格上涨或下跌幅度,动态地调节止损/止盈位置。本节介绍如何融入基于 ATR 基准值的跟踪止盈/止损策略,根据行情的波动幅度自适应调节并跟踪止盈/止损通道。

9.3.1 ATR 技术指标的实现

技术指标大体分为趋势型和震荡型两类。唐奇安通道突破、双均线突破属于趋势型指标,趋势型指标背后的逻辑是假设之前价格上涨预示着之后一段时间内仍然会上涨。而震荡型指标侧重于波动幅度的分析,例如之前介绍的 KDJ 指标,本节介绍的 ATR 指标也属于震荡型指标。

ATR(Average True Range)又称平均真实波动范围,由 J.Welles Wilder 所发明。ATR 指标的计算分为以下两步。

- 第一步:计算真实波幅 TR。TR 指的是今日振幅、今日最高价与昨日收盘价之间的波幅、昨日收盘价与今日最低价之间的波幅,取这三者之中的最大值,即 TR=MAX[(当日最高价−当日最低价)、abs(当日最高价−昨日收盘价)、abs(昨日收盘价−当日最低价)]。

- 第二步:对真实波幅 TR 进行 N 日移动平均计算。ATR=MA(TR,N),常用参数 N 为 14 日或 21 日。

ATR 指标主要用来衡量市场波动的强烈程度,用于反应市场变化率的指标。较低的 ATR 值表示市场交易气氛比较冷清,而较高的 ATR 则表示市场交易气氛比较旺盛,较低的 ATR 或较高的 ATR 都可以看作价格趋势的反转,例如股价横盘整理预示着变盘,股价波幅加剧表明有主力资金进出。

使用 TA-Lib 库中的 talib.ATR( )接口函数可以直接计算得到 ATR 波动幅度序列。使用时需要输入 numpy.ndarray 类型的最高价、最低价和收盘价序列,以及指定 ATR 移动平均参数 N。

接下来以格力电器 2018-6-1 至 2019-6-1 这一年的历史股票行情数据为例程数据,分别计算 ATR14 和 ATR21 指标序列,并且使用可视化接口绘制 ATR 指标。绘制效果如图 9.13 所示,完整的代码如下所示:

```python
    def draw_atr_chart(stock_dat):

        stock_dat['atr14'] = talib.ATR(stock_dat.High.values, stock_dat.Low.values, stock_dat.Close.values, timeperiod=14)    # 计算ATR14
        stock_dat['atr21'] = talib.ATR(stock_dat.High.values, stock_dat.Low.values, stock_dat.Close.values, timeperiod=21)    # 计算ATR21
        layout_dict = {'figsize': (14, 5),
                       'index': stock_dat.index,
                       'draw_kind': {'line':
                                        {'atr14': stock_dat.atr14,
                                         'atr21': stock_dat.atr21
                                        },
                                    },
                       'title': u"000651格力电器-ATR",
                       'ylabel': u"波动幅度",
                       'xlabel': u"日期",
                       'xticks': 15,
                       'legend': u'best',
                       'xticklabels': '%Y-%m-%d'}   # strftime
        app.fig_output(**layout_dict)

draw_atr_chart(df_stockload.copy(deep=True))
```

图 9.13

9.3.2 止盈/止损策略的实现

关于止盈/止损的实现,将 ATR 值作为止盈/止损的基准值,止盈值设置为 n_win 倍的 ATR 值,止损值设置为 n_loss 倍的 ATR 值,n_win 和 n_loss 分别为最大止盈系数和最大止损系数,此处设置最大止盈系数为3.5，最大止损系数为1.8，倾向于盈利值要大于亏损值。触发止盈/止损条件为：

- 当 n_win×ATR 值 <(今日收盘价格－买入价格)，触发止盈信号，卖出股票；
- 当 n_loss×ATR 值 <(买入价格－今日收盘价格)，触发止损信号，卖出股票。

接下来我们在 9.2 节 get_ndays_signal( )函数的基础上融入 ATR 止盈/止损策略因子的判断。将买入价存储于变量 buy_price 之中，而后与每个交易日的收盘价对比，无论是到达止盈价格还是止损价格都会触发卖出信号，当卖出后将变量 buy_price 清零，如下所示：

```python
def get_ndays_atr_signal(stock_dat, N1=15, N2=5, n_win=3.5, n_loss=1.8):
    # 海龟策略-唐奇安通道突破(N 日突破) 买入/卖出信号
    stock_dat['N1_High'] = stock_dat.High.rolling(window=N1).max()  # 计算最近N1个交易日最高价
    expan_max = stock_dat.High.expanding().max()  # 滚动计算当前交易日为止的最大值
    stock_dat['N1_High'].fillna(value=expan_max, inplace=True)  # 填充前N1个nan
    stock_dat['N2_Low'] = stock_dat.Low.rolling(window=N2).min()  # 计算最近N2个交易日最低价
    expan_min = stock_dat.Low.expanding().min()
    stock_dat['N2_Low'].fillna(value=expan_min, inplace=True)  # 目前出现过的最小值填充前N2个nan

    stock_dat['ATR21'] = talib.ATR(stock_dat.High.values, stock_dat.Low.values, stock_dat.Close.values, timeperiod=21)  # 计算ATR21
    # 收盘价超过N1最高价 买入股票
    buy_index = stock_dat[stock_dat.Close > stock_dat.N1_High.shift(1)].index
    # 收盘价超过N2最低价 卖出股票
    sell_index = stock_dat[stock_dat.Close < stock_dat.N2_Low.shift(1)].index
    stock_dat.loc[buy_index, 'Signal'] = 1
    stock_dat.loc[sell_index, 'Signal'] = -1
    stock_dat['Signal'] = stock_dat.signal.shift(1)
    buy_price = 0

    for kl_index, today in stock_dat.iterrows():
        if (buy_price == 0) and (today.Signal == 1):
            buy_price = today.Close
        # 到达收盘价少于买入价后触发卖出
        elif (buy_price != 0) and (buy_price > today.Close) and ((buy_price - today.Close) > n_loss * today.ATR21):
            print(f'止损时间:{kl_index.strftime("%y.%m.%d")} and 止损价格:{round (today.Close, 2)}')
            stock_dat.loc[kl_index, 'Signal'] = -1
            buy_price = 0
        # 到达收盘价多于买入价后触发卖出
```

```
            elif (buy_price != 0) and (buy_price < today.Close) and ((today.Close - buy_price)
> n_win * today.ATR21):
                print(f'止盈时间:{kl_index.strftime("%y.%m.%d")} and 止盈价格:{round (today.Close,
2)}')
                stock_dat.loc[kl_index, 'Signal'] = -1
                buy_price = 0
            elif (buy_price != 0) and (today.Signal == -1):
                stock_dat.loc[kl_index, 'Signal'] = -1
                buy_price = 0
            else:
                pass
    stock_dat['Signal'].fillna(method='ffill', inplace=True)   # 与前面元素值保持一致
    stock_dat['Signal'].fillna(value=-1, inplace=True)   # 序列最前面几个NaN值用0填充
    return stock_dat
```

9.3.3 ATR 止盈/止损策略回测

接下来对格力电器的历史行情数据进行回测，评估在海龟交易法则唐奇安策略基础上融入 ATR 止盈/止损策略后的效果如何，可以直接调用 9.1.6 节的回测分析界面。对应的回测分析可视化效果和回测评估指标分别如图 9.14 和图 9.15 所示。

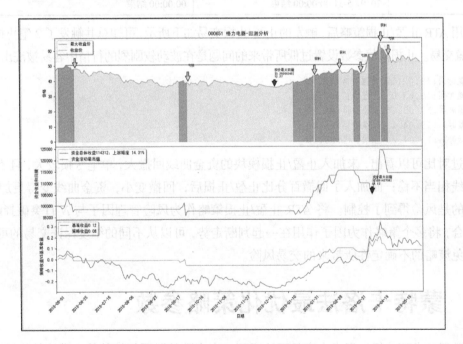

图 9.14

```
             logtrade.txt
     BuyTime  SellTime  BuyPrice  SellPrice  DiffPrice  PctProfit
0   18.06.05  18.06.28     48.5       47.9      -0.7      -1.4
1   18.09.25  18.10.09     39.0       38.8      -0.2      -0.6
2   19.01.16  19.02.11     39.3       43.1       3.8       9.6
3   19.02.12  19.03.05     43.2       47.1       3.9       8.9
4   19.03.19  19.03.25     47.2       45.0      -2.2      -4.7
5   19.04.10  19.04.19     57.1       65.0       7.9      13.8
6   19.04.22  19.04.26     61.1       56.2      -5.0      -8.1
亏损次数:4, 盈利次数:3, 胜率:42.86%
平均亏损:-3.69% 平均盈利:10.76%
股价最大回撤29.21% 从2018-06-12 00:00:00开始至2018-12-27 00:00:00结束
资金最大回撤 9.14% 从2019-03-08 00:00:00开始至2019-04-12 00:00:00结束
资金总体收益114312; 上涨幅度 14.31%
资金相对收益: 策略收益0.08 VS 基准收益0.12
```

图 9.15

未采用 ATR 止盈/止损策略和采用 ATR 止盈/止损策略的收益和风险值对例如表 9.3 所示。

表 9.3

	未采用 ATR 止盈止损	采用 ATR 止盈止损
资金总体收益	104190	114312
上涨幅度	4.19%	14.31%
资金相对收益	策略收益 0.12 与基准收益 0.12	策略收益 0.09 与基准收益 0.12
股价最大回撤	29.21% 从 2018-06-12 00:00:00 开始至 2018-12-27 00:00:00 结束	29.21% 从 2018-06-12 00:00:00 开始至 2018-12-27 00:00:00 结束
资金最大回撤	13.35% 从 2019-04-19 00:00:00 开始至 2019-05-31 00:00:00 结束	9.14% 从 2019-03-08 00:00:00 开始至 2019-04-12 00:00:00 结束

采用 ATR 止盈/止损策略后，触发的止盈/止损交易如下所示，可知总共触发了 2 笔止损交易，3 笔止盈交易。止损阈值参数设置过低所带来的问题是在波动较剧烈的行情中容易被洗出局。

```
止盈时间:19.02.11 止盈价格:43.07
止盈时间:19.03.05 止盈价格:47.08
止损时间:19.03.25 止损价格:44.99
止盈时间:19.04.19 止盈价格:65.0
止损时间:19.04.26 止损价格:56.18
```

通过对比可以看出，未加入止盈/止损模块的资金曲线回撤大，单笔亏损较大，且不可控，资金曲线相当不稳；而加入了回撤百分比止盈/止损后，回撤变小，资金曲线变得更加平滑，更重要的是风险得到了控制。将 ATR 止盈/止损策略作为风险管理因子与 N 日突破择时的策略相融合，将多个策略作为因子作用在一起判断走势，可以从不同的维度保证交易的可靠性，从而避免策略的不确定性所带来的交易风险。

9.4 蒙特卡洛法最优化策略参数

在股票技术面分析过程中大家是否注意到，在多数的股票行情软件中默认的均线参数普遍是 5 日、10 日、20 日、30 日、60 日、120 日等，而非 6 日、11 日、21 日之类，并且在各种介绍股票交易的秘籍中，也清一色地参照这些默认的参数制定交易策略。但是这些默认值真的就是最优化的参数值了吗？本节就让我们来认识下蒙特卡洛算法，以及如何使用该方法来寻找技术指标的最优化的参数。

9.4.1 枚举法与蒙特卡洛法的区别

1. 枚举法的思想

在介绍蒙特卡洛法之前，我们先回顾下曾经接触到的枚举法。枚举法也称为列举法、穷举法，属于暴力策略的具体体现，它的基本思想就是逐一列举所有可能的情况，并且一个不漏地进行检验，从中找出最佳答案。

接下来我们继续以本章所提到的唐奇安通道突破策略为例，演示枚举法的应用。唐奇安通道突破策略指的是：当昨日收盘价高出过去 N_1 天内最高价，则今天开盘即买入股票；若昨日收盘价低于过去 N_2 天内最低价格，则今天开盘卖出股票。因此 N_1 和 N_2 是我们需要选取的参数。

在 9.2 节中，关于 N_1、N_2 的参数选取，我们初步设定了 N_1 参数为 15 天，N_2 参数为 5 天，N_1 需要保持大于 N_2 的关系，此处以枚举法寻找出 20~60 日之间 N_1 的最优参数。

我们以最终的资金获利情况来优选参数 N_1，我们需要对 9.1.3 节的 draw_absolute_profit( ) 函数进行改造，去除可视化部分代码，以及返回执行策略后最终剩余的资金，如下所示：

```
# 度量策略资金收益 —— 改造
def draw_absolute_profit_opt(stock_dat):

    cash_hold = 100000 # 初始资金
    posit_num = 0 # 持股数目
    skip_days = False # 持股/持币状态
    slippage = 0.01 # 滑点，默认为0.01
    c_rate = 5.0 / 10000 # 手续费, commission, 默认万分之5
    t_rate = 1.0 / 1000 # 印花税, tax, 默认千分之1

    # 绝对收益-资金的度量
    for kl_index, today in stock_dat.iterrows():
        # 买入/卖出执行代码
        if today.Signal == 1 and skip_days == False: # 买入
            skip_days = True
            posit_num = int(cash_hold / (today.Close + slippage)) # 资金转化为股票
            posit_num = int(posit_num / 100) * 100 # 买入股票最少100股，对posit_num 向下取整百
            buy_cash = posit_num * (today.Close + slippage) # 计算买入股票所需现金
                # 计算手续费，不足5元按5元收，并保留2位小数
            commission = round(max(buy_cash * c_rate, 5), 2)
```

```
            cash_hold = cash_hold - buy_cash - commission
        elif today.Signal == -1 and skip_days == True:    # 卖出 避免未买先卖
            skip_days = False
            sell_cash = posit_num * (today.Close - slippage) # 计算卖出股票得到的现金 卖出股票可
                                                             # 以不是整百
            # 计算手续费，不足5元按5元收，并保留2位小数
            commission = round(max(sell_cash * c_rate, 5), 2)
            # 计算印花税，保留2位小数
            tax = round(sell_cash * t_rate, 2)
            cash_hold = cash_hold + sell_cash - commission - tax # 剩余现金
        if skip_days == True:  # 持股
            stock_dat.loc[kl_index,'total'] = posit_num * today.Close + cash_hold
        else: # 空仓
            stock_dat.loc[kl_index,'total'] = cash_hold
    return stock_dat['total'][-1]
```

遍历 N_1 参数值 20～60，将参数作为唐奇安通道突破策略的窗口值传入函数 get_ndays_signal( )中，最终返回回测后的最佳收益及对应的 N_1 参数，代码如下所示：

```
n_para_list = []
profit_list = []
for n1 in range(20, 60):
    n_para_list.append(n1)
    profit_list.append(draw_absolute_profit_opt(get_ndays_signal(stock_dat, N1 = n1)))
```

剩下的工作就是可视化呈现通过枚举法寻找到的最佳均线参数，以下给出完整的代码，如下所示：

```
def enum_optimize_para(stock_dat):
    n_para_list = []
    profit_list = []
    for n1 in range(20, 60):
        n_para_list.append(n1)
        profit_list.append(draw_absolute_profit_opt(get_ndays_signal(stock_dat, N1 = n1)))
    profit_max=max(profit_list)
    print(profit_list.index(max(profit_list)))
    n1_max=n_para_list[profit_list.index(max(profit_list))]

    plt.bar(n_para_list, profit_list)
    plt.annotate('n1='+str(n1_max)+'\n'+str(profit_max),\
                xy=(n1_max,profit_max),xytext=(n1_max-5,
profit_max-10),arrowprops=dict(facecolor='yellow',shrink=0.1),\
                horizontalalignment='left',verticalalignment='top')

    # 设置坐标标签字体大小
    plt.xlabel('N1 参数')
    plt.ylabel('资金收益')
    # 设置坐标轴的取值范围
    plt.xlim(min(n_para_list)-1, max(n_para_list)+1)
    plt.ylim(min(profit_list)*0.99, max(profit_list)*1.01)
    # 设置x坐标轴刻度
    plt.xticks(np.arange(min(n_para_list), max(n_para_list)+1, 1))
```

```
    # 设置图例字体大小
    plt.legend(['profit_list'], loc='best')
    plt.title("N1最优参数")
    plt.show()

enum_optimize_para(df_stockload.copy(deep=True))
```

由图 9.16 的可视化结果中可知，资金收益最高为 106846 元，所对应的 N1 的最优参数是 39 日。以上是通过枚举法得到的资金收益最高时的最优化参数。

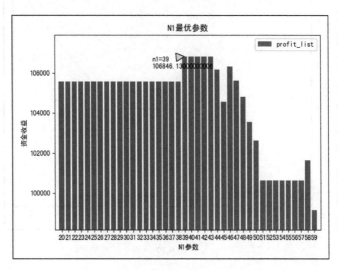

图 9.16

2. 蒙特卡洛的思想

蒙特卡洛（Monte Carlo）法确切地说是一类随机模拟算法的统称，提出者是大名鼎鼎的计算机之父冯·诺伊曼。因为在赌博中体现了许多随机模拟的算法，所以他借用驰名世界的赌城——摩纳哥的蒙特卡洛来命名这种方法。

枚举法把所有可能的情况一个不漏地进行检验，得到的结果肯定是正确的，但是为了换取答案的全面性却牺牲了很多无用的时间，只能适用于解决对效率要求不高，样本规模小的问题。例如仅仅需要寻找出在 20~60 之间的最优 N_1 参数。

蒙特卡洛法可视为对枚举法的一种改进，它的特点是在随机采样中计算得到近似结果，随着采样的增多，得到的结果是正确结果的概率逐渐加大，但在遍历全部样本之前，无法知道目前得到的结果是不是真正的结果。不同于枚举法的应用，蒙特卡洛法为了提高搜索的效率却牺牲了答案的全面性，因此它得到的结果并不一定是最优的，但是在大规模样品的场合下可以更快地找到近似最优结果。例如计算函数 $f(x)$ 从 a 到 b 的定积分值，更合理的是用蒙特卡洛法在有限采样内，给出一个近似的最优解。接下来就通过该实验了解下蒙特卡洛法的应用。

假设 $f(x)=x^2$，求函数 $f(x)$ 从 a 到 b 的定积分即为求 $\int_{a}^{b} x^2 \mathrm{d}x$，此处将 a 和 b 设为 1 和 2。可以用一个矩型包围在函数的积分区间上，定积分值其实就是求曲线下方的面积，如图 9.17 所示。

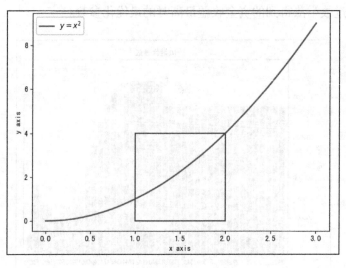

图 9.17

该图采用 Matplotlib 库绘制，所对应的代码如下所示：

```python
def draw_fx_square():
    plt.figure()
    x_array = np.linspace(0, 3, 50)   # 等差数
    plt.plot(x_array, np.square(x_array), lw=2, label='$y=x^2$')

    plt.plot([1, 1], [0, np.square(2)], color="r")
    plt.plot([2, 2], [0, np.square(2)], color="r")
    plt.plot([1, 2], [np.square(2), np.square(2)], color="r")
    plt.plot([1, 2], [0, 0], color="r")

    plt.xlabel("x axis")
    plt.ylabel("y axis")
    plt.legend(loc='best')
    plt.show()
```

随机地向这个矩形框里面投点，统计落在函数 $f(x)$ 下方的点数量占所有点数量的比例为 P，那么就可以据此估算出函数 $f(x)$ 从 a 到 b 的定积分为矩形面积×P，实验步骤如下：

- 设原点为(1,0),矩形的长为1,宽为4,面积为4;
- 随即取点(x, y),使得 1<=x<=2 并且 0<=y<=4,即点在矩形内;
- 通过公式 $x \times x > y$ 判断点是否在 $f(x)$ 下方;
- 设所有点的个数为 N,落在 $f(x)$ 内的点的个数为 M,则 $P=M/N$。

当该实验的次数为 100 次时,计算结果为 2.4,代码如下所示:

```
def cal_integral_mc(n = 100000):
    
    x_min, x_max = 1.0, 2.0
    y_min, y_max = 0.0, 4.0
    Area = 4
    m = 0
    
    for i in range(0, n+1):
        x = random.uniform(x_min, x_max)
        y = random.uniform(y_min, y_max)
        # x*x > y 表示该点位于曲线的下面。
        if x*x > y:
            m += 1
    #所求的积分值即为曲线下方的面积
    return Area * m / float(n)
```

实验次数为 100 次时所绘制点的分布,如图 9.18 所示。

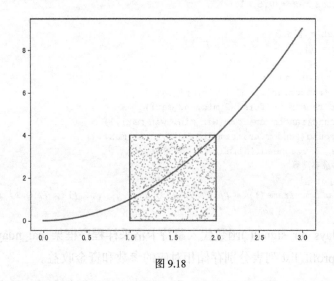

图 9.18

当该实验的次数为 100000 次时,计算结果为 2.319。该实验也称为基于蒙特卡洛的投点法,由此得出的值并不是一个精确值,而是一个近似值。当投点的数量越来越大时,这个近似值也越接近真实值。

9.4.2 蒙特卡洛参数最优化的实现

枚举法只能适应于上述小规模遍历 N_1 在 20~60 日之间的参数，而对于稍复杂一些的策略模型，例如 9.3 节中同时涉及到 N 日突破策略参数 N_1、N_2，以及风险管理的最大止盈系数 n_win、最大止损系数 n_loss，取 N_1 参数样本范围为[10,30]，N_2 参数为[5,15]，n_loss 参数为[0.5,1.5]，n_win 参数为[1.5,2.5]，那么需要遍历的参数组合的样品空间会变得非常大。

另外，用历史数据作量化策略的回测检验是把过去的经验作为一种参考指南，通过对过去的解读发掘出蕴藏盈利机会的重复性模式，我们并不需要一成不变的固定参数值，而是持续不断地更新接近于最优的策略参数值。因此蒙特卡洛法成了参数最优化的首选方案。

我们使用 random.uniform( )函数分别从 N_1、N_2、n_win、n_loss 参数的样本空间中随机采样，而后将采样的组合参数代入策略中进行回测分析，程序框架如下所示：

```python
def cal_ndayavg_mc_frame(stock_dat, n = 500):

    n1_min, n1_max = 10, 30
    n2_min, n2_max = 5, 15
    win_min, win_max = 1.5, 2.5
    loss_min, loss_max = 0.5, 1.5

    opt_para_list = []
    profit_list = []

    for i in range(0, n+1):
        n1 = int(random.uniform(n1_min, n1_max))
        n2 = int(random.uniform(n2_min, n2_max))
        win = round(random.uniform(win_min, win_max),1)
        loss = round(random.uniform(loss_min, loss_max),1)
        opt_para_list.append([n1,n2,win,loss])
        #此处添加策略代码
    return opt_para_list
print(cal_ndayavg_mc_frame()) # [[10, 9, 2.3, 1.1] ...... [14, 7, 2.1, 1.2], [29, 6, 2.3, 1.3]]
```

我们将 get_ndays_atr_signal( )函数代入蒙特卡洛采样程序框架 cal_ndayavg_mc( )中，最终 opt_para_list 和 profit_list 列表分别存储相对应的参数和资金收益。

设定随机采样 200 次，使用 Matplotlib 库可视化策略的最佳参数，从中可知资金收益最佳的参数为[23, 13, 2.4, 0.5]，对应的资金为 141711.28，可视化效果图如图 9.19 所示。

9.4 蒙特卡洛法最优化策略参数

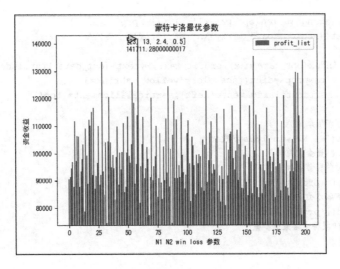

图 9.19

可视化部分的代码与上文枚举法中介绍的大体相同,需要注意的是此处的参数为列表格式,因此 x 轴的坐标需要转换为索引。

完整的代码如下所示:

```python
def cal_ndayavg_mc(stock_dat, n = 500):
    
    n1_min, n1_max = 10, 30
    n2_min, n2_max = 5, 15
    win_min, win_max = 1.5, 2.5
    loss_min, loss_max = 0.5, 1.5
    
    opt_para_list = []
    profit_list = []
    
    for i in range(0, n+1):
        n1 = int(random.uniform(n1_min, n1_max))
        n2 = int(random.uniform(n2_min, n2_max))
        win = round(random.uniform(win_min, win_max),1)
        loss = round(random.uniform(loss_min, loss_max),1)
        opt_para_list.append([n1,n2,win,loss])
        #此处添加策略代码
        profit_list.append(draw_absolute_profit_opt(get_ndays_atr_signal(stock_dat, n1, n2, win, loss)))
    
    profit_max = max(profit_list)#maximize the profit
    opt_para_max = opt_para_list[profit_list.index(max(profit_list))]#correspond parametes
    print("maximize the profit is %s and correspond parametes are %s "%(profit_max, opt_para_max))
```

```python
    plt.bar(np.arange(0,len(opt_para_list), 1), profit_list)
    plt.annotate(str(opt_para_max)+'\n'+str(profit_max),\
xy=(opt_para_list.index(opt_para_max),profit_max),xytext=(opt_para_list.index(opt_para_max)-10, profit_max-10),arrowprops=dict(facecolor='yellow',shrink=0.1),\
                horizontalalignment='left',verticalalignment='top')

    # 设置坐标标签字体大小
    plt.xlabel('N1 N2 win loss 参数')
    plt.ylabel('资金收益')
    # 设置坐标轴的取值范围
    plt.ylim(min(profit_list)*0.99, max(profit_list)*1.01)
    # 设置图例字体大小
    plt.legend(['profit_list'], loc='best')
    plt.title("蒙特卡洛最优参数")
    plt.show()
```

9.5 基于凯利公式量化仓位管理

股票交易需要做以下3件事：选股、择时和仓位管理。仓位管理是指在每次交易时预计投入多少资金去建立股票仓位，是全仓？是半仓？还是空仓？实际上在6.2节中已经提及了仓位管理在交易中的重要性，通过合理的资金分配制度不仅可以抵御连续失利的打击，也可以获取相对稳定高效的盈利。

本节基于凯利公式向大家诠释全仓并不是最优策略，根据输赢概率和盈利比率来做仓位调整才是更好的选择。

9.5.1 凯利公式的原理分析

在赌局游戏中，单次收益是与下注大小成正比的。如果每次都是满仓下注，虽然赌赢时的单次收益会最大，但从长期来看赌输一次就会输光全部本金。相反，如果每次下注都非常微小的话，虽然不会输光本金，但是无法将收益最大化。那么在赌博游戏中如何下注才能平衡收益和风险呢？爱德华·索普（Edward Thorp）在研究21点赌局游戏策略时也存在相同的困扰，当时信息论的创始人——香农（Claude Elwood Shannon）教授告诉他，解决这个问题的方法是使用凯利公式量化计算出每次下注的资金比例。于是，索普不但规避了破产的风险，还横扫了美国拉斯维加斯的多个赌场。

著名的凯利公式是由香农教授在新泽西贝尔实验室的同事——约翰·拉里·凯利（John

Larry Kelly, Jr.）所提出的，凯利在参考香农教授关于长途电话噪声的工作研究中提出了凯利公式，并于 1956 年在《贝尔系统技术期刊》中发表。凯利公式揭秘了信息论与赌局游戏之间的本质联系，在赌局有利条件下，即期望值为正时，根据凯利公式下注可以在避免破产的情况下获得最大额度的收益。

凯利公式的通用形式如下所示：

$$f = \frac{P_{\text{win}} \times r_{\text{w}} - P_{\text{loss}} \times r_{\text{l}}}{r_{\text{w}} \times r_{\text{l}}}$$

其中，f 为现有资金最优的下注比例，P_{win} 为赢的概率，P_{loss} 为输的概率（即为 $1-P_{\text{win}}$），r_{w} 代表赢时的收益率，r_{l}（$r_{\text{l}}>0$）代表输时的损失率。

凯利公式运用在赌局游戏中的特殊形式如下：

$$f = \frac{P_{\text{win}} \times b - P_{\text{loss}}}{b}$$

其中，b 为赔率，即 $b=r_{\text{w}}/r_{\text{l}}$，在赌局游戏中的特殊性是输的时候会损失全部下注的资金，因此 r_{l} 为 1。凯利公式最初是应用于赌局游戏中的，因此我们先讨论赌局游戏中的凯利公式。从公式中可体现以下两个特点。

- 当公式的期望净收益 $E = P_{\text{win}} \times b - P_{\text{loss}} <=0$ 时，求得 $f<=0$，赌博游戏是不值得参与的。
- 公式只有在 P_{win} =100%时才会支持将全部本金下注，其他情况下都是使用本金的一定比例下注。这样的好处是随着本金的减少，下注资金也越来越少。在忽略交易费用的前提下，下注资金可无限分割，永远不会破产。

举几个例子说明一下。假如赢的概率是 60%，输的概率 40%，赢的时候获得 1 倍的下注资金，输则损失全部下注资金，即赔率 $b=1$，例如，每次下注 1 元，赢的时候能再赢 1 元，输的话这 1 元钱就损失了。根据凯利公式，我们可以得到每局最佳的下注比例为：

$$f = \frac{0.6 \times 1 - 0.4}{1} = 0.2$$

很显然，这个赌局的期望收益是 0.2，对参与者来说存在优势，于是使用凯利公式求得的 f 为 0.2，我们每次把本金的 20%拿去下注，长期来看可以得到最大的收益。

另外一种情况是期望值为 0 或者负数时，例如在抛硬币的赌局中输和赢的概率分别是 50%，即 P_{win} 和 P_{loss} 分别是 50%，赔率 b 为 1。根据凯利公式，我们可以得到每局最佳的下注比例为：

$$f = \frac{0.5 \times 1 - 0.5}{1} = 0$$

很显然，对于这个赌局，每次下注的期望收益是 0.5×1−0.5=0，在这样一个对参与者并不占优势的赌局中，使用凯利公式求得 f 为 0，告诉我们没有概率上优势赌局不值得参与下注。

9.5.2 凯利公式的效果展示

接下来我们设计一个赌局游戏场景来模拟当赢的概率是 60%，输的概率为 40%，赔率为 1 时，是否仓位 f 为 0.2 时资金增长的速度最快，如下所示：

```python
def positmanage_test(play_cnt=1000, win_rate=0.6, position=1):
    my_money = np.zeros(play_cnt)
    my_money[0] = 1000
    for i in range(1, play_cnt):
        binomial = np.random.binomial(1, win_rate, 1)
        once_chip = my_money[i - 1] * position  # 下注资金
        if binomial == True:
            my_money[i] = my_money[i - 1] + once_chip
        else:
            my_money[i] = my_money[i - 1] - once_chip
        if my_money[i] <= 0:
            break
    return my_money[-1]
```

我们设初始资金为 1000 元，分别用仓位 f 为 0.1、0.2、…、0.8、0.9、1.1、1.2、1.3、1.4 参与 1000 次游戏，最终资金收益如图 9.20 所示。

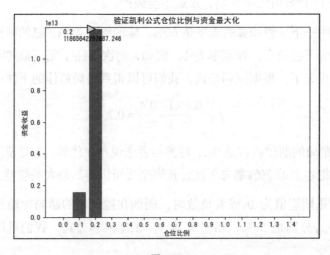

图 9.20

图中横坐标为仓位，如 0.1 代表 0.1 倍的 f，1.3 为 1.3 倍的 f，纵坐标为资金收益。从图中我们可以明显看出，经过多次的模拟实验后仓位在凯利公式所计算的 0.2 下的资金增长速度是最快的，而其他仓位大多数都出局了。正如凯利本人所说，在赌局有利的条件下，即期望值为正时，根据凯利公式下注就可以在免于破产的情况下获得最大额度的利润。

代码如下所示：

```python
def verify_kelly_profit():
    
    post_list = []
    profit_list = []
    
    for v_post in np.arange(0, 1.5, 0.1):  # [0-1]每间隔0.1产生一个下注仓位
        
        post_list.append(v_post)
        profit_list.append(positmanage_test(play_cnt=1000, win_rate=0.6, position=v_post))
    
    profit_max = max(profit_list)  # maximize the profit
    post_max = post_list[profit_list.index(max(profit_list))]  # correspond position
    print("maximize the profit is %s and correspond position are %s " % (profit_max, post_max))
    
    plt.bar(np.arange(0, len(post_list)), profit_list)
    plt.annotate(str(post_max) + '\n' + str(profit_max), \
                xy=(post_list.index(post_max), profit_max),
                xytext=(post_list.index(post_max)-2, profit_max),
                arrowprops=dict(facecolor='yellow', shrink=0.1), \
                horizontalalignment='left', verticalalignment='top')
    
    plt.xlabel('仓位比例')
    plt.ylabel('资金收益')
    plt.xticks(np.arange(0, len(post_list)), ['%.1f'%(i) for i in np.arange(0, 1.5, 0.1)])
    # 设置坐标轴的刻度范围
    plt.ylim(min(profit_list) * 0.99, max(profit_list) * 1.01)  # 设置坐标轴的取值范围
    plt.title("验证凯利公式仓位比例与资金最大化")
    plt.show()
```

9.5.3 凯利公式在股票中的应用

我们如何将凯利公式应用在股票量化交易的仓位管理中呢？不同于赌局游戏，在股市中我们并不会一次性输光本金，因此将赔率 b 拆分为赢时的收益率 r_w 和输时的损失率 r_l（$r_l>0$）。于是使用通用的凯利公式更合适，如下所示：

$$f = \frac{P_{\text{win}} \times r_w - P_{\text{loss}} \times r_l}{r_w \times r_l}$$

当应用于赌局游戏的凯利公式中，r_l 始终为 1，因此 f 始终小于 1，而在通用的凯利公式中会出现 $f>=1$ 的情况，甚至当 r_l 趋于 0 时，f 会趋于无穷大。例如当 P_{win}=0.6、P_{loss}=0.4、r_w=0.3、r_l=0.1 时，计算得到的 f 为 4.67，这意味着凯利公式看好这次交易，建议加杠杆参与能够让期望收益最大化。

如何从股票交易中获取到凯利公式中的参数呢？我们把连续赌博的过程转换成股票交易的过程，当买入信号发出时买入股票，当止盈或止损发生时卖出股票，一次买入和卖出就相当于赌局模型中的单次博弈。凯利公式决定着单次博弈的仓位。

P_{win} 和 P_{loss} 分别表示股票上涨的概率和下跌的概率，将交易信号基于历史收益情况经过数据统计分析后获得。例如对市场上 1000 只类似股票过去 3 年的行情数据进行回测，在这 3 年中有效信号发生了 100 次，其中盈利次数为 57 次，亏损次数为 43 次，可得 P_{win} 和 P_{loss} 分别为 0.57 和 0.43。

止盈/止损价与买入价格之差即为盈利值和亏损值，将每次交易信号的盈利值和亏损值统计转换后可得到收益率 r_w 和损失率 r_l：

- r_w = 累积盈利/盈利次数；
- r_l = 累积亏损/盈利次数。

基于前面制定的交易策略，有效的交易信号为：当股价突破 10 天内最高价时买入股票；当股价跌破 9 天内最低价时卖出股票；当股价上涨达到 2.5 倍的 ATR 值时止盈交易；当股价下跌达到 1.2 倍的 ATR 值止损交易。

针对该交易策略，通过 9.1.2 节 log_trade_info( ) 函数可统计交易的概览信息，获得胜率及平均盈利、亏损等，这样就可以根据凯利公式得到每次交易的最佳仓位比例。

对于胜率的计算，由于需要涉及大量历史行情数据的统计分析及回测，此处仅对格力电器 2018 年至 2019 年的行情数据进行回测，以此给出凯利公式在股票交易中的使用方法，对于更多的股票和更长的行情数据读者可自行试验。

另外，需要说明的是，股票交易与赌马、21 点和轮盘这类赌博游戏仍然有所不同，主要体现在以下几点。

- 例如，赌局游戏中的胜率和盈亏比基本是固定的，因此除非赌场改变规则，否则每一次博弈都具有概率上的统一性。而在股票交易中则是通过历史数据回测来得到的统计平均值，当交易数据越离散，平均值会越失真，因此只能将其视为一个近似的替代模型。

- 例如，凯利公式的推导是基于赌局游戏的，在赌局游戏中每次都是独立事件，其概率没有连续性，而股票交易中行情是存在趋势的，后一日的涨跌有可能与前一日的涨跌有关系。因此每次下注的结果是具有连续性的，不是纯随机的独立事件，也不存在标准的正态分布，当市场出现肥尾时，对于交易者来说损失必然是巨大的。
- 例如，股票交易中使用通用的凯利公式会提示加高杠杆交易，一方面在实际中加杠杆是有借贷成本的，另一方面市场是存在小概率的黑天鹅事件的，当发生股灾时连续的跌停会使高杠杆交易者出现爆仓。

因此，凯利公式应用在股票交易场合中所计算出的仓位总体会偏于激进，读者们使用过程中还需结合自己所能承受的最大仓位进行一定的调整。例如依据个人的心理承受能力设定可承受损失的资产比例作为本金，再将其结合至凯利公式计算可控制最大仓位。

9.6 用经典选股策略完善股票量化体系

股票交易需要做的有 3 件事：选股、择时和仓位管理。选出一只好股票是成功交易的第一步，不过从 A 股市场几千只股票中选出一只潜力股却是非常困难的事情，特别对于大部分中小股民来说，对行业的发展趋势、公司的财务报表等信息的解读能力薄弱，从基本面去选股更加难上加难。

本节从技术分析层面给大家介绍一种选股的思路，将"线性回归"应用于选股模型中，通过线性回归算法拟合出股价的走势角度，再进一步比较角度值筛选出涨势更好的股票。

9.6.1 线性回归的原理和实现

无论是在统计分析中，还是在机器学习中，线性回归一直是非常重要的算法之一。

1. 何为"线性回归"

在介绍线性回归之前，我们先介绍何为"回归现象"。"回归"一词是由英国著名统计学家 Francils Galton 所提出，他在研究父代与子代身高之间的关系时发现，身材较高的父母，他们的孩子也较高，但这些孩子的平均身高并没有他们父母的平均身高要高；身材较矮的父母，他们的孩子也较矮，但这些孩子的平均身高却比他们父母的平均身高要高。由此可见，后代的身高并没有向高和矮两个极端分化,而是向中间值靠近,Galton 把这种趋势称为"回归现象"。

如果把父母身高作为自变量 x_i,孩子的身高作为因变量 y_i,将观察的样本点描绘为散点图后,会发现趋势近乎为一条直线。所谓线性回归,归纳地说就是把一组样本点近似的用一条直线来表示,使这些点能够整体分布在一条直线附近,这条直线称为回归直线,如图 9.21 所示。

计算得到回归直线也就得到了自变量 x_i 与因变量 y_i 两组变量之间的对应关系($i=1,2,3,\cdots,n$),从而可以从已知样本点的变化趋势去推测未知样本点的变化。

2. 最小二乘法的原理

如何计算回归直线呢?最小二乘法(method of least square)是其中使用较为广泛的算法之一。接下来我们介绍下最小二乘法实现线性回归的原理。

假设这条回归直线方程为 $y=bx+a$(见图 9.21),将样本的数据点 (x_i,y_i) 与直线上纵坐标 y_i 的点之间的距离来刻画点 (x_i,y_i) 到直线的远近,如图 9.22 所示,用公式表示即为:

$$|y_i-(bx_i+a)|(i=1,2,3,\cdots,n)$$

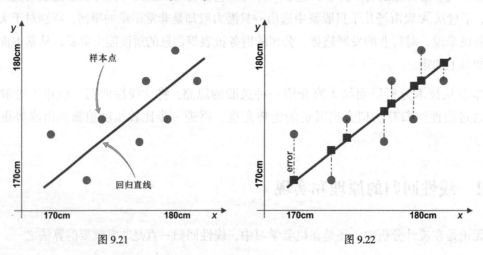

图 9.21   图 9.22

由于绝对值计算不方便,实际应用中使用公式为:

$$Q=(y_1-bx_1-a)^2+(y_2-bx_2-a)^2+(y_3-bx_3+a)^2+\cdots+(y_n-bx_n+a)^2$$

通过最小二乘法计算直线斜率 b 和截距 a 使 Q 最小,即样本数据的点到回归直线的距离的平方和最小,这样就得到了回归直线方程式。

3. 最小二乘法的实现

关于最小二乘法的实现，此处推荐使用 statsmodels 库。statsmodels 是 Python 中一个强大的统计分析包，包含回归分析、时间序列分析、假设检验等功能。

使用时导入 statsmodels 库，如下所示：

```
import statsmodels.api as sm
```

statsmodels 提供的 OLS( )函数用于实现多项式拟合计算，OLS（ordinary least squares）即为普通最小二乘法的缩写，确切地说 OLS( )方法是 statsmodels.regression.linear_model 中的一个方法，因此可从 statsmodels 中导入 regression 模块，如下所示：

```
from statsmodels import regression
```

OLS( )中的多项式模型如下所示：

$$Y = \beta_0 X_0 + \beta_1 X_1 + \cdots + \beta_n X_n + \xi$$

对于 k 组数据，OLS( )计算得到误差平方最小时的回归系数 b_0，$b_1…b_n$，公式如下所示：

$$\sum_{t=1}^{k}(y(t) - b_0 x_0(t) - b_1 x_1(t) - \cdots - b_n x_n(t))^2$$

此处回归模型只涉及最基本的一元模型：

$$Y = \beta_0 X_0 + \beta_1 X_1$$

需要注意的是 OLS( )未假设回归模型有常数项，即 $y=bx+a$，需要通过 sm.add_constant( )在自变量 x 的左侧加上一列常量 1，即 $y = \beta_0 \times 1 + \beta_1 \times 1$，如下所示。

```
x_b_arr = sm.add_constant(x_arr)    # 添加常数列1
```

OLS( )方法使用 endog、exog 这两个输入参数，endog 为回归中的响应变量（也称因变量 y），exog 为回归中的回归变量（也称自变量 x），两者的数据类型都为数组。

statsmodels.regression.linear_model.OLS 输出结果是一个类，并没有进行任何运算，需要在 OLS 的模型之上调用拟合函数 fit( )执行得到 β_0、β_1，即回归直线的截距和斜率，如下所示：

```
model = regression.linear_model.OLS(y_arr, x_b_arr).fit()   # 使用OLS做拟合
rad = model.params[1]   # y = kx + b :params[1] = k
intercept = model.params[0]   # y = kx + b :params[0] = b
```

【示例 9.1】 假设回归模型为一元模型，即回归直线 $Y=1+5X$，我们模拟生成一组符合模型的样本点，以此验证 OLS( )方法的回归效果。示例如下所示：

```
seq_num = 100
x = np.linspace(0, 10, seq_num)
X = sm.add_constant(x)
beta = np.array([1, 5])
e = np.random.normal(size=seq_num)
Y = np.dot(X, beta) + e
model = regression.linear_model.OLS(Y,X)
results = model.fit()
print(results.params)  # [1.38760035 4.91969889]
```

我们分别介绍示例中的代码:

(1)使用 np.linspace( )函数生成一组[0,10]范围内的等差数列,作为自变量 x,数据类型为 ndarray,如下所示:

```
seq_num = 100
x = np.linspace(0, 10, seq_num)
```

(2)使用 sm.add_constant( )在数列中加上一列常量1,如下所示:

```
X = sm.add_constant(x)
```

(3)此外还要在数据中加上一个长度为 k,符合正态分布的样本误差项。如下所示:

```
e = np.random.normal(size=seq_num)
```

(4)使用 np.array( )函数生成数组形式的模型系数 β_0、β_1,如下所示:

```
beta = np.array([1, 5])
```

(5)使用 np.dot( )函数实现矩阵式的乘法和加法,得到因变量 y,如下所示:

```
Y = np.dot(X, beta) + e
```

(6)我们使用 OLS( )函数将模拟得到的自变量和因变量拟合得到线性回归系数。如下所示:

```
model = regression.linear_model.OLS(Y,X)
```

(7)调用拟合函数 fit( )执行后,查看拟合结果中的回归系数 β_0、β_1 与回归直线的截距和斜率相近,如下所示:

```
results = model.fit()
print(results.params)  # [1.38760035 4.91969889]
```

9.6.2 用走势线性回归建立选股模型

将"回归现象"应用于股票交易的理论依据可描述为:价格将围绕价值上下波动,即股价上涨/下跌只是暂时的,价格会回复到一个相对正常的水平。

1. 线性回归股票价格

我们用线性回归的方法将格力电器 2018-06-01 至 2019-06-01 近一年收盘价数据用回归直线来表示。此处将格力电器的行情数据 df_stockload 以副本形式传入函数中使用，函数中对应的形参定义为 stock_dat。如下所示：

```
linear_regression_close(df_stockload.copy(deep=True))
```

接下来使用 Matplotlib 库的散点图表示收盘价，折线图表示回归直线，完整的代码如下所示：

```python
def linear_regression_close(stock):

    y_arr = stock.Close.values
    x_arr = np.arange(0, len(y_arr))

    x_b_arr = sm.add_constant(x_arr)   # 添加常数列 1
    model = regression.linear_model.OLS(y_arr, x_b_arr).fit()  # 使用OLS做拟合
    rad = model.params[1]      # y = kx + b :params[1] = k
    intercept = model.params[0]  # y = kx + b :params[0] = b
    reg_y_fit = x_arr * rad + intercept
    deg = np.rad2deg(rad)      # 弧度转换为角度

    # matplotlib绘制
    plt.scatter(x_arr, y_arr, s=1, c="g", marker='o', alpha=1)  # 画点
    plt.plot(x_arr, reg_y_fit, 'r')
    plt.title(u"格力电器" + " y = " + str(rad) + " * x + " + str(intercept))
    plt.legend(['linear', 'close'], loc='best')
    plt.show()
```

收盘价和回归直线的显示效果，如图 9.23 所示。

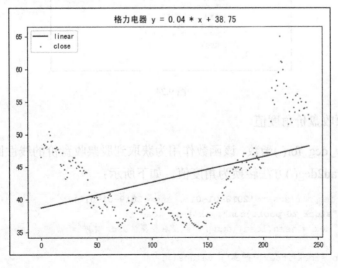

图 9.23

2. 计算股价直线角度

将股票的收盘价以线性回归方式拟合为回归直线后,可以进一步得到回归直线的角度值,该角度值反映了股票当前的涨跌幅度,预示着未来的趋势。此处,通过线性回归对走势的角度进行量化,然后以此辅助选股。这类方法比较适合长期趋势的研判,例如在牛市阶段,质地好的股票总是上升的角度更陡,熊市阶段下降的角度更缓,而质地差的股票正好相反。

接下来我们建立一个包含 20 只股票的自选股票池,遍历该股票池中所有股票的收盘价格,并且拟合计算得到回归直线的角度。

(1) 建立自选股票池

结合 7.4 节的内容,创建 JSON 文件的股票池 **stock_20_pool.json**,如图 9.24 所示。

```
{
    "指数": {
        "上证综指": "sh.000001",
        "深证成指": "sz.399001"
    },
    "股票": {
        "平安银行": "000001.SZ",
        "万科A": "000002.SZ",
        "国农科技": "000004.SZ",
        "世纪星源": "000005.SZ",
        "深振业A": "000006.SZ",
        "全新好": "000007.SZ",
        "神州高铁": "000008.SZ",
        "中国宝安": "000009.SZ",
        "*ST美丽": "000010.SZ",
        "深物业A": "000011.SZ",
        "南玻A": "000012.SZ",
        "沙河股份": "000014.SZ",
        "深康佳A": "000016.SZ",
        "深中华A": "000017.SZ",
        "神城A退": "000018.SZ",
        "深粮控股": "000019.SZ",
        "深华发A": "000020.SZ",
        "万隆光电": "300710.SZ",
        "广哈通信": "300711.SZ",
        "永福股份": "300712.SZ"
    }
}
```

图 9.24

(2) 计算股票收盘价角度值

创建 get_daily_deg_for( ) 函数,该函数作用为获取到股票收盘价的线性回归,拟合出弧度值后,再使用 np.rad2deg( ) 方法转换为角度值。如下所示:

```
def get_daily_deg_for(start='2018-01-01', end='2019-01-01'):
    with open("stock_20_pool.json", 'r') as load_f:
        stock_index = json.load(load_f)  # 读取股票池 Json 文件
    deg_data = {}
    for code in stock_index['股票'].values():
        try:
```

```python
        df_data = pro_daily_stock(code, start, end)
        y_arr = df_data.Close.values
        x_arr = np.arange(0, len(y_arr))
        x_b_arr = sm.add_constant(x_arr)   # 添加常数列 1
        model = regression.linear_model.OLS(y_arr, x_b_arr).fit()   # 使用 OLS 做拟合
        rad = model.params[1]   # y = kx + b :params[1] = k
        deg_data[code] = np.rad2deg(rad)   # 弧度转换为角度
        print('code({}) deg is: {}'.format(code, deg_data[code]))
    except:
        print("error code is %s" % code)
sorted_data = sorted(deg_data.items(), key=lambda x: x[1], reverse=True)
print(sorted_data)
```

我们可以查看各个股票的走势角度值，也可以对角度值大小进行排序，根据数值大小从侧面去评估股价的走势。如下所示：

```
#打印结果
"""
code(000001.SZ) deg is: -0.7817675279466058
code(000002.SZ) deg is: -3.289481035965825
code(000004.SZ) deg is: -1.8039825425329399
code(000005.SZ) deg is: -0.35793989587357994
code(000006.SZ) deg is: -0.8170351064359175
code(000007.SZ) deg is: -2.463852093183183
code(000008.SZ) deg is: -1.6635671526120404
code(000009.SZ) deg is: -0.6245565900455877
code(000010.SZ) deg is: -0.13332703483617436
code(000011.SZ) deg is: -2.0670175459648163
code(000012.SZ) deg is: -1.284680281224533
code(000014.SZ) deg is: -0.7018486455802234
code(000016.SZ) deg is: -0.9143360317950662
code(000017.SZ) deg is: -0.42342752255013144
code(000018.SZ) deg is: -1.285172202328646
code(000019.SZ) deg is: -1.2514496436146723
code(000020.SZ) deg is: -0.9492849996535324
code(300710.SZ) deg is: -4.703853345031707
code(300711.SZ) deg is: -2.7791310372928755
code(300712.SZ) deg is: -2.688855307947049
"""
# [('000010.SZ', -0.13332703483617436), ('000005.SZ', -0.35793989587357994), ('000017.SZ',
-0.42342752255013144), ('000009.SZ', -0.6245565900455877), ('000014.SZ', -0.7018486455802234),
('000001.SZ',  -0.7817675279466058),  ('000006.SZ',  -0.8170351064359175),  ('000016.SZ',
-0.9143360317950662), ('000020.SZ', -0.9492849996535324), ('000019.SZ', -1.2514496436146723),
('000012.SZ',   -1.284680281224533),   ('000018.SZ',   -1.285172202328646),   ('000008.SZ',
-1.6635671526120404), ('000004.SZ', -1.8039825425329399), ('000011.SZ', -2.0670175459648163),
('000007.SZ',   -2.463852093183183),   ('300712.SZ',   -2.688855307947049),   ('300711.SZ',
-2.7791310372928755), ('000002.SZ', -3.289481035965825), ('300710.SZ', -4.703853345031707)]
```

9.6.3　走势线性回归的衍生分析法

在 9.7.1 节中我们以线性回归的方式拟合出格力电器 2018-06-01 至 2019-06-01 这一年走

势的角度,以此评估它未来的趋势。由于线性回归作用于股票收盘价的整个周期,因此选择合适的时间段非常重要。这里仍然以格力电器为例,我们分别用线性回归拟合 2018 年 6 月 1 日至 2019 年 1 月 1 日以及 2019 年 1 月 1 日至 2019 年 6 月 1 日这两段时期的走势图。如图 9.25 和图 9.26 所示。

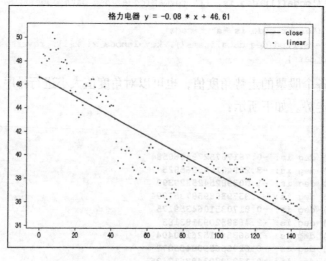

图 9.25

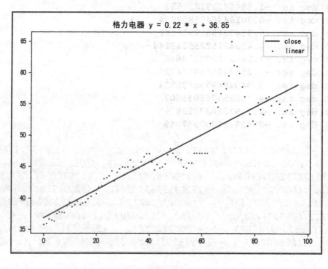

图 9.26

从图 9.25 中可以看到 2018 年 6 月 1 日至 2019 年 1 月 1 日是单边下降趋势,而从 2019 年 1 月 1 日至 2019 年 6 月 1 日转为上升趋势(见图 9.26)。观察线性回归所得到的这两段周期的角度值，单边下降通道的拟合直线角度为-4.78度，而上升通道拟合直线角度为12.66度，股价的拟合直线角度从-4.78度至12.66度的转变过程，其实也是由跌转涨的过程。

在制定量化交易策略时，有一种方式是寻找现象中的特征，根据特征去生成交易条件。那么此处给大家提供一个衍生的策略思路：既然线性回归作用于股票收盘价的整个周期，那么前后两段完全相反的周期就会彼此作用，最终影响拟合的角度值。对此，我们可以设定窗口期，用移动窗口的方式拟合股票的走势。

采用30日移动窗口的线性回归角度图，如图9.27所示。

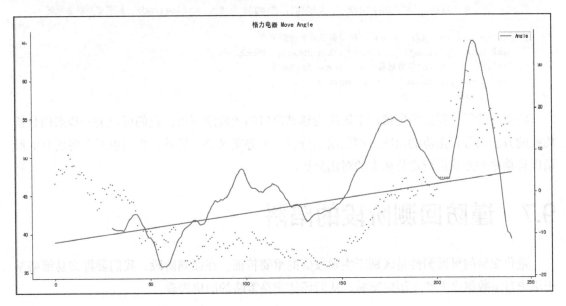

图9.27

图中我们在同一个时间轴上显示两个不同数量级别的时间序列，左侧Y轴显示的是股票收盘价样本点及线性回归拟合后回归直线，右侧辅助Y轴上绘制了移动的线性回归角度图。代码如下所示：

```python
def linear_regmove_close(stock, cycle=30):
    # 将移动窗口绘制股票收盘价线性回归拟合角度曲线
    y_arr = stock.Close.values
    x_arr = np.arange(0, len(y_arr))
    x_b_arr = sm.add_constant(x_arr)   # 添加常数列1
    model = regression.linear_model.OLS(y_arr, x_b_arr).fit()   # 使用OLS做拟合
    rad = model.params[1]   # y = kx + b :params[1] = k
    intercept = model.params[0]   # y = kx + b :params[0] = b
    reg_y_fit = x_arr * rad + intercept
```

```python
fig, ax1 = plt.subplots(1, 1, figsize=(14, 7), dpi=80)
ax1.plot(x_arr, reg_y_fit, color='tab:red')
ax1.scatter(x_arr, y_arr, s=1, c="g", marker='o', alpha=1)

for kl_index in np.arange(0, stock.shape[0]):
    if kl_index >= cycle:
        y_arr = stock.Close[kl_index-cycle:kl_index].values
        x_arr = np.arange(0, len(y_arr))
        x_b_arr = sm.add_constant(x_arr)  # 添加常数列 1
        model = regression.linear_model.OLS(y_arr, x_b_arr).fit()  # 使用 OLS 做拟合
        rad = model.params[1]  # y = kx + b :params[1] = k
        stock.loc[stock.index[kl_index], "ang"] = np.rad2deg(rad)  # 弧度转换为角度

ax2 = ax1.twinx()  # 辅助 Y 轴绘制不同比例的图形
ax2.plot(np.arange(0, len(stock.index)), stock.ang)
ax2.set_title(u"格力电器" + ' Move Angle')
ax2.legend(['Angle'], loc='best')
plt.show()
```

将单一的线性回归角度值衍生转换为移动窗口的角度序列后,我们可以进一步采用分析均线的方法来分析走势的角度,例如动量分析、走势交叉等。另外,我们也可以将所有的股票以移动序列方式进行走势优劣的对比分析。

9.7 谨防回测阶段的陷阱

量化交易的可回测性是区别于主观投资的重要特征。在回测阶段,我们要将交易策略基于历史行情数据之上产生历史交易,从而评估交易策略的历史表现。

很多从事量化交易的读者经常会碰到这样的情况,在回测阶段策略的效果非常完美,但一到了实盘却表现不佳。为了避免在回测过程中高估策略的业绩表现,我们需要考虑在回测策略时容易犯下这几种类型的错误:使用未来函数、不设置滑点、无手续费、过度优化等。这些错误会使你在回测阶段把不盈利策略变得盈利,但是在真正的交易中却会造成灾难性的后果。

9.7.1 避免使用未来函数

使用未来函数是指在策略中采取了未来的信息来决定当前的交易,回测阶段我们可以获知到整个回测时期的信息,但是在实盘操作中,我们是无法获知未来的。

例如某个策略的买入条件为：当天的收盘价超过 N1 天内最高价时，以当前开盘价买入股票。很明显，在开盘的时候是无法预知今日收盘价最终是否能够突破 N1 天内最高价，而当突破信号有效时再以开盘价买入股票几乎是不可能的事情。

使用未来函数的策略在回测阶段会表现出非常好的胜率和业绩，但是在实盘中这些策略几乎是一个无法获利的策略。

对此，我们要极力避免使用未来函数。如何避免涉及未来函数呢？可以使用历史数据来计算策略信号。滞后的数据意味着，在涉及移动平均值、最高价、最低价等指标时，使用上一个交易日的数据。例如，不包含未来函数的策略的买入条件应该是："当日收盘价突破昨日为止的 N1 天内最高价时给出买入股票信号，由于收盘价格是在收盘后才确定的，因此第二天才能执行买入股票操作"。

9.7.2 设置滑点以避免偷价

如果一个交易策略要求你利用信号触发时的价格进行交易，那么这个交易策略就存在偷价的行为。

例如策略给出了买入股票信号，我们决定第二天以开盘价买入股票，但是通常情况下我们无法以开盘价格买入股票，更多的反而是高于一个甚至几个单位价格成交。

如果在策略回测时都以开盘价买入股票，那么在每次交易都按固定股数买入的情况下，相当于在最终的资金曲线上叠加了一条斜率为正的直线。

很多人会低估偷价的危害性，假设一年 250 个交易日，每个交易日均对一只长期保持 10 元的股票执行一次 100 股的买卖，每次买卖都偷价 1 个单位价格（即 0.01 元），那么全年下来可以多获利 500 × 0.01 × 100 = 500 元，相当于一半的本金（10 × 100=1000）。所以在构建一个操作频率较高的交易策略时，更多的是要考虑和解决滑点问题。

滑点是指触发指令的价格和最终成交价格之间的差异，这是难以避免的情况，通常滑点产生的原因有以下几种。

- 市场流动性不足

在流动性充足的市场中，报价应该是连续的，但是在市场流动性不足时则会出现价格的断层，必须以更高的价格才能成交。例如某股票开盘价是 10.51 元，在该价格上能成交的交易股数为 10000 股，如果下单的股数是 20000 股，那怎么办呢？其中 10000 股会以 10.51 元成交，其余的 10000 股则会以下一个价格成交，可能会是 10.52 元或是更高的价格。

- 竞价引起行情波动

大多数趋势交易者都会在突破某个关键点位时建仓，于是交易者争先恐后地在当日开盘价点位买入股票，这会导致股票价格在关键位置形成剧烈波动，并且这种波动通常是对程序化交易不利的波动。

- 网络延迟、交易平台不稳定等情况导致的

由于互联网或软件的滞后，指令通过程序传送到交易所与指令在交易所被执行会存在时间上微小的延迟，这种延迟也会造成价差。虽然平时可能看不出来，但是一旦碰到剧烈波动的行情，服务器一旦处理不过来，就很容易出现滑点较大的现象。

如何解决滑点的问题呢？通常限价单只在指定价位或者更佳价位时成交。如果采用限价指令买卖股票，可能存在不被执行的情况，从而错失了交易的潜在盈利。因此滑点是一个合格的交易策略必须充分考虑的因素。

当我们在最极端的条件下去构建和测试系统时，一般将滑点设置为高于 2 个单位价格。

9.7.3 避免无手续费的策略

每次基于策略的买卖都会产生交易成本，交易越频繁，交易成本对策略的盈利影响就越大，其中不可避免的固定交易成本是手续费。

手续费相当于在每次交易都是固定股数的情况下，在原本的资金曲线上叠加了一条斜率为负的直线。在测试策略时，如果不计入手续费，资金曲线可能会产生巨大差异，不考虑手续费而设计的策略，在计入手续费后可能产生亏损。

当前股票交易费用由 3 个部分组成：佣金、印花税、过户费。

- 印花税：成交金额的 0.1%。2008 年 9 月 19 日至今由向双边征收改为向出让方单边征收（卖的时候才收取），受让者不再缴纳印花税。投资者在买卖成交后交给财税部门的税收。上海股票及深圳股票均按实际成交金额的千分之一支付，该税收由券商代扣后由交易所统一代缴。债券与基金交易均免交此项税收。
- 过户费：这是指股票成交后，更换户名所需支付的费用。根据中国登记结算公司的发文《关于调整 A 股交易过户费收费标准有关事项的通知》，从 2015 年 8 月 1 日起已经更改为上海和深圳都进行收取，此费用按成交金额的 0.002%收取。

- 交易佣金：最高收费为 0.3%，最低收费 5 元。各家券商收费不一。

假设你买入 10000 股，每股票价格为 10 元，以此为例，对其买入成本计算。

- 买入股票所用金额：10 元/股 × 10000 股=100000 元
- 过户费：0.002% × 100000 元=2 元
- 交易佣金：100000 × 0.3%=300 元（按最高标准计算，正常情况下都小于这个值）
- 买入总成本：100000 元+300 元+2 元=100302 元（买入 10000 股，每股 10 元，所需总资金）

若以 10.08 每股卖出价格计算，各项金额如下所示。

- 股票金额：10.08 元/股 × 10000 股=100800 元
- 印花税：100800 元 × 0.1%=100.8 元
- 过户费：0.002% × 100800 元≈2 元
- 交易佣金：100800 元 × 0.3%=302.4 元
- 卖出后收入：100800 元-100.8 元-2 元-302.4 元=100394.8 元
- 最终实际盈利为：卖出后收入-买入总成本=100394.8-100302=92.8 元

9.7.4 避免参数的过度优化

过度优化是指为了迁就历史数据的噪音而将一个策略的参数或者规则反复优化到最佳状态的情况。显然，即便是一个不能赚钱的策略，如果用暴力枚举法优化选取参数，也能够有个别参数能够使策略盈利，但是根据过度优化得到的最佳参数来制定策略和控制风险，在实盘中是难以盈利的。

假如要把某个策略的资金曲线做得非常出色，我们可以这么优化：针对某段特定的行情进行参数优化，之后将分段行情对应的资金曲线拼接起来，得到一个表现更优秀的资金曲线。也可以指定过去某几个表现较差的交易日不进行交易。上述经过加工的回测一定表现优异，单纯为了追求资金曲线，这类策略模型仅仅适用于过去发生但未来不会再重现的历史偶然事件，并不考虑是否适用于未来的行情。

避免过度优化的有效办法有以下几个。

尽量少的参数。一般而言，策略的规则越多，模型的参数越多，就越可能出现过度拟合问题。因此采用的参数越少，可以优化的规则越少，自然过度优化的情况就能够更好地避免，并且越少参数构建的策略，往往越稳健，无论其时效性或健壮性均能超越众多复杂的策略。

合理选择参数。用策略的默认参数做历史回溯测试，或者用随机的多组参数来测试某个策略，如果该策略无论用默认参数，还是用随机参数均能实现盈利，那么这个策略才应该被进一步开发；反之，如果某个策略仅有少数的参数能够盈利的话，那么建议果断放弃该策略。

合理选择样本。有些策略覆盖的股票品种太少，时间周期太短，不能充分展现策略效果。这些策略只能用于个别品种上，或者在更长时间周期上的资金曲线可能表现的并没有那么好。有些策略虽然覆盖了较长的时间段，或较多的品种或市场，但仅仅覆盖了一种类型的行情（例如一轮较长时间的大牛市）。这些策略在遇到截然不同的市场情况时，表现可能会大相径庭。

进行样本外测试。在构建策略模型时，将历史数据根据时间先后分为两段：训练集数据和测试集数据。参数优化和定性选择使用训练集数据，策略模型的测试使用测试集数据。训练集数据时间在前，测试集数据时间在后，两段数据的大小要大致相等，若数据量不够，则至少保证有三分之一的数据用于测试。

9.8 本章总结

本章首先介绍了在回测阶段多维度度量策略的方法，以及将各个指标自定义集成为完整的回测界面的方法。然后分别从量化的择时、选股、风险管理、参数优化等各个环节去介绍制定量化策略的过程，最后介绍了回测阶段需要谨防的一些常见陷阱。

当然，我们更应该重点关注量化策略的制定过程，而不是策略本身的好坏。另外，本书所涉及的策略仅供学习使用，并不构成投资建议，希望大家能掌握知识点，并构建出自己的量化交易系统。